Das Leben des Hans von der Planitz

GLAUBENSWEGE

Ein historischer Heimatroman

Autor:

SIEGFRIED WALTHER

Das Leben des Hans von der Planitz

GLAUBENSWEGE

Ein historischer Heimatroman

Autor:

SIEGFRIED WALTHER

© 2014

Verlag Wissenschaftliche Scripten
Kaiserstraße 32
08209 Auerbach
www.verlag-wiss-scripten.de

ISBN: 978-3-95735-012-1

VORWORT

Liebe Leserin, lieber Leser,

Sie halten einen historischen Roman in den Händen, der seine "realen Wurzeln" in unserem schönen Vogtland hat. Herr Siegfried Walther, Ortschronist, Heimatforscher, Sammler und Bewahrer aus der vogtländischen Kleinstadt Rodewisch hat sein fundamentiertes Wissen um unsere Vergangenheit aufbereitet, hat eine Geschichte um die Geschichte geschrieben.

Ihm ist gelungen, was Geschichtslehrbücher, gespickt mit bloßen Zahlen und Fakten, nicht immer erreichen: Er hat unsere Fantasie angeregt, hat den herausragenden Personen der Vergangenheit ein Gesicht gegeben und sie uns näher gebracht.

Jedoch nicht nur Personen, Ortsnamen und Regionen die uns bekannt sind, finden wir in diesem Buch wieder. Wir frischen unser Wissen um das politische Geschehen der Vergangenheit auf, erfahren, worauf unser Rechtssystem beruht und wie der neue, der evangelische Glaube im Volke reifte und zur Weltreligion wurde.

Ich wünsche Ihnen spannende Unterhaltung und würde mich freuen, wenn Sie inspiriert von diesem Werk die darin genannten Orte der Vergangenheit, insbesondere natürlich im Vogtland, bei einem Ihrer nächsten Ausflüge besuchen würden.

Kerstin Schöniger
Bürgermeisterin der Stadt Rodewisch   Rodewisch, im Oktober 2014

Vorwort des Autors

Mit den beiden Romanen „**Glaube und Macht**" und „**Glaubenswege**" will ich dem einstigen Herrschaftsbesitzer von Auerbach/Göltzsch, Dr. Hans Edler v.d. Planitz wieder ein Gesicht geben. Er war eine sehr herausragende Persönlichkeit seiner Zeit.

Hans v.d. Planitz wurde 1473 in Wiesenburg bei Zwickau geboren. Seiner hohen Intelligenz wegen wurde er bereits als Kind Klosterschüler im Zwickauer Kloster. Bald schon erklärte der Prior, ihn nicht mehr lehren zu können. Er empfahl den Eltern, Hans studieren zu lassen. 1480 starb sein Vater. Hans wurde zum Ritter geschlagen, hatte aber ein Studium vor Augen. Sein Onkel auf Planitz wurde sein Vormund. Der lehnte Hansens Studienwünsche strikt ab.

Seine Mutter brachte es fertig die Vormünder zu überreden. Hans begann ein Studium der Juristerei in Leipzig und gelangte über Ingolstadt zur führenden Rechtsuniversität Europas nach Bologna. Dort promovierte er und wurde zum Rektor der juristischen Fakultät berufen.

Von hier aus unternahm er eine Pilgerfahrt nach Rom. Seine Zweifel zwischen dem Glauben und der ausgeübten kirchlichen Praxis rissen ihn hin und her.

Bei einer weiteren Pilgerreise nach Jerusalem erschien ihm dieser Zwiespalt noch bedrückender. Er beschloss wieder nach Kursachsen zurückzukehren.

Die Rückreise führte ihn zu seinem Onkel, dem Bruder seiner Mutter in Kotzau bei Hof. Es stand immer noch im Raum, dass er als ältester Sohn seines verstorbenen Vaters die Herrschaft Wiesenburg weiterführen sollte. Das lag nicht in seinem Interesse. Deshalb überließ er seinem jüngeren Bruder das Erbe und erwarb mit der ausgezahlten Erbsumme die halbe Herrschaft Auerbach/Göltzsch, um sich weiterhin auch juristisch betätigen zu können.

Bei der Zuprechung des Lehns in Dresden lernte er die junge Adelige Barbara v. Schönburg kennen. Er heiratet sie und lebte zunächst auf der Burg in Auerbach. Mit dem gemeinsamen Besitzer der Herrschaft v. Hermannsgrün auf Göltzsch kam es hinfort im Dauerstreit. Seine an die kurfürstliche Kanzlei gerichteten, hervorragend begründeten Anklageschriften, führten schließlich zum Vollbesitz der Herrschaft Auerbach/Göltzsch.

Im Jahre 1513 erhielt er die Ernennung zum kurfürstlichen Rat von Friedrich III., dem Weisen. 1517 betraute man ihn mit den Aufgaben des Amtshauptmannes von Grimma..

Bei der Disputation zwischen Dr. Eck, dem Verfechter des Katholizismus, und Luther, im Jahre 1519, stand er im Auftrag des Kurfürsten Friedrich III. Luther bei. Dabei gestand er Luther das Recht auf Verteidigung zu. Kraftvoll setzte er sich für die Rechte Luthers ein.

Er war auch daran beteiligt, Luther das zugesagte „freie Geleit" beim Verlassen des Reichstags in Worms zu sichern. Mit anderen zusammen brachte er Luther auf die Wartburg. Dort übersetzte Luther das Neue Testament nach einer Beratung mit dem Planitzer in die Sächsische Amtssprache. Auf diese Weise wurde diese zur Deutschen Hochsprache.

Im Jahre 1521 wurde Hans v.d. Planitz zum kursächsischen Vertreter im Reichsrat zu Nürnberg ernannt. Dabei wurde auch Kaiser Karl V. auf ihn aufmerksam. Er verlieh ihm 1522 eine Adelserhöhung. Damit durfte sich Hans v.d. Planitz und seine Nachkommen künftig Edle (nobliores) nennen.

1528 wurde Hans zum kurfürstlichen Vertreter im Nürnberger Reichsrat ernannt. Um den Frieden zu sichern, wurde er im gleichen Jahr als Gesandter vom nunmehrigen Kurfürst Johann zum Böhmischen König geschickt, 1533 wurde er zum Oberhofrichter von Altenburg ernannt. 1535 wurde er zum kursächsichen Beisitzer beim Reichskammergericht in Speyer berufen. Seine lezte Amtstätigkeit verbrachte er mit dem Schlichten von Streitigkeiten zwischen Kurfürst Johann Friedrich v. Sachsen und Herzog Georg v. Sachsen. Dabei erlag er im Weimarer Schloss 1535 einem Schlaganfall.

Zwei seiner Söhne teilten sich nach ihrem Mündigwerden die Herrschaft Auerbach/Göltzsch. Georg erhielt dabei Auerbach und Balthasar die Besitzung Göltzsch.

Seine Witwe Barbara bezog das Schößchen in Rodewisch als Witwensitz.

Siegfried Walther   2014

6

RÜCKBLICK

Der Spätsommer des Jahres 1503 neigte sich seinem Ende zu. Hans von der Planitz befand sich auf der Heimreise von Italien nach Deutschland. Mittlerweile war er 30 Jahre alt. Er hatte 1491 in Leipzig ein Studium der Jurisprudenz begonnen. Kurzzeitig studierte er ebenfalls Rechtswissenschaften auch an der Universität in Ingolstadt. Im italienischen Bolognia setzte er sein Studium 1498 fort. Die dortige Universität besaß die bedeutendste rechtswissenschaftliche Fakultät von Europa. Hier erwarb Hans von der Planitz im Jahre 1499 seinen Doktortitel. Seines hohen Wissens wegen, erwählte man ihn anschließend zum Rektor seiner Fakultät.

Von Bolognia aus unternahm der Planitzer zwei Pilgerreisen. Die erste führte ihn nach Rom. Eine zweite unternahm er mit einem Pilgerschiff nach Jerusalem. In der Grabeskirche in Jerusalem wurde er zum >Ritter des Heiligen Grabes< geschlagen. Im Jahre 1503 überquerte er die Alpen, um wieder nach Kursachsen zurückzukehren. Hier sah er sich als ältester Sohn seiner Familie in die Pflicht genommen. Er hätte den väterlichen Beitz in Wiesenburg übernehmen sollen. Nun zweifelte er, ob er als Ritter und Verwalter des umfangreichen Besitzes seines verstorbenen Vaters tauge. Sein Studienabschluss hatte ihn zu einem hochstehenden Rechtsgelehrten gemacht. Die mit seiner Heimkehr verbundene Regelung der Erbschaftsangelegenheiten brachte ihn in große Zweifel. Hans sah sich vor eine schicksalhafte Entscheidung gestellt. Er hoffte darauf, dass sein jüngerer Bruder das riesige Erblehn übernehmen würde.

Die Burg vor 500 Jahren.
Die Älteste auffindbare Zeichnung
aus dem Sächsisch-Ernestinischen Gesamtarchiv zu Weimar.

INHALTSVERZEICHNIS

1. Kapitel
Rückreise aus Italien

Landshut war erreicht und Hans von der Planitz hatte seinen Reisewagen verlassen. Er hatte beschlossen, seine Weiterfahrt über Kotzau bei Hof zu nehmen. Dort wollte er seine Verwandten besuchen. Seine Mutter war Sophie geborene von Kotzau. Sie stammte aus dem dort sesshaften Adelsgeschlecht. Der frühe Tod seines Vaters im Jahre 1480, seine Studienzeit und eine erneute Eheschließung seiner Mutter hatten den Aufbau einer verwandtschaftlichen Beziehung bisher verhindert. Das veranlasste Hans von der Planitz, dies auf seiner Heimfahrt nachzuholen, zumal er den Ort Kotzau in seine Reisestrecke einbeziehen konnte.

Er hoffte darauf, dass sein Oheim, der Bruder seiner Mutter, noch auf dem dortigen Besitz lebe. Hans hatte auch ins Auge gefasst, sich vielleicht bei seiner Verwandtschaft Rat zu holen. Er selbst war sich noch weitgehend im Unklaren, wie er sich entscheiden solle. Noch schwankte er zwischen Gutsherrn und Gelehrtem.

Hans war von Landshut, der einstigen Residenz der bayrischen Wittelsbacher, fasziniert. Zahlreiche gotische Bauwerke gaben der Stadt ihre eigene Prägung. Die Bauten, die sich mehrheitlich an einer breit angelegten Straße befanden, stammten zum Großteil aus dem 15. Jahrhundert. Die Isar teilte die Stadt zwar in zwei Hälften, gab ihr aber auch ihr unverwechselbares Stadtbild.

Hans fühlte sich wohl in den Mauern von Landshut. Sein Unterkommen in der Herberge, dicht an der Stiftskirche St. Martin, ließ nichts zu wünschen übrig. Die Stiftsherren, die sie unterhielten, waren bestrebt ihre Gäste nicht nur gut unterzubringen, sondern sie auch gut zu bewirten. Seine gesamte Habe konnte Hans in die Obhut der Stiftsherren geben. Damit wurde es ihm möglich, sich sorglos die Stadt zu besehen und sich auch um seine Weiterfahrt zu bemühen.

Die gestaltete sich weit schwieriger, als Hans angenommen hatte. Er war der Meinung, dass sich die Fahrt problemlos bewerkstelligen ließe, hatte sich aber arg geirrt. Erstaunt musste er feststellen, dass sich die Reisemöglichkeiten von Italien und Deutschland stark unterschieden.

Die Stiftsherren unterstützten sein Vorhaben. Sie vermittelten ihm Adressen von Landfuhrleuten. Der Reiseverkehr war kompliziert und nur durch spezielle Anmietung zu erreichen. Der Preis über solch eine lange Strecke war sehr hoch, da auch die Rückreise zu bezahlen war. Aus diesen Gründen besuchte Hans fünf von den angegebenen Landfuhrleuten.

Von jedem erfuhr er, dass sie ihn wohl mitnehmen würden. Doch keiner zeigte sich bereit, ihn bis zu seinem Endziel zu bringen. Einen Reisewagen fand er gar nicht. Es blieb ihm nur die Möglichkeit, zusammen mit dem Kutscher auf dem Bock zu fahren. Die Planwagen dienten ausschließlich der Warenbeförderung.

Schließlich sah Hans ein, dass er nur stückweise vorankommen könne. Dass er sich dazu auf dem Kutscherbock setzten sollte, störte ihn nicht. Auf die Bequemlichkeiten eines Reisewagens müsse er eben verzichten. Auch die Mitnahme seines umfangreichen Gepäcks bereitete ihm große Schwierigkeiten. Er musste um das Einsehen betteln, dass er seinen Bücherschatz nicht einfach stehen lassen konnte.

Hans verbrachte viel Zeit damit, seine Weiterreise zu organisieren. Letztlich ging es ihm nur noch darum, überhaupt weiter zu reisen, wollte er doch nach Hause kommen. Zwei Tage hatte Hans für das Verweilen in der Stadt eingeplant, vier Tage wurden schließlich daraus.

Endlich wurde er mit einem Landfuhrmann handelseinig. Der zeigte sich bereit, Hans bis nach Regensburg mitzunehmen. Dorthin müsse er Waren bringen und wieder andere nach hier zurück. Wenn ihm das bis dorthin genüge, wäre er gegen ein Handgeld bereit, ihn mitzunehmen. Er zeigte sich sogar damit einverstanden, Hans an seiner Herberge abzuholen.

Am Abend der festgesetzten Abreise besuchte Hans voller Dankbarkeit noch einmal das Münster. Durch das reich mit Figuren geschmückte Hauptportal betrat er den gewaltigen Kirchenbau. Langsamen Schrittes ging er durch das fast dreihundert Fuß messende Mittelschiff der gewaltigen Hallenkirche. Alles lag bereits im Dämmerlicht. Er erkannte nach oben hin kaum noch das sich hoch hinauf wölbende Gotteshaus. In einer Seitenkapelle machte er Halt vor einem Epitaph[1]. Das dort befindliche Grabmahl zeigte die Krönung Marias zur Himmelskönigin.

Hans kniete nieder, faltete die Hände und schaute zu Maria auf. Über seine Lippen kamen die Worte: „*Maria, du Gebenedeite[2], du hast uns den Gottessohn geboren! Dafür danke ich dir von ganzem Herzen. Doch als „Himmelskönigin" kann ich dich nicht sehen. Du bist eine auserkorene Mutter, der Großes zuteil wurde.*"

---

[1] Grabmahl
[2] Seliggesprochene

Hans erschrak über die Worte, die er an Maria gerichtet hatte. Er erhob sich wieder. Danach ging er völlig in Gedanken verloren weiter bis hin zum Hochaltar. Dort traf er auf die überlebensgroße Schnitzfigur der „Landshuter Madonna". Er schaute zu ihr auf und entdeckte, dass sie lächelnd auf ihn herabblickte.

Das erneute Zusammentreffen mit Maria, aber auch ihr Lächeln, erschreckte ihn erneut. Hängenden Kopfes stand er eine Weile vor der Plastik, dann sagte er an Maria gerichtet: *„Verzeihe mir, manchmal denke ich selbst, ich sei ein Ketzer. Aber, sind wir nicht allesamt nur Werkzeuge in den Händen des Guten oder des Bösen? Mir ist klar, ich lade mir mit allen möglichen Gedanken den Kopf voll. Ich weiß, ich beschäftige mich zu viel mit Gott und der Welt. Aber Gott hat uns doch zum Denken befähigt. Nur weil die Kirchenoberen das nicht mögen, sollen wir unseres verkümmern lassen und das Maul halten? Das kann doch wohl nicht sein. Nur um ihre Rechte, ihre Macht zu erhalten, hängen sie alles an Gott und nageln so ihre Wünsche uns gegenüber fest."*

Wie ein Beladener ging Hans wieder aus der Kirche hinaus. Dabei zogen ihm Gedanken durch den Kopf, dass ihm die Pilgerfahrten keinerlei Läuterungen verschafft hätten.

Halblaut sagte er zu sich selbst: *"Ich bin wahrlich der gleiche Sturkopf geblieben. Wenn ich so weitermache, lande ich wie der böhmische Hus noch auf dem Scheiterhaufen. Ich glaube, Karel der Böhme, würde mir ebenfalls den Hus als abschreckendes Beispiel vorzeigen. Es ist schade, dass ich Karel als Gefährten so schnell verloren habe."*

Hans hatte mit dem Landfuhrmann verabredet, dass der ihn am frühen Morgen an seiner Herberge abholen würde. Auch die Sorgen um sein Gepäck waren geklärt worden. Der Kutscher hatte ihm gesagt, das könne er auf dem „Rucksack" unterbringen. Doch als Hans damit nichts anfangen konnte, gab ihm der Kutscher eine Erklärung. Das sei ein am Ende des Wagens an Ketten befestigter „Hänger". Den könne Hans mit *„seinen so sehr geschätzten Habseligkeiten"* voll packen. Das erfuhr er erst am späten Abend. Doch die vom Kutscher angegebene ungenaue Abfahrtzeit beunruhigte ihn weiterhin. *„Am frühen Morgen"*, wann mag das sein? Hans hatte vergessen, die genaue Zeit der Abfahrt zu erfragen. Nachzufragen war nicht mehr möglich. Hans war verzweifelt. Es blieb ihm ein Rätsel wann der Wagen eintreffen würde.

Voller Unruhe legte sich Hans auf sein Lager. Er wälzte sich hin und her und konnte eine lange Zeit nicht einschlafen. Als die nahe Kirchenuhr die fünfte

Stunde schlug wachte er auf. Um ihn herum herrschte noch völlige Dunkelheit. Plötzlich war er zusätzlich in Sorge. Hatte die Uhr nicht doch schon sechs Schläge von sich gegeben? Er erhob sich, zog sich eilends an, und ging auf die Straße hinaus. Es umfing ihn noch nächtliche Stille

Voller Sorge setzte er sich auf eine Bank vor der Herberge. Ob der Kutscher auch Wort halten würde, zog ihm durch den Sinn. Kurze Zeit darauf näherte sich ein Planwagen. Hans sprang auf, doch der Wagen fuhr an der Herberge vorbei. Seine Anspannung nahm sichtlich zu. Er ging wieder zurück und setzte sich. Kurze Zeit danach lief er bereits wieder, unruhig Ausschau haltend, hin und her. Hans glaubte sich veralbert. Dann dachte er *„Vielleicht hat mich der Kutscher auch vergessen.*" Hans saß weiterhin verzweifelt auf seiner Bank. Er legte seine Hände beidseitig an die Ohren und verfiel in sein eigenes Bedauern. Dabei nahm er das Herannahen eines neuerlichen Wagens gar nicht mehr so recht wahr. Unüberhörbar vernahm er dann das „Bwwrrrh" des Kutschers. Der Wagen hatte genau vor Hans gehalten. Der sprang freudig auf. Nun war ihm klar, seiner Weiterfahrt stand nichts mehr im Wege. Ohne, dass Hans mit Hand anlegen musste, lud der Kutscher das umfangreiche Reisegepäck von Hans auf die am Hinterteil des Wagens angebrachte Trageeinrichtung. Alles ging so schnell vonstatten, dass Hans nicht einmal mehr die Zeit fand, sich von den Stiftsherren zu verabschieden.

„Aufsteigen!" befahl der Kutscher, *„Wir müssen noch weit fahren! Die Herren der Geistlichkeit kommen auch ohne Verabschiedung in den Himmel, oder?*" es folgte eine Pause. Er zog die Schultern ein wenig hoch und ergänzte mit einem verschmitzten Lächeln: *„Vielleicht auch nicht.*"

Ehe er Hans zu sich auf den Bock einlud, sagte er noch einmal: *"Wir sind uns einig. Unsere Fahrt geht bis nach Regensburg. Ich habe wieder Waren zurück nach Landau zu bringen. In Regensburg ist unsere Fahrt zu Ende. Dort ist sich um ein neues Gefährt zu bemühen. Vielleicht kann ich dabei sogar behilflich sein. Ich kenne dort einen Kollegen, dessen Strecke führt Richtung Norden. Mal sehen, vielleicht haben wir Glück und euer Hochwohlgeboren kommen weiter.*"

Sie waren noch nicht einmal durch das Stadttor aus der Stadt gelangt, als Hans darum bat, dass der Kutscher das „Hochwohlgeborene" weglassen solle. Hans sagte: *„Nun sitzen wir gemeinsam auf dem Bock. Je weiter ich an meine Heimat herankomme, umso mehr fühle ich mich dem Landleben wieder verbunden. Mein Vater hat auch Pferde gehalten. Einst bin auch ich mit ihnen umgegangen. Vielleicht tue ich es auch bald wieder.*"

Der Kutscher fragte erstaunt: *„Euer Hochwohlgeboren, Sie sind doch wohl kein Bauer? Sie sind doch ein Edelmann?"* Worauf Hans nur die kurze Antwort gab: *„Na ja, ich gehöre dem Landadel an."*

Damit gab sich der Kutscher zufrieden, hatte er doch Recht behalten. *„Mein Gast ist also doch kein Geringer"* dachte er.

Die zwei Kaltblutpferde[3] zogen den vollgepackten Wagen auf ebener Strecke schnell voran. Wurde es bergiger, merkte man ihnen schon an, dass sie ihre Mühe mit der Last hatten. Die Art und Weise, wie der Landfuhrmann mit seinen Pferden umging, gefiel Hans. Er verwendete die Peitsche nur zum Schnalzen in der Luft. Hin und wieder nannte er die Tiere sogar beim Namen und sprach ihnen gut zu.

Gespräche zwischen den beiden Männern kamen kaum auf. Hans sprach den Kutscher mehrfach an, um ihm seine Hemmungen zu nehmen. Der gab nur kurze Antworten auf Hansens Fragen, eine rechte Unterhaltung wurde es deshalb vorerst nicht.

Hans wäre nicht Hans gewesen, wenn er nicht mit allen Mitteln versucht hätte, diesen Zustand zu ändern. Er dachte an die verschmitzte Redewendung, die der Kutscher bei der Abfahrt geführt hatte. Die ließ doch erkennen, dass ihm die Kirchenobrigkeit Grund zu einer gewissen Spöttelei gegeben hatte. Die Gedanken von Hans bissen sich daran fest. Nach einigem Überlegen begann er: *„Deine Worte bei der Abfahrt haben mir zu denken gegeben. Es ist ganz offensichtlich, dass so mancher Pfaff nicht vor Gott hintreten darf. In den Himmel kommen eher die einfachen Leute. Unter der gesamten Obrigkeit gibt es sicher eine Menge, die wohl eher vom Teufel geholt werden wird. Doch es ergibt sich auch die Frage, was wird wohl mit uns selber geschehen?"*

Hans erzielte mit seiner Rede wiederum nicht den erwünschten Erfolg. Der Fuhrmann gab nur ein brummendes und wohl zustimmendes *„mm"* von sich. Ein leichtes Nicken mit dem Kopf deutete seine Zustimmung an.

„Den letzten Satz hättest du lieber nicht sagen sollen." schoss es Hans durch den Kopf.

Das Schweigen hielt weiter an. Der Kutscher redete nur hin und wieder mit seinen Pferden. Hans fügte sich in die Situation. Er genoss zunehmend die sich bietende Aussicht. Ein paar Mal sog er die Luft hörbar tief ein und sagte:

---

[3] stämmige Pferderasse

„Endlich rieche ich wieder Heimatluft. Bald schon bin ich wieder ganz zuhause." Wiederum tat der Kutscher nicht dergleichen. In Hans hatte sich die Meinung gebildet, dass der Kutscher eben ein Muffel sei. Endlich, nach einer langen Zeit, sagt der Kutscher ganz unvermittelt: *„Wir kennen uns nicht, doch wenn Hochwohlgeboren wirklich so denken, sind wir Glaubensbrüder. Sie predigen Wasser und saufen Wein. Sie fordern das Einhalten der Gebote und denken selbst nicht daran. Sie nehmen uns die Beichte ab, um sich bis ins Kleinste über alles zu orientieren."*

Ehe Hans etwas darauf sagen konnte, sprach der Fuhrmann wieder mit seinen Pferden. Dann sagte er weiter: *„Die Pfaffen sind darauf bedacht, ihre unumstößliche Macht in ihren Händen zu halten. Sie sind nicht besser als die Lehnsherren, die uns redlich schinden. Am ärmsten sind die Bauern dran. Sie werden mit dem Zehnt von Kirche und weltlicher Macht geschröpft. Und nun hat sich die Mutter Kirche etwas ganz besonderes ausgedacht. Jedes Mittel ist ihr eben recht. Nun verkaufen sie gar Ablassbriefe. Hochwohlgeboren, können Sie das glauben? Angeblich im Namen Gottes kann man gegen Zahlung einer Summe Geldes an die Kirche seine Sünden verkaufen? Sind das nicht nur gottverfluchte Krämer. Und das tun sie im Namen Gottes! Ganz und gar vermessen schieben sie ihre Raffsucht einfach Gott in die Schuhe. Sie freveln, ohne Angst vor dem „Jüngsten Gericht" zu haben."*

Dann richtete er die Rede wieder an eins seiner Pferde: *„Hallo mein Brauner, du weißt es doch, du bist mir lieber als der Papst."*

Danach sagte er zu Hans: *„ Mein Gott! Es gibt nicht so viel Gold auf Erden, dass sich der Kirchenadel damit von seinen eigenen Sünden loskaufen könnte. Doch ich verstehe auch Gott nicht. Dass der nicht Pech und Schwefel, Blitz und Donnergrollen gegen die schickt, die sich anmaßen, seine Vertreter auf Erden zu sein."*

Hans erschrak. Welch kluge Überlegungen und auch welchen Mut offenbarte der einfache Mann da auf einmal vor ihm. So viel logisches Denken, verbunden mit einer großen Redegewandtheit, hatte er dem vorher so einsilbigen Fuhrmann wirklich nicht zugetraut.

Nun hatte Hans doch erreicht, was er beabsichtigt hatte. Die ganze Reise über gab es viel Gesprächsstoff.

Hans offenbarte, dass er eine Pilgerreise ins heilige Land unternommen habe. Der Fuhrmann versuchte, Hansens Erlebnisse und Erfahrunge regelrecht aus ihm zu saugen. Dann beantwortete Hans eine lange Zeit nur die an ihn gerichteten Fragen. Dabei bemerkte der Fuhrmann bald, dass Hans keinesfalls mit den kirchlichen Praktiken konform ging. Aus diesem Grund kam fast so etwas wie ein freundschaftliches Verhältnis zwischen den beiden auf.

Als der Fuhrmann auf das Leben in der Stadt zu sprechen kam, wurde es für Hans interessant. Der Fuhrmann sagte: *„Es herrschte einst die Meinung, dass Stadtluft die Menschen frei mache. Das ist eine irrige Vorstellung. Na ja, zumindest ist es eine Halbwahrheit. Es wird wohl immer im Leben so sein, wer nichts hat, bleibt eben sein Leben lang ein armer, und vor allem von den Mächtigen ein leicht zu bestimmender Schlucker. Und wer Vermögen besitzt, hockt immer nach mehr heischend auf seinem Reichtum. Die Reichen geben den Ton an. Von wegen Stadtluft macht frei. Die Blutsauger nennen sich nur anders. In der Stadt nennen sie sich Patrizier und Ratsherren. Ihr Geld mehrt sich von selbst, sie verdienen an der Not der Bürger. Dabei stammen sie meist selbst aus dem Bürgertum, deren Leben sie nun bestimmen. Sie haben sich auf Kosten anderer zu den neuen Oberen gemacht und verdienen gewaltig daran. Und die Kirche? Es war schon immer so, die verbündet sich nicht mit denen, die nichts haben. Von denen ist nichts zu holen. Da ist doch klar, dass ihnen die Besitzenden näher stehen. Die Kirche war von jeher immer vom >Stamme Nimm<".*

Hans lachte über das ganze Gesicht, als er das alles vernommen hatte. Er gab nur zwei Worte von sich. Die lauteten: *„Ja, ja."*

Schnell wieder ernst werdend sagte er: *„Du denkst genau so kritisch wie ich auch. Leider sind wir zu schwach, diese Ungereimtheiten oder gar unsere Welt zu verändern. Doch."* Er hob den Zeigefinger seiner rechten Hand, nippte gewichtig mit dem Kopf und redete weiter: *„Du weißt aber auch sicher, dass unsere beiden Gedanken als ketzerisch angesehen würden. Gleich bei welcher Obrigkeit, sie gäben den Anstoß, uns vor ein Inquisitionsgericht zu zerren. Am Ende blühte uns Beiden ganz sicher der Scheiterhaufen. Ich glaube, in Deutschland ist es noch gefährlicher, seine Meinung preiszugeben als in Italien."*

Der Wagen hielt vor einer Dorfschenke, die gleichzeitig Fremden auch Herberge bot. Die Schenke gehörte zu einem Meierhof, zu dem auch eine Schmiede gehörte. Der Fuhrmann sagte zu Hans hingewendet: *„Da siehst du es. Wer Privilegien besitzt bringt es auch zu was. Geht es dir nicht ebenso? Du bist doch auch ein Wohlhabender, oder irre ich mich? Was bringt dich dazu, so zu denken wie die armen Leute?"*

Er hatte an Hans zwar Fragen gestellt, doch er erwartete wohl keine Antwort. Er sagte nur noch: *„Trotzdem, hier machen wir Halt. Morgen ist auch noch ein Tag. Hier bringe ich meine Pferde gut unter. Das ist mir wichtig. Die verdienen mir doch mein Geld."*

Er schlug einen Bogen um das Gehöft. Dann fuhr er auf ein scheunenartiges Gebäude zu, bog noch einmal ein und fuhr durch ein weit geöffnetes Tor. Die Tenne[4] entpuppte es sich als Stallung. Der darüber liegende Teil diente als Scheune. Seitlich im Gebäude blieb der Wagen stehen. Daneben fanden die Pferde ihren Platz.

Nachdem der Fuhrmann seine Pferde versorgt hatte, sagte er zu Hans: *„Du musst dir keine Angst um deine Habe machen. Ich schlafe hier bei meinen Pferden. Wenn du Geld sparen willst, kannst du gegen geringes Entgelt auch hier nächtigen. Dann würden wir vorn im Haus nur für unser leibliches Wohl sorgen lassen."*

Hans war sofort aufgefallen, dass ihn der Fuhrmann mit einem „Du" angesprochen hatte. Ohne langes Überlegen sagte er: *„Ich werde ebenfalls hier schlafen. Ich finde es im Stroh gemütlich genug."*

Beide gingen gemeinsam in die Schenke. Der Fuhrmann wurde freundlich begrüßt. Das galt Hans als Zeichen dafür, dass er hier öfter ein Unterkommen fand. Aus seiner Unterhaltung mit dem Wirt hörte er heraus, dass sie über Hans sprachen.

Als er wieder an den Tisch zu Hans kam erfuhr er, dass er seine Börse nicht öffnen Müsse. Seine Übernachtung wäre nicht mit Kosten verbunden. Hans übernahm dafür beider Kosten für Speisen und Getränke.

Es wurde ein schöner Abend. Ab und zu schaute der Fuhrmann nach seinen Pferden. Beruhigt kam er jedes Mal wieder zurück. *„Meine zwei Braven sind doch fast wie meine Kinder."* sagte er. *„Manchmal sind sie folgsam, dann wieder wild und schwer zu zähmen. Sie sind ein Teil von mir. Ich sehe sie doch öfter als meine Kinder. Deshalb sind sie mir auch ans Herz gewachsen."*

Mit einer Laterne bewaffnet gingen sie erst spät hinüber in den Stall und legten sich schlafen. Kurz vor dem Einschlafen fragte der Fuhrmann: *„Hochwohlgeboren, kannst du noch beten?"*

---

[4] Dreschplatz

Hans entgegnete darauf: *„Bleiben wir erst einmal beim „Du". Auf deine Frage kann ich reinen Gewissens mit „Ja" antworten. Für mich sind Gott und die Kirche zwei ganz verschiedene Dinge. Gott ist der Erhabene, der weit über allen Dingen Stehende. Von der Kirche kann ich nicht von erhaben sprechen. Die wird nur von Menschen vertreten. Und Menschen sind leider unvollkommene Wesen. Sie schielen allzu sehr nach dem Mammon und wenn sie über Anderen stehen, fühlen sie sich selbst wie Gottheiten. In der Bibel steht zwar, >Und Gott schuf den Menschen nach seinem Bilde<, das kann dann aber nur äußerlich gewesen sein. "*

Hans schlief in Stroh eingebettet einen tiefen, traumlosen Schlaf. Als er am Morgen erwachte, fühlte er sich so wohl, wie lange nicht mehr. Er erwachte erst, als der Fuhrmann bereits seinen Pferden die Geschirre überstreifte. Eilendst kam er hoch und rieb sich den Schlaf aus den Augen. An einem Wassertrog wusch er sich, Dann half er ein Pferd an den Wagen zu führen.

In Hans tauchten Erinnerungen an längst vergangene Zeiten wieder auf. Wie oft hatte er in Wiesenburg zugesehen, wie dort Pferde an die Wagen gespannt wurden. Mutter hatte gar nicht gerne gesehen, wenn er zu dicht dabei stand. Sie sah im Umgang mit Pferden immer eine Gefahr. Nun würde er bald die gleichen Bilder im Gutshof wieder neu erleben können. *„Hoffentlich lebt Mutter noch."*, dachte er. Da kam ihm ins Bewusstsein, wie lange er nicht mehr daheim war. *„Das sind nun schon fast zwölf Jahre. Was wird sich da alles verändert haben? Wer wird überhaupt noch leben? Wie wird man mich empfangen? Rechnet man überhaupt noch mit meiner Rückkehr?"* Hans schüttelte den Kopf. *„Ich habe eigentlich nur an mich gedacht. "*, drang ihm ins Bewusstsein. *„Mein Gott. Es wird wirklich Zeit, dass ich mich zu Hause blicken lasse. Ganz sicher bin ich ihnen ein Fremder geworden. "*

Der Fuhrmann riss ihn aus seinen Gedanken. *„Komm, wir wollen schnell noch unser Frühstück einnehmen. Dann wird es Zeit, endlich wieder auf Tour zu gehen"*, sagte der. Bereits kurze Zeit darauf rollte der Wagen wieder über die Handelsstraße, die meist mitten durch dichten Wald führte.

Der Fuhrmann zeigte sich wieder recht einsilbig. Immer wieder entfuhr ihm ein *„Oh, oh."*. Als das bereits mehrfach geschehen war, sprach ihn Hans daraufhin an: *„Sag, ist dir so schwer ums Herz? Was hat dein „Oh, oh" zu bedeuten?"* Der Fuhrmann holte tief Luft, hob die Schultern und entgegnete: *„Ja, ich mache mir Sorgen um mein krankes Weib daheim. Die fiebert und liegt seit Wochen mit einem bösen Husten im Bett. Ich habe keine Zeit, sie zu versorgen. Auf meine Kinder kann ich mich wohl verlassen, doch ich ziehe in* der Fremde herum und weiß nicht, was zuhause los ist. Daheim bleiben kann ich aber auch nicht, wir brauchen doch das Geld. Ich habe Haus, Familie und meine Pferde zu versorgen."

Hans war betroffen. Er suchte nach den rechten Worten und fand sie nicht. Er wusste im Moment nicht, wie er Trost spenden sollte. Doch es wurde ihm klar, weshalb er sich am Vortag so hart gegen die gesellschaftlichen Zustände und die Kirche ausgesprochen hatte.

Eine ganze Weile herrschte zwischen den beiden Männern völlige Stille. Dann sagte Hans, fast als wolle er sich entschuldigen: *„Weißt du, da kann ich absolut nicht mitreden. Ich habe weder eine eigene Familie, noch ein Haus. Meine letzten Jahre habe ich bei Studien und im Lehramt verbracht. Um Anderes habe ich mich kaum gekümmert. Ich habe mich eigentlich nur um mich selbst gedreht. Das ist mir zu einer Last geworden. Mein Zuhause habe ich mir selbst so weit entrückt, dass ich nun Sorge habe, es wiederzufinden."*

„Siehst du", sagte der Fuhrmann, *„jeder von uns trägt eben eine andere Last auf seinen Schultern. Das bringt das Leben so mit sich. Mit dem älter werden mehren sich auch die Sorgen. Wer denkt als junger Mensch schon an Nöte oder Krankheiten? Die brauchen ihren Kopf für ganz andere Dinge. Erst wenn man älter wird, füllt sich der Kopf mit allen möglichen Dingen, die das Gemüt beschweren. Und das nennt man dann >Lebenserfahrung< oder gar >Altersweisheit<. "*

Nach einer Weile gab der Fuhrmann fast bitter von sich: *„Irgendwann bekommt jeder Mensch mit, dass das Leben ein ewiger Kampf um das bisschen Dasein ist. Dabei gibt es nur wenige Ausnahmen. Wer in eine begüterte Familie geboren wird, dem wird das Leben schon erleichtert. Das Schicksal jedoch schaut darauf nicht. Das schröpft gerechterweise alle. "*

Hans ging durch den Kopf: *„Alle Achtung vor dem Mann. Hätte ihm das Schicksal die gleichen Möglichkeiten geboten wie mir, er hätte sicher das Zeug gehabt ebenfalls zu studieren."*

Am späten Nachmittag kam Regensburg in Sicht. *„Schau nur genau zur Stadt hin."* sagte der Fuhrmann. *„Wenn du Glück hast, kommst du gar nicht in sie hinein. Wir fahren ein Lager außerhalb der Stadtmauer an. Dort gebe ich meine Waren ab und bekomme eine neue Ladung. Nicht weit davon wohnt mein >Bruder der Landstraße<. Von dem habe ich dir bereits berichtet. Wenn ich mich nicht gewaltig irre, nimmt der dich weiter gen Norden mit. Er* *befährt meist die Route in Richtung Nürnberg. Wenn du nicht andere Pläne hast, könnte das wohl glücken."*

Hans entgegnete: *„Das wäre ja wunderbar. Ich möchte ja so schnell wie möglich vorankommen. Bitte, bitte mache deinen ganzen Einfluss geltend, der mein Weiterkommen ermöglicht."* Der sagte darauf nur: *„Wir werden seh'n."*

Nachdem sie das Warenlager an der Donau erreicht hatten, fuhren sie zum Entladen bis dicht an den Donaustrom hinan. Dort stapelten sie die Ballen, Fässer und Kisten. Nachdem das geschehen war, fuhr er an ein Lagerhaus und nahm seine Pferde vom Wagen. Er legte ihnen die Ortscheite[5] über den Rücken und band sie am Zügel einzeln an dort befindliche Mauerringe. Danach verschwand er wortlos in einem der Lagerhäuser. Strahlend kam er nach kurzer Zeit wieder heraus. Noch war er einige Schritte von Hans entfernt, als er bereits rief: *"Wir haben Glück. Ich habe gerade erfahren, dass mein Kollege schon morgen eine Ladung nach Nürnberg zu fahren hat. Nun müssen wir ihn nur noch zu Hause antreffen. Es müsste doch mit dem Teufel zugehen, wenn das nicht klappen sollte."*

Sie gingen zu den Pferden zurück, schirrten sie an, und beluden ihren Wagen erneut in einem Lagerhaus.

Nachdem das erledigt war, rief der Fuhrmann: *„Auf geht's. Du bist mir ans Herz gewachsen, sonst würde ich dich selbst suchen lassen. Komm, wir fahren zu meinem Kollegen Michael, der wohnt nicht weit von hier."*

Es dauerte wirklich nur wenige Minuten, bis der Fuhrmann seine Pferde anhielt. Sie standen vor einem Bauernhof. Mehrmals ließ der Kutscher seine Peitsche knallend durch die Luft fahren. Aus der Tür tat ein stämmiger Mann mittleren Alters und schrie: *„Du alter >Wegequäler<. Seh' ich dich endlich wieder einmal? Komm, ich mach' das große Tor auf. Fahr in den Hof."*

Kurze Zeit darauf war alles eine abgemachte Sache. Hans konnte am Folgetag mit dem Freund seines bisherigen Fuhrmannes nach Nürnberg fahren.

Er wurde sogar dazu eingeladen, die Nacht im Anwesen des Freundes zu nächtigen. *„Du weißt ja wohin du die Pferde bringen kannst"*, sagte der zu seinem Kollegen. *„Der Wagen kann im Hof stehen bleiben."*

Nach einer Weile trafen sich alle in der großen Stube des Hauseigentümers. Der war eigentlich ein Doppelhüfner. Eine Hufe[6], oder auch >Hube<, war das

---

[5] Verbindungsholz zum Befestigen der Pferde am Wagen
[6] etwa 10 Hektar

übliche, mittelalterliche Flächenmaß. Auch Doppelhufen wurden entweder für besondere Dienste vergeben oder sie wurden „erheiratet".

In der Regel konnten Transportdienste von Hüfnern nicht durchgeführt werden. Nur Doppelhüfner konnten sich das leisten. Sie übernahmen besonders im Winter sehr gerne Transport- oder Gespanndienste. Ihrer Bodenflächen wegen konnten sie sich Pferde leisten. Auf diese Weise wurden die Pferde in der arbeitsarmen Zeit bewegt und es erbrachte ein zusätzliches Einkommen. Im Sommer fand man dafür keine Zeit. Wenn aber bereits erwachsene Söhne auf dem Hof waren, übernahmen auch die über das ganze Jahr hin derartige Dienste.

Der Abend wurde recht gemütlich. Es wurde nicht nur getrunken, sondern auch sehr gut gegessen. Ein so ausgezeichnetes Abendessen hatte Hans schon lange nicht zu sich genommen. Das frisch Geräucherte reizte ihn besonders. Auf einem großen Schneidebrett befand sich ein verlockend riechender, großer, saftiger Schinken. Davon konnte sich jeder zu seinem Brot eine Scheibe abschneiden. Auch die Wurst war vom Feinsten. Dazu tranken die Männer selbstgebrautes Bier.

Hans nahm die Gelegenheit wahr, sich in der großen Bauernstube umzuschauen. Eigentlich war sie in zwei Hälften geteilt. Knapp ein Viertel des Raumes bildete die Küche. Ein gewaltiger Kamin diente als Wärmequelle und gleichzeitig auch als Kochstelle. Nach oben hin führte eine gebogene Rauchhaube aus Blech den Qualm in die Esse. Über dem Feuer hing ein an Ketten befestigter großer Kupferkessel. Die Ketten waren in einem Ring zusammengefasst, der an einer Eisenstange verschiebbar war.

Auf diese Weise konnte der Kessel über das Feuer, davon weggerückt, oder völlig weggenommen werden. Nur das Feuer, und ein in einer Wand aus Bruchsteinen befindlicher Kienspan, erhellte den umliegenden Raum.

Ein sehr breiter, nur ellenhoher[7], verdeckter Wasserzuber befand sich neben dem mit Bruchsteinen aufgemauerten Kamin. An hölzernen Stangen an der Decke hingen Kleidungsstücke zum Trocknen. Ein wuchtiger Eichentisch und eine Bank vervollständigten den Arbeitsplatz in der Stubenecke. Der Fußboden war um den Kamin mit Steinplatten ausgelegt.

Den größten Teil des übrigen Raumes nahm jedoch ein langer, mit Bänken umstellter Tisch ein. Nur ein einziger Lehnenstuhl fand sich am Tisch. Genau in der Mitte des Tisches hing, an einem Deckenbalken angebracht, eine stark

---

[7] eine Elle entspricht ca. 70 cm

rußende Öllampe. An den mit Brettern vertäfelten Wänden befanden sich zahlreiche Borde[8] in denen das Geschirr stand. Der Lehmfußboden des Raumes war mit einer Strohschütte bedeckt.

Die drei Männer saßen am großen Tisch des Wohnbereichs. Ab und zu kam eine Magd, die nach dem Rechten sah und nach den Wünschen der Gäste fragte. Die Hausfrau hatte sich rar gemacht. Sie hatte die Gäste nur bei ihrer Ankunft kurz empfangen und ihnen einen gesegneten Aufenthalt gewünscht.

Als sie sich ins Stroh zu den Pferden legten, war bereits der neue Tag angebrochen. Hans schlief sofort ein. Der Biergenuss hatte seine Sinne leicht durcheinander gebracht.

Am frühen Morgen musste Hans geweckt werden. Beide Packwagen standen bereits abfahrbereit im Hof. Hans hatte so fest geschlafen, dass er nicht einmal gemerkt hatte, dass die Pferde aus dem Stall geführt wurden. Als er sich nach dem schnell noch eingenommenem Frühstück im Hof zeigte, rief ihm sein neuer Landfuhrmann schon zu: *„Na denn. Dann wollen wir mit Gottes Hilfe die 10 Meilen[9] hinter uns bringen. Steig auf, wir müssen fahren."*

Es blieb nicht viel Zeit für Hans sich von seinem bisherigen Fuhrmann zu verabschieden. Er steckte ihm noch ein zusätzliches Salär[10] zu. Der dienerte vor ihm. Aus seinem Mund tönte wie beim ersten Kennenlernen wieder die Anrede: *„Euer Hochwohlgeboren, Gott sei's gedankt."*

Kaum war er auf den Bock des neuerlichen Packwagens gestiegen, zog ihn der Wagen schon aus dem Gehöft hinaus. Nun befand sich Hans auf dem Weg nach Nürnberg.

Ganz anders zeigte sich sein neuerlicher Fuhrmann. Er redete in einem fort. Er gab Erklärung über Land, Leute und Besonderheiten ab. Hans erfuhr welche Routen sie kreuzten, welche Bäume am Wegrand standen und welche Namen die sie umgebenden Höhenzüge besaßen.

Hans wurde von Kopfschmerzen geplagt. Der vergangene Abend zeigte noch immer seine Wirkung. Aus diesem Grund wäre es ihm lieber gewesen, wenn der Kutscher ihn etwas mehr in Ruhe gelassen hätte. Dabei kam ihm in den Sinn, wie unterschiedlich Menschen doch sind, und wie verschieden sie auch empfinden. Es fiel ihm ein, dass es eben ganz auf die jeweilige Situation ankä-

---

[8] Wandregale
[9] Meilenmaß entspricht etwa 8 km
[10] vom „Salzgeld" abgeleiteter Lohn

me. Es könne wohl sein, dass ihn diesmal sein Fuhrmann für einen Muffel hielt.

Gegen Mittag, als Hans wieder aufnahmefähiger geworden war, hörte er mehr auf die Rede des Fuhrmanns. Der war in einem fort dabei zu er zählen, ohne dass er eine Gegenrede erwartete. Immer mehr zeigte sich Hans darüber erstaunt, welche wohldurchdachte Überlegungen Vertreter aus den soge- nannten >unteren Schichten< von sich gaben. Der Fuhrmann schimpfte über die Bezeichnung >Römisches Reich deutscher Nation<. Er sagte: *„Seit kur- zer Zeit haben die Großen dem >Heiligen Römischen Reich< noch >Deut- scher Nation< hinzugefügt. Die sieben Kurfürsten, die den Kaiser wählen, sind doch an einer einzigen Nation gar nicht interessiert. Das würde doch die Macht in ihren Territorien nur schmälern. Die treten doch keine Gewalten an andere ab. Und wir armen Landfuhrleute stehen immer wieder an einer an- deren Grenze, werden schikaniert und bezahlen sogar Wegesteuern.“*

Nach einer kurzen Pause sagte er weiter: *„Und wie reagiert die heilige Kir- che? Das alles interessiert den Papst einen Dreck. Die einzige Gemeinsam- keit mit dem Kaisertum ist noch der Aufruf zu den Kreuzzügen. “*

Wieder machte er eine Pause, um seine Gedanken zu sammeln. Dann setzte er seine Rede fort: *„Der Papst ruft zum Krieg. Das muss man sich einmal recht überlegen. Was hat das noch mit den Inhalten des christlichen Glaubens zu tun? Predigte Jesus nicht: >Liebe deinen Nächsten, wie dich selbst<? Der heiligen Kirche geht es nur darum, ihre Macht mit allen Mitteln zu erhalten. Halt! Nicht zu vergessen ist auch ihr Interesse daran, so viel, wie nur irgend möglich Geld aus den Gläubigen herauszuholen. Wieviel davon mag der Hei- lige Stuhl wohl aus den deutschen Ländern schon herausgesaugt haben? Bliebe dieses Geld im Land, ginge es uns weitaus besser.“*

Hans zeigte sich mehr als erstaunt. Wie hatten sich die Zeiten und wohl damit einhergehend auch die Ansichten in Deutschland geändert. Als er vor Jahren nach Italien gegangen war, gab es zwei unumstößliche Machtbereiche. Wer sprach sich damals in dieser Weise über die weltlichen Mächte oder gar ge- gen die über Allem thronende Kirche aus? Wer zweifelte noch vor wenigen Jahren die Kirchenobrigkeit an? Und das geschah nun sogar bei der Gewiss- heit, wegen Ketzerei zu Tode zu kommen.

Hans bemerkte, dass sich der Wagenverkehr auf der Commerzialstraße[11], die sie befuhren, verstärkte. Er befragte seinen Fuhrmann danach. Der klärte ihn

---

[11] Handelsstraße

mit folgenden Worten auf: „*Wir sind zwar noch lange nicht in Nürnberg. Doch diese Stadt ist eine freie Reichsstadt. Darin floriert[12] der Handel und die dementsprechende Betriebsamkeit besonders. Noch ist der Verkehr gering. Warte nur, morgen wirst du Augen machen. Wir werden starken Gegenverkehr bekommen. Nürnberg auf der einen und Regensburg auf der anderen Seite gleichen Magneten. Die einen werden von dort, die anderen von da angezogen.*"

Urplötzlich wendete er sich direkt an Hans „*Weißt du, wir fahrenden Leute bekommen so Manches mit, was auch aus fernen Ländern zu uns getragen wird. Ein neuer Geist soll wie ein frischer Wind durch unsere Länder wehen. Ich glaube, sie nennen ihn Humanismus. Er soll Weisheit in unsere Seelen bringen, die Wahrheit herausheben und die Tugenden stärken. Ich hoffe ja, dass der neue Geist uns nicht nur wie ein Lüftchen anweht. Es muss schon ein Sturm sein, der die alten Zöpfe hinwegfegt. Hast du schon davon gehört?*" fragte er Hans. „*Der neue Geist soll doch aus Italien stammen. Sie streben angeblich auch die Loslösung aus den engen Bindungen der Kirche an. Das wäre mir das Wichtigste. Der Heilige Stuhl tut uns nichts Gutes.*"

Hans erwiderte erstaunt darauf: „ *Doch. Der Humanismus ist auch in Norditalien in aller Munde. Vor allem in den großen Städten Florenz, Neapel, Bolognia und Mailand spricht man darüber. Doch ich verspreche mir nicht allzu viel davon.*"

Hans machte eine lange Pause. Um das Geschehen recht darzustellen, musste er erst überlegen. Dann setzte er seine Rede fort: "*Es stellt ein neues Bildungsideal dar, das man an die altgriechische und antike Philosophie bindet. Der Humanismus setzt sich zum Ziel, allseitig gebildete Menschen in geistiger Freiheit herauszubilden. Er sieht sich als Gegenpol zur bestehenden scholastischen[13] und kirchlichen Autorität[14]. Die Künste haben sich seiner in Italien bereits bemächtigt. In der Vorstellung einer Wiedergeburt besagter Philosophien, die man als Renaissance bezeichnet, sieht man ebenfalls eine freiheitlichere Einstellung. Sie soll zu Veränderungen bisheriger Lebensgestaltungen der Menschheit führen. Doch ich persönlich sehe keine Möglichkeiten zur generellen Wandlung. Die bisherigen Kräfte sind daran bestimmt nicht interessiert und sie sind wohl auch zu stark, das zuzulassen.*"

---

[12] von Flor (Blüte) abgeleitet
[13] mittelalterliche Schulweisheit
[14] Unumstößlichkeit

Der Fuhrmann entgegnete auf Hansens Rede nichts wie: „Ja, ja." Ein brummendes „*Mmmm.*" beendete das Thema. Nur Hans klebte in Gedanken weiter daran fest. Er stellte sich die Frage, ob alle Menschen in den deutschen Landen mit den gesellschaftlichen Verhältnissen so unzufrieden seien, wie die Fuhrleute, die er in der letzten Zeit kennengelernt hatte.

Die Zeit verging wie im Fluge. Wie es schon der vorangegangene Fuhrmann handhabte, so geschah es auch diesmal. Sie bogen von der Handelsstraße ab, kamen in ein Dorf und hielten nach kurzer Zeit vor einer Hufschmiede neben einer Schänke. Der Kutscher stieg ab und ging in die Schmiede. Danach steuerte er seinen Wagen um die Gebäude herum und hielt an einem dort befindlichen Stallgebäude.

„Komm, steig ab." sagte er, „*wir sind angelangt. Für heute reicht es. Morgen fahren wir bis nach Nürnberg weiter.*" Er spannte seine Pferde aus, führte sie in den Stall und nahm ihnen die Geschirre ab. Danach tränkte er sie und schüttete ihnen mitgebrachten Hafer in die Futterkrippe. Während die Pferde fraßen, tätschelte sie der Fuhrmann noch eine Weile und sprach ihnen gut zu. Dann gingen die beiden Männer in die Schänke. Jeder bekam vom Wirt eine Kanne Dünnbier auf den Tisch gestellt. Der Fuhrmann und der Wirt begrüßten sich wie alte Bekannte. Ohne große Worte von sich zu geben, stellte der Kutscher Hans als Mitfahrer vor. Dann fragte der Wirt: „*Wie immer?* „*Natürlich.*" entgegnete der Kutscher. „*Für beide?*" fragte der Wirt. Und ein „*Ja.*" beendete das Gespräch.

Es dauerte nicht lange, und der Wirt brachte auf einem Tablett zwei dampfende Schüsseln heran. Darin befand sich eine Gemüsesuppe mit zahlreichen Fleischstücken.

Hans nahm den mitgereichten Holzlöffel und rührte unter Hineinblasen in der Schüssel herum. Das deutete der Fuhrmann wohl falsch. Er sagte zu Hans: „*Komm. Probier erst einmal. Das ist eine Köstlichkeit.*" Hans entgegnete: "*Wohl. Doch mir ist sie noch zu heiß.*" Er zwang sich den Inhalt der randvollen Schüssel hinein. Hans schmeckte das Gericht zwar ausgezeichnet, doch die Menge trieb ihm die Schweißperlen auf die Stirn. Nur mit Mühe löffelte er seine Schüssel leer.

Als er glaubte, es geschafft zu haben, stellte ihm der Wirt Grützbrei mit Schweinebraten und Möhrengemüse auf den Tisch. Hans rebellierte lautstark. Er betonte, dass er außerstande sei, nur noch einen Bissen zu sich nehmen zu können. Alle Umsitzenden lachten, als der Wirt sagte: „*Nu' mach' aber nen Punkt. Du bist doch e Moah. Ess'. Sinst fällst de noch vom*

Flaasch." Hans protestierte, doch es half ihm wenig. Schließlich gab er doch nach. Er aß nicht alles auf. So satt hatte er sich wohl in seinem Leben noch niemals gefühlt. Hans fühlte sich außerstande noch irgend etwas zu unternehmen.

Er spülte noch mit einem Dünnbier nach, dann schlich er ins Stroh, um sich niederzulegen. Sein voller Magen ließ ihn lange Zeit nicht einschlafen. Am Morgen erwachte er aus wüsten Träumereien. Er hatte von Prüfungen und von Auseinandersetzungen geträumt. Aber belastend für ihn war, dass er im Traum in Wiesenburg vor verschlossenen Toren gestanden hatte. Sein lautes Pochen am Tor wurde nicht erhört.

Hans redete sich immer wieder ein, es nur geträumt zu haben. Trotzdem sah er es als schlechtes Omen. Im Laufe des Tages stand ihm dieser Traum immer wieder vor Augen.

Wie es ihm sein Fuhrmann vorausgesagt hatte, nahm der Verkehr sichtbar zu, als sie sich wieder auf der Handelsstraße in Richtung Nürnberg befanden. Immer mehr überlange, oft hoch bepackte Wagen fielen Hans auf. Die wurden von drei oder sogar von vier Pferden gezogen. Ihr Wagen kam immer langsamer voran. Die großen und schwer beladenen Wagen vor ihnen behinderten ihr Vorankommen stark und wegen des Gegenverkehrs konnten sie oftmals nicht überholen.

Während der Fuhrmann lustig trällerte, blieb Hans ausnehmend still. Immer wieder zogen ihn seine Gedanken nach Wiesenburg. Wieder und wieder zogen ihm die gleichen Fragen durch den Kopf. *„Wie wird es dort nach den zahlreichen Jahren meines Wegganges aussehen? Wie wird man mich empfangen? Wie soll ich mich zukünftig entscheiden?"*

Gleich welche Frage ihn anfocht, auf keine konnte er sich eine Antwort geben. Bedrückt stellte er fest, dass derartige Fragen ihn immer mehr belasteten, je näher er der Heimat kam.

Plötzlich riss ihn sein Fuhrmann aus seinen Gedanken heraus. Er fragte: *"Was ist heute mit dir los? So schlecht kannst du doch nicht geschlafen haben. Was ist die Ursache, dass du deine Sprache verloren hast?"* Er erkannte an der Reaktion von Hans, dass er ihn mit seinen Fragen von weit her zurückgeholt hatte. Hans schaute den Fragesteller mit glasigen und verträumten Augen an und fragte: *„Was willst du wissen?"* Der entgegnete darauf: *„Oh, oh, wohin hatten dich deine Gedanken nur verschleppt?"* Hans schwieg. Der Fuhrmann glaubte schon sein Nebenmann wäre immer noch geistig weggetreten. Da sagte Hans mit fast unhörbarer Stimme: *„Meine Gedanken eilen mir voraus. Die Fragen, die in diesem Zusammenhang auftauchen, lasten wie Steine auf meiner Seele! Meine Zukunft liegt nur verschwommen vor mir! Wie wird sich mein weiteres Leben gestalten? Das wirft in mir die brennendste Frage auf! Doch Klärungen können sich erst zuhause finden! Du kannst dir wohl vorstellen, dass meine Gedanken schwer daran hängen!"*

Auch der Fuhrmann gab nicht sofort kund, was er dachte. Nach einer Weile sagte er dann doch: *„Weißt du, ich verstehe deine Sorgen. Doch wir, ich beziehe mich da ein, schauen immer sorgenvoll in die Zukunft. Aber im Leben fügt sich im Nachherein betrachtet, doch alles so oder auch so, einigermaßen hinnehmbar. Meist haben wir zu ertragen, was uns unser Schicksal beschert. Wir glauben, nur in der Lage zu sein, selbst die richtigen Entscheidungen herbeiführen zu können. Doch, ich glaube auch, wir sind nur der Spielball in einem von uns kaum zu lenkenden Geschehen. Wir können von Glück reden, wenn wir dabei überhaupt im Spiel bleiben. Jeder Ball ist rund, und wie ist das weltliche Treiben? Gleicht das nicht einem Karussell? Das ist ebenfalls rund. Also wird sich doch auch alles weiter drehen, ob mit oder ohne uns."*

Hans entgegnete darauf: *„Ich bin zwar kaum von Schwermut geplagt, doch mitunter leide ich schon daran. Sie überfällt uns, ob wir es wollen oder nicht. Dann ist sie in der Lage, einen Menschen fast wie eine Krankheit zu lähmen."*

Langsam waren sie nahe an die große Stadt der Franken herangekommen. Hoch über der Stadt thronte die alte Burg. *„Die ist im 12. Jahrhundert als dreigeteilte Kaiserburg für Friedrich Barbarossa entstanden. Den Hauptteil benutzt der Kaiser. Ein weiterer Teil gilt als Burggrafenburg. Der dritte Teil birgt die kaiserlichen Stallungen"*, sagte sein Wagenlenker.

Die gewaltigen Türme und die riesigen, hochragenden roten Ziegeldächer mit den vielen Dachgauben[15] der Burg, machten großen Eindruck auf Hans.

Sie fuhren geradewegs auf die gewaltige Stadtmauer zu. Ein großes, geschlossenes Tor versperrte ihnen zunächst die Weiterfahrt. Zwei mit Hellebarden[16] bewaffnete Wächter und ein Büttel[17] traten, aus einer kleinen Tür kommend, an sie heran. Der Büttel kontrollierte die Waren und kassierte das Wegegeld. Auf einen Pfiff hin tat sich, in seinen mächtigen Angeln quietschend, das große Tor auf. Hart schlugen die Hufe der Pferde auf dem Pflas-

---

[15] Dachfenster mit kleiner Überdachung
[16] Hieb- und Stichwaffe
[17] Verwalter

ter auf, das sie in die Stadt hineinführte. Rumpelnd fuhr der Wagen über die groben Pflastersteine dahin.

Der Fuhrmann steuerte sein Gefährt weit in die Stadt hinein und hielt schließlich an einem Kornhaus. Der Nürnberger Stadtbaumeister M. Beheim hatte diesen mächtigen Bau erst ein Jahr zuvor fertigstellen lassen. Durch ein großes, weit offenstehendes, zweiflügliges Tor zogen die Pferde den Wagen bis an die gegenüberliegende Seite des Gebäudes. Nach kurzem Warten erschien ein Agent, der den Fuhrmann freudig mit den Worten begrüßte: *„Ich habe die Ladung von euch bereits gestern erwartet. Kannst du die Ballen zuerst abladen?"* Er deutete in eine andere Richtung. *„Dort drüben warten sie bereits darauf. Wo befinden die sich in deinem Wagen? Muss da erst Anderes ausgeladen werden?"* Der Fuhrmann schüttelte den Kopf. *„Nein."* sagte der. *„Die Ballen liegen am Wagenende. Die müssen sowieso zuerst aus dem Wagen heraus."*

Ein schriller Pfiff holte zwei Männer heran. Die räumten zusammen mit dem Kutscher den Wagen in kurzer Zeit an zwei verschiedenen Stellen leer. Hans wunderte sich, dass die Pferde ohne aus dem Geschirr genommen zu sein, so ruhig an einem Ort stehen blieben.

Dann hörte Hans, dass der Agent dem Fuhrmann für den Folgetag eine neue Ladung für Regensburg versprach. Damit wurde Hans endgültig klar, dass er sich nun um sein weiteres Fortkommen von hier selbst kümmern müsse. Dabei kam ihm auch ins Bewusstsein, wie beschwerlich, und vor allem zeitraubend, das Reisen in Deutschland ist. Wie unkompliziert konnte man da, auch über große Strecken, in Italien reisen.

Als sein Fuhrmann wieder zu ihm herantrat, sagte der zu Hans: *„Wir fahren gemeinsam in die Stallungen. Dort kannst du mit mir übernachten. Mal sehen, vielleicht kannst du mit deinem Gepäck auch bis zu deiner Weiterfahrt dort bleiben. Es könnte sogar sein, dass wir einen Fuhrmann finden, der dich weiter in die nördliche Richtung mitnimmt. Auf jeden Fall findest du dort eine weitere Möglichkeit, deine Fahrt zu Ende zu bringen. Es fragt sich halt nur, wie schnell das gelingen kann."*

Hans nahm das Angebot dankbar an, das sie gemeinsam in eine nahegelegene Stallung für Fuhrleute brachte. Im Stall, dicht bei den Pferden, war es wiederum möglich auf einer Strohschütte zu nächtigen.

Probleme gab es lediglich mit der Unterbringung von Hansens Gepäck. Niemand hatte hier eine Aufsichtsfunktion. Es herrschte ein laufendes Kommen und Gehen.

Sein Fuhrmann suchte im Rund nach einer Möglichkeit, um Hans die Weiterfahrt zu sichern. Die meisten Fuhrleute waren jedoch nicht greifbar. Entweder sie schliefen oder sie waren ortsabwesend. Sein Fuhrmann zeigte sich aber trotzdem zuversichtlich. *„Am Abend werden wir Genaueres erfahren."*, sagte er. Hans hingegen bangte.

Am Abend wurde es offensichtlich, keiner der anwesenden Fuhrleute hatte eine Ladung in die Richtung zu bringen, die sich für Hans als brauchbar erwiesen hätte.

Nun galt es einen sicheren Verbleib für sein Gepäck ausfindig zu machen. Nach etlichen Lauferein fand er den bei den „Dienenden Brüdern" der nahen Elisabethkirche des Deutschen Ordens.

Als die „Dienenden Brüder" erfuhren, dass Hans ein „Ritter des Heiligen Grabes" sei, standen ihm alle Türen offen. Sie boten ihm sofort Quartier an. Nach langem Überlegen nahm er das Angebot für den Fall an, dass er nicht gleich ein geeignetes Gefährt fände. Die anbrechende Nacht wollte er noch zusammen mit seinem Fuhrmann in den Stallungen verbringen. Es wäre wohl schnöde, dachte er, wenn er das Bemühen des Fuhrmannes einfach ignorieren würde. Außerdem hoffte er auch darauf, dass sich am Abend vielleicht doch noch sein Weiterkommen regeln ließe.

Als Hans in die Stallungen zurückkam, lief ihm sein Fuhrmann lachend entgegen. *„Du findest das Glück im Unglück."* rief er. *„Ein Unglück ist, dass du warten musst. Doch dein Glück ist, dass du übermorgen weiter vorankommen wirst. Oder hast du etwas Besseres gefunden?"*

Die Freude in Hans über das Weiterkommen war stärker als die Nachricht, warten zu müssen. Er entgegnete: *„Natürlich freue ich mich. Ich habe auch einen Platz für mein Gepäck gefunden. Wie weit kann ich nach Norden vorankommen und wer nimmt mich mit?"* fügte er nach einer Weile noch an.

„Pass' auf." sagte der Fuhrmann. *„Morgen in der Früh' fahre ich wieder zurück. Du kannst trotzdem hier bleiben. Übermorgen, ebenfalls recht zeitig, ist der dort drüben wieder hier."* Er deutete auf einen Fuhrmann, der sich mit seinen Pferden beschäftigte. *„Es ist bereits eine abgemachte Sache, der wird dich mit deinem Gepäck bis nach Bayreuth bringen. Er hat eine Ladung*

dorthin zu schaffen. Zuvor muss er aber erst noch nach Neumark fahren. Komm, wir reden noch einmal mit ihm."

Der hielt noch immer einen Hinterlauf seines Pferdes auf seinem Knie und beschaute sich den Huf. Als er die Herantretenden bemerkte, ließ er das Bein des Pferdes wieder los, trat einen Schritt zur Seite und klatschte seinem Pferd auf das Hinterteil. Hochkommend fragte er: *„Das ist wohl mein Begleiter?"* *„Ja, Ottokar.",* entgegnete der Gefragte.

„Na gut. Dann machen wir Nägel mit Köpfen.", entgegnete der Andere. Ohne Hans noch etwas zu fragen, sagte er: *„Also, übermorgen, gegen 6 Uhr steh ich an dieser Stelle und lade dich zu. Dann fahren wir, so Gott will, nach Bayreuth. Dorthin muss ich eine Wagenladung bringen. Gilt das als abgemacht?"*

Hans überlegte einen Augenblick. Dann sagte er: *„Ein Problem habe ich doch noch. Ich schlafe die Nacht zu übermorgen bei den „Dienenden Brüdern der Elisabethkirche", unweit von hier. Dorthin muss ich mein Gepäck bringen. Von dort müsste ich aus diesem Grund auch wieder aufgenommen werden. Ist das möglich? Es soll ihr Schade nicht sein. – Und damit verbunden gleich noch eine Frage."* Damit wendete er sich seinem bisherigen Fuhrmann zu: *"Kannst du meinen doch umfangreichen Besitz, ehe du deinen Wagen neu belädst, noch zur Elisabethkirche bringen?"*

Beide entgegneten lachend: *„Reiche Leute bringt man gern überall hin. Wir erfüllen dir deine Wünsche."*

Dicht beim Kornhaus befand sich eine Schänke. Dorthin gingen die zwei Fuhrleute zum Essen. Sie führten Hans mit sich. Als sie den Schankraum betraten, erinnerte sich Hans an Italien. Auch hier war der niedere Raum düster und rauchig. Man konnte kaum etwas ausmachen. Ein paar Rübölfunzeln verbreiteten qualmend nur spärliche Helligkeit. Etliche derbe Gesellen saßen an den Tischen, auf denen irdene Biertöpfe standen. Es ging lautstark im Raum zu. Krachend flogen die Spielkarten auf den Tisch und johlend ließ man die Würfel rollen. Unweit plagten sich zwei Burschen mit verzerrten Gesichtern. Sie versuchten sich gegenseitig, nur an einem Finger hängend, über den Tisch zu zerren

Hans schaute sich gut um. Dann sagte er zu seinen zwei Begleitern: *„In Italien treiben sich sogar die Mönche in solchen Kneipen herum. Sie spielen ebenfalls Karten und Würfelspiele um Geld. Meist treiben sie es noch viel bunter. Das scheint, Gott sei's gedankt, hier noch nicht der Fall zu sein."*

Einer der Fuhrleute lachte auf. Dann sagte er: *„Du bist nur nicht an der rechten Stelle. In der freien Reichsstadt Nürnberg wacht man noch über die Sitten. Gesetzesübertreter sperrt man hier schnell weg. Das weiß hier ein jeder. Doch anderwärts, dort, wo in den Klöstern Bier gebraut wird, da musst du hingehen. Du würdest vielleicht staunen, wie sich die heiligen Brüder dort benehmen. Die können über ihre dicken Bierbäuche die Füße nicht mehr sehen. Oft reicht das Zingulum[18] nicht mehr um ihren Wanst herum. Dann tragen sie ihr Kruzifixum eben in der Tasche. Ja, das Mönchsleben schafft eben eine sichtbare Sattheit."*

Es wurde ein schöner Abend. Hans hielt sich trotzdem in Allem zurück. Er konnte mit den Fuhrleuten bei weitem nicht mithalten. Der Inhalt von so manchem Bierkrug lief in sie hinein. Auch ihr Appetit brachte Hans gewaltig ins Staunen. Die Summe, die er für alle drei dem Schankwirt auf die Hand zählte, hätten etliche seiner Mahlzeiten begleichen können.

Dann legten sie sich nebeneinander aufs Stroh. Zum Schlafen kam er nicht viel. Sein neuer Fuhrmann ließ immer wieder erneut ein stürmisches Rasseln ertönen. Hans fragte sich in dieser Nacht mehrfach, wozu der diese unbändige Kraft so nutzlos verschwendete.

Schon sehr zeitig beschäftigten sich etliche Fuhrleute mit ihren Pferden. Eimer klapperten, Pferde wieherten oder rissen voller Erwartung an ihren Halteketten. Es ging arg unruhig zu. Noch völlig übermüdet stand Hans auf und wusch sich draußen an einem Brunnen.

Wieder trat ihm sein Traum vor Augen, als er vor verschlossenen Toren in Wiesenburg stand. Um ihn zu vergessen, drückte er seinen Kopf tief in den Brunnentrog hinein. Prustend kam er wieder hoch und sagte laut an sich selbst gerichtet: *„Träume sind doch nur Schäume. Hans, nun reiß' dich aber zusammen."*

Er wartete nur noch eine kurze Zeit bis der wieder nach Regensburg zurückfahrende Fuhrmann im Stall erschien. Er hatte bereits die neue Ladung auf seinem Planwagen verstaut. *„Komm Hans."* sagte er, *„Es muss alles schnell gehen. Ich habe bereits auf halber Strecke ein paar Ballen abzuladen. Die Zeit brennt mir auf den Nägeln."*

Kurze Zeit darauf war das Gepäck von Hans auf den „Hänger" geladen. Nach nur wenigen hundert Metern waren sie an der Elisabethkirche. *„Ich stelle dir*

---

[18] Gürtelschnur

alles hier vor der Kirche ab, wegbringen musst du deine Sachen dann selbst.
sagte der Fuhrmann.

Mir fehlt dazu die Zeit. Mach's gut. Vielleicht sehen wir uns einmal wieder.
Wenn nicht auf Erden, dann eben im Himmel. Du kommst sicher dorthin. Ob
mir das gelingt ist fraglich. Ich fluche manchmal zu viel, wenn mir etwas da-
neben geht. Also, es war eine schöne Zeit mit dir. Möge es dir gut gehen. Du
wirst sehen, was dich bedrückt, wird dir zur Freude gereichen. Mach's gut."

Hans hatte ihn am Abend reichlich entlohnt. Die beiden Männer hatten trotz
ihrer unterschiedlichen Stellung zueinander gefunden.

Unmittelbar nach dem Abladen trugen die eisenbeschlagenen Räder den
Planwagen ratternd über das Steinpflaster davon. Nur kurz sah Hans den Kutscher noch einmal winkend neben dem Wagen herausschauend. Dann war
der Planwagen schnell seinen Augen entschwunden.

Nun stand Hans, von seiner Habe umgeben, allein auf dem Kirchplatz. Die
Kirchenglocke hatte gerade die sechste Stunde geschlagen. Er war sich nicht
klar darüber, ob er bereits in dieser frühen Stunde bei den Brüdern anklopfen
konnte. Dann fiel ihm ein, dass die um diese Zeit wohl zur Frühmesse unterwegs waren. Es blieb ihm nichts weiter übrig, als sich auf einen seiner Körbe
zu setzen und sich zu gedulden.

Er kam sich ziemlich verloren vor. Da tauchte in ihm die Frage auf, *„Was hast*
du bisher aus deinem Leben gemacht?" Sein Bewusstsein überschlug sich
bei der Beantwortung dieser Frage. "*Du hast erfolgreich studiert. Du bist*
Doktor der Rechtswissenschaften geworden. Du bist ein – na, wenigstens –
relativ guter Christenmensch. Du hast die Welt gesehen." Plötzlich hielt er
inne. So schnell wie sein Bewusstsein aktiv wurde, fand es wieder zu einer
gewissen Ruhe zurück. Es ging ihm, als würde bei einer Uhr das Räderwerk
zerbrechen. Hans fühlte sich wie gelähmt. Überaus langsam erwachte er wieder aus seiner Lethargie[19]. Er übererlegte: *„Alles ist richtig, alles ist gut.*
Doch, habe ich bisher etwas Bleibendes geschaffen? Ich habe keine Frau,
keine Familie. Wird es nicht allerhöchste Zeit mich darum zu bemühen? Was
bleibt von einem Menschen, wenn er als Einsiedler stirbt? Genügt das, was
ich bisher vollbracht habe?"

Hans wurde aus seiner Beschäftigung mit sich selbst aufgeschreckt. Einer der
Brüder, mit denen er am gestrigen Tag verhandelt hatte, war auf den Kirch-

---

[19] Schläfrigkeit / Antriebslosigkeit

platz gekommen. Verwundert fragte der ihn, warum er so verlassen auf der Gasse verharre.

Als Hans seine Gründe vorbrachte, lachte der Mönch und sagte: *„Bruder, du kennst das klösterliche Leben nicht. Seit morgens um 4 Uhr sind wir auf den Beinen. Ich habe bereits etliche Rosenkränze*[20] *gebetet. Komm, Bruder. Ich werde dir helfen. Komm."* Zwei weitere Mönche, die noch hinzukamen, trugen Hansens Bücherlast durch die Pforte. *„Da kann alles bis zu deiner Abfahrt bleiben. Hier ist es gut verwahrt."*, sagte ihm einer der Mönche.

Dabei erfuhr er, dass sie keine Mönche seien. Er habe es mit so genannten Laienbrüdern zu tun. Sie seien allesamt aus niederen Ständen. Aus diesen Gründen gehörten sie keiner Ordensritterschaft und auch keinem Mönchsorden an. So hätten sie auch das Mönchsgelübde, das sie zu Armut, Keuschheit und Gehorsam verpflichtet hätte, nicht abgelegt. Sie bezeichneten sich selbst als die „Knappen Gottes". Ihre Verbindung würde als eine lose christliche Verbindung gelten, die sich mit dem Kreuzrittertum eng verbunden fühle. Doch sie seien eben weder Mönche noch Ritter.

Zum Abend setzte man ihm eine Schüssel vor, in der Hans eine köstliche Biersuppe mit Röstbrotstücken fand. Er sah sich eingebettet in eine wohltuende Gastlichkeit. Hans schlief seit langem wieder einmal in einem richtigen Bett. Er genoss die Möglichkeit, sich endlich auch einmal gründlich zu reinigen.

Als er am Morgen erwachte, stand die Sonne bereits über dem Horizont. *„O Weh."* durchfuhr es ihn, *„das darf dir morgen in der Früh' nicht passieren. Da fährt mir mein Fuhrmann davon, und ich schlage hier ungewollt Wurzeln."*

Auch sein Morgenmahl fand er köstlich. Es wurde ihm ein frisches, wohlschmeckende Butterbrot und eine Schüssel Grützbrei, der mit Honig gesüßt war, vorgesetzt. Nach dem Mal zog er los, um die Stadt näher zu erkunden.

Zuerst zog es ihn zum Gebet in eine Kirche. Es lag nahe, dass es die unmittelbar daneben befindliche Elisabethkirche war. Das war eine Rundkirche, die von korinthischen Säulen getragen wurde. Darin setzte er sich genau vor dem Hochaltar auf die erste Bankreihe zum stillen Gebet.

---

[20] Gebetsschnur

Danach schlenderte er durch etliche Gassen von Nürnberg. Plötzlich stand er vor dem „Schönen Brunnen" auf dem Hauptmarkt. Hans bestaunte den hochaufragenden gotischen Mittelteil des Brunnens.

Dann ging er über den Markt und auf die an seinem Rand befindliche Frauenkirche zu. Er erfuhr, dass es die städtische Pfarrkirche sei. Die war von Kaiser Karl IV. im Jahre 1349 gestiftet und zu dessen Hofkirche ernannt worden. An deren Stelle befand sich im 14. Jahrhundert eine Synagoge[21]. Die wäre samt dem angrenzenden Judenviertel in dieser Zeit zerstört worden. Die Juden wären am Niklaustag 1349 in ihren verschlossenen Häusern verbrannt worden. Man hatte ihnen den Ausbruch der Pest angelastet. Die dann darauf entstandene Frauenkirche trüge Sühnecharakter für die Niederlegung des Judenviertels.

Der Baumeister des Prager Domes St. Veit, Peter Parler, hätte die Kirche erbaut. Vom zur Marktseite zeigenden Balkon der Kirche böte der Kaiser einmal im Jahr die Reichskleinodien[22] dar. Das Herausragendste dieser Kirche wäre jedoch das „Männleinlaufen". Beim vollen Mittagschlagen der Kirchenuhr setze sich eine Mechanik der dort oben befindlichen Kunstuhr in Bewegung. Auf das Signal von zwei daran befindlichen Trompetern lasse sie die sieben Kurfürsten dreimal um den Kaiser herumlaufen. Hans erfuhr dabei auch, dass der turmartige Mittelteil des Marktbrunnens einst vom Kaiser als Turmspitze der Frauenkirche geplant gewesen sei.

Das Innere der Kirche mutete Hans schlicht an. Nur im Hochaltar befand sich ein Triptychon[23] mit der Darstellung der Kreuzigung, der Verkündigung und der Auferstehung aus den Gründerjahren.

Hans hatte sich bald müde gelaufen. Die sich nun bereits über Wochen hinziehenden Fahrten hatten seine Muskeln geschwächt.

Es ging bereits auf Mittag zu. Das „Männleinlaufen" an der Frauenkirche wollte er sich nicht entgehen lassen. Deshalb setzte er sich vor der Kirche, in Erwartung dieses Schauspiels, auf einen großen Steinquader. Hans wurde vom Durst geplagt. Doch wegzugehen lohnte sich nicht. Das Suchen nach einer Schänke, und das anschließende Verweilen darin, wäre zu zeitraubend geworden. Es war ja nicht mehr weit hin, bis zum Mittagläuten. Geduldig saß

---

[21] jüdisches Gotteshaus
[22] Machtzeichen (Krone, Reichsapfel, Zepter, heilige Lanze und Schwert)
[23] dreiteiliger Altaraufsatz

er wartend auf seinem Stein. Um ihn herum standen andere ebenso erwartungsvoll. Sie harrten wie er auf das Schauspiel.

Dröhnend schlug das Geläut an. Kaum war es verstummt, schlug die Turmuhr die zwölfte Stunde. Genau unter der Uhr setzte sich die Figurengruppe der sieben Kurfürsten in Bewegung. Sie drehte sich um den etwas erhöht sitzenden, wuchtig anmutenden Kaiser Karl IV. dreimal rund herum. Danach schloss sich ein Flügeltor und entzog die Mechanik wieder den Augen der Bewunderer.

Dieses Schauspiel veranschaulichte dem Volk, dass das Kurfürstenkollegium seit dem 13. Jahrhundert für die Wahl des Kaisers nach dem Mehrheitswahlrecht verantwortlich war.

Hans war begeistert. Selbst im kunstbeflissenen Italien hatte er Gleiches nicht zu Gesicht bekommen.

Die Suche nach einer Gaststätte trieb ihn weiter. Die fand er auch in unmittelbarer Nähe. Der Geruch von Essen stieg ihm in die Nase und zog ihn regelrecht an. Der Geruch kam aus einer Garküche. Seit kurzer Zeit hatten derartige Küchen in den Städten ihren Einzug gehalten.

Er setzte sich erwartungsvoll an einen der Tische. Schon bald brachte man ihm einen Becher Dünnbier und eine Schüssel deftige Gemüsesuppe mit viel Fleisch an den Tisch. Hans löffelte die Suppe bis aufs Letzte aus. Sie war so wohlschmeckend, das er am liebsten noch eine Portion bestellt hätte. Das unterließ er dann doch aus Gründen der Vernunft.

Am Nachmittag zog es ihn an den Pegnitzfluss. Dort legte er sich ins Gras und schaute den Wolkenbildern nach, die an ihm vorüberzogen. Zu seiner eigenen Belustigung suchte er in den Formen der Wolken nach Figuren. Eine lange Zeit lag er völlig zeitverloren. Die taumeligen Schmetterlinge um ihn herum, der Gesang der Vögel, ließ ihn die Hektik der Menschen völlig vergessen.

Als er sich wieder aufrichtete, fühlte er sich wie ein Trunkener. Es standen ihm noch Sonnenkringel in den Augen. Erst nach einer Weile fand er, dass um ihn herum alles wieder still stehe. Dabei entfuhren ihm lautstark die Worte: *„Wie wunderschön ist alles, was unser Schöpfer erschaffen hat, und wir nehmen uns nur äußerst selten die Zeit, seine Werke in uns aufzunehmen. Eigentlich müssten wir sie bewundern. Was ist uns schon ein Käferchen, eine Raupe, eine Blume? Wir halten uns allein doch für die Größten."*

Er suchte sich durch die Auen der Pegnitz seinen Weg zurück in die Stadt. Hans stand vor der gewaltigen Stadtmauer und bewunderte sie. Er hatte gehört, dass fünf bewachte, mit wehrhaften Türmen versehene Tore, den Einlass in die Stadt mit ihrer Kaiserburg gewährten.

Das Reichsgesetz der „Goldenen Bulle[24] von 1356 bestätigte, dass jeder neugewählte König seinen 1. Reichstag in Nürnberg abhalten sollte.

Wieder in der Stadt angelangt, suchte er sich seinen Weg zurück zur Garküche, um dort sein Abendmahl einzunehmen.

Gut gesättigt verließ er die Gastwirtschaft. Auf dem Weg zu seiner Bleibe kam er am gewaltigen Bau der St. Sebaldus-Kirche vorbei. *„Darin kann ich doch meine Abendandacht verbringen."* sagte sich der Planitzer. Nach kurzem Verweilen vor der Kirche betrat Hans das spätromanische Kirchenschiff durch die Marienpforte. Im Mittelschiff fiel ihm eine Marienkrönung auf.

Unter einem Baldachin[25] grüßte einer der 12 Apostel zu ihm herab. Dann schritt er geradewegs auf das „Sebaldusgrabmal" zu. Das war ein kunstvoller Reliquienschrein mit den Gebeinen des Kirchenheiligen Sebaldus. Der war ein geschätzter Volksheiliger, der um 1050 an gleicher Stelle als Eremit[26] lebte. Er errichtete hier eine Kapelle, die er St. Peter weihte. Seine Gebeine befanden sich seit 1519 in dem figurenreichen, kunstvoll gestalteten Gehäuse.

Derartige Reliquienschreine benutzte man als eine besondere Form der Heiligenverehrung. Damit holte die Kirche vor allem Wallfahrer in die Kirchen. Die kamen oftmals sogar von weit her.

Hans setzte sich im Mittelschiff auf eine Bank und hatte eine Halbplastik der Maria mit dem Strahlenkranz im Blick. Diese befand sich an einem Kirchenpfeiler. Nach einem Gebet verließ er die Kirche wieder. Er wollte sich nicht zu spät zum Schlafen legen, um am kommenden Morgen rechtzeitig abfahrbereit zu sein.

Als Hans seine Herberge betrat, empfing man ihn mit großer Unterwürfigkeit. *„Herr Ritter, ihr Abendessen ist bereits zubereitet. Nehmen Sie Platz, es ist gleich soweit."* Hans erschrak. Wie sollte er sich jetzt verhalten? Konnte er das Essen ablehnen? Er hatte geglaubt, hier eine sichere Bleibe zu haben. Dass er hier auch speisen könne, hatte er nicht für möglich gehalten. Er war der einzige Gast im Haus. Wohl oder übel ließ er alles erst einmal auf sich zu-

---

[24] Grundgesetz des Heiligen Römischen Reiches
[25] Thronhimmel
[26] Einsiedler

kommen. Eine Ablehnung wäre sicher auf Unverständnis gestoßen. Mit einem ungutem Gefühl setzte er sich auf die ihm zugewiesene Bank. Zaghaft gab er von sich: *„Ich habe aber keinen großen Hunger! Bruder, berücksichtige bitte, mir aus diesem Grund nur eine kleine Portion aufzutragen."* Der lächelte und entgegnete: *„Herr Ritter, mit dem Appetit ist das so eine Sache, der kommt meist erst beim Essen!"*

„Nein, nein." entgegnete Hans erschrocken. *„Ich fühle mich so satt, dass es mir schwer fallen wird noch irgendetwas zu essen."* Sein Gegenüber schien Hansens Rede begriffen zu haben. Er fragte: *„Sie haben wohl bereits gegessen?"* In Hans wirbelten die Gedanken durcheinander. Sollte er lügen? Nein. Er entgegnete: *„Ja, es ist zwar eine Weile her, aber ich habe in einer Garküche ein köstliches Gericht zu mir genommen. Ich wusste doch nicht, dass ich auch hier speisen kann."*

„Na ja", sagte der Herbergsdiener, *„ein wenig Platz wird sich schon noch finden. Ich werde die Schüsseln nicht so voll machen."* Dann verschwand er. Kurz darauf erschien er mit einer Schüssel Grütze, auf der eine Bratensoße schwamm.

In Hans zogen Angstzustände auf. *„Um Gottes Willen! Wer soll das essen?"*, stieß er fragend aus. Schmunzelnd sagte der Angesprochene: *„Na wer schon? Sie natürlich!"*

Nun begann sich Hans wirklich ernsthaft zu sträuben. *„Ich werde ein wenig davon essen. Gut. Doch ich bin so satt, dass ich kein Abendessen mehr in mich hineinstopfen kann. Beim besten Willen, ich kann es nicht. Und nicht so volle Schüsseln. Ich habe mich bereits satt gegessen."*

Sein Gegenüber begriff, dass Hans es ernst gemeint hatte. Er sagte nur noch leise: *"Ich habe mir so viel Mühe gegeben. Doch, wenn es wirklich nicht geht, muss ich es wohl einsehen."*

Als er so mit hängendem Kopf dastand, tat er Hans leid. Er riss sich zusammen und stocherte in der Schüssel herum. *„Mm. "*, sagte er nach dem dritten Löffel, den er zum Mund geführt hatte. Er löffelte langsam weiter und sagte: *„Es schmeckt hervorragend. Doch meine Aufnahmefähigkeit ist begrenzt. Bitte, nicht böse oder traurig sein, es geht über das Maß hinaus!"*.

Hans war glücklich. Offensichtlich zeigte der „dienende Bruder" Verständnis. Er setzte sich noch eine ganze Zeit zu Hans auf die Bank, um ihn über seine Pilgerreise nach Jerusalem auszufragen. Hans wollte sich eigentlich zur Ruhe begeben. Er erzählte lange über gute und weniger gute Erlebnisse. Der

„Bruder" nahm begierig jedes Wort von Hans auf. Schließlich bat ihn Hans, ob er am Morgen sicherheitshalber einmal nach ihm sehen könne. Er dürfe es keinesfalls verschlafen. Er müsse ja auch sein Gepäck aus der Pforte holen, ob die in früher Morgenstunde bereits offen stünde. Bruder Hannes, wie er sich nannte, nahm ihm seine Ängste. Die Pforte sei ab 4 Uhr besetzt, und er käme kurz vor der fünften Stunde, um nach ihm zu schauen. Sie wünschten sich gegenseitig eine gute Nacht und Hans legte sich befriedigt schlafen. Sofort nahm ihm der Schlaf die Gedanken.

Rechtzeitig, bevor Bruder Hannes nach ihm schaute, war Hans bereits wieder auf den Beinen. Der Herbergsbruder brachte ihm noch ein Schinkenbrot. Hans traute seinen Augen kaum. Er reichte ihm zum Abschied sogar noch eine Flasche Wein. Hans beglich seine Gebühren und gab noch ein gutes Trinkgeld dazu. Dann brachten beide Hansens Habe aus dem Haus und stellten alles auf die Gasse.

Mutterseelenallein stand Hans nun wartend vor der Herberge und hoffte darauf, dass der Fuhrmann sein Versprechen auch einhalten würde. Eigentlich hegte Hans keine ernsthaften Zweifel. Der ihm gegebene Handschlag galt doch als Versicherung. Als ihm die Gedanken daran noch durch den Kopf zogen, hörte er ein Pferdefuhrwerk nahen. Es war der von ihm erwartete Planwagen.

Rasch war sein Gepäck wieder auf dem hinten befestigten Hänger verladen. *„Mehr hätte es ja nicht sein dürfen. Es ist eine ganz schöne Last."*, sagte der Fuhrmann. Beide stiegen auf den Wagenbock und die Pferde zogen den bereits beladenen Wagen in schnellem Tempo aus der Stadt hinaus. Nur der Hufschlag der beiden Pferde auf dem harten Steinpflaster unterbrach die morgendliche Stille.

Es dauerte nicht lange, und sie hatten die Stadtmauer erreicht. Quietschend wurde das große Tor geöffnet und das Gefährt befand sich auf dem Handelsweg nach Pegnitz. Dieser Ort galt als Wegekreuz in alle vier Himmelsrichtungen. Die östliche Abbiegung führte nach Böhmen. Aus diesen Gründen war die Strecke auch stark befahren.

Der neue Landfuhrmann teilte Hans mit, dass sie am Abend in Pegnitz anlangen könnten. Er hängte jedoch gleich noch den Zusatz an: *"Wenn nichts dazwischen kommt. "*

Da Hans dieser Satz schon mehrfach zu Ohren gekommen war, fragte er ein wenig naiv: *„Was soll denn bei solch einem Fuhrmann und so gut im Futter* stehenden Pferden schon dazwischen kommen?" Der Fuhrmann schaute verwundert auf und entgegnete: *„Oh, oh, da kann viel dazwischen kommen. Das könnte zum Beispiel ein Radbruch sein. Jeder größere Stein könnte das vollbringen. Ein Unwetter kann uns den Weg ausspülen, ein Sturm uns Bäume in den Weg legen. Und nicht zu vergessen, es gibt auch nicht nur redliches Volk. Ein Überfall kann alles zunichte machen! Doch mit Gottes Hilfe stehen wir sogar das durch!"* Er deutete nach oben unter das Verdeck über ihm. Dort verbarg sich in einer offenen Tasche ein griffbereiter derber Prügel. *„Das ist mein steter Begleiter für alle Fälle!"* sagte er.

Hans begriff, so ungefährlich kann das Leben von Landfuhrleuten denn doch nicht sein. Wieder einmal hatte er geredet, ohne es genau betrachtet zu haben. Das war ihm peinlich. Er begriff, mit solch einer unüberlegten Rhetorik[27] konnte er sich selbst viel schaden. Er müsse seine Rede besser überdenken. *„Worte sind nun mal in die Welt gestellte Gedanken"*, dachte er. *„Was man damit anstellt, muss gut überlegt werden. Sie müssen bis zum Ende durchdacht sein, ehe man sie loslässt. Und für mich gilt das zukünftig ganz besonders. "*

Deshalb sagte er an seinen Fuhrmann gerichtet: *"Leute wie ich, haben doch mit dem Leben eines Landfuhrmannes normaler Weise wenig zu tun. Bitte entschuldige. Es birgt eben alles im Leben auch größere oder kleinere Gefahren. Und die euren sind wohl beträchtlich. Ich glaubte, euere Beschäftigung ist beneidenswert abenteuerlich. Ich habe nicht bis zu Ende gedacht."*

Der Fuhrmann lachte. Dann sagte er: *„Für mich ist meine Landfahrerei das Tollste, was es gibt. Ich denke kaum an die Gefahren. Und nach alter Landfahrerart muss ich sagen: >Was nicht geht, wird gefahren. Wenn das nicht geht, wird es geschoben. Wenn das alles nicht mehr geht, kann nur noch Gott, oder ein Wunder helfen. <*

Jeder Landfuhrmann weiß, dass er auf sich selbst gestellt ist. Wenn man sich das immer wieder vor Augen führt, muss man sich auch auf sich selbst verlassen können. Da bleibt einem nichts anderes übrig als seine Kräfte richtig einzuschätzen. Und prächtig ist auch, dass wir untereinander allesamt gut zusammenhalten. Ein jeder hilft dem Anderen. "

Nach einer Weile fügte er hinzu: *"Glaube mir, es ist auch immer wieder schön, einen Passagier wie dich mitführen zu können. Man hat für alle Fälle*

---

[27] Redekunst

jemand neben sich und vor allem verkürzt ein Gespräch den sich meist tage-lang dahinziehenden monotonen Trott."

Schon bald nach dem Verlassen der Stadt säumte dichter Wald beide Seiten der Handelsstraße. Die zeigte sich ausgefahren und in schlechtem Zustand. In den Fahrrinnen stand noch das Wasser des letzten Regens. Oft fanden sich seenartige, meist nicht einzuschätzende Pfützen. Der Weg war kaum breiter als zwei Wagen Raum benötigten, um aneinander vorbei zu kommen. Bei Gegenverkehr hatten die Kutscher gewaltig aufzupassen, dass sie nicht aneinander stießen oder zu weit vom Fahrweg abkamen. Schnell konnten sich dann die Wagen festfahren. Es forderte die volle Aufmerksamkeit.

Der Fuhrmann fragte Hans ganz unvermittelt: *„Hast du schon gehört, dass in Bamberg schon wieder eine alte Frau als Hexe den Feuertod erleiden muss-te? Es muss erst vor ein paar Tagen geschehen sein. Fuhrleute, die von dort kamen, haben darüber berichtet. Noch auf dem Scheiterhaufen und bereits brennend, soll die Alte ihre Unschuld heraus geschrien haben. Ist das nicht furchtbar? Da schenkt die Kirche den Menschen bereits auf der Erde das Höllenfeuer. Und etliche der Zuschauer sollen gar belustigt über ihren Jammer hinweg gebrüllt haben: „Die alte Hex, der Teufelsbraten, soll jammervoll verbrennen." Er schwieg eine Weile. Dann sagte er: „Die Alte soll der Kuh eines Nachbarn die Milch weggezaubert haben. Sie soll immer wieder gesagt haben, sie könne nicht zaubern. Auch mit dem Teufel wäre sie nicht im Bunde. Es half ihr nicht. Unter der Folter soll sie dann alles zugegeben haben. Hast du schon davon gehört?""*

Hans schüttelte den Kopf *„Nein, davon habe ich noch nichts gehört. Doch, dass man in Deutschland die Menschen nach ihrer Verurteilung lebendig verbrennt, das habe ich in Italien wohl gehört. In Italien entleibt man die Delinquenten meist vorher. Erst ihre Leichen verbrennt man hernach."*

„Na, und was hältst du davon, Menschen lebendigen Leibes zu verbrennen? Ist das nicht furchtbar? fragte der Fuhrmann. *„Wie können Vertreter der Kirche im Namen Gottes so unversöhnlich, lieblos und mitleidlos sein? Wie kann die Kirchenobrigkeit mithelfen, Menschen wegen ihres angezweifelten Glaubens zu verurteilen? Wie kann sie gutheißen, dass man sie so einem schrecklichen Tod aussetzt. Warum lässt Gott, den sie selbst als den Gott der Liebe bezeichnen, solch eine Grausamkeit zu? Wer unrecht tut muss eine Strafe erdulden. Das verstehe ich sogar. Doch die ganze Marterei, die man veranstaltet? Würde die Obrigkeit selbst der Marter ausgesetzt, sie würde schnellstens alles gestehen!"*

Hans war das Thema, das man doch auch der Juristerei anlasten müsse, nicht angenehm. Er begriff sofort: *„Jetzt muss ich besondere Vorsicht walten lassen. Ich darf mich um Gotteswillen nicht als einen Vertreter der Juristerei offenbaren."* Aus diesem Grund versuchte er dem Gespräch schnell eine andere Richtung zu geben. Das gelang ihm jedoch nicht sofort. Hans merkte, wie stark die Gedanken des Fuhrmanns sich an diesem bitteren Geschehen festgebissen hatten.

In unmittelbarer Nähe des Pegnitzflusses führte sie ihr Weg immer wieder direkt an eine seiner zahlreichen Flussschleifen hinan. Dann wieder verdeckte ihnen dunkler Wald eine ganze Weile völlig die Sicht darauf. Hin und wieder lugten bizarre Felsbildungen über die Baumwipfel hinaus. Hans muteten ihre Felskuppen oftmals wie Burgruinen an.

Er sah in kurzer Entfernung eine Rotte Sauen den Weg kreuzen. Das veranlasste ihn auszurufen *„Hier würde es sich lohnen zu jagen."*

Darauf entgegnete sein Wagenführer: *„Um Gotteswillen. Nein. Da würden wir wohl des Jagdfrevels angeklagt und müssten bei Wasser und Brot tief in einem Hungerturm schmachten. Oh, oh, die Jagd ist wohl dir und mir nicht vergönnt. Wer von uns darf denn das schon? Da müssten wir schon zur hochnoblen Ritterschaft gehören. Dazu gehören wir beide doch leider nicht. Aber für die lohnt sich die Jagd schon. Die Wälder hier sind sehr wildreich."* Hans erschrak. Nun schwieg er beharrlich.

Gäbe er seine Ritterschaft zu, könne es gar sein, dass ihn sein Fuhrmann vom Bock jagen würde. Er begriff, auch dieses Gespräch müsse er in eine andere Richtung leiten.

Hans hatte Glück, der Fuhrmann führte seine Rede nicht weiter. Zu seiner Person wollte er sich keinesfalls offenbaren. Doch lügen wollte er auch nicht. Bangen Gemütes dachte er:*„ Ich muss gewaltig auf der Hut sein. Hoffentlich geht das gut. Ich darf mich nicht verraten."*

Diese Befürchtungen veranlassten Hans, die Gespräche nach seinen Vorstellungen zu lenken. Das hatte er gelernt. Bei seinen Studenten hatte er auch die Gespräche geführt.

Nach dem nächsten Überholmanöver lobte Hans die Geschicklichkeit seines Fuhrmannes. Überschwänglich pries er sein überaus geschicktes Manövrieren mit Wagen und Pferden. Die Bewunderung bewog den Kutscher auf seine jahrelange Erfahrung als Landfuhrmann zu verweisen. Er schwärmte davon, viel von Pferden zu verstehen. Das gäbe ihm die Möglichkeit auch gut mit ihnen umzugehen. Er erzählte, dass er schon als kleiner Junge von seinem Vater, der ebenfalls Landfuhrmann war, mitgenommen worden sei.

Hans hatte es geschafft! Er hatte seinen Fuhrmann in die Richtung gelenkt, in die er ihn haben wollte. Der redete ohne weiter Fragen zu stellen und Hans hörte nur zu. Der Fuhrmann hörte gar nicht mehr auf, zu erzählen. Hans begriff aber auch, dass dessen Leben beileibe nicht ohne Gefahren abgelaufen war. Er erzählte: „*Vor zwei Jahren wurde ich doch auf der gleichen Strecke von Pegnitz nach Bayreuth von einer ganzen Handvoll Strauchdiebe überfallen. Plötzlich brachen aus den Gebüschen links und rechts des Weges wie ein Rudel Wölfe fünf wild johlende Männer heraus. Meine Pferde scheuten. Mein Sattelpferd stieg auf und brauste los. Ich konnte nicht mehr auf die Lumpriane achten. Meine Pferde, ja, ich hatte nur noch meine Pferde im Sinn. Um Gotteswillen, denen durfte nichts passieren. Ich hielt die Zügel in den Händen, ich weis nicht wie. Solange sie nicht nach links und rechts ausbrachen, ließ ich sie laufen. Schließlich verfielen sie vom wilden Galopp in einen gemäßigten Trab. Gutes Zurufen half sie langsam wieder zu beruhigen. Ich wusste nicht, wie weit ich mich von den Räubern entfernt hatte. Als ich meine Pferde zum Stehen gebracht hatte, sah ich mir meinen Wagen an. Einer von den Lumpen war hinten aufgesprungen, das hatte ich noch bemerkt. Doch ich konnte nichts von ihm entdecken. Nur der hintere Wagenschieber war weg und auch Etliches der Ladung war verschwunden. Hatte der Lumpensack sie abgeworfen? War die Fracht während der Teufelsfahrt verloren gegangen? Noch heute rätsele ich herum, wie es wirklich gewesen sein mag.*“

Er sog seine Atemluft hörbar tief ein, dann sprach er weiter: „*Am Wagen war sonst alles heil geblieben. Nun befürchtete ich, die Lumpen könnten weiter hinter mir her sein. Sie waren zwar nicht mehr zu sehen, doch es war ihnen auch nicht zu trauen. So schnell wie möglich setzte ich meine Fahrt fort, immer mit der Angst im Genick, sie könnten mich wieder einholen. Ich war schweißgebadet, das kannst du mir glauben. Seit dieser Zeit habe ich mir meinen „Gehilfen“ zugelegt. Schau, ein Schlag damit reicht. Treffe ich gut, dann wachsen auf deren Köpfen keine Haare mehr. Ich hau' sie zu Kraut und Rüben. Mindestens auf eine der Verbrecherrüben habe ich es dann abgesehen. Du siehst, meine Pferde haben mir damals bestimmt das Leben gerettet. Wären sie nicht durchgegangen und hätte ich sie nicht während der wilden Jagd halten können, wer weiß? Ich würde wohl heute die Welt aus einer Etage tiefer anschauen.*“

Der Fuhrmann hatte Hans mit seiner Erzählung voll gebannt. Mehrfach hatte Hans vor Erregung die Luft angehalten. Er brauchte eine Weile, ehe er sagte: *„Mein Gott, da hattest du aber unverschämtes Glück. Auf deinem Wagen fuhren wohl ein paar Engel mit. Und ich glaubte, dein Leben ist traumhaft. Ich dachte, du siehst die Welt, fährst durch die Natur, lernst Länder und Menschen kennen. Ich habe nicht daran gedacht, wie habgierig und wie hemmungs- und rücksichtslos Menschen sein können."*

„Ja.", sagte der Fuhrmann darauf, *„Man muss mit Vielem rechnen. Nach diesem Ereignis habe ich mir einen Wolfshund angeschafft. Der war bis vor kurzem mein treuer Wegbegleiter. Leider ist er mir gestorben. Der Hund hat ebenfalls einen Raubzug von mir ferngehalten. Zwei Lotterburschen wollten mich ausnehmen. Leo, mein Hund fletschte die Zähne und sprang furchterregend auf die Lumpen zu, da suchten sie im Dickicht des Waldes das Weite. Dass dem Hund nichts passierte, pfiff ich ihn zurück. Du siehst, ganz ungefährlich ist meine Tätigkeit nicht. Und schwer ist sie außerdem. Wahrhaftig, leicht ist sie wirklich nicht. Man muss tüchtig zupacken können und sich in jeder Situation auch zu helfen wissen. Na ja, wer hat es denn leicht in diesem Leben? Da muss man schon ein Hochwohlgeborener sein, dann mag das Leben schon erträglich sein."*

Um den Verlauf zu stoppen entgegnete Hans nur *„Ja, ja."*

Jeder der beiden Männer hing eine Zeitlang seinen eigenen Gedanken nach.

Um sie herum dehnte sich, soweit die Augen blicken konnten, nur Wald. Neben ihnen rauschte das Wasser der Pegnitz. Führte sie der Weg dicht an den Fluss hinan, sahen sie, dass mehrfach große Gesteinsbrocken seine Wasser wild aufschäumen ließen. Wenn sie nicht umflossen werden konnten, ergoss sich das Wasser hoch aufspritzend über sie hinweg. Am Ort Hersbruck waren sie vor langer Zeit seitlich vorbeigezogen. Kurz nach Mittag erreichten sie die zahlreichen Flussschleifen der Pegnitz bei Velden.

Auf einer Lichtung nahe dem Gewässer hielt der Wagenführer an. Er löste die Richtscheite vom Wagen und zog sie über die Pferderücken. Danach nahm er sie von der Deichsel und führte sie zum Tränken an den Pegnitzrand. Dabei hielt er sie straff am Zügel, dass sie nicht ins Wasser stiegen. Nach kurzer Rast wurde wieder angespannt und die Reise ging weiter.

Als sie beide wieder auf dem Bock saßen, sagte der Fuhrmann: *„So, die Hälfte unserer Tagesreise bis nach Pegnitz haben wir hinter uns gebracht. Da werden wir wohl auch die andere noch schaffen."*

Hans war müde geworden. Deshalb sagte er: *„Ich lehne mich ein wenig in meine Ecke zurück. Mir zieht es die Augendeckel zu. Nur mit Mühe kann ich sie offen halten. Nimm es mir nicht übel, ich versuche ein wenig zu schlafen."* *„Schlafe ruhig ein wenig."* sagte der Kutscher. *"Hältst du die Augen auf, siehst du auch nur den Wald."*

Es dauerte nicht lange, und Hans war eingeschlafen. Der Fuhrmann ließ ein paar Mal seine Peitsche knallen. Hans nahm es nicht mehr wahr.

Als Hans verträumt wieder aufwachte und zur Seite schaute, blickte er immer noch auf die seitlich an ihnen entlang fließende Pegnitz. Als er sich aufgerichtet hatte, begrüßte ihn der Kutscher spaßig mit: *„Guten Morgen. Haben der Herr glücklich geruht?"* Die Begrüßung machte Hans sofort wieder hellwach. Hans reagierte nicht auf die Begrüßung, sonders er fragte gleich: *„Wie weit sind wir denn vorangekommen? Habe ich lange geschlafen? Sind wir bald an unserem Ziel angekommen?"* Die gehäufte Fragestellung war von Hans als Ablenkung gedacht.

Prompt antwortete der Fuhrmann: *„Wir sind in der Fränkischen Alb angekommen. Genauer gesagt, wir durchfahren einen Teil des Veldensteiner Forstes. Ein Stück unseres Weges liegt schon noch vor uns. Du hast wirklich tief geschlafen. Dass wir Neuhaus durchfahren haben, hast du nicht einmal bemerkt. Ich denke, in einer guten Stunde könnten wir unser heutiges Ziel erreicht haben. Das liegt noch außerhalb von Pegnitz. So wird es auch etwas früher für uns erreichbar. Absteigen werden wir in einer Gastwirtschaft, um dort die Nacht zu verbringen. In einem Hintergebäude bleiben die Pferde. Der Gastwirt hat sich voll auf die Landfahrer eingestellt. Auch mit dem Essen und dem Übernachten hat er sich ganz darauf ausgerichtet. Seine bäurischen Gerichte sind gut und preiswert. Auch die Übernachtung kannst du dir sicher leisten. Ich selbst schlafe bei meinen Pferden. Und, wenn wir morgen in der Frühe wieder starten, könnten wir kurz nach der Mittagsstunde in Bayreuth eintreffen."*

Um ein Haar hätte Hans gesagt, dass er ebenfalls mit ihm in den Stall ginge. Doch dann bremste er sich. Seine Gedanken machten einen regelrechten Überschlag, als er sagte: *„Das ist ja schön."* Das hatte er gerade noch so zustande bracht.

Hans sagte plötzlich: *„Ich weiß nicht, der ganze Weg von Nürnberg bis nach Bayreuth scheint nur durch den Wald gehauen zu sein."*

Sein Nachbar drehte sich ein wenig zu ihm hin und sagte: *„Na klar, es ist so. Noch vor einhundert Jahren gab es hier fast kein Durchkommen. Nur schmale Pfade führten durch den Wald. Kaum einer wollte ihn betreten. Nur Berittenen war das Durchkommen möglich. Und wer war schon beritten? Natürlich die Ritter. Bauern hätten nur auf einer Kuh reiten können, und die hätte man ihnen weggenommen, wenn man ihnen begegnet wäre."*

Hans schlussfolgerte aus den Gesprächen, dass das einfache Volk keinesfalls auf der Seite des weltlichen oder geistlichen Adels stand. Die bisher so sicher von ihm geglaubte Reichsordnung schien ins Wanken geraten zu sein. Dass der weltliche Adel den Bauern, die von ihm abhängig waren, nicht ans Herz gewachsen war, leuchtete ihm ein. Die Bauern standen an der niedersten Stufe der Gesellschaft, obwohl sie für die Ernährung aller zu sorgen hatten. Aus Gründen der Forderungen, die ihre Lehnsherren an sie stellten, konnten sie die nicht lieben. Doch, wenn das Volk sich auch mit den Vertretern des Glaubens nicht mehr zurecht findet, dachte er, da müsste man doch wohl aufhorchen.

Hans sah ein unlösbares Problem heraufdämmern. *„Würde wirklich eine gängige Lösung gefunden"*, dachte er, *„dann ganz sicher keine friedliche. Früher oder später müssen wenigstens Versuche gemacht werden, irgendwie wieder zueinander zu finden. Das müsste doch im ureigensten Interesse vor allem der Geistlichkeit liegen. Nur mit deren bedächtiger Hilfe könne das wohl ermöglicht werden. Doch, da muss die hohe Geistlichkeit schon zurückstecken. Sie müsste halt wieder zum Vorbild für die Menschen werden. Nur Bibelworte vortragen, ohne selbst danach zu leben? So wird sie die Menschen wohl nicht hinter sich bringen können."*

Hans stutzte. Dann sagte er sich: *„In mir kommt mein Querdenken wieder hoch."* Leise und ganz unbedacht sagte er vor sich hin: *„Reiß' dich ja zusammen Hans."*

Die Worte von Hans hatte sein Nebenmann nicht richtig verstanden. Deshalb fragte er: *„Was hast du gerade vor dich hin gesagt?"* Hans entgegnete: *„Ach, es war belanglos. Ich sprach nur mit mir selbst."* Der Fuhrmann ließ nicht locker. Er sagte: *„Dann geht es mit dir aber bereits ganz schön bergab. Wenn es schon soweit ist, dass du mit dir selbst redest, dann nimm einen Griffel*[28]*. Schreibe deine Gedanken auf. Vielleicht findest du später sogar Antworten*

---

[28] Stift

darauf. Das sind deutliche Zeichen der Einsamkeit. Doch vertreiben kann du sie so auf keinen Fall."

Nach einer Weile kam die von Hans so gefürchtete Frage: *„Was treibst du eigentlich so in deinem Leben? Womit bestreitest du dein Leben? Ein Bauer bist du jedenfalls nicht, das sieht man an deinen Händen. Aber ein Handwerker wirst du wohl auch nicht sein. Deiner geschliffenen Rede wegen tippe ich auf einen Kaufherrn. Habe ich Recht, bist du so etwas in dieser Richtung?"*

Hans kämpfte mit sich selbst. Dann sagte er: *Weißt du, ich bin ein Schreiberling. Ich beherrsche das Latein und deshalb bin ich ein gefragter Mann."* Der Fuhrmann entgegnete darauf: *„Siehst du, da hast du einen großen Vorteil. Hast du das auf einer Klosterschule gelernt?* – Ehe Hans eine Antwort darauf geben konnte, redete er weiter und sagte: *„Da hast du aber Glück gehabt. Dazu sind die Klosterbrüder gerade noch zu gebrauchen. Sie halten ja alle Wissenschaften in ihren Händen."* Dann trat eine lange Pause ein.

Danach sagte der Fuhrmann: *„Hab' ich mir's doch gedacht. Du bist etwas Besonderes. Nicht so einer, wie wir. Wer soviel Bücher mit sich herum schleppt, muss das doch sein."* Hans schaute verblüfft hoch und fragte: *„Woher weißt du, dass ich Bücher im Gepäck habe?* Sein Gegenüber lachte und entgegnete: *„Glaubst du, das wir uns nicht gegenseitig verständigen? Wir wollen wissen, mit wem wir es zu tun haben. Jeden nehmen wir nicht mit."*

Hans war erleichtert und der Fuhrmann gab Frieden. Er selbst hatte nicht gelogen und sich trotzdem nicht offenbart. Angst vor einer weiteren Aufdeckung seiner Person brauchte er wohl nun nicht mehr zu haben. Was er wirklich war, hatte ihm sein Vorgänger offensichtlich doch nicht verraten. Dann ergriff der Fuhrmann wieder die Rede. Ganz unvermittelt sagte er: *Weißt du, mir geht es gut. Ich bin zwar nur wenig zuhause, doch meine Familie kann gut von meinen Einkünften leben. Nur meinen Pferden darf nichts passieren, Sie verdienen mir eigentlich das Geld. Reparaturen am Wagen kann ich auch begleichen. Doch ein Pferd ist teuer. Deshalb steht zuhause eine Stute mit einem Einjährigen. Nächstes Jahr lasse ich die Stute wieder zu. Wenn ein weiteres Fohlen hinzukommt ist das, als hätte ich ein Vermögen auf der Kante[29].*

Meine zwei Buben werden wohl auch einmal meiner Beschäftigung nachgehen. Noch sind sie zwar nicht flügge genug, doch in zwei Jahren werde ich den Ältesten sicher mit auf die Strecke nehmen. Seine Mutter hat aber Angst.

---

[29] in der Rückhand haben

Sie glaubt, es wäre zu gefährlich für ihn. Doch, wer nichts wagt, der gewinnt halt auch nichts und die Handwerker sagen: >Übung macht den Meister<.

Plötzlich richtete er sich mit der Frage an Hans: *„Hast du auch Frau und Kinder?"* Hans entgegnete darauf: *„Nein. Aber ich trachte danach. Ich hoffe darauf auch bald eine Familie gründen zu können. Hoffentlich kann ich auch einmal Söhne mein Eigen nennen."*

Der Fuhrmann fuhr hoch, stellte sich auf die Beine und rief: *„Schau. Dort vorn lichtet sich der Wald. Bald entlässt er uns ganz und gar. Wir steuern auf Pegnitz zu. Nicht lange, dann sind wir an unserem heutigen Ziel."* Über dem Ausruf des Fuhrmannes war die Antwort von Hans völlig untergegangen.

Bald gelangten sie aus dem Wald auf offenere Fluren. Ihr Weg führte sie inmitten abgeernteter Felder geradewegs auf eine in der Ferne sichtbare Ortschaft zu. *„Dort vorn, siehst du, da liegt Pegnitz. Gleich haben wir unsere Fahrt geschafft."* rief der Fuhrmann. Er ließ seine Peitsche knallen und die Pferde setzen sich in leichten Trab. Fröhlich pfiff der Fuhrmann durch die Zähne. War es eine Melodie? Hans konnte nicht ausmachen, was er pfiff. Falsch oder richtig? Seine Pfiffe förderten sein Befinden ganz sichtbar.

Vor den Toren der Stadt hielten sie an einem alten, schindelgedeckten Haus. Auf einem Brett über der Tür stand: „Schankstube an der Linde".

Der riesige Lindenbaum vor dem Haus war also der Namensgeber. *„Hier spannen wir aus und hier bleiben wir. Ein wenig bin ich hier auch zuhause"*, sagte der Fuhrmann, während er bereits vom Bock stieg. Es dunkelte schon, die Sonne verzog sich gerade blutrot hinter den Horizont. Ein leichter Wind schien das Sonnenlicht auszupusten.

Der Kutscher hatte nicht übertrieben. Kaum war er ein paar Schritte in Richtung des Hauses gegangen, umringte ihn bereits eine Herde Kinder unterschiedlichen Alters. Sie streckten die Hände nach ihm aus und riefen wild durcheinander.

„Es ist schön, dass du wieder gesund bei uns bist." sagte eine fast erwachsene Dirn[30]. Dabei fiel sie ihm um den Hals. Hans stutzte, er war erstaunt. Nach allem, was er erfahren hatte, konnte sie nicht sein Liebchen sein. Viel später erfuhr er, dass sie sein Patenkind war. Die zehn Kinder der Wirtsfamilie sprangen und alberten um den Fuhrmann herum. Das zeigte, dass die Kinder alle mit ihm verbunden waren und er die Kinder mochte.

---

[30] Mädchen

Hans wurde schnell in ihr Leben einbezogen. Obwohl es für ihn ungewohnt war mit Kindern umzugehen, bemühte er sich ebenfalls um sie. Bald schon sahen sie in ihm einen lustigen Oheim[31].

Dann kam die Wirtsfrau und reichte zur Begrüßung jedem ein bauchiges Waldglas[32]. Das war mit selbstgebrautem Bier gefüllt. Dem Gasthaus war vor Jahren das Privileg des Bierbrauens und auch der Ausschank von Branntwein zugesprochen worden. Das Ehepaar betrieb nebenher einen so genannten „Zuspanndienst". Ihre Ochsen halfen hinzugespannt, allen schwerbeladenen Fuhrwerken, einen nahegelegenen Berg hinauf zu kommen. Aus diesen Gründen waren ihnen die Privilegien[33] zugesprochen worden. Besonders der Branntweinausschank wurde nur äußerst selten zugesprochen.

Die auffallend hübsche, aber ebenso freundliche Wirtin, bat nur um ein wenig Geduld. Bald stünde das Abendmahl auf dem Tisch. Hans fühlte sich bereits nach kurzer Zeit sehr wohl in dem Haus. Er glaubte sich hier gut aufgehoben.

Auf einem Brett trug man dampfende Holzschüsseln aus der Küche herein. Darin fand sich Haferbrei mit Apfelscheiben. Danach trug man kalten Braten auf und legte einen Laib frisches Brot dazu. Auch eine Schüssel mit Griebenschmalz und ein Salznapf standen bereit. Eins der Kinder brachte noch einen Krug mit Bier.

Dann wurden die beiden Gäste zu Tisch gebeten. Das Ehepaar setzte sich ebenfalls dazu. Als die Kinder noch hinzukamen wurde denen klar gemacht, wenn Erwachsene miteinander sprechen, haben Kinder still zu sein. Das brachte es mit sich, dass sie sich bald wieder verzogen. Nur zum Gutenachtsagen kamen sie noch einmal. Gleichzeitig verabschiedeten sie sich ganz herzlich von ihrem Oheim und von Hans. Der Fuhrmann drückte jedem der Kinder noch eine Pfennigmünze in die Hand und ermahnte sie, das Geld zu sparen. Seine Patentochter verabschiedete sich wieder mit einer Umarmung. Es wurde ein schöner Abend. Bis nach Mitternacht saßen sie noch zusammen. Erzählt wurde von Gott und den Plagen der Welt.

Über das Wetter kam man zur Ernte und dass man damit in diesem Jahr zufrieden sein könne. Daran schloss sich ein Gespräch über die steuerlichen Belastungen an. Der Wirt beklagte, dass die Kirche jetzt schon Seiger[34] und

---

[31] Onkel

[32] Grünglas

[33] Vorrechte

[34] Uhr

Glockengeld fordere. Vor zwei Jahren hätten sie bereits ein sogenanntes Stuhlgeld eingeführt.

Belastet wurde die Stimmung, als die Wirtsleute davon berichteten, dass in Bamberg und in Forchheim wiederum Ketzer und Hexen den Feuertod erleiden mussten. *„Was glaubst du, Gevatter[35], warum widersetzt sich der Papst den Dominikanern und den Franziskanern nicht, die sich so toll als Ketzerjäger betätigen. Die beiden christlichen Orden tun sich doch damit besonders hervor. Doch die christliche Nächstenliebe haben sie dabei völlig vergessen. Sie gieren nach Anbetern des Teufels, die es in den Mengen ganz bestimmt nicht gibt. Nun hat einer von diesen Mönchen sogar Zeit gefunden, ein Buch zu schreiben. Darin tut er kund, auf welche Weise man hinter die Schliche der Ärmsten käme. Der „heilige Mann" gibt darin an, wie man mit Hexen umzugehen hat.*

„Hexenhammer" soll der Diener Gottes sein Buch nennen. Schmerzen und Qualen sollen zur Läuterung der Sünden angewandt werden, weil Jesus die vor über tausend Jahren auch zu ertragen hatte. Was denken die sich noch alles aus?"

Der Fuhrmann fragte zurück: *„Werden die Herren Kardinäle, die Erzbischöfe und Bischöfe nicht auch wie wir von so manchen Zweifeln befallen? Sind dann deren Gedanken nicht auch ketzerisch? Hast du schon einmal davon gehört, dass einer von denen sein Leben auf dem Scheiterhaufen beenden musste? Ich sage dir, die stellen sich nur als unfehlbare Wesen dar. Denen geht es nicht ans Fell. Nur ihre Untergebenen, die haben sie am Wickel. Sie lassen ihr Leben von uns tragen und trotzdem lassen sie uns bitter leiden."*

Hans horchte auf und folgerte aus den Gesprächen: *„Es hat sich so Manches geändert. Die einfachen Leute haben zu denken begonnen. Und man kann ihnen nicht einmal nachsagen, dass sie falsch denken. Noch offenbaren sie sich nicht lautstark in der Öffentlichkeit. Geschieht das, dann oh, oh. Die Macht der Kirche scheint gewaltig angekratzt zu sein. Wenn ihre Oberen nicht aufpassen, wird sie wohl in die Brüche gehen."*

Hans bat darum ihn zeitig genug zu wecken. Branntwein hatte er nicht mit getrunken. Doch als er sich erhob, verspürte er, dass das genossene Bier Wirkung hinterließ. Ihm war die Gewalt über seine Beine etwas aus den Fugen geraten. Als das die Anderen bemerkten, schmunzelten sie. Hans hingegen stieg etwas kleinlaut die Treppe hinauf, um sein Bett aufzusuchen.

---

[35] Taufpate

Er erwachte erst, als er das Klopfen an der Tür vernahm. Der Wirt rief: *„Aufstehen. Bald wird weiter gefahren werden."* Verschlafen entgegnete Hans *„Ja. Ich komme gleich."* Er erschrak über seine dumpfe Stimme Mit den Worten *„Zum Teufel noch mal. Hab' ich's doch verschlafen."* fuhr er aus dem Bett. Alle seine Handlungen liefen in höchster Geschwindigkeit ab. Zum Erstaunen der Wirtsleute stand er kurze Zeit darauf bereits reisefertig vor dem Gasthaus.

Als der Wirt das bemerkte, sagte er: *„Na, na. Wir schicken doch unsere Gäste nicht weg, ohne dass sie etwas im Magen haben. Erst wird das Morgenmahl noch eingenommen."*

Hans wollte die Gaststube betreten, doch man führte ihn in die Küche. Dort war sein Fuhrmann bereits beim essen. *„Komm, sagte der, Viel hab' ich dir nicht mehr übriggelassen. Dir verbleiben nur noch die Krümel auf dem Tisch. Die kannst du vielleicht noch zusammenraffen."* Dabei lachte er über das ganze Gesicht. Hans erwiderte ebenfalls lachend: *„So ist das, wer es verschläft, bekommt eben nur noch den übrig gebliebenen Rest."*

Bald stand ein Teller mit süßem Haferbrei vor ihm. Brot, Butter und Käse standen bereits auf dem Tisch.

„Unsere Kinder sammeln das Jahr über alle nur möglichen Pflanzen. Die trocknen wir und meine Frau verwendet sie als Morgentee. Den kannst du haben. Du kannst aber auch Bier trinken", sagte der Wirt.

Hans schüttelte den Kopf. *„Nein, nein, Bier? Nicht schon wieder Bier. Ich habe noch immer einen schweren Kopf. Der stammt noch von gestern Abend her. Ich trinke lieber den Kräutersud[36]."*

An diesem Morgen hatte es der Fuhrmann arg eilig. *„Heute Morgen kann ich mir Sitzfleisch[37] nicht leisten"*, sagte er. Er hatte sogar die Pferde bereits angespannt. Als sie sich von der Wirtsfamilie verabschiedeten, reichte ihnen die Wirtin noch Brot und Wurst. Sie hatte die Wegzehrung in ein Stück Tuch eingeschlagen. Dann ging alles ganz schnell. *„Danke und bleibt gesund. Grüßt die Kinder noch einmal von mir."* rief der Fuhrmann. Der Wirt entgegnete: *„Halte die Ohren steif Gevatter. Bis zum nächsten Mal. Viele Grüße an die Deinen."* Und schon zogen die Pferde an.

Der Fuhrmann saß lange Zeit einsilbig auf dem Bock. So schweigsam kannte ihn Hans gar nicht. Er versuchte ihn zum Reden zu bringen. Auch auf Fragen

---

[36] Aufguss
[37] sitzen bleiben

gab er nur ganz knappe Antworten. Hans wusste nicht, wie er mit ihm dran war. Hing es mit dem Aufenthalt bei den Wirtsleuten zusammen? Hatte er unbedacht etwas ausgeplaudert?

Hans fühlte sich unsicher. Der Zustand seines Fuhrmannes verbesserte sich nicht. Es wurde eher noch schlimmer. Das veranlasste Hans, den Fuhrmann über sein Verhalten zu befragen.

„*Hör mal.*" begann er, „*Fehlt dir was oder hab' ich etwas falsch gemacht?*" Als Antwort kam nur: „*Ach i wo. Es ist schon gut.*" Das beunruhigte Hans noch mehr. Er öffnete den Mund und sagte, „*Bin ich an deiner Stim...*" Der Fuhrmann unterbrach seine Rede und sagte: „*Bitte. Lasse mir bitte nur ein wenig Zeit.*"

Längst fuhren sie wieder durch ein dichtes Waldgebiet. Es ging bereits auf Mittag zu. Auf einmal hielt der Fuhrmann seinen Wagen an. Er gab Hans die Zügel in die Hand und sagte fast schroff: „*Gib Obacht.*", dann stieg er ab. Er ging um den Wagen herum. Damit geriet er Hans völlig aus den Augen.

Hans hielt die Zügel krampfhaft in den Händen. Er wusste nicht, was er von Alledem denken sollte. Es blieb ihm nur darauf zu warten, was da folgen würde. Die Ungewissheit machte aus der Zeit eine Ewigkeit. Er fühlte sich wie taub. Endlich tauchte der Landfuhrmann wieder auf. Er stellte sich vor seine Pferde, redete mit ihnen und tätschelte ihre Hälse. Dann kletterte er wortlos wieder zu ihm auf den Bock.

Hans kam der Fuhrmann bleich vor. Deshalb fragte er: „*Fühlst du dich nicht wohl, bist du gar krank?*" Ohne ein Wort zu verlieren schüttelte der nur lächelnd den Kopf. Als wäre nichts gewesen fuhren sie eine Weile weiter. Doch zwischen beiden kam keine Rede auf.

„Brrrh.", rief sein Wagenführer auf einmal und brachte den Wagen erneut zum Stehen. Dann wendete er sich Hans voll zu und sagte mit nach unten gerichtetem Blick: „*Jedes Mal, wenn ich hier vorbeikomme, treiben meine Gefühle mit mir Schindluder. Hier ist die Stelle, wo die Halunken mich damals überfallen haben. Es tut mir leid, dich verängstigt zu haben. Entschuldige.*" Er unterbrach seine Rede und wischte sich verdächtig über die Augen. Eine ganze Weile verstrich, ohne dass ein weiteres Wort fiel. Dann sagte er "*Glaube mir, wenn ich genügend Geld zur Verfügung hätte, würde ich aus Dankbarkeit hier ein Kapellchen errichten lassen.*" Wieder entstand eine lange Pause. „*Verstehe es bitte recht, nun kann ich es dir ja reinsten Gewissens sagen, ich habe dich aus diesem Grund ganz besonders gerne mit auf diese*

Fahrt genommen. Ich bin zwar ein gestandener Mann und trotzdem, immer, wenn ich hier vorbeikomme, friert es mich. Da kann Sommer oder Winter sein!"

Dann rief er:*" Schau nach diesem Stein. "*, Er deutete auf einen am Wegsaum liegenden großen Stein. *" Den habe ich dahin geschleppt. Genau hier habe ich meine Pferde damals zum Halten gebracht. Und dort hinten, als ich vom Bock gestiegen bin, kamen die Halunken aus dem Wald. "*

Nun zeigte er sich wie umgewandelt als er sagte: *"So, nun kann ich wieder der sein, den du kennst. Alles liegt wieder einmal hinter mir. "*

Plötzlich fing er an zu summen. Das ging schließlich in einen Sprechgesang über. Dabei murmelte er es mehr, als dass er es aus sich heraus brachte: *" Wie alt kann man wohl werden, hier auf uns'rer verdammten Erden? Das bleibt uns unberechenbar. Das ist Wirklichkeit und einzig wahr. Wenig oder viele Jahre, dass es der Mensch erfahre, erst wenn Gott es wirklich will, steht unser Leben wieder still. "*

Hans spitzte gewaltig die Ohren. Er wollte sich doch nichts von dem monotonen Singsang entgehen lassen.

Das Geschehen hatte Hans ebenfalls gepackt. Eine lange Zeit schwieg auch er. Hans zeigte volles Verständnis für die aufgewühlte Gemütsbewegung seines Fuhrmannes. Er hatte miterlebt, wie schwer diese Geschehnisse den starken Mann noch nach etlichen Jahren belasteten.

Nach einer Weile glättete sich der bedrückende Zustand. Lustig ließ der Fuhrmann seine Peitsche knallen. Dann sagte er zu seinem Sattelpferd: *" Na Brauner, du bist schon ein Prachtkerl. Dir verdanke ich sicherlich mein Leben."* Eine lange Zeit sprach er noch mit seinen Pferden und lobte sie. Dazwischen pfiff er auch manchmal wie ein übermütiger Junge einfach vor sich hin.

Zu Hans sagte er irgendwann: *" Weißt du, so bedrückend diese Gegend hier auf mir lastet, so beglückt bin ich immer wieder, wenn ich an der Stelle des Überfalles vorüber bin. Das weckt alle meine Lebensgeister und ich fühle mich als großartigen Sieger.*

Ich weiß, jeder erwachsene Mensch trägt sein Leben lang irgendwelche Male mit sich herum. Es kommt halt darauf an, wie schwer sie drücken. Erscheinen sie uns im Traum, dann muss man sehen, dass man sie sich vom Leib schüttelt. Doch, du siehst es an mir, wie schwer das ist. "

Bald erreichten sie eine Waldblöße. Zahlreiche gefällte Bäume lagen wild durcheinander. Waldarbeiter gingen mit Beilen über sie her, um sie von den Ästen zu befreien. Pferde zogen an Ketten befestigte Baumstämme auf den Weg heraus.

Ihr Wagen mußten anhalten, weil ein Holzknecht einen Stamm erst in die rechte Richtung, auf einen Stoß nahe dem Wege, bringen musste. Dabei schlug er mit einer Gerte wild auf sein Pferd ein. Mit weit aufgerissenen Augen rückte das verstörte Pferd den Baumstamm an die rechte Stelle. *„Halt."* sagte sein Fuhrmann, *„das kann ich nicht mit ansehen. Das ist kein Holzknecht, das ist ein verdammter Sauknecht. Mit dem hab ich ernsthaft zu reden."* Er nahm seinen Prügel vom Planendach und ging damit auf den wild fluchenden Mann los. Er hob seinen Knüppel, sprang auf ihn zu, und schrie: *"Du vermaledeiter Lumpensack. Soll ich dich auch traktieren? Das arme Pferd ist eine Kreatur Gottes, genau wie du. Der Unterschied ist nur, dass das mehr Verstand hat als du. Ich wünsche dir, dass all' deine Schläge irgendwann auf dich zurückkommen. Benehme dich wie ein ordentlicher Christenmensch. Wenn ich doch könnte, wie ich es wollte. Ich würde dir deine Hörner stumpf schlagen. Lass' es dir gesagt sein, alles rächt sich irgendwann."* Dann hob er abermals den Prügel, schwang ihn und ließ ihn krachend in den Sand schlagen. *„So verdientest du es, du Lumpensack."*

Er dreht sich blitzartig um, sprang wieder auf den Wagenbock zurück und setzte sich knurrend auf seinen Platz. Zwischen den Zähnen zerbiss er noch: *„Könnte man doch solch einem Strolch auch richtig wehtun. Nur einmal. Dann wüsste er wenigstens, was er anrichtet."*

In der Folgezeit war er nicht mehr ansprechbar. Er schimpfte in einem fort vor sich hin. Er entzündete sich immer wieder erneut am unmöglichen Benehmen der Menschen.

Nach einer Weile versuchte sich Hans vorsichtig wieder ihm anzunähern. Er sagte: *„Darf ich dich einmal etwas ganz persönliches fragen?"* Knurrend sagte sein Nebenmann: *„Na klar."*

Hans entgegnete: *„Wenn es dir zu nahe an den Pelz geht, dann sage es mir bitte. Da ich schon lange viel mit Menschen zu tun habe, versuche ich mir von ihnen ein Bild zu machen. Nun bist du derjenige, mit dem ich mich beschäftige. Ich habe festgestellt, dass wir zwei viele Gemeinsamkeiten besitzen. Mein eigenes Denken, so glaube ich oftmals, grenzt an das Ketzerische. Würde ich so manches Mal laut aussprechen, was ich denke, man würde mich vor ein Inquisitionsgericht zerren. Ebenso ginge es wohl auch Dir. Fühlst du dich des-*

halb auch manchmal schuldig, wenn wir hart über die Gepflogenheiten der Kirche urteilen? Steht uns das überhaupt zu?"

Sein Gesprächspartner konnte es kaum erwarten, darauf zu antworten.

Spontan sagte der: *„Aber wo denkst du hin. Es ist doch klar zu erkennen, dass wir nicht den Glauben, sondern die Praktiken derer verurteilen, die uns den Glauben eigennützig und unumstößlich immer wieder vor Augen halten. Warum soll ich mich schuldig fühlen, wenn ich erkenne, dass dabei nur rechthaberische Machtausübung im Spiel ist? Nein, schuldig fühle ich mich absolut nicht. Die müssten sich schuldig fühlen. Das fällt ihnen jedoch nicht ein, weil sie die Mächtigeren sind. Mein Glauben ist unerschütterlich. Gerade deshalb versuche ich gegen falsche Wege anzugehen. Gott hat uns unseren Verstand doch nicht umsonst gegeben. Und zu Unterwürfigen hat er uns auch nicht bestimmt. Glauben und Macht sind zwei grundsätzlich verschiedene Dinge."*

Unterdessen waren sie aus dem Waldgebiet herausgekommen. In der Ferne war Bayreuth in Sicht. *„So"*, sagte der Fuhrmann *„dort siehst du unser Ziel. Damit geht auch leider unsere gemeinsame Reise zu Ende. Doch, ich habe mir bereits überlegt, vielleicht kann ich das noch ändern. Wenn ich eine Ladung in nördliche Richtung erhielte, könnte ich dich vielleicht noch ein Stück höher bringen und dich noch eine Weile mitnehmen. Wohin willst du eigentlich genau?"*

Hans sagte: *„Der Ort Kotzau ist mein Ziel, der liegt bei Hof. Wenn ich bis dorthin käme, erfüllten sich alle meine Hoffnungen."*

Hans hörte erfreut, wie der Fuhrmann darauf entgegnete: *„Die Strecke beträgt etwa 20 Meilen. Wenn es sich für mich lohnt, mal sehen. Vielleicht finden wir auch jemand, der nach dort fährt. Jetzt müssen wir erst einmal Bayreuth erreichen."*

Nach einer Gesprächspause sagte Hans: *„In Kotzau leben Verwandte von mir. Die habe ich in meinem Leben noch niemals gesehen. Deshalb zieht es mich dorthin. Es handelt sich um die Familie, aus der meine Mutter stammt. Ich war so lange nicht zuhause, dass ich nicht einmal weiß, ob meine Mutter noch lebt. Ist das nicht ein Jammer? Meiner Tätigkeiten wegen lebte ich etliche Jahre in Italien."*

„Ja, da wird es wohl Zeit, dass du dich endlich wieder einmal in deiner Heimat sehen lässt.", sagte der Fuhrmann nach einer Weile. *„Du weißt sicher, in dem Boden, wo deine Wurzeln stecken, da ist deine unauslöschliche Heimat.*

Du kannst sie sonst nirgendwo finden. Vor allem im Alter erkennt man das wohl erst recht, wenn man ihr entrissen ist."

"Ich muss dir Recht geben." sagte Hans *"seit längerer Zeit zieht es mich zurück. Mir ging es gut in der Fremde. Es hat mir an nichts gefehlt. Doch, wenn ich es mir recht überlege, bin ich dort immer ein Fremder geblieben. Mir fehlte immer die Geborgenheit, die ich zuhause verspürte.*

Der Fuhrmann lächelte ein wenig, schüttelte den Kopf und sagte: *"Ja, wir Menschen sind schon besondere Geschöpfe. Wir sehnen uns immer nach dem, was wir nicht oder nicht mehr besitzen. Kommt es in unsere Hände, wird es nach und nach immer weniger geachtet. Uns ist ein ganz wesentlicher Anker verlorengegangen. Weißt du, wie dieser Anker sich nennt?"* Hans schaute ihn verwundert an. Er wusste keine rechte Antwort auf die Frage zu geben. Da sagte der Fuhrmann: *"Na, die Zufriedenheit ist uns abgekommen. Glauben wir sie einen Moment lang zu besitzen, schmeißen wir sie schon bald wieder weg."*

Ihr Wagen hielt vor einem Tor der gewaltigen Stadtmauer von Bayreuth. Das geschah, ohne dass es Hans recht ins Bewusstsein gekommen war. Die klugen Überlegungen des einfachen Mannes hatten ihn voll und ganz gefangen gehalten.

"So, dann wollen wir mal. Wir müssen durch die Stadt bis an die gegenüber liegende Seite fahren. Dort finden wir das Lager, in das ich meine Waren bringen soll. Wenn du großes Glück hast, finden wir vielleicht auch ein Fuhrwerk, das in deine Richtung eine Ladung zu bringen hat. Vielleicht finden wir etwas Annehmbares für dich.", sagte sein Fuhrmann.

Quer durch die 1231 ernannte Stadt ratterte ihr Wagen über das holprige Steinpflaster. Sie hatten den Roten Main erreicht. Der Wagen wurde auf dem Pflaster so stark durcheinandergeschüttelt, dass Hans am liebsten neben dem Wagen herlaufen wollte. Dann endlich hielt ihr Planwagen vor zwei scheunenartigen Gebäuden die sich an die Stadtmauer anzulehnen schienen. Der Kutscher hakte das Richtscheit seines Sattelpferdes vom Wagen, zog es auf den Rücken des Pferdes, und sagte zu Hans: *"Du musst dich wohl gedulden. Das kann eine Weile dauern, bis ich zurückkomme. Steige einfach ab und vertrete dir die Füße ein enig. Doch es ist besser, wenn du dicht beim Wagen bleibst."* Dann ging er durch ein weit geöffnetes Tor in das vor ihnen befindliche Gebäude hinein.

Hans nutzte die Zeit dazu um sich die beiden Häuser etwas genauer anzuschauen. Die steinernen Grundmauern ragten nur knapp eine Elle[38] über den Erdboden. Die trugen ein kompliziertes Balkengerüst, das bis an die Dachtraufe hinauf reichte. Die so entstandenen Fächer[39] des Fachwerkbaues waren mit Flechtwerk verfüllt. Das wiederum trug einen gekalkten Lehmputz. Jedes der Häuser besaß zwei überaus große, zweiflügelige Tore. In jeweils einem der Torflügel war noch eine kleinere Tür eingearbeitet.

Hans glaubte, die Wartezeit beziehe die Ewigkeit ein. Die Pferde waren friedlich geblieben, aber Hans ging voller Erwartung immer wieder unruhig hin und her. Eine Weile hockte er sich auf einen Ringstein, an dem Pferde festgebunden werden konnten. Das wurde ihm bald zu unbequem.

Er begann wieder hin und her zu gehen. Sein Fuhrmann schien verschollen zu sein. Verärgert setzte er sich wieder auf den Wagenbock. Kaum hatte er es sich in seiner Ecke bequem gemacht, kam sein Fuhrmann strahlend wieder aus dem Gebäude heraus.

„Mensch, hast du ein Glück.", rief er Hans von unten zu. *„Ich habe eine Fahrt nach Ölsnitz ins Land der Vögte ergattert. Die Fahrt bringt mir sogar gutes Geld. Es hat sich gelohnt, wenn es auch lange gedauert hat. Ich habe einen regelrechten Kampf darum geführt. Nur weil meine Forderung ein wenig niedriger lag, wurde mir die Ladung zugeschoben. Da kannst du bis nach Hof auf dem Bock bleiben. Du siehst, wir bleiben also doch noch ein Stück des Weges zusammen."*

Hans hätte vor Freude laut aufschreien mögen. Er stieg ab, ging dem Fuhrmann entgegen und dankte ihm überglücklich. Er umarmte ihn dabei und sagte: *„Ich danke dir von ganzem Herzen. Es wird Zeit, dass wir endlich zum „Du" kommen. Einmal sprechen wir uns mit du an, ein andermal wieder nicht. Ich heiße Hans. Und wie heißt du?*

Lachend fing sein Gegenüber an zu Prusten. *„Mensch Gottes, sprudelte er heraus, ich heiße ebenfalls Hans, genau wie du. Meine Eltern gaben mir den Namen Hans Heinrich. Wenn das kein Zufall ist. Irgendwie gehören wir doch zusammen. Warum habe ich sonst um diese nächste Fahrt so gekämpft? Das werden wir heute Abend gebührend begießen."* Nach einer Weile setzte er seine Rede fort. *„Weißt du, was? Wir gönnen uns einen Spaß. Du bist der Haaa, und ich bin der Ha. Was hältst du davon?* Der Planitzer lachte und sag-

---

[38] altes Längenmaß (ca. 70 cm)
[39] Geviert zwischen den Balken

te: *„Na, na. Wie lange würde das gut gehen? Ich mache einen anderen Vorschlag, nenne mich einfach Planitzer und ich nenne dich Heinrich."*

Heinrich verband die Richtscheite wieder mit dem Wagen und fuhr durch das Tor des Nachbargebäudes. Hans staunte. Was waren hier alles für Waren gestapelt? *„O Gott."* sagte der Planitzer, *„wie viele Fässer mögen hier übereinander liegen? Und die Ballen reichen ja bis an die Decke hinan."* Heinrich hingegen sagte stolz: *„Da siehst du's, gäbe es uns Landfuhrleute nicht, herrschte wohl bald Hunger im Land. Wir bringen das, was benötigt wird, von hier nach dort. Das füllt die Märkte und auch die Mägen. Wir sind wichtige Leute. Doch unsere Pferde sind genau so wichtig. Das wird oftmals vergessen. Gäbe es die nicht, würden wir selbst die Transportdienste verrichten müssen. Doch leider befinden sich Menschen wie wir, und auch unsere Tiere, im Räderwerk der Welt nur ganz am Ende der Dinge."* Der Planitzer gab nur ein bescheidenes *„Ja, ja."* von sich.

Dann fügte er noch an:*„Es war wohl schon immer so, wer an der Krippe sitzt, nimmt den breiten Platz ein und denkt nur noch an sein eigenes Sattwerden."*

Heinrich, der Kutscher, fuhr seinen Wagen zum Entladen an einen riesigen Warenstapel an den Mittelgang hinan. Zwei stämmige Burschen waren sofort zur Stelle. Mit ihnen gemeinsam konnte er seine Ladung leicht vom Wagen nehmen. Heinrich rückte alles an die hintere Wagenkante, die Burschen trugen oder rollten die Fracht an Ort und Stelle. Der Planitzer wollte sich noch ein wenig umschauen. Das misslang ihm jedoch völlig. Der Planwagen stand viel zu schnell wieder zur Abfahrt bereit.

„Heinrich, wie geht das nun weiter mit unserer Fahrt?", fragte der Planitzer, ehe sie abfuhren. *„Hast du wirklich eine Ladung, die du so weit nördlich hinauf bringen musst?"* Ehe der jedoch eine Antwort darauf geben konnte, erschien ein vornehm gekleideter Mann. Der trug einen fast bodenlangen, mit Pelzwerk verbrämten[40] Mantel und ein Barett. Er hielt dem Fuhrmann eine Tafel und einen Griffel entgegen, auf dem er vorher herumgekritzelt hatte. Dann entnahm er aus einer großen ledernen Umhängetasche Münzen und reichte sie dem Landfahrer. Danach verschwand er wieder grußlos.

Heinrich wendete sich nun unvermittelt dem Planitzer zu und sagte: *„Entschuldige. Das gehört zum Geschäft. Du hast mich etwas gefragt. Bitte, was wolltest du wissen?"*

---

[40] verziert

Der Planitzer wiederholte seine Frage. Er wollte doch wissen, wie sich das Weitere gestalten würde.

„Ja.", sagte der Angesprochene. *„Morgen in der Frühe laden wir hier wieder den Wagen voll und starten in deine Richtung. Glaube mir, die Tour lohnt sich für mich. Das Ganze fügte sich, ganz wie wir es wollten. Ich hatte vor, dir zu helfen und es hat geklappt. "*

„So, schlafen können wir, wenn du es dir nicht anders vorstellst, wieder bei den Pferden. Zeitig in der Frühe beladen wir hier wieder den Wagen. Dann kommst du deiner Heimat ein Stück näher. Ich gehe davon aus, dass ich dich direkt in Kotzau absetzen kann. Danach habe ich doch nur noch eine kurze Strecke bis Ölsnitz zu fahren. In Plauen, das weiß ich bereits, lade ich dann den Wagen für die Rückfahrt wieder voll. Die führt mich wieder nach Nürnberg zurück. Komm, nun fahren wir erst einmal in die Stallungen.

Wenn wir die Pferde versorgt haben, suchen wir uns eine Schänke. Dann bereden wir alles Weitere."

Der Planitzer stieg wieder auf. Polternd fuhr ihr Wagen durch die Halle. Ohne Ladung klapperte alles weit mehr als vorher. Klirrend zogen sie eine gelöste Kette hinter sich her. Heinrich kümmerte sich nicht darum. Er sagte nur: *„Die verlieren wir nicht. Wir sind auch gleich am Ziel. Dort ziehe ich sie wieder hoch."*

Unweit fuhren sie durch ein weit geöffnetes Stadttor wieder aus der Stadt hinaus. Kurze Zeit darauf befanden sie sich vor einer Art Bauernhof. Der in unmittelbarer Nähe des Warenlagers liegende Hof war für die Unterbringung der Pferde der Landfahrer gedacht.

Am Abend, als sie zusammensaßen, rutschte der Planitzer unruhig auf seinem Platz hin und her. Dann platzte es aus ihm heraus. Er sagte: *„Es kommt mir bitter an, doch ich muss dir etwas beichten. Mein Name ist Doktor Hans von der Planitz, und ich möchte zur Familie meiner Mutter, die eine von Kotzau ist."*

Der Planitzer traute sich nicht, seinem gegenüber sitzenden Gefährten in die Augen zu schauen. Tief sog er die Luft in seine Lungen ein, ehe er weiter zu sprechen begann: *„Ich wollte unser Verhältnis nicht trüben, als ich hörte, dass dir die Obrigkeit ein Dorn im Auge ist. Erschwerend kommt noch hinzu, dass ich Juristerei studiert habe. Deshalb habe ich mein Herkommen zu verstecken versucht. Nun komme ich mir eigentlich erbärmlich vor, weil ich das getan habe. Lügen wollte ich nicht, als du mich danach fragtest, doch die*

Wahrheit wollte ich auch nicht entdecken. So habe ich mich eben herausgeredet. Ich hoffe, du nimmst mir das nicht gar zu übel. Es ist ja eigentlich ein Vertrauensbruch.

Ohne den Kopf zu heben saß der Planitzer wie ein Gedehmütigter am Tisch. Er hoffte darauf, dass ihn der ans Herz Gewachsene nicht ganz und gar verurteilen möge.

Keiner der beiden sagte weiter ein Wort. Es blieb bei einem langanhaltenden Schweigen. Noch immer saß der Planitzer mit gesenktem Blick, obwohl er bemerkte, dass ihn sein Gegenüber ins Blickfeld genommen hatte. Als er endlich aufschaute, sagte der: *„Ich bin halt ein einfacher Mann, der unter den beiden Obrigkeiten[41] zu leiden hat. Du hast bemerkt, dass ich von beiden nicht viel halte. Hättest du mir zu Anfang gesagt, wer du bist, hätten wir wohl nicht so zueinander gefunden. Auf keinen Fall wäre ein freundschaftliches Verhältnis zustande gekommen. Ich hätte dich ganz sicher ebenfalls mitgenommen, doch ich hätte auf mehr Abstand geachtet. Du hast mir mit Recht misstraut. Voneinander uneingenommen haben wir beide uns auf der Fahrt kennen gelernt. Du hast dich nicht anders benommen, als ich auch. Ich finde, du bist in Ordnung. Nun aber weiß ich nicht, wie ich mich dir gegenüber weiterhin benehmen soll. Muss ich dich nun doch mit "Hochwohlgeboren" ansprechen? Wenn ich es recht betrachte, liegen zwischen uns doch Welten. Meine Vorfahren waren Bauern. Die wurden von den Deinen immer schon um den Lohn ihrer Arbeit gebracht. Du trägst da keine Schuld. Aber dein Name sagt doch alles. Stark überdehnt sagte er >hochwohlgeboren<. Das ist es, das allein macht den Unterschied. Ich bin nicht hochwohlgeboren.*

Entschuldige meinen läppischen Versuch mit dem „Ha" und den „Haa. Ich habe mir dir gegenüber wohl zu viel herausgenommen."

Da fiel ihm der Planitzer in die Rede. *„Heinrich, wir haben doch wirklich gut zusammengefunden. Ich habe dich als einen umsichtigen, hilfsbereiten und liebenswürdigen Menschen kennen gelernt. Das ergab den Grund, mich mit dir anzufreunden. Habe ich mich herausgehoben benommen? Bitte betrachte mich weiterhin als Mensch, wie du auch einer bist. Wir haben doch wirklich aneinander Gefallen gefunden. Ich wünsche mir, dass es so bleiben möge. Reden wir nicht weiter darüber. Belassen wir es bitte so, wie es bisher war. Ich bin der Planitzer und du bist mir der hilfsbereite Heinrich."*

---

[41] weltliche und kirchliche Macht

Der sagte nach einer Weile *„Ich weiß nicht, ob du es in Italien mitbekommen hast. Es rumort bei uns im Reich. Ich bin bei weitem nicht der Einzige, der aufbegehrt. Schau. Vor vier Jahren hat sich das Gebiet der Schweiz bereits endgültig aus dem Reichsverband gelöst.*

Die Schweizer Eidgenossen hatten die österreichische Bevormundung satt. Sie haben dem Kaiser Maximilian ein Schnippchen geschlagen. Nun sind sie dabei, sich eine eigene Verfassung zu geben. Die österreichische Bevormundung war ihnen zu lästig geworden, obwohl der Kaiser ihnen doch >ewigen Landfrieden< verkündet hatte. Ich bewundere sie, die Schweizer haben viel Mut bewiesen. Und es gärte bei ihnen auch, weil die Kirche, die aus der Bibel ersichtliche Liebe zu den Menschen vergessen hat. Die droht nur noch mit allen erdenklichen Bestrafungen und Höllenqualen. Mir hat kürzlich ein Landfahrer einen schönen Spruch gesagt: >Die wirklich verlässlichen Menschen auf unserer Erde sind die Mächtigen. Die ändern ihre Methoden, sich durchzusetzen, niemals. Nur auf diese Weise bleiben sie mächtig und werden reich<. Ist da nicht viel Wahres dran?"

Nach einer Weile sprach ihn der Planitzer an: *„Siehst du, Ich achte dich als einen ehrlichen Menschen. Heinrich, verhieltest du dich mir gegenüber plötzlich anders, nur weil ich ein >von< vor meinem Namen stehen habe würdest du deinen Prinzipien untreu. Ich bin ebenfalls mit so Manchem nicht einverstanden, was die Kirche anbelangt. Folglich haben wir zwei auch ähnliche Vorstellungen. Deshalb hat auch keiner von uns es nötig, an unserem gemeinsamen Umgang etwas zu verändern."* Er ging auf Heinrich zu und umarmte ihn. Dabei sagte er: *„Schauen wir weiterhin auf unsere Gemeinsamkeiten."*

Im Verlaufe des Abends glaubte der Planitzer, doch ein verhalteneres Gebaren bei Heinrich zu entdecken. Seine bisherige Aufgeschlossenheit schien Hans verändert zu sein. Als sie sich ins Stroh legten, bat der Planitzer noch einmal darum, keine Trübung ihres Verhältnisses zuzulassen. Er sagte: *„Bitte, lassen wir unser gutes Verhältnis nicht trüben."* Doch der Fuhrmann schnarchte bereits. Hans von der Planitz wusste nicht, ob der seine Worte noch verstanden hatte.

Weil der Planitzer weiter grübelte, schlief er lange nicht ein. Dabei kam ihm ins Bewusstsein, dass sich in Italien niemand an seiner Herkunft gestoßen hatte. *„Warum reagiert man in Deutschland so grundlegend anders?"*, fragte er sich. Darüber schlief er endlich ebenfalls ein.

Am Morgen wurde der Planitzer von Heinrich aus wirren Träumen geweckt. Hans erwachte schweißgebadet. Sein Traum hatte ihn wieder nach Hause geführt. Sein noch knabenhafter Bruder stellte ihm im Traum die Frage: *"Was, du lebst auch noch?"* Da hatte ihn Heinrich angesprochen. *"Komm, Planitzer."*, sagte Heinrich, *"wir müssen unsere Ladung übernehmen."* Schnell aß der noch ein Stück des am Abend erstandenen Brotes und zeigte sich reisefertig.

Sie fuhren zurück in das Lagerhaus, worin es bereits arg hektisch zuging.

Mehrere Männer mühten sich, die für Hans bestimmte Ladung, auf den Planwagen zu hieven. Die bestand ausschließlich aus großen, schweren Schnürballen, von denen sie nur sechs Stück auf dem Wagen unterbringen konnten. Schon bald fuhren sie wieder schwerbepackt aus der Lagerhalle hinaus. Durch das bereits am gestrigen Tag benutzte Tor gelangten sie aus der Stadt.

Es war kühl geworden. Nebelnässe lag noch auf den angrenzenden Wiesen. Das Laub der Bäume zeigte erste Verfärbungen. Vor allem die Birken prangten bereits goldfarben. Den Planitzer fröstelte es nach kurzer Zeit. Als das sein Nachbar entdeckte, nahm der eine Decke vom Rücksitz und reichte sie ihm. Bisher war kaum ein Wort zwischen den beiden gewechselt worden. Das empfand der Planitzer als schlechtes Zeichen. Er glaubte, dass es zwischen dem Fuhrmann und ihm doch einen Bruch gegeben habe. Sollte der sich wirklich daran stoßen, dass er aus dem niederen Adel stammte?

Hans überlegte mehrfach, ob er nicht ein Gespräch anstellen solle. Er hielt es aber für besser abzuwarten, wie Heinrich sich weiterhin verhalten würde.

Nach geraumer Zeit begann das vom Planitzer erhoffte Gespräch mit den Worten: *"Nun ist doch bald die Zeit gekommen, dass wir beide uns wieder verlieren. Leider ist es nun mal so im Leben, nach einer mehr oder weniger großen Spanne nimmt uns die Zeit alles wieder ab. Sie nimmt sich zurück, was wir in unserem Besitz glaubten. Die Zeit ist ein steinharter Verbündeter des Todes, der schließlich den letzten Vollzug, das endgültige Vergehen übernimmt. Und wir vergessen fast lebenslang, dass alles auf unserer Erde diesem Gesetz unterworfen ist. Nicht einmal das Gestein hat ewigen Bestand. Und was mich besonders erfreut, selbstverständlich auch die Mächtigen dieser Erde nicht."*, sagte der Fuhrmann.

Als er die letzten Sätze sprach, wurde er immer lauter, so, dass die letzten Worte überdeutlich zu verstehen waren.

Danach entstand eine lange Pause. *„Weißt du"*, sagte Heinrich, *„Unlängst habe ich meine Mutter verloren. Das hat mich hart gepackt. Ich weiß wovon ich spreche, wenn es um Verlieren und Vergehen geht."*

Auch der Planitzer hing wie in einem Spinnennetz fest in den vorangegangenen Gedanken von Heinrich. *„Alles wird einem wieder genommen"* hatte Heinrich gesagt. Die Worte von Heinrich hatten ihm auch seine Mutter wieder in den Sinn kommen lassen. War die ihm etwa ebenfalls in der Zeit seiner Abwesenheit genommen worden? Das Geschehen um den Tod seines Vaters dämmerte wieder auf.

Bestürzt stellte er fest, dass er in Italien Glücksgefühle empfand, wenn er an seine Heimkehr dachte. Nun, kurz vor seinem Ziel, beschlichen ihn mehr die Gefühle der Angst. Je näher er seiner Heimat kam, umso mehr verstärkten sie sich. *„Wie Recht du hast."*, richtete sich Hans an Heinrich. *„Ich kann nur hoffen, dass mir mein Zuhause wiedergegeben wird. Und meine Mutter? Es wird mir bang ums Herz. Sie könnte in den Jahren ebenfallss verstorben sein. Dann könnte ich von ihrer Seite keinen Rat mehr erfahren. Was wird mich daheim erwarten? Das alles bereitet mir schon arge Ängste. Bald, so hoffe ich, erfahre ich bei den Verwandten in Kotzau, was mich zu Hause erwarten wird."*

Heinrich sagte: *„Mein lieber Planitzer, steigere dich nicht ins Ungemach, das du nur befürchtest. Schau dich um. Wie wunderbar zeigt sich die Natur in unserer Umgebung. Versuche dich mit ihrer Hilfe abzulenken. Mache dich nicht selbst verrückt. In wenigen Tagen wird sich alles geklärt haben. Würden wir Menschen doch nicht voller Ungeduld stecken."* Darauf entgegnete der Planitzer: *„Du hast ja wieder einmal völlig recht. Doch wenn das, was du vorschlägst, nur so einfach zu schaffen wäre."* Zurück kam der lapidare[42] Satz: *„Man muss sich halt Mühe geben."*

Hans von der Planitz saß still in seiner Ecke. Er kämpfte wohl eine lange Zeit mit sich selbst. Als das Heinrich bemerkte, geriet der ins Grübeln. Sollte er den Planitzer aufmuntern? Als er noch überlegte, rückte sich der Planitzer mit einem Mal selbst wieder in die Gegenwart. Der rief: *„Pilze. Wie lange habe ich keine Pilze mehr gesehen? Ich möchte am liebsten absteigen und welche sammeln. Doch das wäre der pure Irrsinn. Wer sollte sie denn zubereiten?"*

Stundenlang führte sie ihre Fahrt mitten durch dichtes Waldgebiet. Sie blieben allein. Kein anderes Gefährt begegnete ihnen. Nur hin und wieder fuhren

---

[42] markige

sie auch am Waldsaum entlang. Weit unten in den Tälern sah man dann einzelne Gehöfte oder auch kleine Ansiedlungen liegen. Das gesamte Gebiet war nur dünn besiedelt. Bäume riesigen Ausmaßes waren auszumachen. Am Rand der Wälder war das Unterholz so dicht, dass dem Planitzer ein Eindringen unmöglich schien.

Sie kamen nur langsam voran. Die Pferde hatten es schwer. Neben der Last, die sie zogen, war es auch um die Wegeverhältnisse sehr schlecht bestellt. Der Höhenweg, den sie befuhren, war sehr aufgeweicht. Das Regenwasser hatte sich in zahlreichen Pfützen gesammelt. Deshalb war der Boden schlammig geworden. Und nun begann es zu allem Ungemach auch noch an zu regnen.

Heinrich sprach nur wenig. Er musste sich voll auf das Gelände orientieren. Ohne sich nach Hans umzuwenden sagte er nur: *„Wenn uns hier irgend ein Ungemach unterkommt, dann gute Nacht. Woher soll hier Hilfe kommen? Hier wären wir wirklich voll auf uns allein gestellt. Zudem misst die vor uns liegende Fahrstrecke, bei diesen miserablen Wegeverhältnissen, auch noch etliche Meilen."*

Hans hatte mit Müdigkeit zu kämpfen. Immer wieder fielen ihm die Augenlider herunter. Um wach zu bleiben summte er ein Lied. Verwundert schaute Heinrich nach ihm. *„Aha."*, sagte er, als er ihm ins Gesicht sah: *„Der Schlaf hat dich am Wickel. Na, du kannst ja schlafen. Wenn mich das überkäme, müsste ich anhalten."* Dem Planitzer war es peinlich. Deshalb entgegnete er: *„Nein, nein, mir gefällt die Gegend zu sehr. Sie erinnert mich stark an mein Zuhause. Da werd' ich doch nicht schlafen."*

Am späten Nachmittag erreichten sie den Ort Gefrees inmitten des Fichtelgebirges.

Heinrich fragte: *„Nun haben wir runde drei Meilen unseres Weges zurückgelegt. Ein klein wenig mehr liegen noch vor uns. Bleiben wir hier oder fahren wir noch ein Stück weiter?"* Hans zuckte verlegen mit den Schultern und er entgegnete: *„Was soll ich dazu sagen? Du bist doch der Tonangebende. Wenn du denkst, kannst du ja noch ein Stück der Strecke hinter uns bringen. Meinetwegen können wir auch hier bleiben."*

„Gut", sagte Heinrich, *„Dann fahren wir noch ein Stück."*

Heinrich überlegte. Dann sagte er: *„Ich kenne mich hier ja nicht aus, weil ich zum ersten Mal so hoch nach Norden gefahren bin. Ob wir in Gefrees ein Unterkommen gefunden hätten, wissen wir nicht. Wir fahren weiter, biegen in*

das Tal hinunter und sehen zu, dass wir bei einem Bauern unterkommen kön-
nen. Mach' dir keine Sorgen, das wird ganz sicher klappen."

Unweit fuhren sie auf einem Feldweg talwärts. Auf halbem Weg fanden sie
einen ansehnlichen Hof. Heinrich stieg ab und bat um ein Unterkommen für
die Nacht. Er erfuhr, dass es sich um einen Meierhof[43] handelte.

Sie bekamen einen Platz mitsamt ihren Pferden in der Tenne zugewiesen.

Der Meier verlangte jedoch eine Reinigung des Bodens, ehe sie am Morgen
den Hof wieder verlassen würden. Ungewöhnlich war, dass er außerdem einen Silberpfennig forderte. Als Hans sah, dass die Gesichtsfarbe bei Heinrich
rot anlief, nestelte Hans an seiner Geldkatze. Ehe Heinrich aufbegehren
konnte, drückte er dem Meier die geforderte Summe in die Hand. Das stimmte den Meier offensichtlich gnädiger. Er schnarrte: *„Seht zu, in der Gesindes-*
tube wird man euch sicher auch noch etwas zu essen geben."

Sie suchten sich zu dieser Stube durch. Als sie eintraten fragte sie eine dort
befindliche Magd verwundert nach ihrem Begehr. Heinrich erklärte, dass sie
Gäste seien, die hier zum Abend versorgt werden sollten. Er machte wahrscheinlich nicht den rechten Eindruck auf sie. Ohne ein Wort zu entgegnen
verschwand sie wieder. Nach einer Weile erschien sie mit zwei Schüsseln
Suppe in ihren Händen. Eine davon schob sie Heinrich so unwirsch zu, dass
die sogar überschwappte. Danach brachte sie noch einen Korb mit geschnit-
tenem Brot und zwei Löffel. *„Hier.",* sagte sie gereizt. Im selben Moment
wendete sie ihre füllige Figur und drehte sich, um schnell wieder zu verschwinden.

Die beiden Männer schauten sich verdutzt an.

„Hans entfuhr ein: *„Oho. Hier sind wir wohl nicht sehr gerne gesehen. Mein*
Schreck, was für ein zauslicher Besen. Was kann sich eine Dienstmagd so al-
les herausnehmen? Gott zeigt die sich ruppig. Gott bewahre jeden Mann vor
solch einem Weib.".

Heinrich hingegen fragte laut: *„Habe ich mich der gegenüber nicht unterwür-*
fig genug gezeigt?" „Ach nein.", sagte Hans. *„Wer weiß, was der über die Le-*
ber gelaufen ist. Sie wird wohl ihre Gründe haben."

Heinrich sagte nach den ersten paar Löffeln, die er zu sich genommen hatte:
„Bei mir gluckert es bereits im Bauch. In meinem Darm werden schon bald
Wasserblasen aufeinander prallen. Die Wassersuppe zeugt nicht von großer

---

[43] zinsfreier Hof

Kochkunst und das Benehmen nicht von Gastlichkeit. Das lassen sie sich noch mit einem Silberling bezahlen. Vorsichtshalber nehmen wir noch alles Brot für morgen mit. Wer weiß, ob wir da noch etwas Essbares von der raffgierigen und unhöflichen Bande erhalten."

Um ihren Durst zu stillen, gingen sie an den Brunnen im Hof. Danach wuschen sie sich und gingen zurück in die Scheune. Dort hatte Heinrich, ehe sie an sich dachten, die Pferde noch getränkt und ihnen Heu zu fressen gegeben. Eins der Pferde ruhte bereits auf dem Bohlenboden der Scheune. *„Na ja.",* sagte Heinrich, *„wir haben wenigstens ein Dach über dem Kopf. Da sieht man es wieder einmal, bei armen Leuten wären wir besser aufgenommen worden."*

Sie suchten sich einen Platz in der Banse[44] und legten sich dort ins Stroh. Bald schon schlief Heinrich laut schnarchend den Schlaf eines Gerechten. Hans dagegen lag noch lange wach. In seinen Vorstellungen war er bereits daheim. Dabei zog es seine Gedanken immer erneut zu seiner Mutter hin.

Bereits zeitig am Morgen machte sich Heinrich bei seinen Pferden zu schaffen. Er hatte sich Besen und Schaufel gesucht. Damit hatte er beseitigt, was seine Pferde hinterlassen hatten. Die standen auch schon mit ihren Geschirren versehen im Hof. Hans war von dem unüberhörbaren Rumoren, das Heinrich veranstaltete, aufgewacht. Er stand auf, ging zum Hofbrunnen und wusch sich. Dann zeigte er sich reisefertig.

„Komm, wir fahren. Nur schnell fort von hier.", sagte Heinrich. *„Hier hält uns nichts mehr. Wie gut, dass ich gestern die Brotscheiben noch eingesackt habe. Die essen wir unterwegs, wenn wir wieder auf dem Bock sitzen. Ich weiß nur nicht, wo wir ein Gefäß finden, um wenigstens Wasser zum Trinken mitzunehmen."*

Heinrich suchte danach, kam aber ohne ein Gefäß zurück. Dann fiel ihm ein, dass er noch eine Tonflasche im Wagenkasten haben könne. *„Ich muss mal danach schauen",* rief er. Er hob den Deckel des Sitzes hoch und kramte im darunter befindlichen Kasten herum. Freudestrahlend kam er mit einer hoch erhobenen Flasche wieder zum Vorschein und rief: *„Hab' ich's doch gewusst. Die war einst sogar voll Branntwein."* Grinsend rief er lauthals: *„Nun füllen wir sie mit >Geizhalswasser<."*

Er ging zum Brunnen. Als er wieder zurückkam, sagte er zu Hans: *„Dir habe ich eine ehrenvolle Aufgabe zugedacht. Du musst deinen Daumen als Fla-*

---

[44] Stauraum in der Scheune

schenverschluss benutzen! Drücke ihn fest darauf, es fehlt ihr sonst der Korken! Kommen wir wieder an den Wald, schneiden wir ein passendes Stück Holz dazu."

Nun mussten sie wieder den Berg hinauf, denn sie wollten ja den verlassenen Handelsweg erreichen. Die beiden Männer waren abgestiegen, um es den Pferden zu erleichtern. *„Gott sei Dank sind meine Pferde stark genug, das zu schaffen. Eigentlich brauchten wir dazu auch Zuspann[45]. Doch der Geizhals würde uns damit nur über den Tisch ziehen"*, sagte Heinrich. Die Pferde hatten wirklich mächtig zu ziehen. Doch bald war es geschafft. Dann fuhren sie wieder auf dem Höhenweg dicht am Waldsaum entlang. Hans hielt noch immer die bereits halbgeleerte Flasche in den Händen. Heinrich schnitt, um ihn zu erlösen, ein passendes Aststück zu. Das hatte nun den Stöpseldienst zu versehen

Wie am gestrigen Tag, zog sich der in schlechtem Zustand befindliche Höhenweg, weiterhin unmittelbar am Waldrand entlang.

Heinrich begann wieder zu erzählen. *„Eigentlich hatte ich mir ja eine andere Strecke, die über den Ort Marktredwitz ging, ausgesucht. Aus zwei Gründen riet man mir davon ab. Erstens hätten wir einen Bogen fahren müssen. Das hätte die Wegstrecke unnötig verlängert. Was mir aber das Blut zum Kochen brachte, war eine andere Sache. Der Ort Marktredwitz ist böhmisches Hoheitsgebiet. Der ist in Besitz der Stadt Eger. Das liegt daran, dass Kaiser Karl IV. eine Stützpunktkette zwischen seinem böhmischen Königreich und seinem luxemburgischen Stammland, quer durch Franken legen ließ. Aus diesen Gründen kassieren die Böhmen dort Wegezoll. Du glaubst nicht, wie froh ich bin, davon rechtzeitig erfahren zu haben. Ich hätte denen doch keinen Zoll bezahlt. Ganz sicher, hätte ich den Ort umfahren."* In einem fort war Heinrich weiter am Schimpfen. *„Das ist doch eine anmaßende Unverschämtheit der Böhmen. Inmitten des alten fränkischen Reiches haben plötzlich die Böhmen das Sagen? Von denen lasse ich mich nicht ausnehmen. Nein, und abermals nein.",* murmelte er immer wieder vor sich hin. *„In der Welt geht es schon arg verrückt zu."*

Als er sich endlich wieder beruhigt hatte, sprach er seinen Pferden zu: *„Na Brauner, du hast es gut. Wenn du dein Futter hast und nicht geschunden wirst, ist dir alles andere egal."*

---

[45] weitere Zugtiere

Ihr Weg führte sie bald leicht bergan. Danach ging es wieder bergab. Der Wald blieb zu beiden Seiten des Weges aber ihr ständiger Begleiter. Hin und wieder drangen Brunftschreie von Hirschen bis zu ihnen hin. Die Platzhirsche kämpften um ihre Rudel. Der Herbst zeigte sich immer deutlicher, je höher sie in das Mittelgebirge kamen.

Ab und zu lichtete sich der Wald. Dann wurden abgeerntete Getreidefelder sichtbar. Über die Stoppeln hin wehte ein kühler Wind. Unweit der Felder standen oft die ärmlichen Hütten der Leibeigenen.

Meist waren Ansiedlungen dort zu entdecken, wo sich einzelne Baumgruppen zeigten. In deren Nähe und unter ihrem Schutz hatten sich Hüfner[46] ihre Behausungen errichtet. Oftmals gehörte ihnen auch ein angrenzendes Stück des Waldes.

Mehr zu sich selbst sagte Heinrich auf einmal: *„Hier scheint es fast nur Wald zu geben. Ob wir auch wieder einmal aus ihm herauskommen werden? Und mir scheint, hier herrscht überall Armedei[47].“*

Hans fühlte sich angesprochen und er entgegnete: *„Auch bei mir zuhause bedecken die Wälder große Flächen. Bevor wieder Deutsche hierzulande einzogen, hatten sich slawische Sorben hier festgesetzt. Die nannten den fast undurchdringlichen Wald >Miriquidi<. In ihrer Sprache soll das >schwarzer Wald< bedeutet haben. Den ließen sie weitgehend unberührt, weil sie ihn fürchteten. So siedelten sie sich fast ausschließlich in den Flussgebieten an. Das wird hier nicht anders gewesen sein. Dazu kommt noch, dass die Böden nicht viel hergeben. Es ist halt eine raue Gegend.“*

„Na ja.“, sagte Heinrich, *„ trotzdem habe ich deinen >Miriquidi< langsam satt. Inzwischen sehne ich mich, wieder unter Menschen zu kommen.“* Plötzlich sprach er eins seiner Pferde an: *„Was ist denn mit dir los, mein Brauner? Warum lahmst du plötzlich?“* Er hielt den Wagen an, stieg ab und besah sich den rechten Hinterhuf seines Sattelpferdes. *„Oh weh.“*, rief er aus, *„du hast ja das Eisen verloren. Da müssen wir bald Abhilfe schaffen. Warte noch eine Weile, dann lasse ich dich frisch besohlen.“* Er stieg wieder zu und machte Hans klar, dass er so schnell wie möglich einen Hufschmied aufsuchen müsse. *„Wir biegen wieder vom Handelsweg ab und suchen nach einem solchen. In einem der umliegenden Dörfer lässt sich sicher leichter ein Schmied finden als in einer Stadt. So können wir jedenfalls nicht mehr lange fahren.“*

---

[46] Besitzer einer Hufe (ca. 12 ha) Ackerland
[47] Armut

Sie befanden sich kurz vor der Stadt Münchberg. Nach kurzer Zeit bog Heinrich vom bisherigen Weg ab. Auf einem Ackerweg zwischen abgeernteten kleinen Feldstücken ging es wieder talwärts.

Links und rechts des Weges sahen sie immer wieder Vogelbeerbäume stehen, aus denen sie Schwärme von Drosseln aufscheuchten. Die machten sich darin zu schaffen, weil sie voller Beeren hingen. Ihr sattes Rot leuchtete aus den bereits vergilbten Kronen heraus.

Im Tal fuhren sie geradewegs in das kleine Dörflein Mussen hinein. Um einen Dorfanger herum standen nur wenige Bauernhäuser. Dazwischen grüßte ein Kapellchen zu ihnen her. Unmittelbar daneben baumelte an einem Bauernhaus ein Wirtshausschild. Heinrich fuhr bis an dessen Eingang. An seiner linken Seite konnte man durch ein offenes Tor in eine Schmiede schauen. Heinrich jubelte: *„Siehst du, ich habe Recht. In den Dörfern längs von Kommerzialstraßen*[48] *finden sich fast immer auch Schmieden."*

Heinrich war noch gar nicht recht zum Halten gekommen, da kam ihnen bereits ein stämmiger Bursche entgegen. Sein rußgeschwärztes Gesicht und seine große Lederschürze verrieten ihn. Das musste der Schmied sein. Mit einem Blick hatte der bereits erkannt, weshalb sie nach hier gefunden hatten.

„Ihr braucht ein neues Eisen", sagte er. *„Na, dann fahrt mal dort hinüber. Danach spannt mal den Burschen aus, damit ich ihm einen passenden Schuh verpassen kann.",* befahl er. Er blieb stehen und deutete an, wohin Heinrich sein Pferd führen solle. Dann verschwand er im Dunkel des Raumes. An der Hinterfront war das glühende Schmiedefeuer sichtbar. Als der Schmied wieder herauskam, brachte er einen kurzen Dreibock und einen Bügelkasten mit.

Dann hob er den Fuß des Pferdes, beschaute ihn und holte aus dem Kasten mehrere Hufeisen. Etliche legte er nacheinander über den Huf. Eine Raspel[49] nahm dem Huf seine Unebenheiten.

Mit dem erwählten Eisen ging er zurück in die Schmiede. Mehrmals zog er am Blasebalg. Das ließ die Kohlen hell aufflammen. Mit der Zange schob er das Eisen in das bläulich schimmernde Feuer. Das nahm sichtbar die rotglühende Farbe der Kohlen an. Mit der Zange zog er es wieder heraus, ging damit zum Ambos hin und schug es mit drei Hieben enger zusammen. In einem daneben stehenden Wasserbottich ließ er es zischend abkühlen.

---

[48] Handelsstraßen
[49] Grobfeile

Noch heiß, schob er es mit der Zange auf den Pferdehuf. Zischend stieg der beißende Geruch des verschmorten Horns auf. So passte er das Eisen dem Horn des Hufes an. Nun holte sich der Schmied seinen Kasten näher heran. Mit etlichen Hufnägeln schlug er das Eisen fest auf dem Huf. Anschließend schnitt und raspelte er noch ein wenig um das Eisen herum. Zum Schluss strich er schwarzes Pech über den gesamten Huf. Danach richtete er sich auf und sagte: *„Ich habe meine Arbeit vollbracht, nun seid ihr an der Reihe."* Er rieb den Daumen auf dem Zeigefinger der rechten Hand. Damit forderte er Heinrich zum Bezahlen auf.

Der hob der Fuß seines Pferdes noch einmal an, um die Arbeit des Schmiedes zu prüfen. Noch während des Absetzens sagte er: *„Du hast deine Arbeit gut gemacht und gute Arbeit ist auch den Lohn wert."* Er zog seinen Beutel hervor und gab dem die gewünschte Summe.

„Wo wollt ihr denn hin?", fragte der Schmied. *„Zunächst müssen wir wieder auf den Höhenweg hinauf. Dann soll es in Richtung Ölsnitz ins Vogtland hinüber weitergehen."*

Der Schmied überlegte einen Augenblick, dann sagte er: *„Da müsst ihr die Pferde nicht wieder den Berg hinaufschinden. Fahrt weiter das Tal entlang. Nach etwa einer halben Meile führt euch ein viel weniger steiler Hang ebenfalls wieder auf den Höhenweg hinauf. Wenn ihr wollt, könnt ihr auch weiter geradeaus fahren. Dann kommt ihr nicht nach Münchberg hinein, was ihr sicherlich auch nicht müsst."*

Sie bedankten sich und nahmen seinen Vorschlag an. Dabei stellten sie beglückt fest, dass der Talweg sogar in einem weit besseren Zustand war als der Höhenweg. Nun richteten sie den Blick nach oben, wenn sie den Wald sehen wollten. Von den Nadelbäumen waren sie im Moment ein ganzes Stück entrückt. Im Tal fanden sich überall Laubbäume. Vorherrschend standen um sie herum vor allem Erlen, Weiden und Ahornbäume.

Sie befanden sich am Rand des Fichtelgebirges, das sich rechterhand etwa sechs Meilen breit bis zum Böhmerwald hin ausbreitete. Links von ihnen zog sich der Frankenwald hoch hinauf.

Der Schmied hatte ihnen einen guten Rat gegeben. Sie fanden, ohne die Pferde außerordentlichen Belastungen auszusetzen, hinter Münchberg wieder auf die alte Höhenstraße hinauf. Nun umfing sie wieder das dichte Waldgebiet.

Die Mittagszeit war schon ein ganzes Stück überschritten, als sie oberhalb von Münchberg dem Saaletal näher kamen. Hans vernahm als Erster ein eigentümliches Klopfgeräusch. Er lauschte angestrengt und fragte Heinrich, was das wohl sein könne. Der glaubte, der Wind würde dieses Geräusch in den Wipfeln der Bäume schaffen. Bald nahm es auch Heinrich deutlicher wahr. Er stutzte und hielt den Wagen an. Um sich schlauer zu machen, hielt er eine hohle Hand an das rechte Ohr. *„Ich weiß nicht, was das sein soll. "* sagte er schließlich. Spaßig fügte er noch hinzu: *„Wir beiden Ketzer werden uns wohl bald der Hölle nähern."*

Sie waren nicht in der Lage das immer lauter werdende Dröhnen zu deuten. Ihr Weg führte sie an einem Bachlauf entlang, der sie zur Saale führen sollte. Da entdeckten sie, noch versteckt hinter Bäumen, ein riesiges Mühlengebäude. Zwei große Wasserräder drehten sich von den Wassern des Baches angetrieben. Als sie nahe genug heran gekommen waren, begriffen sie, dass es sich um ein Pochwerk handelte. Große Stößel wuchteten in einem seitlich offenen Gebäude auf und nieder.

Im nahe gelegenen Gebirge wurde nach Eisen geschürft. Ganz sicher handelte es sich hier um ein Hammerwerk, das Erze zerkleinerte. Auf diese Weise bereitete man das Erz für die nachfolgende Verhüttung vor.

Das Dröhnen der Hämmer war kaum noch erträglich. Um sich miteinander zu verständigen, mussten sich die beiden regelrecht anschreien.

„Nur schnell weg von hier. ", brüllte Hans, *„Wenn das so weiter geht, platzt mir noch das Trommelfell."* Auch den Pferden sah man eine zunehmende Unruhe deutlich an. Heinrich brüllte: *„Was für ein Heidenspektakel. Wer hier seine Arbeit verrichtet, der muss doch das Gehör verlieren."*

Nur langsam entkamen sie dem erschütternden Krach. Als es wieder einigermaßen erträglich wurde, gab Hans seinen Gefühlen freien Lauf. Er nahm seine Hände, die er schützend über beide Ohren gelegt hatte, hob die Arme in die Höhe und schrie: *„Was für eine Wohltat. "*, Erleichtert stieß er aus, *„W ir sind einem Höllenlärm entflohen."*

Bei Markersreuth überquerten sie die noch junge Saale. Heinrich war sich unsicher geworden, ob sie sich noch auf der rechten Wegstrecke befänden. Er hielt den Wagen an und holte sich Rat bei einem Bauern.

Der riet ihnen, wenn sie nach Kotzau wollten, wäre es am günstigsten über die Orte Schwarzenbach und Fattigau zu fahren. Es wäre nicht ganz leicht dahin zu finden. Sie müssten wohl noch ein paar Mal fragen. Geradewegs kämen sie nicht an ihr Ziel. Durch das Fichtelgebirge führten nun mal nicht arg viele Wege. Auf jeden Fall müssten sie sich immer in Richtung der Stadt Hof halten.

Heinrich stieg wieder auf und sagte: *„Es scheint, dass hier neben der von uns verlassenen Handelsstraße der Hund begraben liegt. Waren die Wege bisher schon schlecht, nun sind sie miserabel geworden. Und hier wohnen deine Verwandten? Irrst du dich da nicht?"*

Wieder umfing sie dichter Wald. Heinrich war schweigsam geworden. Seine ganze Aufmerksamkeit galt den Wegeverhältnissen. Er sagte nur: *„Hoffentlich kommt uns hier kein Fuhrwerk entgegen. Wir kämen wohl nur schwerlich aneinander vorbei."*

Hans fühlte sich nicht wohl in seiner Haut. Seinetwegen hatte Heinrich diese Fahrt übernommen. Nun glaubte er, dass Heinrich seinen Entschluss bereue. Deshalb sprach er ihn an: *„Heinrich, bist du mir gar gram weil du die Ladung nach Ölsnitz übernommen hast?"* Der lachte lauthals anstatt sofort darauf zu antworten. Dann sagte er:* Du ahnst nicht, welche hundsmiserablen Wege wir oft zu befahren haben. Da ist dieser Weg hier noch als gut zu bezeichnen. Nein, habe ja kein schlechtes Gewissen. Nein, nein. Wir müssen nur aufpassen, dass wir den rechten Weg finden."*

In einer kleinen Ansiedlung erfuhren sie, dass es bis nach Kotzau nicht mehr weit sei. Der Ort Kotzau hieß eigenlich Schwandewitz. Seit das Rittergeschlecht der Familie von Kotzau hier Herrschaftsbesitzer sei, trüge er deren Namen.

Als Heinrich erfuhr, dass die Siedlung, in der sie sich befanden, den Namen Oberpferd trage, sagte er lachend zu Hans: *„Siehst du, meine Pferde sind schlauer als ich. Sie haben das >Oberpferd< ohne mein Zutun gefunden."*

Nach Verlassen des kleinen Ortes lag links des Weges eine große Fläche, auf der der Wald gefällt worden war. Etliche Bäume lagen noch kreuz und quer auf der Blöße herum. Mehrere Leute waren am Rand mit dem Roden von Wurzelholz beschäftigt. Heinrich hielt abermals an und holte zur Sicherheit nochmals eine Erkundigung ein.

„Ja." sagte ihnen eine alte Frau, *„Ihr seid gleich an eurem Ziel. Diese Waldung hier gehört bereits denen von Kotzau. Euer Ziel ist nicht mehr weit entfernt."*

Sie fuhren wirklich nur noch ein paar Minuten, dann grüßte, nur noch von einigen Bäumen verdeckt, die Ritterburg von Kotzau zu ihnen her. Gegen das Licht der untergehenden Sonne erschien sie finster. Sie machte auf Hans sogar einen bedrohlichen Eindruck. Auf jeden Fall war es ein trutziges Bauwerk, das Hans zum ersten Mal in seinem Leben erblickte.

„Na, mein Lieber", sagte Heinrich, *„nun bist du am Ziel deiner Wünsche an-gelangt. Damit ist das endgültige Ende unserer gemeinsamen Reise einge-läutet. "* Hans stand immer noch im Bann der Burg, in dem seine Mutter das Licht der Welt erblickte und ihre Kindheit verbracht hatte. Seine Gedanken blieben an ihr hängen. *„Hoffentlich lebt sie noch.",* dachte er.

Ganz langsam fuhr Heinrich immer näher an die Burg heran. Erst als sie vor dem geschlossenen Burgtor standen, fand Hans wieder in die Gegenwart zu-rück. Er spürte, dass ihm das Herz vor Aufregung bis zum Hals hinauf schlug. Als Heinrich seinen Wagen wendete, sagte Hans: *"Warte bitte. Ich kann dich noch nicht zum Hierbleiben einladen. Erst muss ich einmal fühlen, wie sie mit mir selbst umgehen werden. Ich will sehen, dass du die Nacht hier verbringen kannst."* Heinrich wehrte sofort ab. *„Nein, nein, kümmere dich nicht um mich. Ich passe nicht hierher. Ich fahre weiter. Du weißt, bisher habe ich immer ein Unterkommen gefunden. Das wird auch weiterhin so sein. Sieh du zu, wie du mit deinen Verwandten klar kommst. Hoffentlich findest du ein willkommenes Unterkommen. Ich will nicht unken. Ich habe leider schon mehrfach erfah-ren, dass sich nicht alle Hochwohlgeborenen so benehmen, wie du.",* sagte er.

Was sollte Hans darauf entgegnen? Er war doch selbst gespannt, wie seine Verwandten sich ihm gegenüber zeigen würden. Er konnte sich nicht daran erinnern, jemals eine Berührung mit einem Verwandten aus dem Geschlecht seiner Mutter gehabt zu haben.

Als Heinrich den Wagen gewendet hatte, stieg er ab und bat Hans, ihm beim Abladen seiner Habe zu helfen. Sie stellten alles vor dem Burgtor ab. Dann richtete sich Heinrich auf sagte; *„Hans, nun musst du sehen, wie du weiter nach Hause findest. Es war eine schöne Zeit mit dir."* Hans umarmte Heinrich und entgegnete: *„Heinrich, es ist schade, dass wir auseinander gehen müs-sen. Mit dir auf dem Bock zu sitzen, war auch für mich eine schöne Zeit, die ich sicher nicht sogleich vergessen werde."* Dann zog er seine Geldkatze[50] um Heinrich zu entlohnen. Der wich zurück und sagte: *„Nein. Ich nehme von dir kein Geld. Wir haben uns als Freunde zusammen gefunden. Von Freun-den lässt man sich nicht bezahlen."* Hans entgegnete: *„Heinrich, jeder Ande-re, gleich wer mich mitgenommen hätte, wäre zu entlohnen gewesen. Du hast nichts zu verschenken. Das Geld brauchst du, um zu leben. Du hast deine Pferde zu versorgen und deinen Wagen in Ordnung zu halten. Also nimm schon das Geld. Du hast dir den Lohn redlich verdient."*

---

[50] Geldbeutel

Schließlich ließ sich Heinrich doch überreden. Als er die Münze in seinen Beutel fallen ließ, sagte er: „*Ein güldener war da noch nie drin. Als Erinnerung an dich werde ich den so lange wie möglich aufsparen. Ja, das werde ich tun, solange ich es nur kann. Ich danke dir von ganzem Herzen. Mach's gut Hans und viel Glück für dein weiteres Leben.*" Hans kam nicht dazu, auch ihm alles Gute zu wünschen. Mit feuchten Augen stieg Heinrich auf seinen Bock, fuhr an und schaute nicht mehr zurück.

"*Auf, dass es dir immer gut gehen möge.*", brüllte Hans ihm noch nach.

2. Kapitel
Rast bei Verwandten im
fränkischen Kotzau

Nun stand Hans endlich dort, wohin er sich bereits eine lange Zeit gesehnt hatte. Wie sollte er sich bemerkbar machen, wie hinein kommen? Sein Herzschlag raste, als er den Türöffner bedienen wollte. Das Tor war verschlossen. Da erst entdeckte er ein Stück neben der Tür einen Seilzug. Er zog mehrfach daran, doch nichts tat sich. Einen Moment lang schossen Hans die verschiedensten Gedanken durch den Kopf. Lebte hier etwa gar niemand mehr? Was soll geschehen, wenn ihm niemand öffnet? Er stand unschlüssig und harrte der Dinge, die ihm bevorstanden.

Schlürfende Schritte hinter der Tür holten ihn aus seinen Vorstellungen zurück. Ein Schlüssel drehte sich im Schloss, und quietschend öffnete sich die Tür. Ein älterer Mann stand vor ihm und fragte Hans nach seinem Begehren. Ehe er antworten konnte, sah der Alte das Gepäck stehen. Das veranlasste ihn verwundert zu fragen: „Wem gehört das hier?" Hans sagte: „Mein Name ist Hans von der Planitz, ich befinde mich auf der Rückreise von Italien nach Wiesenburg. Meine Mutter ist eine geborene von Kotzau. Ich wollte hier meine Verwandten besuchen."

Die Gesichtszüge des Alten wandelten sich augenblicklich. Er erwiderte: „Euer Hochwohlgeboren von der Planitz, kommen sie herein. Wir schließen am Abend das Tor. Ich werde sie anmelden. Um ihr Gepäck werde ich mich kümmern. Ich lasse es ins Haus holen. Kommen Sie. Folgen Sie mir."

Von Hans glitt eine Sorge ab. Der gekrümmte Alte war nicht, wie er vermutet hatte, einer seiner Verwandten. Es handelte sich ganz sicher um einen Diener. Wichtig für ihn war zunächst, dass man ihn überhaupt empfing.

Der Alte führte ihn quer über dem Hof auf das Hauptgebäude, den Palas, zu. Dort bat er Hans zu warten, bis er ihn der Herrschaft gemeldet habe. Hans fand kaum Zeit sich in dem großen Vorraum umzuschauen. Oberhalb von zwei Treppenstufen öffnete sich eine Tür. Ein stämmiger Mann, dessen Alter schwer zu schätzen war, blieb in der Öffnung stehen und breitete die Arme weit aus. „Wenn du aus Italien kommst, kannst du nur Hans von der Planitz sein. Du bist also unser vielbewunderter Schwestersohn. Sei herzlich willkommen auf der Burg deiner mütterlichen Ahnen."

Hans stieg die beiden Staffeln[1] noch hinauf. Die zwei Männer schüttelten sich die Hände. Kurz darauf lagen sich beide in den Armen. „Ich bin der jüngste Bruder deiner Mutter Sophie." sagte der offensichtliche Hausherr.

---

[1] Treppenstufen

"Komm. Fühle dich hier ganz, wie zu Hause. Wir alle freuen uns darüber dich endlich kennen zu lernen."

Die Frage nach seiner Mutter lastete Hans sehr auf der Seele. Er konnte sie nicht mehr zurückhalten. *„Mein lieber Oheim, die brennendste Frage ist mir zu wissen, wie es meiner Mutter geht."*, fragte Hans. Darauf antwortete der Hausherr: *"Komm erst einmal richtig ins Haus. Darüber werden wir sprechen, wenn wir alle zusammengefunden haben."*

Die Reaktion seines Kotzauer Oheims sah Hans als Ablenkungsmanöver. Das versprach ihm nichts Gutes.

Sofort im Anschluss rief sein Oheim: *„Maximilian, komm bring' meinen Schwestersohn in das Eckzimmer."* Zu Hans sagte er: *„Richte dich ein wenig her. Ich werde dich holen lassen um dich bei Tisch der Familie vorzustellen. Es soll für alle eine Überraschung werden. Die werden alle staunen. – Nun muss alles schnell gehen. Bald lasse ich dich wieder nach unten holen."*

Schlurfend führte Maximilian Hans die Treppe hinauf. Oben öffnete er eine Tür und sagte*: Hochwürden, das hier ist ihr Zimmer. Wenn sie etwas vermissen, ziehen sie bitte hier an diesem Kordelband. Dann wird man sofort behilflich zur Stelle sein.* Hans bedankte sich und sagte: *"Ich habe Juristerei studiert. Ein Kirchenmann bin ich nicht. Die Anrede >Hochwürden< steht mir aus diesen Gründen nicht zu."*

Ohne sich auf eine weitere Unterhaltung einzulassen schloss der Diener die Tür und verschwand.

Hans schaute sich erst einmal im Zimmer um. An der Wand hing das Gemälde eines jungen Mädchens. Er ging ganz nahe hinan um es gründlicher betrachteten zu können. Leise stellte er sich die Frage: *„Ist das ein Bildnis meiner Mutter?"* Nur ganz langsam löste er sich wieder von dem Bild.

Dann wusch er sich in der dafür bereitgestellten Schüssel. Danach ging Hans an das Fenster. Er schaute in den unter ihm liegenden Schlosshof.

Einige Männer plagten sich gerade mit dem größten Bücherpacken von ihm herum. Da klopfte es bereits an der großen Eichentür. Hans gab lautstark ein *„Ja"* von sich. Maximilian öffnete leise die Tür und sagte: *„Ich bitte den hohen Herren nach unten. Dort werden Sie von meinem Herrn bereits erwartet."*

Hans ging hinter dem Diener den Flur entlang. Dabei schaute er flüchtig nach den Bildnissen, die aus wuchtigen Rahmen zu ihm herab grüßten. Ganz sicher waren das wohl allesamt seine Ahnen.

Der Diener blieb etwa in der Mitte des Flures stehen und öffnete die Halbseite einer zweiflügligen Tür. Mit einer tiefen Verbeugung bat er ihn einzutreten.

An einem großen runden Tisch saßen etliche Personen unterschiedlichen Alters. Unter ihnen erkannte Hans auch seinen Oheim wieder. Der erhob sich beim Erscheinen von Hans, während alle Übrigen ihm neugierig die Köpfe zuwendeten.

Der Hausherr zeigte nach Hans hin und sagte mit tiefer Stimme: *„Unser eintretender Gast ist Doktor Hans von der Planitz. Er ist mein lieber, über alles bewunderter Schwestersohn aus Wiesenburg in Kursachsen. Unser Besuch befindet sich auf seiner Heimreise aus Italien. Nach Jahren will er wieder nach Hause zurück. Dort wird er wohl seine Besitzungen in Wiesenburg übernehmen.“*

Dann wendete er sich voll Hans zu und sagte: *„ Du siehst hier alle deine Verwandten, die meiner Familie von Kotzau zugehören.“* Er deutete auf eine neben ihm sitzende Frau. *„Das ist meine Ehefrau, links und rechts neben uns sitzen unsere Kinder, und dort drüben finden sich ihre Erzieher“.* Zwei Frauen im Nonnenhabit[2] erhoben sich und beugen leicht ihre Köpfe.

Der Hausherr bat Hans auf einem freien Stuhl neben ihm Platz zu nehmen. Als das geschehe war, rückte er seinen Stuhl zur Seite und suchte nach der Hand von Hans. Dann sagte er ihn voll anblickend: *„Mein lieber Hans, deine liebe Mutter kann leider nicht mehr unter uns sein. Sie ist während deiner Abwesenheit selig verstorben. Ich bin mir sicher, dass Gott sie ganz bestimmt dereinst aus ihrem Sterbebett zu sich aufsteigen lässt. “*

Die Aussage seines Oheims, dass seine Mutter nicht mehr unter den Lebenden sei, traf Hans wie ein Hammer. Er hatte es zwar immer wieder befürchtet, doch jetzt, da er sich vor die Tatsache gestellt sah, traf es ihn hart. *„Ja“* sagte der Kotzauer, *„es ist schön, dass du wieder in die Heimat zurück gefunden hast, doch du hättest ein Jahr eher kommen müssen. Deine Mutter hat oft um dich gebangt und nach dir gefragt.“*

Der letzte Satz drang Hans wie eine Pfeilspitze ins Herz. Hans schossen die Tränen in die Augen. Ein regelrechter Weinkrampf überfiel ihn. *„Ich habe so darauf gehofft, sie noch lebend und gesund zu finden. Was hätte ich ihr alles erzählen können.“*, sagte Hans schluchzend.

---

[2] Nonnenkleidung

„Ja." sagte sein Oheim, „wir können uns noch so auf unserer Erde festkrallen. Wenn uns die Stunde schlägt, nutzt uns das alles nichts. Das Sterben wurde deiner Mutter, die schon sehr krank war, nicht leicht. Sie hat immer wieder nach dir gefragt."

Hans fühlte sich schuldig. Was hätte er dafür gegeben, wenn er seiner Mutter hätte noch gegenüber stehen können.

„Komm Hans, beruhige dich erst einmal.", drang ihm, wie von weit her an sein Ohr. Er wusste nicht, wer das gesagt hatte. Ihm schien in seinem Inneren etwas zerbrochen zu sein. Sein Schuldgefühl erdrückte ihn fast.

Dann vernahm er wieder die tröstende Stimme seines Oheims. Der sagte: „Weißt du, deine Mutter war nach dem Tod ihres zweiten Mannes lebensmüde geworden. Eine zerbrechliche Frau war sie immer schon. Du brauchst dich nicht schuldig zu fühlen. Am Ende hatte sie keinen Lebensmut mehr. Ihre Zeit war wohl abgelaufen. Auch du hättest da nichts aufhalten können. Ihr Herz war zu schwach um noch weiter zu schlagen."

Danach machte er eine Pause, um dann ganz unvermittelt noch anzufügen: "Ich bin noch gar nicht dazu gekommen dich ganz herzlich auf meinem Besitz richtig einzuladen. Du kannst so lange du willst hier auf der Burg bleiben. Fühle dich wie zu Hause. Deine Mutter war hier auch glücklich. Werde du es hier ebenfalls wieder. Und dir sage ich es noch einmal, du bist am Tod deiner Mutter völlig unschuldig. Es ist sehr schade, dass sie deine Heimkehr nicht mehr erlebte, doch dieses Ereignis wäre vielleicht auch zuviel für sie gewesen.

Hans wendete sich an alle am Tisch befindlichen und sagte:" Ich bitte um Nachsicht. Es sollte mir keiner übel nehmen, dass ich für den Moment erst einmal allein mit mir fertig werden muss. Ich habe meine Mutter innig geliebt. Meine Hoffnungen sie lebend anzutreffen, mit ihr zu sprechen, waren groß. Doch auch Befürchtungen drückten mich immer wieder. Nun sind meine Hoffnungen zerbrochen. Ich muss erst meinen Frieden finden. Bitte versteht das."

Sein Oheim erhob sich erneut und sagte: „Meine Schwester Sophie war meine Lieblingsschwester. Auch mir geht sie nicht aus dem Herzen. Ich verstehe dich sehr gut. Hans, tu das, was dir recht erscheint."

Hans erhob sich. Als er sich anschickte gesenkten Kopfes zu gehen, fragte ihn sein Oheim noch: „Was brauchst du von dein Gepäck oben bei dir? Du bleibst doch sicher eine längere Zeit bei uns. Morgen reden wir weiter. Dann klären wir auch, wohin mit dem Gepäck. Heute kann es bleiben, wo es ist."

Hans ging auf den Flur hinaus. Er vergaß sogar die Tür zu schließen. Er fand hin zum Schlossgarten, setzte sich dort auf eine Steinbank und betrauerte den Verlust seiner Mutter. Dabei kam ihm zu Bewusstsein, dass sie es war, die sein Studium seinem Vormund gegenüber durchgesetzt hatte. Sein Studium hatte er ihr zu verdanken.

„Ach", sagte er vor sich hin, *„Mutter, um wie viel schöner hatte ich mir meine Heimkehr erhofft. Nun bin ich nur noch in Gedanken bei dir. Dabei hätte ich gewollt, von dir zu erfahren, wie ich meine Zukunft gestalten soll. Wie schwer ist mir ums Herz. Was habe ich geschafft, was habe ich erlebt. Doch im Augenblick zeigt sich Vieles ohne großen Wert."*

Weltverloren, nur mit seinem eigenen Leid beschäftigt, saß er bis zum Einbruch tiefer Dunkelheit auf der Gartenbank.

Der älteste Sohn seines Oheims kam vorsichtig an ihn heran, um nach ihm zu schauen. Er sagte: *„Ich bin Moritz, Vaters Ältester. Vater schickt mich. Du möchtest doch wieder ins Haus zurückkommen, weil es schon reicht kühl wird. Wir warten alle auf dich. Komm, lass' uns bitte wieder hinein gehen."*

Auf einmal merkte Hans, dass sein Vetter recht hatte. Ihn fröstelte. Plötzlich spürte er, dass ihm ein Kälteschauer über den Rücken kroch.

Er stand auf und fragte: *"Ich habe euch wohl Sorgen gemacht? Weißt du, der Tod meiner Mutter hat mir eine zeitlang den Verstand geraubt. Ich hatte es mir so wunderschön ausgemalt, was ich ihr über meine Reisen berichten wollte. Das Schicksal wollte es anders. Die Zeit ist eben leider nicht zurückzudrehen."*

Beide gingen gemeinsam ins Haus zurück. Alle Augen richteten sich auf Hans. Jeder wollte erkunden, in welcher Verfassung er nach der allen so lang erschienenen Pause war. Sein Oheim richtete als Erster das Wort an Hans. Er sagte: *„Es liegt uns sehr viel daran, dass du nicht weiterhin in tiefer Trauer verharrst. Dein Leben muss und wird weitergehen. Wir alle hier haben den Verlust von Sophie bedauert. Wir haben um sie getrauert. Mein lieber Hans, unser Erdenleben währt nur eine kurze Zeit. Gönne deiner Mutter ihre Ruhe von der irdischen Last. Doch belaste dein Gewissen nicht. Es fiel ihr alles schwer. Ihre Zeit war wirklich abgelaufen."*

Hans erwiderte darauf mit gesenktem Kopf: *„Ja, ich glaubte und hoffte, sie sei noch am Leben. Eure Meldung traf mich halt wie ein Pfeil und zerstörte alle meine Hoffnungen. Verzeiht bitte alle, dass ich mich so gehen ließ."*

Nach einer kurzen Pause sagte er weiter: *„Eins muss ich euch noch sagen. Bei euch einzukehren lag mir sehr am Herzen. Was wissen wir schon voneinander? Ich lege auch großen Wert darauf, meinen weiteren Lebensweg mit dir, lieber Oheim, zu besprechen. Euer Rat ist mir wichtig. Glaubt mir, ich war selbst überrascht, dass der Tod meiner Mutter mich so hart getroffen hat. Auch Vater starb ja ebenso unvermittelt, als ich noch ein Kind war, Ich gebe mir Mühe, dass ihr nun den Hans kenenlernt, der eigentlich mit beiden Beinen im Leben steht. "* Den noch im Raum Befindlichen war anzumerken, dass sie sich über die Worte von Hans freuten.

Bis auf den ältesten Sohn hatten die Kinder den Raum bereits verlassen. Die Muhme[3] erklärte Hans, dass sie alle der Kinder wegen bereits ohne seine Anwesenheit das Abendessen eingenommen hätten.

Die Muhme zog an einer Kordel und der Diener erschien wieder. Dem sagte sie nur: *„Max es ist soweit. Sage das bitte der Küche."* Zu Hans hingewendet sagte sie: *„Für dein leibliches Wohl wird gleich gesorgt werden. Du kannst bald zu Abend essen. "* Hans entgegnete: *„Ich danke dir, liebe Muhme. Verdient habe ich das wohl nicht. Wer nicht zu Tisch erscheint, muss mit leeren Tellern rechnen."* Alle lachten und die gedrückte Stimmung hellte sich auf.

Die vier verbliebenen Personen bat der Hausherr enger zusammen zu rücken. Bald darauf öffnete Maximilian die Tür und ließ zwei Küchenmädchen ins Zimmer eintreten. Eine brachte auf einem Tablett die Speisen, die andere Getränke und Gläser.

Die Muhme sagte: *„Lieber Hans, wir wünschen dir guten Appetit und für uns erhoffen wir, dass du dich bei uns wohlfühlen mögest. Lass' es dir schmecken."*

Hans bedankte sich artig und wollte es sich schmecken lassen. Als er den Brotlaib und ein Messer ergriff, sagte seine Muhme freundlich: *„Hans, nach biblischer Weisung brechen wir das Brot. Bitte nimm dazu kein Messer."* Hans legte das Messer wieder auf den Tisch und entgegnete etwas verschämt *"Ja."* Der Kotzauer selbst goss einen rotfunkelnden Wein in die vor ihm stehenden Gläser. Er erhob sich, hielt sein Glas in die Höhe und sagte: *„Lieber Hans, mein liebes Eheweib. Besiegeln wir mit diesem Glas Wein unsere Zusammengehörigkeit. Möge uns das Schicksal über die Zeiten gnädig gesonnen sein."*

---

[3] Tante

Hans aß nicht viel. Am Tisch mit anderen zu sitzen und als einziger zu essen, war ihm peinlich. Außerdem wollte er nicht auch noch einen weiteren Fehler begehen.

Als Hans nichts mehr essen wollte und das Geschirr abgeräumt war, bombardierte man ihn regelrecht mit Fragen. Seinen Oheim interessierte, warum Hans ausgerechnet im italienischen Bologna studiert habe.

Er fragte: *„Ich habe davon gehört, dass unser altes deutsches Stammes- oder Territorialrecht nicht mehr genüge. Das soll durch das römische Recht ersetzt werden. Hans, erkläre mir bitte, ist das nötig? Über Jahrhunderte genügte das Unsere. Brauchen wir nun das der Römer?".* Hans lächelte. Dann sagte er: *„Eigentlich hast du dir die Antwort selbst schon gegeben. Du hast vom >alten deutschen Recht< gesprochen. Ja, es ist alt und damit überholt. Vor allem aber benötigen wir eine einheitliche Rechtsprechung. Die bisherige ist eine territorial gebundene Rechtfindung. Das römische Recht unterscheidet sich in das Privat-, das Straf- und ein Prozessrecht. Es beruht auf einer Rechtslehre, die berechenbar ist und von Rechtsgelehrten vertreten wird. Die bisher geltenden aufgesplitterten Rechtsgrundlagen fügt es in ein allgemein gültiges Einheitsrecht zusammen. Es strebt den Fortfall der bisherigen Partrimonialgerichtsbarkeit*[4] *an.*

Sein Oheim warf ein: *„Dann wird uns in Zukunft wohl die bisher übertragene Rechtprechung entzogen?"* Hans sagte: *„Naja, so schnell wird das wohl nicht stattfinden. Doch so könnte es wohl werden."*

Als Hans sich mehrmals die Augen rieb und auch gähnte, sagte der Hausherr: *„Für heute soll es genug sein. Du hast eine lange Fahrt hinter dich gebracht. Wir haben noch alle Zeit der Welt. Morgen ist auch noch ein Tag. Es wird Zeit, dass wir dich in Ruhe lassen. Ich kann dir nur wünschen, dass du einen traumlosen Schlaf hast. Morgen früh brauchst du dich nicht an die Zeit zu halten. Wenn du ausgeschlafen und dich fertig gemacht hast, gehst du in die Küche. Dort wird man dir geben, was du essen und trinken willst."*

Alle erhoben sich von ihren Plätzen, gaben Hans nacheinander die Hand und wünschten ihm einen gesegneten Schlaf. Sein Oheim wendete sich Hans zu und sagte: *„Übrigens dein Zi...",* dann stockte er plötzlich. Das Bruchstück seines Satzes beendete er mit den Worten: *„Ach was. Das ist nicht so wichtig. Darüber sprechen wir irgendwann. Jetzt legen wir uns erst alle einmal schlafen. Gute Nacht allen miteinander."*

---

[4] Rechtsprechung durch Herrschaftsbesitzer (Gutsherren)

Hans begab sich auf sein Zimmer. Er hatte bereits seit längerer Zeit gegen den Schlaf angekämpft. Die lange Fahrerei, und schließlich die Aufregung und vor allem die Enttäuschung hatten ihn zermürbt.

Hans stieg die Treppe hinauf, um in sein Zimmer zu gelangen. Als er die Tür öffnete, sah er, dass es von einem mehrarmiger Kerzenständer erhellt wurde. Sein Bett war aufgedeckt und ein langes, weißes Hemd lag darauf ausgebreitet. Er wusch sich gründlich und schlüpfte in das bereitgelegte Hemd. Kaum hatte er sich hingelegt, nahm ihm der Schlaf bereits die Gedanken.

Als er am Morgen erwachte, war es draußen schon heller Tag. Hans wusste, dass er geträumt hatte. Doch er konnte sich nicht daran erinnern, wohin ihn seine Träume geführt hatten. Er setzte sich auf die Bettkante und sinnierte eine Weile vor sich hin. Dann stellte er sich aufrecht und sagte zu sich selbst: *„Hans, ein völlig anderes Leben liegt nun vor dir. Darin gilt es sich zu beweisen. Auf denn. Nun gilt es, sich richtig zu entscheiden."*

Sein Oheim sah Hans die Treppe herunter kommen. Er begrüßte ihn mit den Worten: *„Na, wie steht es, bist du wieder erstarkt? Wenn du gegessen hast, könnten wir gemeinsam meine Ökonomie[5] inspizieren. Da kannst du dich gleich kundig machen, was in Zukunft so auf dich zukommt. Sorge ruhig erst einmal für dein leibliches Wohl. Ich werde später nach dir schauen."*

Hans ging in die Küche. Dort wurde er bereits erwartet. Man versorgte ihn mit allem nur Möglichen. Es wurde ihm schließlich sogar peinlich, als man immer erneut die Frage an ihn richtete, was man ihm noch reichen könne.

Dann erschien sein Oheim. Der setzte sich noch eine Weile zu Hans an den Tisch, obwohl er sein Frühstück bereits beendet hatte. Zu Hans hingewendet sagte er: *„Ja Hans, du bist der älteste Sohn eurer Familie. Damit bist du der Stammhalter. Aus diesem Grund wird man wohl von dir erwarten, dass du die Nachfolge der dir zustehenden Herrschaft Wiesenburg antrittst. Somit muss es dir doch Recht sein, einen Überblick über eine umfangreiche Ökonomie zu beschaffen. Ich nehme doch an, dass du nicht weiterhin dein Leben als ein Gelehrter verbringen willst?"* Dabei schaute er Hans mit einem fragenden Blick an. Der wiegte seine Schultern hin und her und entgegnete: *„Auch aus diesen Gründen bin ich hier bei dir. Darüber müssen wir miteinander reden. Ich hoffe, wir finden die rechte Lösung."*

Verwundert schaute der Oheim auf Hans. Erschrocken äußerte er: *„Was, du hegst noch immer Zweifel? Ich dachte, du bist dir klar darüber, dass du der*

---

[5] Landwirtschaft

verpflichtete Erbe bist? Da schlägst du völlig aus der Reihe. Das wird wohl noch Unannehmlichkeiten für dich geben. Oh, oh.“

Nach einer Weile sagte er: *„Das ist so schwerwiegend. Das will genau durchdacht sein. In Sekundenschnelle lässt sich das nicht über das Knie brechen. Wir müssen uns zusammensetzen, um einen gangbaren Weg zu finden. Nun gehen wir erst einmal in die Stallungen. Dort braucht man mich.“* Wortlos gingen die beiden Männer zu den Pferdeställen hinüber. Dort wartete bereits der Verwalter. Nachdem Hans vorgestellt worden war, betraten sie den Stall der Ritterpferde.

Dort traten sie an eine Stute hinan. Der Verwalter sagte: *„Hoher Herr, Ihre tragende Stute >Sturmwind< ist unser großes Sorgenkind. Sie kann wohl ihr Fohlen nicht auf die Welt bringen. Wir glauben, das Fohlen liegt falsch. Ich würde die Stute erst noch einmal unserem erfahrenen Schäfer vorstellen. Dann werden wir uns wohl dem Hufschmied von Wölbersbach herbeiholen müssen. Der gilt als Mann mit Erfahrung in solchen Dingen.“*

Der Kotzauer zeigte sich über die Rede seines Gutsverwalters entsetzt. *„Ausgerechnet mein Lieblingspferd.“* stieß er aus. *„Es muss alles unternommen werden, dass das gut geht. Was zu Gefahren für >Sturmwind< führen kann, muss verhindert werden. Alles soll veranlasst werden, was dazu nötig ist. Die Stute und ihr Fohlen sind mir außerordentlich wichtig.“*

Als sie die Stallung wieder verlassen hatten, sagte der Kotzauer zu seinem Schwestersohn: *„Hans, ich muss weiter. Du kannst dich ja hier überall umsehen. Wenn du Fragen hast, stelle sie. Du wirst eine Antwort erhalten. Ich habe über den Verwalter dazu eine Weisung gegeben. Zum Mittagsmahl sehen wir uns wieder.“*

Dann ging er zu einer bereitstehenden Kutsche und fuhr zum Tor hinaus.

In Hans kamen Erinnerungen an den Gutshof in Wiesenburg hoch. Auch dort herrschte, wie hier, quirliges Leben. Hühner liefen im Hof umher, Gänse bewegten sich schnatternd dazwischen. Hier wieherte es und drüben aus dem Kuhstall vernahm er die brummenden Geräusche der Kühe.

Er stand still im Hof und genoss das bereits vergessen geglaubte Bild.

Auf dem Misthaufen krähte ein Hahn. Das riss ihn wieder aus seinen Träumen heraus. Das Erleben hier hatte ihm ins Bewusstsein gebracht, dass er in solch einem Umfeld groß geworden war. An der Hand seines Vaters hatte er den heimischen Gutshof entdeckt und nun sollte er sich für oder gegen ein derartiges Landleben entscheiden. Hans sah sich hin und her gerissen. Er setzte sich auf eine Bank vor den Stallungen und schaute dem Turteln der Tauben zu. Lange ließ er das Geschehen im Hof auf sich einwirken.

Als er sich sattgesehen hatte, ging er wieder in den Schlossgarten hinüber.

Das bunte Laub, das ihm zu Füßen lag, zeigte ihm, wie vergänglich doch alles auf Erden sei. *„Bald schon werden die Bäume kahlgefegt sein. Der Herbstwind wird mit ihren Blättern spielen"*, dachte er. *„Alles ist Bestimmung und muss gegebenen Gesetzen gehorchen. Warum müssen wir Menschen uns dann in so Vielem selbst entscheiden? Wie gut wäre es, wenn mich mein jetziger Zustand nicht dazu zwingen würde."*

Die Sonne stand bereits hoch am Himmel. Plötzlich dachte er daran, dass es bald Mittag sein müsse. Hans begriff, dass er zu Tisch gehen sollte. Zu spät kommen oder gar wieder fehlen wollte er auf keinen Fall. Deshalb setzte er sich in Bewegung und ging in Richtung Palas[6].

Dort hatten sich bereits alle, außer dem Schlossherren eingefunden.

Hansens Base bat ihn, mit ihr zusammen auf einer Bank Platz zu nehmen. *„Mit meinem Mann ist das so ein Ding"*, sagte sie. *„Pünktlichkeit ist nicht seine Sache. Mit dem Essen kann es noch eine Weile dauern. Komm, erzähl' uns ein wenig über Italien. Wie leben die dort? Was ist bei denen anders als bei uns?"* Ehe er den Mund auftun konnte, saßen die Kinder alle ihm zu Füßen auf dem Boden.

Hans begann: *„Ich weiß gar nicht, womit ich da anfangen soll. Auf jeden Fall läuft dort das Leben schon anders ab als hier. Ich habe keine so gewaltigen Standesunterschiede verspürt, wie bei uns. Dort war ich der Student, der Doktor, der Rektor der Universität."* Da unterbrach ihn Moritz der älteste Sohn der Kotzauer. *„Du bist dort der Rektor der Universität gewesen? Da bist du doch ein hochgelehrter Mann."* Den letzten Satz hatte wohl der eintretende Hausherr mitbekommen. Deshalb sagte er zu seinem Sohn *„Du hast nicht aufgepasst, als ich euch Doktor Hans von der Planitz vorgestellt habe. Meine Worte lauteten >er ist mein lieber über alles bewunderter Schwestersohn<! Wenn man jemand bewundert, muss er etwas zustande gebracht haben. Das hat unser lieber Gast zur Genüge getan! Schon als kleiner Junge war er ein sehr gescheites Kerlchen! Aber nun steht er vor einer schweren Entscheidung. Soll er die ihm zustehende Herrschaft übernehmen oder soll er weiterhin die Gelehrtenlaufbahn verfolgen?"*

---

[6] Hauptgebäude der Burg

Hans entgegnete darauf: „*O ja. Die Entscheidung fällt mir schwer. Doch zu unserem vorherigen Gespräch muss ich noch anfügen, dass mich in Italien niemand wegen meines Namens als herausgehoben betrachtete. Das Wort >Hochwohlgeboren< ist dort ein Fremdwort.*"

Da schaltete sich der Hausherr wieder ein. „*Auch bei uns gibt es Bemühungen, die alte Ordnung auf den Kopf zu stellen. Man geht gegen die Ritterschaft an und macht ihr die Stellung streitig. Ich weiß nicht, ob du in Italien davon gehört hast, dass sich im Dithmarschen die Bauern sogar ihrem König wehrhaft widersetzt haben. Damit veranstalteten sie einen Aufstand gegen die göttliche Ordnung. Ein Bauernheer zog vor drei Jahren gegen ein königliches Ritterheer an. Johann I., König von Dänemark, Norwegen und Schweden und dessen Bruder Friedrich, Herzog von Schleswig Holstein, wollten die dortigen Bauern zur Räson[7] bringen. Die Dithmarschen Bauern wollten sich aber seiner Macht nicht unterwerfen. Deshalb traten sie mit einem eigenen Bauernheer gegen den König an und schlugen die Ritterschaft verheerend. Ich verstehe die Welt nicht mehr. Bauerntölpel treten gegen Ritter an und setzen ihre Interessen auch noch durch. Obwohl sie einem erfahrenen Heer und einer gewaltigen Übermacht gegenüberstanden, schlugen die das Ritterheer vernichtend. Sie sollen sogar mit dem Ruf angetreten sein >Wehe euch, der Bauer kommt.< Doch auch die Kirche sieht sich so mancher Kritik ausgesetzt. Die bisherige Ordnung gerät überall aus allen Fugen. Auch in den Städten haben Patrizier und Handelsherren das Sagen. Hans, gerade jetzt, wo es nötig ist, kluge und gewandte Leute auf Seiten der Ritterschaft zu haben, müsstest du als Ritter deinen Mann stehen.*"

Hans spürte, dass sein Oheim Befürchtungen hegte, dass der Ritterschaft ihre führende Rolle genommen werden könnte. Er sprach sogar von einer >göttlichen Ordnung<. Hans lagen Worte auf der Zunge, die seinem Oheim ganz sicher nicht gefallen hätten. Aus diesem Grund schwieg er lieber. „*Hat Gott jemals den Rittern die Herrschaft über andere Menschen in die Hände gegeben?*" fragte er sich. „*Das ist doch eine riesengroße Anmaßung.*" dachte er.

In seinem Hirn wirbelten die Gedanken wild durcheinander. Dabei kam ihm in den Sinn, sich ja nicht auch noch als Ketzer gegen die weltliche Macht zu offenbaren.

Sie wurden zu Tisch gerufen. Nach einer Grützsuppe wurde ein köstlich schmeckender Lammbraten und Weißbrot aufgetragen. Dazu wurde den

---

[7] Vernunft

Männern Bier und der Hausherrin Rotwein gereicht. Die Kinder erhielten einen Apfel als Nachspeise.

Kaum war man mit dem Essen fertig, das Geschirr war noch gar nicht einmal abgeräumt worden, führte der Hausherr den Disput[8] weiter. *„Auch in Kursachsen rumort es schon."* sagte er. *„Ausgerechnet ein Regensburger Franziskanermönch, namens Berthold, legte den Bauern die Worte in den Mund >Ihr armen Leute müsst alles erarbeiten, was die Welt braucht. Und euch bleibt kaum soviel davon, dass ihr nicht viel besser zu essen habt als eure Schweine<. Man muss sich das recht vorstellen, ein Kirchenvertreter hetzt Menschen gegen die weltliche Macht auf. Es ist doch klar, dass sich solche Worte in Windeseile verbreiten. Das haben die Bauern schnell mit Genugtuung aufgenommen. Noch murren sie bloß. Wann tun sie es dann den Dithmarschen nach? "*

Dann richtete er sich an Hans mit der Frage: *„War es nicht schon immer so, dass der Klerus und der Adel über den Bauern stand? Nun hat sich noch das neu entstandene Bürgertum zwischen uns und die Bauern geschoben. Auch das besitzt doch bereits eine Menge eigene Machtpositionen. "*

Plötzlich sagte die Hausherrin: *„Ach ihr Männer. Müsst ihr immer nur über Krieg und Unfrieden reden? Das macht mir Sorgen. Wisst ihr, ich lasse euch allein. Dann könnt ihr bis zum Abend miteinander einen langen Disput führen, der doch zu nichts führt."*

Als seine Frau und die Kinder das Zimmer verlassen hatten, fragte der Kotzauer: *"Hans, du hast bisher im Schweigen verharrt, siehst du das ebenso wie ich? Hat dir dein bisher anderer Blickwinkel gegensätzliche Meinungen aufkommen lasen? Sieht man von außen die Dinge etwa ganz anders?"*

Gerne hätte Hans geschwiegen. Er fühlte sich der Sache auch nicht recht gewachsen, da er doch erst wieder ins Reich zurückgekommen war. Doch so direkt angesprochen, war ihm das Schweigen unmöglich geworden. Deshalb sagte er: *„Lieber Oheim. Ich glaube mich erst wieder hierzulande zurechtfinden zu müssen. Im Einzelnen möchte ich mich deshalb dazu nicht äußern. Doch ganz aus der Sache möchte ich mich auch nicht rücken. Ich habe gelernt und sogar begriffen, dass alle Menschen Geschöpfe Gottes sind. Allein Gott verfügt über die Macht, der wir alle unterliegen. Aus diesen Gründen besitzt kein Mensch das Recht, anderen Menschen gegenüber Macht auszuüben, sie gar zu unterdrücken oder zu entrechten. Das spreche ich sogar der*

---

[8] Wortgefecht

>allmächtigen Kirche< ab. Aus diesen Gründen ist es so schwer, wahres Recht zu sprechen. Gott kann uns Rittern nicht die Macht über andere Menschen gegeben haben. Die haben wir uns selbst genommen. Ich weiß, dass dich meine Rede erschreckt. Doch, wenn du alles ganz nüchtern und unvoreingenommen betrachtest, musst du eingestehen, dass es so ist. Unrecht, das über Jahre ausgeübt wird, nimmt man als rechtens hin."

Sein Oheim holte tief Luft. Dann sagte er: „Siehst du Hans, nun zeigt sich das Ergebnis deines Studiums. Ihr gescheiten Leute habt weiter nichts im Sinn, als das Althergebrachte völlig umzukrempeln. Das kommt als Ergebnis dabei heraus."

Hans sagte, „Wenn aber das Bisherige nicht richtig ist, sollte man es dann nicht doch verändern, ehe Geschädigte dagegen angehen? Wenn es dazu kommt, du hast es selbst geschildert, fließt Blut. Glaubst du, lieber Oheim, dass das gottgefälliger ist? Gott gab uns den Verstand, um ihn zu gebrauchen."

„Gegen deine gescheiten Worte komme ich schwerlich an.", sagte der Kotzauer. „Doch schneidest du dir da nicht selbst ins eigene Fleisch? Du bist doch ein Ritter, wie ich auch?"

„Ja", sagte Hans, „das ändert aber nichts an den Tatsachen. Der Weltenentdecker Kolumbus hat kürzlich bewiesen, und vor ihm wohl auch noch Andere, dass die Welt rund ist. Sie wird sich weiter drehen, mit uns, oder in Zukunft auch ohne uns. Lieber Oheim, du hast gesagt, dass es Bestrebungen gäbe, die Ordnung auf den Kopf zu stellen. Schau dich um. Alles unterliegt Veränderungen und sie sind sogar nötig. Nur jene, die die Zügel in den Händen halten, fürchten sie."

Sein Oheim war aufgestanden. Wie in einem Käfig eingesperrt, ging er ein paar Schritte nach links, dann wieder nach rechts. Auf dem Rücken hatte er seine Arme verschränkt. Man sah ihm an, dass ihn die Worte von Hans tüchtig beschäftigten. Unvermittelt blieb er stehen und sagte: „Die Ausübung von Gewalt war schon immer ein Fehler. Und Fehler werden viele gemacht. Was mich in letzter Zeit weitaus mehr beschäftigt, ist die lieblose Gewaltenausübung der Kirche. Ich meine die Inquisition. Die Kirche nimmt sich heraus, Menschen auf Erden ins Höllenfeuer zu schicken. Ich sehe darin einzig die Mittel der Abschreckung, um ihre Macht zu erhalten. Ausgerechnet die Kirchenvertreter, die die Liebe Gottes zu den Menschen predigen, brechen den Stab über Menschen, weil sie ihre Lehrsätze in Gefahr sehen. Erst kürzlich sind im Maingebiet wieder etliche Frauen in den Flammen zu Tode gebracht *worden. Unter Folterqualen sollen sie alles Erwünschte gestanden haben. Wie kann man Menschen im Namen des Glaubens so quälen? Wenn sich ein Mensch verirrt, muss man nach ihm suchen und ihn liebevoll zurückholen. Macht das die Kirche? Nein, sie holt das Höllenfeuer auf die Erde. Glaubst du etwa"*, dabei wendete er sich an Hans, *„dass sich der Teufel wirklich in diesen armen Seelen festgekrallt hat?"*

Hans wunderte sich über seinen Oheim. Das kirchliche Machtgebaren schätzte er realistisch ein. Er verurteilte sogar, mit welchen Mitteln die Kirche ihre Dogmen verteidigte. Die weltlichen Machtbestrebungen hingegen sah er als gefährdet an. Das bezeugte seine enge Verbundenheit mit den bestehenden Verhältnissen.

Auf die Rede seines Oheims antwortete Hans: *„In Italien war ich mit einem böhmischen Doktor befreundet. Dessen Worte zur Verurteilung von Hus haben mich nachdenklich gemacht.*

Das bewog mich, mich mit dem Thema der Ketzerei näher zu beschäftigen. Wer nicht alles so hinnimmt, wie die Theologen es darstellen, wer daran die geringsten Zweifel hegt, wird leicht zum Ketzer erklärt.

Ich frage, wer kennt denn keine Zweifel? Doch die gibt es doch eigentlich nur an den religiösen Praktiken. Am Glauben zweifelt kaum einer. Es geht also nur um rechthaberisches Festhalten am Vorgegebenen, das zur Regel erhoben wurde. Zweifelt daran Einer, kratzt er an ihrer Macht. Dabei führten gemeinsame Gespräche ganz sicher zu einer Klärung vieler Gegensätzlichkeiten. >So ist es, und so bleibt es< schafft aber größere Probleme. Die löst man dann eben mit einer Verurteilung und dem anschließenden Tod des Zweiflers. Noch schlimmer ist es, dass schon Bezichtigungen genügen. Dem Volk können sie außerdem alles Mögliche erzählen, es kann doch den lateinischen Text der Bibel selbst nicht lesen. Aus diesen Gründen stehen die Pfaffen weit über allen Dingen."

Hans schwieg erst einmal. Er wollte die Wirkung seiner Worte bei seinem Oheim erst erkunden. Der saß auf einem Stuhl und sah nur starr auf den Boden, ohne ein Lebenszeichen von sich zu geben.

Hans redete weiter: *„Oheim, schau. Die Misere ist zwar schon 100 Jahre vorbei. Doch dass selbst Päpste nur machthungrige Menschen sind, beweist uns doch das abendländische Schisma[9]. Vier Jahrzehnte lang gab es zwei Päpste. Einer amtierte in Rom und einer im französischen Avignon. Jeder sah sich als*

---

[9] Kirchenspaltung

den allein rechtmäßigen Papst. Da war nichts zu spüren vom Handeln nach göttlichem Ratschluss. Das war nichts anderes als rechthaberischer Machtanspruch. Dass sie damit eine totale Verwirrung schufen, die dem Ansehen der Kirche tüchtig schadete, hat sie weder berührt, noch zur Vernunft gebracht. Selbst ihr Tod löste wegen sofortiger Neubesetzung das Problem nicht. Päpste sind doch unangreifbar. Niemand konnte das so ohne weiteres verändern. Erst die starke Hand von Kaiser Sigismund, also ein weltlicher Eingriff, löste diese Unmöglichkeit. Er berief ein Konzil[10] ein. Überlege einmal. Verhält es sich mit den weltlichen Mächten anders? Wem ist Macht eine nebensächliche Sache? Gehen die etwa liebevoller mit den Menschen oder untereinander um?"

Es herrschte lange Zeit vollkommene Ruhe. Hans hatte schon Angst, dass sein Oheim seine Denkweisen verurteile. Da schaute der Kotzauer zu Hans auf und sagte: „Ich habe meinen Kindern gesagt, dass du bereits als kleiner Junge schlau warst. Hans, trüge ich mein Barett auf dem Haupt, ich würde es vom Kopf nehmen.

Deine Worte haben mich getroffen wie eine Kanonenkugel. Du hast Recht. Immer schon haben Menschen nach der Macht gegiert. Hatten sie die errungen, nutzten sie diese immer auch zu ihrem Eigennutz. Nutze dein Wissen. Vielleicht kannst du damit Einiges verändern. Du bist ein schlauer Kerl geblieben." .

Hans erwiederte : „Mit Klugheit hat das nichts zu tun. Ich beherrsche halt die lateinische Sprache. So konnte ich meine Neugierde befriedigen. Ich glaube wohl, dass ich mich als gläubigen Christ bezeichnen kann. Trotzdem wäre ich in den Augen der Kirche ein Ketzer. In ganz Europa gibt es immer wieder Menschen, die Reformen der Kirche fordern. Schon vor ungefähr 100 Jahren wagte in England der Theologe Wiclif eine Reform der Kirche an Kopf und Gliedern. Er hatte an der Oxforder Universität promoviert. Wyclif machte klar, dass alle Herrschaft Gott, und nicht dem Papst oder den Bischöfen zustehe. Er forderte den Verzicht der Kirche auf weltliche Güter. Selbst die Mächtigen seines Landes standen hinter ihm und gaben ihm Unterstützung, als die Kirche versuchte, ihm den Prozess zu machen. Sein Verbrechen bestand darin, dass er die Bibel als allein gültige Glaubensquelle bezeichnete.

Noch schlimmer verhielt es sich mit dem Rektor der Prager Universität. Der Böhme Hus vertrat die kirchlichen Reformbestrebungen von Wyclif. Man lud

---

[10] Kirchenversammlung

ihn unter Zusicherung von freiem Geleit zum Konzil nach Konstanz. Dort wurde er zum Tod auf dem Scheiterhaufen verurteilt. Noch auf diesem schrie er >Ich bin kein Todsünder.< Seine Asche verstreute man im Rhein, dass er nicht in den Himmel gelange.

Und was geschah? Der Tod von Hus wurde zum Fanal. Seine Anhänger zogen in den Hussitenkriegen sengend und plündernd durch halb Europa. Dabei vergaßen auch die Hussiten alle christlichen Lehren. Wer war nun auf der Seite des Rechts? Waren es die Hussiten? War es etwa die Kirche? Und es gärt weiter. Die Kirchenoberen brauchen sich nicht zu wundern. Unverändert gehen sie ihren Weg. Doch sie gehen weiter in die falsche Richtung. Sie preisen die Liebe Gottes an und ziehen immer häufiger das scharfe, unbarmherzige Schwert der Inquisition. "

Über ihrem Disput war den beiden Männern wirklich die Zeit davongelaufen. Die Kotzauerin hatte mit Recht angenommen, dass die Männer ein längeres Gespräch führen würden. Draußen dunkelte es bereits stark. Regenwolken waren aufgezogen. Dicke Tropfen schlugen an die Butzenscheiben[11] der Palasfenster. Das holte die Männer wieder in die Gegenwart zurück.

„Ach, du Schreck. " sagte der Kotzauer, *„Ich habe doch ganz vergessen, dass ich zum Holzeinschlag an die Schwesnitz[12] wollte"*. Dann richtete er sich an Hans: *„Kannst du eigentlich noch reiten? "* Etwas zögerlich entgegnete Hans darauf: *„Ich weiß nicht, in Jerusalem saß ich schon mal auf einem Maulesel. Doch das kann man wohl kaum einen Ausritt nennen. Ich muss wohl sagen, dass ich aus der Übung bin. Warum fragst du mich das?"* Sein Oheim sagte: *„Mir fiel nämlich ein, mit dir zusammen dorthin einen Ausritt zu unternehmen. Dazu ist es aber heute wohl auch schon zu spät. Weißt du was, morgen setzt du dich erst einmal auf ein ordentliches Pferd. Dann sehen wir weiter. Übrigen möchte ich dich noch zur bevorstehenden Jagd für das nächste Wochenende einladen. Ich hoffe, dass du bis dahin wieder fest im Sattel sitzen wirst. Vielleicht weißt du noch, das ein Jagdritt kein Spaziergang ist."*

Die Männer trennten sich voneinander. Sein Oheim sagte nur noch: *„Wir sehen uns bald wieder zum Abendessen. Maximilian wird mit der Glocke das Zeichen dazu geben. Übrigens, dein jetziges Zimmer ist das Mädchenzimmer deiner Mutter. Das große Gemälde zeigt sie etwa als Achtzehnjährige. Das Gemälde ist dein. Das vermache ich dir als Geschenk. "*

---

[11] runde, in Blei gefasste Scheiben
[12] Flüsschen

Hans ging noch einmal auf seinen Oheim zu und umarmte ihn. Freudigen Herzens bedankte er sich für das unerwartete Geschenk. Er hatte doch bereits vermutet, das Bildnis stelle seine Mutter dar. Der Kotzauer sagte dabei: *„Und ich möchte dir noch einmal ein paar Worte zum Tod deiner Mutter sagen. Mein lieber Hans, was wir für ein Ende halten, ist doch vielleicht sogar ein Neubeginn. Was wissen wir Menschen schon. Unsere Möglichkeiten, alles zu begreifen, sind arg bemessen. Wo ist denn unsere Heimat? Ist sie auf Erden oder im Himmel? Deine Mutter hat jedenfalls das Weltentheater hinter sich gebracht und der Tod hat den Vorhang zugezogen. Ich hoffe, sie bekam auch ohne zu bezahlen einen >Freifahrschein in den Himmel<. Sündenbeladen war sie wohl kaum."*

Dann trennten sich die beiden Männer. Sein Oheim hatte noch zu tun.

Hans kam die Einladung zur Jagd wieder ins Gedächtnis. Es wurde ihm klar, dass er dabei fest im Sattel sitzen musste. Um das zu schaffen, müsse er sich erst wieder einmal auf ein Pferd setzen. Das verleitete ihn, sich die Rösser seines Oheims erst einmal anzuschauen. Langsamen Schrittes ging er hinüber in das Gut, um sich in den Ställen umzusehen.

Die Stalltür der Ritterpferde stand weit offen. Der Geruch der Pferde stieg ihm bereits im Freien in die Nase. Hans schaute erst einmal vorsichtig in die Stallung hinein.

Er zählte sechs Boxen. Eine davon schien leer zu sein. Er ging von Pferd zu Pferd, um sie in Augenschein zu nehmen. Allesamt waren fuchsfarben. Sein Vater liebte Rappen, weil er die für >temperamentvolle Teufel< hielt. Hans fehlte die Erfahrung da mitreden zu können. Ganz sicher waren auch die >Braunen< seines Oheims keine >lahmen Gäule<. Sie standen sichtbar gut im Futter.

Gerade als er etwas näher an eins der Pferde herantreten wollte, kam ein Rossknecht hinzu. Der hielt Hans mit den Worten zurück: *„Hoher Herr, unsere Pferde sind feurig. Zu ihnen in die engen Boxen zu gehen, wagt nicht einmal unser Herr Patron. Er nimmt sie bereits gesattelt im Freien an. Es wäre anzuraten, das ebenfalls so zu tun. Die Pferde sind an mich gewöhnt, alle Anderen sind Fremde im Stall. Darf ich eins von diesen vier Pferden satteln? Das in der ersten Box ist nur für den Patron bestimmt!"*

Hans trat erschrocken zurück und verneinte. *„Nein, ich wollte mir die Pferde nur einmal anschauen"*, sagte er. *„Erst morgen will mein Herr Oheim mit mir einen Ausritt wagen. Ich saß jahrelang nicht mehr auf einem Pferd."* Darauf antwortete der Knecht: *„Hoher Herr, dann rate ich Ihnen das Pferd in der letzten Box zu reiten. Das zeigt sich am zahmsten. Den Wallach*[13] *zwingen Sie bestimmt zu einem Ritt, der Ihnen gelingt. Ich rate Ihnen nur, es nicht zu sehr an die Kandare zu nehmen. Es folgt viel besser dem Druck der Schenkel."*

Hans ging aus dem Stall, um wieder zum Herrensitz zu gelangen. Mit einem *„Gott zum Gruß."* verabschiedete er sich. Das war der Knecht wohl nicht gewöhnt. Freundlich grüßte der zurück und fügte noch an. *„Ich wünsche dem hohen Herrn viel Gelingen beim morgigen Ausritt."*

Hans verließ den Gutshof wieder in Richtung zum Schlossgarten hin. Dort setze er sich auf eine Bank unter die weit ausladende Krone eines Rüsters[14]und nahm sich Zeit, das Geschehen der letzten Tage noch einmal zu überdenken. Die Pflichten seines Oheims drehten sich ausschließlich um die Verwaltung seines Lehns. Hans stellte sich die Frage, ob ihn das zufriedenstellte oder gar ausfüllen würde. Noch wusste er nicht, welche sonstige Tätigkeit ihm zuhause möglich wäre. Seine Vorstellungen und Wünsche gingen in Richtung einer juristischen Betätigung. Fest vorgenommen hatte er sich bereits, kein Lehramt mehr zu übernehmen. Hans hoffte darauf, als Rechtsberater wenigstens in einer Vogtei eine Anstellung zu finden. Eine Anstellung als Oberrichter wäre ihm auch nicht unrecht gewesen. Immer noch unschlüssig, saß er auf seiner Bank, bis es ihn zu frösteln begann.

„Heiliger Bimbam.", entfuhr es ihm, *„Das muss doch zu lösen sein."*

Dann stand er auf und sagte: *„Hans, du darfst dich nicht selbst fertigmachen, du musst baldigst eine endgültige Lösung herbeiführen. Wer, außer mir, sollte das denn sonst schaffen?"*

Langsam ging er in das Herrenhaus zurück. Er stand gerade im Begriff in sein Zimmer zu gehen, da begegnete er seiner Base. Sie lud ihn in ihre Kemenate[15] ein. Dort bot sie ihm einen Platz an und legte ein Scheit auf das Kaminfeuer. Dann zog sie am Glockenband und holte damit den Diener herbei. Sie bestellte Gläser und ein Krüglein von ihrem Wein. Dann sagte sie zu Hans: *„Schön, dass wir Zeit gefunden haben, einmal allein miteinander zu sprechen. Gott, kannst du dich überhaupt noch an mich erinnern? Ich glaube, wir sind uns zuletzt zur Beisetzung deines Vaters begegnet! Da wirst du nicht auf mich geachtet haben. Und damals warst du noch sehr, sehr jung an Jahren. Der Tod*

---

[13] kastrierter Hengst
[14] Ulme
[15] heizbares Frauengemach

deines Vaters hat unsere beiden Familien entzweit. Sicher auch deswegen, weil deine Mutter danach wiederum geheiratet hat. Doch wir haben euch nicht aus den Augen verloren. Wir haben sogar eine zeitlang versucht, euch zu uns zu holen, um deinen Planitzer Oheim etwas zu entlasten. Doch er wollte über die Kinder, die seinen Namen tragen, selbst bestimmen. Er war ja auch euer Vormund. Mehr als gewundert haben wir uns darüber, dass dir das Studium genehmigte, dazu noch in Italien.

Vielleicht sagt es dir auch noch mein Mann, jeglicher Kontakt zueinander ist leider unterbrochen. Es war keine Annäherung mehr möglich.

Unlängst, wir hatten in der Nähe zu tun, statteten wir den Wiesenburgern einen Besuch ab. Dein Oheim und seine aus Planitz hinzugeholte Frau waren gute Gastgeber. Wir blieben sogar über Nacht. Plötzlich verstanden wir uns wie früher. Sie zeigten sich sehr aufgeschlossen. Dabei sprachen wir natürlich auch über dich. Sie wussten nicht viel von dir zu berichten und sind immer noch der Hoffnung, dass du die Pflichten des Erstgeborenen übernehmen wirst. Dabei ist dein Bruder bereits in die Pflicht genommen worden. Dein Oheim hat ihm gewissermaßen deine Stellung übertragen.“

Dann trat eine lange Pause ein. Danach sagte sie: „*Ich glaube, das solltest du wissen. Es könnte sein, wenn du deinen Anspruch durchsetzen willst, wird sich dein Bruder wohl zurückgesetzt fühlen. Er würde sich mit Recht verdrängt fühlen. Ihr steckt in einer verzwickten Situation.*“ Nach wiederum einer Weile fügte sie hinzu: „*Mein Ehegemahl traut sich nicht so recht, dir unsere Bedenken zu dieser Tatsache mitzuteilen. Deine Reaktion über den Tod deiner Mutter hat ihn betroffen gemacht. Mein Ehemann glaubt, dich ganz vorsichtig an dieses Thema heranführen zu müssen. Das wollte ich dir unbedingt sagen. Hans, wie du dich auch entscheiden wirst, du wirst es daheim in Wiesenburg nicht leicht haben.*“

Sie erkannte, dass Hans ihre Worte sehr hellhörig aufnahm. Allerdings konnte sie daraus nicht schließen, welche Eindrücke sie bei ihm hinterlassen hatte. Sein Gesichtsausdruck verriet ihr nichts.

Eine lange Zeit herrschte völlige Stille. Es sah aus, als würde jeder eine Antwort vom anderen erwarten. Deshalb sagte die Kotzauerin: „*Ich wollte dir meine Sympathie und meine Anteilnahme zeigen. Durch den frühen Tod eures Vaters hattet ihr es ja in eurem Leben nicht leicht.*“

Nach ihren Worten erhob sich Hans ganz langsam. Als er wie ein Baum vor ihr stand, fragte er: „*Liebe Base darf ich dich umarmen?*“ Verdutzt schaute die zu ihm auf und fragt leise: *„Ja, aber warum?"* Vorsichtig zog Hans die kleine Frau an sich und sagte: *" Liebe Base, ich danke dir dafür, dass du mir endgültig die Richtung angabst, in die ich gehen muss. Ich werde das Lehn meinem Bruder nicht streitig machen. Er ist dort in diese Aufgabe hineingewachsen. Ich bin es nicht. Es kann nur zwei Lösungswege für mich geben. Entweder bleibe ich ein Advokat*[16] *oder ich bemühe mich um ein eigenes Lehn. Schließlich würden mir unsere väterlichen Besitzungen auch den nötigen Rückhalt gewähren. Zu überlegen wäre vielleicht, das silberhaltige Neustädtel in gemeinsamen Händen zu halten. Doch das muß ich mit meinem Bruder friedlich klären. "*

Der Schlossherrin fiel ein Stein vom Herzen. Sie hatte geglaubt, dass sie in Hans neuen Kummer erzeugt hätte. Nun zeigte sie sich sehr erfreut darüber, als Hans ihr sogar auf diese Weise seinen Dank aussprach. Noch mehr beglückte sie, dass sich das Problem doch noch glücklich für alle lösen könne. Ihr Mann hatte bereits ängstlich vermieden, es überhaupt anzusprechen.

Hans sah seiner Base die Erleichterung an. Ihre Gesichtszüge schienen entspannter als vorher zu sein. Sie lächelte den Schwestersohn ihres Mannes an und sagte: *„Weißt du, nun traue ich mich, dich um etwas ganz anderes zu bitten. Wir alle sind voller Neugierde. Du bist doch ein Mann, der die Welt ganz anders kennen gelernt hat, als wir. Darüber musst du uns unbedingt berichten. Nicht jetzt, erst wenn wir am Abend alle zusammensitzen. Vor allem die Kinder sollen daran teilhaben. Schon bevor du zu uns kamst, habe ich ihnen von dir erzählt. So habe ich bereits ihre Neugierde auf dich geweckt. Doch mir kannst du ja bereits einmal sagen, hast du je deinen Weggang von zuhause bereut? "*

Hans lächelte sie an und sagte: *„ Die Tage sind verschieden und der Seelenzustand ebenfalls. Wenn man sich einsam fühlt, denkt man mehr an das heimatliche Nest. Vorausgesetzt ist natürlich, dass man ein solches überhaupt besitzt. Dass ich einen heimatlichen Ankerplatz besitze, kam mir, als ich als junger Mensch wegging, nicht in den Sinn. Ich war in ein Leben eingebunden, das mich von Anfang an stark gefordert hat. Danach brachte es wiederum Neues, wonach ich ja auch strebte. Ich hatte Erfolge. Sogar eine Menge Ehre handelte ich mir ein. Das alles umgab mich etliche Jahre. Dann, ganz plötzlich, tauchten heimatliche Glücksmomente in mir auf. Die verstärkten sich mit der Zeit immer mehr. Dann wurden sie zu einem immer wieder vor Augen stehenden Phänomen. Sie schufen Augenblicke, die tief in meinem Be-*

---

[16] Anwalt

wusstsein ankerten. Die Heimat stand wieder voll vor Augen. Das schuf letztlich den Auslöser dafür, auf das Geschaffene zu verzichten und mich wieder nach Hause aufzumachen. Zuletzt hatte ich sogar das bedrückende Gefühl, heimatlos zu sein. Am Ende spielten alle zu befürchtenden Probleme die das Ganze belasten könnten nur noch eine untergeordnete Rolle.“

Auf dem Flur hörte man derbe Schritte. „Mein Ehemann ist im Herannahen.“ schmunzelte die Base. Es erfolgte ein derber Schlag an die Zimmertür und schon stand der Kotzauer im Türrahmen. „Ach“, sagte er, „bei meiner Ehefrau bist du zu finden.“ dabei lachte er übers ganze Gesicht. Dann schloss er ebenso lachend noch an: „Es wird Zeit, dass du dir ebenfalls eine Frau suchst. Weißt du, sie zähmen unsere Ungezügeltheiten und stacheln uns trotzdem immer zu neuen Taten an. Und ganz wichtig ist, dass du es frühzeitig mitbekommst, Männer können Frauen nichts rechtmachen. Die tun immer so, als wüssten und könnten sie alles viel besser.“ Schmunzelnd klang seine Rede mit den Worten aus: „Doch hätten wir sie nicht, wüssten wir Männer nicht, worüber wir uns ärgern sollten.“

Ganz gegen seine sonstige Gewohnheit nahm er ebenfalls im Zimmer seiner Frau neben Hans Platz. Kaum hatte er sich gesetzt, ergriff seine Frau das Wort. Sie sagte: „Du brauchst keine Ängste mehr zu hegen. Ich habe mit Hans gesprochen. Er weiß, dass sein Bruder von seinem Planitzer Oheim in Wiesenburg in die Pflicht genommen wurde, um die Gutsleitung zu übernehmen. Hans will seine Ansprüche darauf nicht in Anspruch nehmen. Sicher waren unsere Ängste unbegründet.“

Der Kotzauer schaute Hans fragend an „Ist das wahr?“ richtete er sich an ihn. Der nippte zunächst erst nur mit dem Kopf. Dann fügte er hinzu: „Oheim, Ich bin dem Gutsleben in den Jahren völlig entwachsen. Über das Wissen um die Verwaltung und erst recht die Führung einer so umfangreichen Ökonomie verfüge ich nicht. Das Bewußtsein, nur weil ich der Ältere bin habe ich das väterliche Erbe anzutreten, quält mich bereits eine lange Zeit. Wie die Dinge sich entwickelt haben, kommt mir sehr gelegen. Ich werde ganz bestimmt nicht als Fordernder auftreten. Mein Bruder ist ebenfalls ein Planitzer. Wenn er den Besitz weiter führen will, soll es mir recht sein.“ Dann sprach Hans beide an: „Schaut, ich hab mich über die Jahre meiner Abwesenheit um Nichts gekümmert. Dachte ich an Zuhause, hoffte ich darauf, dass alles seinen geordneten Gang geht. Wie kann ich nach Jahren zurückkommen und Ansprüche stellen. Ich verspüre in meinem Innern andere Bedürfnisse. Deshalb wäre ich glücklich, wenn mein Bruder das Erbe übernehmen würde.“

„Gott im Himmel sei Dank." stieß der Kotzauer aus. *„Ich glaubte es käme bei deiner Rückkehr zu einem Bruderkampf. Das wäre doch furchtbar gewesen. Ach bin ich froh darüber, welchen Weg das nun nehmen wird. Hans, ich danke dir. Das ist ganz, ganz sicher auch im Sinn eurer Eltern."*

Der Kotzauer erhob sich und stieß mit der Faust an Hansens Schulter. Dabei sagte er: *„Steh auf Junge, ich möchte dich umarmen."*

Die Männer lagen sich wie Verliebte in den Armen. Beide zeigten sich erleichtert und beglückt.

„So ist es eben bei uns Menschen. Wir machen uns Sorgen um so Vieles, ehe wir die Sache überhaupt angegangen haben. Wir sind bestrebt sie gedanklich zu lösen und dabei entdecken wir zuerst, wie viele Steine im Weg liegen könnten. In uns liegt leider sehr oft das negative Denken näher, als guter Hoffnung zu sein." sagte sein Oheim.

Hans lachte. *„Nein, nein. Seid mal guter Hoffnung. Wir finden einen Weg, der wird für uns alle gangbar sein."*

„Das muss gefeiert werden.", sagte sein Oheim. Er läutete den Diener herbei. Der brachte ihnen den vom Hausherrn bestellten Wein. Als der rot aus den Gläsern leuchtete, sagte der Kotzauer: *„So rot wie dieser Wein ist auch unser Blut, das deine, Hans, und ebenso das unsere. Ich bin stolz darauf, mit einem Menschen, wie du einer bist, gemeinsame Blutsbande zu besitzen. Du kannst es glauben, ich habe deinen kindlichen Wissensdrang bereits vor Jahren bestaunt. Noch mehr war mir ein Wunder, dass du mutig und zielgerichtet in die Fremde wolltest und ich habe deiner Mutter auch zugesprochen, dich ziehen zu lassen.*

Als uns Rückkehrer aus Italien die Nachricht brachten, dass du Rektor der berühmten Universität in Bologna seiest, wuchs der Stolz über dich nicht nur bei deiner Mutter. Hans, ich erhebe mein Glas darauf, dass du in der Heimat einen dir würdigen Platz finden mögest. Wir wünschen dir nicht nur alles Gute, nein, auch Glück zur Erfüllung aller deiner Wünsche. Möge unser Herrgott das Nötige dazu beitragen. Kommt, trinken wir darauf." Er nahm einem tüchtigen Zug aus seinem Glas.

Hans schaute sich in der Kemenate um. Um den Tisch herum standen etliche Stühle mit Armstützen. Auf jedem lag ein Kissen. Einer war sogar auf der Lehne gepolstert. Eine breite Bank nahm fast die gesamte Wand ein. Gleich neben der Tür befand sich ein gewaltiger Eichenschrank. Die Sicht auf den Schlosshof gewährte ein Erker. In ihm lud eine Rundbank zum Sitzen ein. An

der entgegengesetzten Seite ermöglichte ein großes Fenster den vollen Licht-
eintritt. Seine Butzenscheiben bestanden aus hellem Glas. Davor stand ein
kleiner Rundtisch, auf dem ein Nähzeug lag. Etliche auf den Holzdielen liegende Tierfelle hielten die Kälte von unten her fern. Ein Kamin strahlte wohlige Wärme aus. Leise knisternd glühten in ihm etliche Holzscheite. Das
Zimmer strahlte eine wohltuende Gemütlichkeit aus.

Der Kotzauer richtete sich wieder an Hans. *„Wollen wir morgen wagen, dass
du mit Pferden wieder umzugehen lernst? Wenn du Interesse an der Jagd
hast, bleibt dir eigentlich nichts weiter übrig. Angst brauchst du nicht zu hegen. Ich lasse dich erst einmal an der Leine reiten, ehe wir einen Ausritt wagen."* Hans entgegnete: *„Natürlich. Ich hege sogar große Hoffnungen, es
noch nicht ganz verlernt zu haben. Außerdem wäre es auch gut, wenn ich
mich daheim nicht verstecken müsste. Es ist mindestens einen Versuch wert.
Und wenn es dir passt, lieber Oheim, starten wir das Unternehmen morgen."*

Nach dem Abendessen zogen alle wieder in die Kemenate um. Hans hatte
sich bereit erklärt, über seine Reisen zu berichten. Dort waren alle nahe an
den Kamin gerückt. Die Kinder saßen auf den Fellen am Boden. Voller Erwartung sahen alle zu Hans auf.

*„Zunächst muss ich euch mitteilen, dass ich ursprünglich nicht vorhatte,
Kursachsen zu verlassen"*, begann Hans seine Rede. *„Die Universität in
Leipzig war mir als Studienort vorgeschlagen worden. Dort glaubte ich auch
mein Studium zu beenden. Es kam mir immer wieder zu Ohren, dass Mitstu-
denten von einem >Neuen Recht< sprachen, das an der Universität im italienischen Bologna gelehrt würde. Das sogenannte >Römische Recht< beruht
auf dem >Zwölftafelgesetz< des oströmischen Reiches. Danach entstand
eine Rechtslehre, die dem Rechtsgebrauch die Richtung wies. Das wurde im
11. Jahrhundert neu entdeckt und weiter vervollkommnet. Neu ist, dass darin
ein Zivilrecht enthalten ist. Aus diesen Gründen zog es mich nach Italien. Es
gilt bereits als Prädikat, in Bologna Rechtswissenschaften studiert zu haben.
Dort schloss ich mein Studium ab. Danach wollte ich zurückkehren. Doch
man trug mir das Amt des Rektors der juristischen Fakultät an. Aus diesen
Gründen blieb ich wieterhin in Italien.*

*Von Bologna nach Rom zu gelangen war gut möglich. Das veranlasste mich
zu einer Pilgerfahrt in die heilige Stadt. Dabei lernte ich auch etliche Städte
Italiens kennen. Florenz begeisterte mich besonders. Die im Altertum von den
Römern errichteten Bauwerke forderten mich zu einer besonderen Bewunderung heraus. Doch deshalb war ich ja nicht nach Rom gefahren. Vor allem*

dem Grab des Petrus und der Papstkirche St. Peter galt mein Interesse. Diese Kirche ließ Konstantin der Große bereits im vierten Jahrhundert über dem Petersgrab errichten. Schon die Fahrt nach dort war ein Erleben. Dabei stand ich zum ersten Mal am Meer. Dort wurden mir die Sonnenuntergänge zu einem unvergesslichen Erlebnis. Rom ist eine gewaltige Stadt. Der Besuch der heiligen Stätten erbrachte mir jedoch nicht das, was ich mir versprochen hatte. Mein Glauben kam mir zwar nicht abhanden, doch ich habe erkannt, dass die heilige Kirche, und zahlreiche ihrer Angehörigen, sich den biblischen Weisungen entfremdet haben. Sie leben nach ihren eigenen Vorstellungen, die sich von dem, was sie predigen entrückt haben. Auch der Mammon spielt bei ihnen eine wesentliche Rolle. Ich habe mich an Manchem gestoßen. Mein Unbehagen jedoch lauthals von mir zu geben, hätte Folgen für mich nach sich ziehen können. Die Kirchenvertreter könnten das leicht als Ketzerei sehen. Sie halten doch die Macht in ihren Händen. Sie predigen über die Liebe Gottes und trachten nur auf die Erhaltung ihrer eigenen Macht. Das passt irgendwie nicht zusammen. Selbst die Beichte nutzen sie dazu um ihre Macht zu erhalten. Damit leuchten sie bis in die Herzen der Menschen hinein. "

Hans hatte die ganze Zeit sein Augenmerk vor allem auf seine Base gelenkt. Er hatte entdeckt, dass seine Rede bei ihr eine innere Erregung aufkommen ließ. Deshalb hielt er inne und richtete sich direkt an sie mit den Worten: *„ Ich merke, liebe Base, dass dich meine Worte erregen. Ihr habt mich gebeten über meine Erfahrungen zu berichten. Glaubt mir, dass ich kein Mensch bin, der nur oberflächlich, gar bösartig, daher redet. Ich habe diese Reise angetreten, um meinen Glauben zu stärken. Der ist mir nicht abhanden gekommen. Doch bei den Wurzeln des Glaubens lernte ich an seinen Dienern zu zweifeln."*

Seine Base antwortete darauf: *„Hans bedenke. Auf der Erde leben nur Menschen. Das sind keine Heiligen. Urteile deshalb nicht zu hart."*

Hans sagte lächelnd: *„Du hast ja Recht. Doch es handelt sich um die Vertreter des Glaubens. Sie sind doch als Mittler zwischen Gott und den Menschen für den Glauben verantwortlich. Der hat mit der Ausübung weltlicher Machtbestrebungen absolut nichts zu tun. Der Papst, als Vertreter Gottes und des Glaubens, hätte darauf zu achten, dass das Wort Gottes über allem steht. So steht es doch in der Bibel."*

Die Kotzauerin erhob sich und sagte zu ihren Kindern: *„ So, meine Lieben, für euch ist die Zeit gekommen, in die Betten zu kriechen. Sagt >Gute Nacht<. "* Dann verließ sie mit ihnen zusammen das Zimmer.

Erst jetzt begriff Hans, dass seine Darstellungen nicht für die Ohren der Kinder geeignet waren. Bestürzt darüber, dass er das außer Acht gelassen hatte, wendete er sich an seinen Oheim mit den Worten: *„ Ich bin an den Umgang mit Kindern nicht gewöhnt. Kannst du mir verzeihen, dass ich daran nicht gedacht habe?"* Der sagte darauf: *„ Na ja, wir hätten selbst darauf aufmerksam machen müssen. Doch so ganz und gar verkehrt finde ich es trotzdem nicht. Du hast ja herausgestellt, dass du ein guter Christ bist. Den Glauben und die Bibel hast du doch herausgehoben. Meine Ehefrau hat besser reagiert als wir zwei Männer. Doch an der Sache selbst gibt es für mich nichts zu bemängeln. Die Kirchenmänner sitzen so fest im Sattel, dass sie glauben, alle Macht in ihren Händen zu haben. Sie drängen sich wahrhaftig in alle Lebensbereiche. "*

Hans fragte etwas kleinlaut: *„Und wie wird das deine Frau sehen? Habe ich sie mit meiner Rede nur erschreckt oder habe ich mir gar ihre Sympathie verscherzt?" „Das werden wir hören, wenn sie wieder zu uns zurückkommt. "* entgegnete der Hausherr lachend. *„Nein, ich glaube, sie wird dir nicht voll zustimmen, aber in Manchem wird sie dir sicher Recht geben. "*

Sie blieben eine ganze Weile allein. Hans bangte um die Rückkehr seiner Base. Bereits als sie wieder in der Tür stand sagte sie: *"An die Kinder haben wir bei Hansens Erzählung nicht gedacht. Das war nichts für ihre Ohren. Wenn uns der Kaplan wieder besucht, hoffe ich darauf, dass sie davon nichts erzählen. "* Hans entgegnete: *"Bitte verzeiht mir. Über dem Erzählen, was mich selbst belastet, hatte ich die Kinder vergessen. "*

Seine Base sagte: *„ Wir alle hätten darauf achten müssen, dass Kinder zuhören, nicht nur du. "* Alle schwiegen.

Hans unterbrach die Stille mit dem Satz: *„Schade, Nun habe ich mir mit meinen ketzerischen Worten den weiteren Aufenthalt bei euch wohl verscherzt?"*

„Nein, nein", sagte seine Base. *„Du bist Manns genug zu beurteilen, was dir unter die Augen kam." „Ja.",* sagte Hans, *„mir kam so Manches unter die Augen und zu Ohren. Mönche gehen ihren sexuellen Gelüsten nach. Öffentlich würfeln sie und fröhnen ungeniert dem Kartenspiel. Vor den heiligen Stätten stehen sie als Krämer und wollen dir die unmöglichsten Dinge verhökern. Man verkauft soviel Kreuzsplitter, dass man dafür das Balkenwerk von zahlreichen alten Häusern benötigt. Ausgerechnet Nonnen erdreisten sich, Muttermilch von Maria anzubieten. Hat sie die literweise ihrem Sohn Jesus entzogen, damit die heilige Kirche damit zu Geld kommt? Den sich zu Gott*

Bekennenden ist der wahre Glauben abhanden gekommen. Sie lügen faust-
dick und betrügen des Gelderwerbes willen.

Meine Ernennung zum >Ritter des heiligen Grabes< bestätigt alles von mir
Gesagte. Nach der Erhebung machte man mir klar, dass man von mir aus die-
sen Gründen einen ansehnlichen Betrag erwarte. Der Klerus ist von Wür-
mern befallen. Machtgelüste, Wollust und der Erwerb von Mammon drängen
den Glauben weit nach hinten. Ich wollte, ich könnte Erbaulicheres berich-
ten. Das könnt ihr mir glauben. "

Da meldete sich der Kotzauer zu Wort. *„Ich glaube, in unseren menschlichen*
Seelen steckt neben göttlichem eben auch ein beträchtliches Stück teuflischs
Gebaren. Der Mammon ist auf jeden Fall eine Erfindung des Teufels. Was
auf unserer Welt dreht sich nicht um den verdammten Mammon? Wir alle
sind abhängig von ihm. Damit sind wir leider an den Beelzebub[17] *gebunden.*
Der Klerus besteht nicht aus Göttern. Wenn sie sich auch noch so herausstel-
len, sie sind und sie bleiben Menschen. Das Schlimme ist eben nur, dass sie
sich des Glaubens wegen in Jahrhunderten über Alles erhoben haben. " Nach
einer Weile fügte er noch hinzu: *„Hans ich glaube dir jedes Wort. "*

Hans fiel ein Stein vom Herzen. Die Worte seiner Verwandten zeigten ihm,
dass seine Schilderungen nicht von ihnen verworfen wurden. Noch beglück-
ter war er darüber, dass sie ähnliche Gedanken hegten. Trotzdem nahm er
sich vor, dieses Thema nicht weiter voranzutreiben. Deshalb sagte er: *„ Mei-*
ne Pilgerreise ins gelobte Land dagegen war sehr abenteuerlich. Doch die
spare ich mir lieber auf ein andermal auf. Da holen wir uns die Kinder auf je-
den Fall hinzu. Auf der letzte Station meiner Reise entrann ich gar noch dem
>schwarzen Tod<. In Venedig war die Pest mit einem Segler aus dem Orient
angekommen. Meine Lieben, für heute soll es genug gewesen sein. Morgen ist
auch noch ein Tag. "

„Du hast Recht. ", sagte der Hausherr. *„Für heute ist Schluss."* Fast gleichzeitig erhoben sie sich, um sich zur Ruhe zu begeben.

Ehe sie sich eine gute Nacht wünschten, schmunzelte der Kotzauer und sagte
noch: *„Der Herr Ritter von der Planitz muss sich morgen als Reiter bewäh-*
ren. Beiße die Zähne zusammen und zeige, dass du auch das kannst. Denke
daran, dass Ritter von Reiter abgeleitet ist. "

Hans legte sich glücklich und zufrieden in sein Bett. Er hatte doch eine Weile
die Befürchtungen gehegt, seine Verwandten hätten seine Denkweise verur-

---

[17] Teufel

teilt. Dass es sich am Ende voll zu seiner Zufriedenheit geklärt hatte, stimmte ihn froh. Sein Blick fiel auf das nur wenig beleuchtete Bildnis seiner Mutter. In Gedanken zog es ihn hin zu ihr und er sagte: *„Ich bin so froh Mutter, die Deinen sind Menschen, die voll im Leben stehen. Ach, könnte ich dir das doch noch selbst sagen."*

Nach seinem Abendgebet schlief Hans glückselig ein.

Am Morgen, als er erwachte, stand ihm das Vorhaben des aufziehenden Tages voll vor Augen. *„Reiten."*, dachte er, *„bereits in jungen Jahren haben es mir die Pferde meines Vaters angetan."* Er blickte auf das Bildnis seiner Mutter und er sagte: *„Mutter, das Leben birgt eine Menge von Gefahren. Ich habe schon eine ganze Anzahl von ihnen überstanden. Was hattest du immer für eine Angst, wenn ich den Pferden zu nahe kam. Heute werde ich seit langer Zeit wieder auf einem Pferderücken sitzen. Wie freue ich mich darauf."*

Hans wusch sich. Danach zog er die bereitgelegte Kleidung an und schlüpfte in die sporenbestückten Stiefel. Für den Ritt bereits ausgerüstet, begab er sich zum Morgenmahl.

Dort empfing ihn sein Oheim mit den Worten: *„Aber du lässt uns erst noch Zeit zum Essen? Junge, du hat es wirklich eilig. Treibt dich die Angst oder die Freude zu dieser Eile?"* Hans beantwortete die Frage verwundert: *„Ich glaubte, wir wagen den Versuch gleich im Anschluss an das Essen. Natürlich freue ich mich darauf. Ich war doch bereits als Kind, wenn auch zum Leidwesen meiner Mutter, ein Pferdenarr.*

„Ist schon gut." sagte sein Oheim. *„So soll es auch sein."*

Nachdem die beiden Männer zu den Stallungen gegangen waren, stellte sich der Kotzauer in die Türöffnung und sagte: *„Mit einem Pferd umzugehen, dürfen Anfänger nicht unterschätzen. Pferde können wild und genau so zickig sein, wie die Menschen auch. Sie sind nur stärker. Der Reiter muss dem Pferd zeigen, dass er der Bestimmende ist. Es muss das tun, was der Reiter will. Es darf nicht umgekehrt sein. Du hast die Zügel, deine Schenkel und die Sporen. Doch gehe mit allem behutsam um. Es muss ein Gleichklang zwischen dir und dem Pferd entstehen. Nur so zeigst du, dass du ein guter Ritter und Reiter bist."*

Der Kotzauer gab seinem Pferdeknecht die Weisung, zwei Pferde zu satteln. In der Zwischenzeit gingen die beiden in den angrenzenden Kuhstall.

Stolz zeigte der Oheim seinem Schwestersohn die stattliche Anzahl seines Milchviehs. Auch eine Anzahl von Kälbern fand sich in einem gesonderten Gatter innerhalb des Stalles.

Nach einer Weile gingen sie wieder in den Hof zurück. Das gesattelte Pferd des Hausherrn hielt ein Bursche bereits am Halfter. In der Hand hielt er ein Seilbündel, das wohl den Ritt von Hans sichern sollte. Einem weiteren Pferd zurrte man eben den Sattelgurt fest.

„So, nun wird es ernst." sagte der Kotzauer. *„Du setzt dich aber erst hinten im Gatter auf das Pferd. Wir wollen doch sicher gehen. Na, ich reite besser auch noch nicht."*

Er nahm sein Pferd am Halfter, das andere führte ein Stallknecht. Es ging durch das Hoftor aus den Gutsanlagen hinaus geradewegs in ein offenes Gatter hinein. Der Oheim band sein Pferd außerhalb des Gatters fest. Das für Hans vorgesehene Pferd wurde an einer langen Leine befestigt und Hans zum besteigen des Pferdes aufgefordert. Der Oheim selbst nahm die Leine in die Hände und ließ dem Pferd seinen freien Lauf. Schlecht stellte sich der Planitzer auf seinem Pferd nicht an. Vor allem zeigte er keinerlei Ängste. Man sah ihm sogar an, dass es ihm Spaß machte.

Sein Oheim hielt ihn nur kurzzeitig an der Leine. Dann forderte er Hans auf, das Pferd in die Richtung zu führen, die der Oheim vorgab.

Danach ließ man ihn mehrmals ab und wieder aufsteigen. Dann gab der Oheim die alles entscheidende Meldung: *„Nun denn. Versuchen wird es mit einem Ausritt. Doch Hans sei dir im Klaren, du bist dabei auf dich selbst gestellt. Das Pferd, das du reitest ist zwar lammzahm, doch man darf sich dessen niemals zu sicher sein. Lasse mich neben dir reiten. Da kann ich im Notfall noch das Schlimmste verhindern. Und nun, macht das Gatter auf. Mein Schwestersohn soll zeigen, was er kann."*

Sein Oheim ließ Hans als Ersten aus dem Gatter reiten. Er setzte sich daneben, und ein noch hinzugekommener Rossknecht ritt hinter Hans her. Der Kotzauer hatte alle Vorsichtsmaßnahmen getroffen.

Auch jetzt im Freien zeigte sich Hans keinesfalls unsicher. Schon bald verfiel er in einen Trab. Sein Oheim zeigte ihm ein verhalteneres Reiten an. Weit ging es hinaus, bis sie den Wald erreichten. Dort hieß der Oheim alle abzusteigen. Als alle ihr Pferd am Zaum hielten, sagte er: *„Ich glaube, du hast deine Prüfung bestanden. Doch glaube nicht, dass du schon die Meisterschaft erlangt hast! Sei dir gewiss, kein Ritt ist wie der andere! Auch Pferde haben* ihre Launen. Die musst du ihnen vertreiben, sonst hast du den Schaden! Und nun die große Frage, wie fühlst du dich selbst? Bitte gebe eine unverblümte, ehrliche Antwort darauf!"

Hans sagte: "Ich mochte schon immer Pferde. Das Reiten schuf in mir bereits vor Jahren Glücksgefühle. Ich bin selbst überrascht, dass ich es nicht verlernt habe."

Sein Oheim entgegnete: „Hans, du machst dich ganz gut. Doch beachte, was ich dir gesagt habe. Aber eine Einschränkung gibt es doch noch. Du sollst vorläufig nicht allein ausreiten. Einer meiner Stallknechte soll dich immer begleiten. Also, wieder aufgesessen."

Ehe sie den Heimritt wieder antraten sagte der Kotzauer lächelnd zu seinem Schwestersohn:" Als Gutsherr hättest du zu jeder Zeit ein Pferd zur Verfügung. Setzt du dich in eine Amtsstube, wird das wohl nur noch selten geschehen können."

„Willst du mich erneut herausfordern? Na gut. Da sehe ich eben, dass ich ein Schaukelpferd erstehe." sagt Hans lachend.

Auch Hans war mit seiner Leistung zufrieden. Deshalb fragte er seinen Oheim: „Oheim, darf ich meine Reitversuche morgen fortsetzen?"

„Natürlich." erwiderte der, „das musst du sogar. Wenn du an der Jagd teilnehmen willst, ist das sogar erforderlich. Es wäre gut, da noch ein wenig fester im Sattel zu sitzen. Eine Jagd ist kein Kinderspiel. Da gibt es keinen, den man dir zur Seite stellen könnte."

Hans zeigte sich bestrebt, seinem Oheim alle Befürchtungen zu nehmen. Sein Planitzer Oheim hatte ihn doch bereits als Jüngling mit auf eine Jagd genommen. Wie viele Jahre lag das schon zurück. Er war auch ganz sicher, seiner Tätigkeiten wegen, etwas steifer geworden.

Als sie die Stallungen erreicht hatten, sagte der Kotzauer: „Wer ein guter Reiter werden will, der muss sein Pferd auch satteln und ausschirren können. Damit beginnen wir sofort. Du schaust zu, wie man meinem Braunen das Geschirr und den Sattel abnimmt. Danach tust du das Gleiche bei deinem Pferd. Morgen wirst du es dann auch selbst satteln."

Hans war froh darüber, so ordentlich unterrichtet zu werden. Er spürte aber auch, dass sein Oheim ein Pferdenarr war. Der sprach seine Pferde an wie Menschen. Vielleicht ging er sogar etwas liebevoller mit ihnen um.

Auch die Prüfung, Pferde zu satteln, bestand Hans in den Augen seines Oheims gut. Als der ihn lobte, sagte sich Hans, dass gerade das wirklich kein Wunder sei. Wie oft hatte er bereits als Kind dabei zugeschaut, wenn die Pferde zu Hause auf Wiesenburg zum Ausritt fertig gemacht wurden. Nur seine Mutter hatte sich dabei immer außerordentlich ängstlich gezeigt. Sie hatte immer Angst, ein Pferd könnte ausschlagen.

Zufrieden verließen die beiden Männer den Stall, um sich zum Mittagsmahl zu begeben. Dabei bat Hans seinen Oheim, ob er nicht bereits am Nachmittag noch einen Ausritt machen dürfe. Der hatte nichts dagegen. Er machte jedoch zur Bedingung, dass ihn unbedingt ein Reitknecht begleiten müsse *„Allein lasse ich dich noch nicht losreiten.“*, sagte er. *„Du kannst dich im Stall melden, und ganz sicher werden dir deine Wünsche erfüllt. Ich kann jedoch nicht dabei sein. Meine Anwesenheit wird beim Holzvermesser erwünscht. Ich muss mich bei meinem großen Holzeinschlag an der Schwesnitz[18] umsehen. Ich glaube, dort wartet man bereits auf mich. Und ich bitte dich nochmals, sei nicht zu ungestüm. Beherzige den Spruch >Ritter brauchen keine Retter<. Befolge bitte die Weisungen meines Reitknechtes.“*

Sie hatten sich verspätet. Als sie ins Schloss kamen, sahen sie, dass bereits Geschirr weggetragen wurde. *„Oh, mein Schreck.“*, stieß der Kotzauer aus. *„Hans, du musst mich unterstützen. Ich benötige unbedingt deine Hilfe. Wenn man zu spät zum Essen kommt, missfällt das meiner Gemahlin zutiefst. Wenn sie jetzt schimpft, schaltest du dich ein. Du übernimmst unsere Verteidigung. Ich werde schweigen.“* Bei seiner Rede kniff der Kotzauer ein Auge zu und verzog lachend das Gesicht.

Als sie das Speisezimmer betraten, lachte die Hausherrin und sagte an ihren Mann gerichtet: *„Du wirst dich in deinem Leben nie bessern. Pünktlichkeit ist eben nicht deine Stärke. War euer Ausritt wenigstens von Erfolg gekrönt? Sagt, wie war der Verlauf? Hans konntest du dich im Sattel halten?“*

Die Antwort gab nicht Hans, sondern sein Oheim. *„Du hättest ihn sehen sollen. Er kann reiten. Hans hat es nicht verlernt. Trotzdem möchte ich nicht, dass er sich überschätzt. Bis zur Jagd soll er sich erst noch weiter erproben.“*

Hans übernahm das weitere Gespräch mit den Worten" *Liebe Base, entschuldige bitte. Für die Verspätung übernehme ich die Verantwortung. Bei meinem Ausritt dachte ich nicht an die Zeit. Das Reiten war so schön, dass ich alles um mich herum vergaß“.*

---

[18] Flüsschen

Die Base entgegnete: „*Es ist ja gut. Jetzt seid ihr ja da. Hans, es ist sehr schön, dass du deinen Mann stehen konntest.*"

Die Klingel rief den Diener herbei, der dafür sorgte, dass für die zwei Männer die Speisen nachträglich aufgetragen wurden.

Noch während des Essens erhielt Hans von seinem Oheim die wiederholte Weisung, nicht unvorsichtig an seine Reiterei heranzugehen. „*Bedenke, Pferde sind stärker als wir Menschen. Nur unser Verstand macht uns zu ihren Meistern. Benutzt man den zu wenig, macht das Pferd mit dir, was es will. Das Gleiche geschieht, wenn du es tyrannisierst. Ein Gleichmaß ist gefragt.*"

Hans versprach, sich an die Worte seines Oheims zu halten. „*Ich bin ja auch darauf bedacht, als heiler Mensch zuhause anzukommen. Mein Temperament werde ich schon zu zügeln wissen.*". sagte Hans zum Schluss.

Alle Familienangehörigen waren noch anwesend. Als sich die beiden Männer gesättigt hatten, wendete sich die Hausherrin an Hans mit den Worten: „*Hans du könntest uns jetzt eine besondere Nachspeise bereiten. Erzähle uns doch etwas über Jerusalem. Bedenke aber bitte, die Kinder hören zu.*"

Schmunzelnd begann Hans zu erzählen: "*Bereits die lange Schiffsreise wäre ganz sicher etwas für Kinderohren. Darüber werde ich aber ein andermal berichten. Also Jerusalem. Ich erreichte Jerusalem auf einem Esel sitzend. Erst kurz vor seinen Toren ging ich zu Fuß. Das lange Laufen war ich nicht mehr gewöhnt. Um Jerusalem herum breiteten sich mächtige Haine aus. Darin wachsen Feigen, Apfelsinen und Oliven. Das sind wohlschmeckende Früchte, die wir hier im Norden nicht kennen. Aus den Oliven presst man auch ein wertvolles Öl. Hoch über dem Flusstal des Kidron konnten wir auf Jerusalem herab blicken. Die Einheimischen nennen es El Kutsk. Jerusalem zu sehen, schuf in mir einen Augenblick außerordentlichen Glücksgefühles. Ich glaubte mich wirklich in die Nähe Gottes, unseres Erlösers, gerückt.*

Je weiter man in das Tal hinabsteigt, umso mehr verliert sich die Sicht auf die Stadt. Vor Augen hat man nur die außerordentlich gewaltige Stadtmauer. Davor kommt man sich zwergenhaft vor. Nur durch eins der mächtigen Tore ist in sie hinein zu gelangen. Man trägt zunächst das Gefühl in sich, in der heiligen Stadt zu sein. Doch wird man erst von ihr umfangen, erkennt man, dass in ihr die Hektik herrscht, wie in jeder anderen Stadt auch. Kaufleute zuhauf palavern durcheinander und versuchen dir ihre Waren aufzuschwatzen. Das mindert das entstandene Hochgefühl gewaltig. Die Stadt teilt sich in vier Religionsbereiche. In einen der Juden, in den der Christen, in einen Armeni-

schen und in einen der Mohammedaner. Allesamt erheben sie Anspruch auf die geheiligten Stätten, und gönnen sie den Anderen nicht.

Die drei ersteren rücken die Leidensstätten von Jesus in den Vordergrund und glauben hier an ihre besondere Gottesnähe. Die Mohammedander sehen Jerusalem als eine Stätte, von der Mohammed zu Allah in den Himmel aufstieg und wieder nach hier zurückgekehrt ist."

Der Kotzauer unterbrach seinen Schwestersohn mit den Worten: *„Deine Erzählung ist sehr interessant. Doch leider muss ich mich um mein Holz kümmern. Ein andermal höre ich ohne Unterbrechung zu. Entschuldigt mich bitte."* Er verabschiedete sich und verließ das Zimmer. Als er sich noch im Hinausgehen befand, sagte seine Ehefrau: *„So ist es immer. Mein Ehegemahl hat keine Ruhe. Ohne ihn geht nichts. Hans, entschuldige bitte seinen Starrsinn und fahre mit deinem Erzählen fort."*

Hans überlegte einen Augenblick, dann übernahm er wiederum das Wort: *„Alle haben ihre eigenen Kirchen und Klöster und zeigen sich auch nicht immer friedlich untereinander. Was ich nicht verstehe, sie richten ihre Gebete allesamt an den alleinigen und gleichen Gott den sie anbeten. Die Mohammedaner nennen ihn nur Allah. Ich persönlich sah diese Stadt nicht als einen Ort, wo man die Gottesnähe besonders verspürt. So Manches aus der Leidenszeit unseres Erlösers ist in den Jahren leider verschwunden. Anderes nutzt man zum Gelderwerb. Man findet dort eine völlig andere, doch wunderschöne Natur und Welt. Meine Pilgerreise nach dort bot mir aber persönlich leider nicht das, was ich mir erhofft hatte."*

Seine Base sagte: *"Mein lieber Hans. Ich bestaune deine Unternehmungen und gleichzeitig beneide ich dich auch. Du konntest dir ein Bild von Dingen machen, die uns gewöhnlichen Sterblichen verwehrt sind."*

Hans antwortete darauf: *„Glaubt mir, ich fühle mich nicht als Herausgehobener. Ich hatte nur Glück. Vielleicht mehr als andere. Ob mir das alles zum Nutzen gerät, das wird mir erst meine Zukunft zeigen."*

Eine lange Zeit des Schweigens setzte ein. Jeder hing wohl in seinen Gedanken fest. Dann sagte Hans ganz unvermittelt: *„Ich glaube, es ist auch dir recht, wenn ich mit meinen Schilderungen ein andermal fortfahre. Ich wollte doch auch noch einen Reitversuch starten. Mal sehen, wie das drüben der Reitknecht sieht. Ich hoffe, er kommt zustande. Das Reiten bereitet mir eine außerordentlich große Freude."* Die Base antwortete: *„Du wirst das ganz sicher zustande bringen. Ich wünsche dir dazu gutes Gelingen."*

Hans ging kurze Zeit danach in das Gut hinüber. Zielstrebig ging er auf eine offen stehende Tür der Reitstallungen zu. Der Knecht war gerade dabei, ein Reitpferd zu striegeln[19]. Als er Hans im Stall bemerkte, brauchte der kein Wort zu sagen. Der Knecht sprach ihn sofort an: *„Hoher Herr, sie müssen sich aber eine zeitlang gedulden. Sie wollen doch sicher wieder einen Ausritt wagen. Wir müssen erst die beiden Pferde satteln. Sie wissen sicher, dass ich Anweisung habe, sie stetig zu begleiten."*

Ein schriller Pfiff holte einen jungen Mann herbei. Der sattelte wider Erwarten Hansens Pferd. Der Braune, dem der Reitknecht das Zaumzeug umlegte, trippelte aufgeregt hin und her. Begütigend sprach der Knecht auf ihn ein. Hans klang es fast, als spräche er mit einem Kind.

Kaum, dass die Pferde in den Gutshof gebracht worden waren, schwang man sich auf die Pferderücken. Hans bemerkte, dass sich die beiden Pferde in ihrem Verhalten unterschieden. Das Pferd des Knechtes sprühte vor Temperament, seins erschien ihm dasgegen wie ein zahmes Reh. Außerhalb des Gutes setzten sie ihre Pferde in Trab. Hans übernahm die Führung. Sein Begleiter ritt dicht dahinter. Der Wind spielte mit den Mähnen der Pferde. Hans zeigte sich voller Begeisterung. Dabei kam ihm der immer noch auf ihm lastende Ausspruch eines Grüppchens der Meißner Ritterschaft ins Gedächtnis. Hans hatte sich ihnen auf seiner Pilgerreise nach Jerusalem als Doktor der Jurisprudenz vorgestellt. Das veranlasste sie, ihn scherzhaft als einen >falschen Ritter< zu bezeichnen.

„Von wegen.", schrie Hans laut in den Wind. *„Kann man nicht beides sein? Ich fühle mich jedenfalls stark genug für beides."*

Sein Begleiter rückte zu ihm auf und schaute ihn fragend an. Er hatte Hans schreien hören, doch seine Worte nicht recht deuten können. Als er sich Hans näherte, lachte der und winkte ab.

Hans spürte, wie ihm das Blut in den Schläfen pulsierte. Wild stürmte er davon. Sein Begleiter hatte Mühem seinem unvermuteten Galopp zu folgen. Das waren keine Reitversuche mehr, die man Hans auferlegt hatte. Hans zeigte sich als gewandter Reiter, der sein Pferd im Zaum halten konnte. Er vergaß den Raum und die Zeit. Sein Begleiter musste ihm schließlich klarmachen, dass sie sich bereits über das Herrschaftsgebiet seines Oheims hinaus begeben hatten. Erst da wurde Hans bewusst, dass nicht sein Pferd, sondern sein Temperament mit ihm durchgegangen war.

---

[19] bürsten

Hans entschuldigte sich bei seinem Begleiter, weil ihn das Reiten so gepackt hatte. Doch innerlich war er voller Stolz. Er glaubte in sich das pulsierende Blut seiner Ahnen zu fühlen. Schweren Herzens musste Hans wenden. Wiederum in scharfem Ritt ging es zurück in Richtung des Kotzauer Gutshofs.

Dabei achtete der Planitzer darauf, seinem Begleiter diesmal nicht wieder davon zu reiten. Bei dem Ritt zurück zum Gutshof wurde es Hans deutlich, welche Strecke er in seinem Ungestüm, nur mit dem Blick auf das Reiten gerichtet, zurückgelegt hatte.

Als die Pferde wieder in den Stall zurückgeführte wurden, sagte der Roßknecht zu Hans: *„Hoher Herr, ich glaube, sie brauchen mich nicht mehr als Begleiter. Sie können reiten. Doch beachten sie, ihr Wallach ist das zahmste Pferd im Stall. Das ihres Oheims dagegen ist ein Sturmvogel. Ich rate ihnen bei der Jagd auch bei ihrem gewohnten Pferd zu bleiben. Das wirft sie bestimmt nicht aus dem Sattel.“*

Hans bedankte sich für den wohlgemeinten Rat. Er war sich aber auch bewusst, dass er noch keine Meisterschaft erreicht hatte. Glücklich fühlte er sich trotzdem, als er im Sonnenuntergang dem Gutshof zustrebte.

Als er sich gewaschen und umgekleidet hatte, rückte er einen Stuhl ans Fenster und schaute dem Verglühen des letzten Sonnenlichts zu. Er erinnerte sich an die Sonnenuntergänge auf dem Meer und in den Bergen.

„Wie weit liegen diese Ereignisse bereits wieder zurück“, sagte er sich. *„Wie eindrucksvoll spiegelte das Meer den Untergang des Tageslichts noch lange nach. Das ergab ein eindrucksvolleres Schauspiel. Hier glüht zwar der Wald noch eine Weile blutrot, doch er gleicht eben keinem solchen Spiegel, wie das Meer.“*

Als der Abend bereits tiefe Schatten über die Landschaft warf, löste er sich vom Fenster. Im Zimmer herrschte bereits Dunkelheit. Als sich Hans endlich losgerissen hatte, erschrak er.*" O“, sagte er „ hoffentlich habe ich zeitvergessen nicht schon wieder das Abendessen verpasst.“*

Nun hatte er es eilig. Schnellen Schrittes begab er sich zum Speisezimmer. Alle Familienmitglieder waren bereits anwesend, nur der Hausherr fehlte noch.

Die Base kam freudestrahlend auf ihn zu und begrüßte ihn mit den Worten: *„Gottseidank, dass du da bist. Ich befürchtete bereits, es wäre dir ein Unglück beim Reiten zugestoßen. Nun da du mir unter den Augen stehst, stelle ich fest, dass meine Befürchtungen unbegründet waren. Doch“*, dabei sog sie hörbar die Atemluft tief ein „*mein lieber Mann lässt wieder auf sich warten. Wie immer, Pünktlichkeit ist für ihn ein unverständliches Wort. Er weiß damit absolut nichts anzufangen. Das Wort ist für ihn Luft.*"

Kaum hatte sie das gesagt, ging die Tür mit einem Ruck auf und der Kotzauer trat ins Zimmer. Er musste wohl noch etwas von der Rede seiner Frau mitbekommen haben. Noch bevor er einen Abendgruß von sich gab, fragte er: „*Na, hat sich meine Ehefrau wieder einmal darüber beschwert, dass ich nicht zum Glockenschlag auf meinem Stuhl sitze? Das Weibervolk sieht ja nicht, was wir alles zu erledigen haben. Doch wären wir an ihrer Stelle, würden wir uns wohl ebenso beklagen. Aber müssten sie ebenfalls über das Land reiten, würden sie uns wohl besser verstehen. Da kann man nicht immer wie ein Uhrenwerk funktionieren.*" Dann nahm er eine Hand von Hans zwischen seine beiden Hände und sagte: „*Lieber Hans, ich habe mit Freude zur Kenntnis genommen, wie anstellig du dich beim Reiten gezeigt hast. Das macht mich außerordentlich glücklich. Nun steht wohl auch nichts mehr im Wege, dass ich dich mit auf die Jagd nehmen kann. Ich habe erfahren, dass du keinen Begleiter mehr nötig hast. Das bedeutet, du kannst dir jederzeit ein Pferd satteln lassen. Doch reite nicht zu weit in der Gegend herum. Im Umfeld kannst du über die Felder reiten. Willst du weiter weg, dann bleibe auf den Wegen. Das bringt uns keinen Ärger mit anderen ein.*"

Seine Base übernahm das Wort. Sie sagte zu Hans. „*Ich hatte Angst um dich. Nun höre ich, du hast die strenge Prüfung meines Ehemannes bestanden. Das will etwas heißen, vor allem in so kurzer Zeit. Hans, ich freue mich für dich.*"

Sein Oheim lachte über das ganze Gesicht. Dabei entfuhr seinem Mund: „*Siehst du, welch riesigen Stein du in das Brett deiner Base geschossen hast? Sie steht mehr auf deiner als auf meiner Seite. Ließest du sie mit dem Essen warten, sie würde sich nie beschweren.*"

Lachend entgegnete seine Frau. „*Ganz pünktlich zeigt er sich ja auch nicht. Irgendwie seid ihr eben doch mit einander verwandt.*"

Nach dem Essen sagte Hans: „*Vorhin schien ich eine zeitlang der Gegenwart entrückt zu sein. Ich genoss den Sonnenuntergang von meinem Zimmer aus. Der erinnerte mich an die gleichen Geschehnisse auf dem Meer. Ich muss euch sagen, das dort zu erleben rückte mich mehr die Gottes Nähe als ein Kirchenbesuch. Das Meer gleicht einem Spiegel. Fast sieht es aus, als brenne sich die Sonne blutend in das Meer hinein. Ich vermag es mit meinen Worten nicht recht auszudrücken, welch anrührendes Erleben das für mich war. Selbst als der Sonnenball hinter den Horizont gesunken war, glühte der Him-*

mel und das Meer noch lange nach. Das entfachte in mir ein Gefühl der Zuversicht und der Hoffnung auf ewige Erneuerung. Ich sagte schon, dieses Ereignis packte mich zutiefst." Hans schien wiederum davon angerührt zu sein. Er schwieg eine ganze Weile, ehe er weiter erzählte. *„Und das Meer selbst? Es ist so unergründlich wie unsere eigenen Seelen. Es trägt uns und es kann uns sogar verschlingen, einfach so sang und klanglos, wie ein unberechenbares Ungeheuer. Man kann ihm nicht trauen. Dazu kommt noch, dass man auf dem Meer Gewalten ausgesetzt ist, die so unvermutet über dich hereinbrechen können. Gewitter und Sturm wüten auf dem Meer viel stärker als auf dem Lande. Haushohe, wogende Wasserfluten überrollen die Schiffe und was sie dabei zerstören nehmen sie mit sich.*

Ich war einem derartigen Geschehen ausgesetzt. Der Sturm brach uns den Hauptmast des Schiffes und zerschmetterte die Reling. Er zerriss uns fast alle Segel. Welch großes Glück hatten wir, dass wir unbeschadet davon gekommen sind."

Hansens Zuhörer klebten ihm während seiner Schilderungen förmlich an den Lippen. Dabei war es wieder spät geworden. *„So."*, sagte die Kotzauerin, *„nun wird es aber höchste Zeit, dass ihr Kinder in die Betten kommt. Morgen gibt es wieder einen Tag. Dann werden wir ganz sicher Neues hören. Auf, in die Betten."*

Den Kindern war das gar nicht recht. Sie bettelten darum, noch eine Weile zuhören zu dürfen. Ihr Vater sprach das Machtwort: *„Schluss, ihr habt gehört, was euch eure Mutter gesagt hat. Dabei bleibt es. Gute Nacht und vergesst das Beten nicht."*

Kleinlaut zogen die Kinder ab, ohne weitere Worte von sich zu geben.

Die Mutter brachte sie selbst aus dem Zimmer. Ruhe zog ein. Man hörte nur noch das Kaminfeuer knistern. Zusammen mit etlichen Wachskerzen erhellte es das Zimmer gerade soweit, dass Hans seinen nahe dabei sitzenden Oheim noch erkennen konnte. Der Raum lag bereits im Dunkel. Der Hausherr stand auf und zog am Glockenband. Die schwere Eichentür öffnete sich und der Diener trat herein. Sein Erscheinen war aber nur zu erahnen. Es fiel kein Licht auf seine Person. Unterwürfig fragte er:*„Was wünscht der Herr v. Kotzau?"* Der forderte mit fester Stimme: *„Max, bring' uns einen Krug Roten und drei Gläser."* *„Wie der Herr wünschen"*, entgegnete der. Dann vernahm man wiederum das Schließen der Tür.

Nach einer Weile öffnete sie sich wiederum. In der Öffnung stand, einen kerzenbestückten Lichthalter tragend, die Hausherrin. Hinter ihr betrat auch der Diener den Raum, der das Gewünschte brachte. Max stellte die Gläser auf den Tisch und füllte sie. Von den daneben stehenden Kerzen erhellt, funkelte der Wein wie reinster Rubin in den Gläsern. Im Dämmerlicht verschwand der Diener wieder unter einer tiefen Verbeugung rückwärts gehend.

Ehe der Kotzauer sein Glas erhob, zeigte er darauf und sagte: *„Schaut, der Saft der Reben ist so rot wie Blut. Er zeigt, so scheint mir auch, dass wir Blutsverwandte sind. Hans, du bist mir in den wenigen Tagen deines Hierseins so ans Herz gewachsen, als wärest du eins meiner Kinder. Ich bin stolz darauf, dass wir gleiches Blut in unseren Adern tragen. Das wollen wir besiegeln. Prost. "*

Während die Männer die Gläser fast leerten, nippte die Hausherrin nur daran. Doch sie ergriff gleich danach das Wort und sagte: *"Mein Mann sagte >mir bist du ans Herz gewachsen<. Da darf ich nicht ruhig sein. Lieber Hans, auch ich möchte dir zuprosten. Dazu muss ich dir noch etwas sagen. Unser Zusammentreffen, nach den Jahren in denen uns das Schicksal auseinander rückte, entschädigt nun unser langes Getrenntsein. Ich freue mich, dich in unserem Hause beherbergen zu dürfen. Und anfügen muss ich noch, dass dich auch die Kinder bewundern. "*

Hans sah sich daraufhin ebenfalls genötigt etwas zu sagen. Er fasste sich kurz. *„Ich bin froh, auf meiner Rückreise bei euch eine Rast eingelegt zu haben. Besonders glücklich bin ich darüber, dass wir uns dabei so gut kennen gelernt haben. "*

Sie saßen noch lange zusammen. Der Wortführer des Abends war nicht Hans sondern der Kotzauer. Der begann über sein Tagesgeschehen zu berichten *„Auf meinem Heimritt begegnete ich auf dem Handelsweg einem mir unbekannten Ritter. Der fragte mich, wo er einen Hufschmied finden könne, weil sein Pferd ein Eisen verloren habe. Sein Ritt sollte ihn morgen bis nach Leipzig führen. Ich brachte ihn nach Autengrün zum dortigen Dorfschmied. Dabei berichtete er darüber, dass er zufällig mit dem Ablassprediger Tetzel in Berührung gekommen sei. Der habe auf dem Domplatz von Erfurt wie ein Jahrmarktschreier den Leuten Ablassbriefe aufgeschwatzt. Der Tetzel sei ein Dominikanermönch. Die gehörten zusammen mit den Franziskanern zu den Bettelorden. Diese Ordensgemeinschaften hätten sich der Armut verschrieben. Ihr Leben wollten sie mit Arbeit und Erbetteln von Almosen fristen. Der Orden habe sich neben dieser, auch der Beschäftigung mit den Wissenschaf-*

ten verschrieben. Nun hätten sie sich vor allem der Ketzerbekehrung gewidmet. Dabei verhielten sie sich nicht wie Gottesdiener. Sie seien unter die Krämer gegangen.

Tetzel hätte in Erfurt den Ablass aller Sünden für die noch auf Erden Wohnenden angeboten. Für die Zahlung einer beträchtlichen Summe Geldes könne man sich sogar von zukünftiger Schuld loskaufen. So wäre völlige Sühne zu erlangen. Ja, er habe sogar den Loskauf von verstorbenen Sündern aus dem Fegefeuer der Hölle angeboten.

Tetzel rede, als sei *ihm das Maul ausgefranst. Er soll behaupten, dass der Heiland und die Heiligen mit ihrem Wirken einen Schatz geschaffen hätten. Der sei der Kirche in die Hände gelegt worden, um ihn zugunsten der Menschheit zu verwalten. Mit ihm könnte sie allen reuigen Sündern Buße und Vergebung gewähren. Da die Kirche die Verwalterin des Glaubens auf Erden sei, wäre sie natürlich auch ermächtigt Bußerlass zu gewähren. Die Finanzierung des Freikaufs hinge allerdings vom Umfang der Schuld ab.*

Tetzel würde wie ein Marktschreier ausrufen >Hört ihr Menschen, verkauft eure Sünden. Das ist eine einmalige Gelegenheit. Werden die Sünden nicht auf diese Weise auf Erden gesühnt, schmort ihr für immer und unausbleiblich im Höllenfeuer<.

Der Ritter hat zum Ausdruck gebracht, Tetzel würde damit den Menschen doch ganz offen drohen. Tetzel und eine Reihe anderer Ablassprediger wären nur die Geldeintreiber zum Bau einer gewaltigeren Papstkirche in Rom. Er selbst verstünde die Welt nicht mehr. Bisher hätte der Kirche genügt, durch Reue, gottgefällige Taten und Gebete Buße zu erlangen. Nun haben ihre Vertreter ganz plötzlich eine einträgliche, neue Geldquelle entdeckt. Tetzel habe sogar einen Katalog, der angibt, wie hoch die Sündenschuld jedes einzelnen Beladenen zu veranschlagen sei. Kopfschüttelnd habe der Ritter gesagt, wenn man es so recht bedenke, brauche man künftig nicht mehr gottgefällig zu leben! Man könne doch alle Sündhaftigkeit und alle schlechten Taten verkaufen!" Ich habe darauf die Frage gestellt: „*Wer gewinnt wohl dabei?*"

Darauf hätte der Ritter keine Antwort gegeben. Er habe nur erneut eine Frage gestellt: „*Glaubst du etwa die verhängten Geldbußen stammen von Gott? Sie selbst predigen, der Teufel habe den Mammon[20] erfunden. Hat sie der Teufel nicht bereits fest mit seinen Klauen umfangen? Welch riesige Summen Bußgelder hätten die Kirchenoberen doch selbst zu zahlen?*"

---

[20] Geld

Als der Kotzauer seine Rede beendet hatte, schaute er erwartungsvoll auf Hans und seine Frau. Sie sagte nur: *„Nun wissen wir auch, warum du wieder einmal zu spät zu Tisch gekommen bist. Du reitest mit Fremden durch die Gegend und redest mit ihnen über Dinge, die an Ketzerei grenzen."*

Hans sagte nach einer Weile leise vor sich hin, so als würde er nur mit sich selbst reden: *„Wie viel Schuld haben die Kirchenoberen auf sich selbst geladen? Was wird seinen Vertretern noch alles einfallen? Sie werden weiterhin sündigen, ohne sich selbst schuldig zu fühlen. Eigentlich müsste sie Gott doch zerschmettern. Er müsste sie doch in einem besonders heißen Fegefeuer schmoren lassen. Vielleicht müssten sogar ihre Seelen irgendwann im Rauch erstickt werden."*

Nach einer Pause führte er seine Rede fort. Er sagte:*„Dabei drehen sie einfach den Spieß um. Jeder, der ihre Mängel entdeckt, wird der Ketzerei bezichtigt. Damit machen sie alle mundtot. Auf diese Weise schaffen sie jegliche Kritik geschickt aus der Welt."*

Alle drei saßen gesenkten Hauptes auf ihren Stühlen. Es herrschte Totenstille. Keiner sagte noch ein Wort. Hans beendete schließlich die Stille mit dem Satz: *„Die Kirche wusste wohl was sie tat, als sich der Papst über alle Weltlichkeiten setzen ließ."*

Ehe sie sich eine gute Nacht wünschten, sagte der Kotzauer noch zu Hans: *„Du kannst morgen deine Reitkünste noch einmal erproben. Übermorgen musst du dich bei der Jagd dann beweisen. Bedenke. Du musst dann auch den Jagdspieß zusätzlich führen können. Versuche den Zügel deshalb immer nur in einer Hand zu halten, und falle ja nicht vom Pferd."*

3. Kapitel
Reiten und Jagen
nach Ritterart

Schon am frühen Morgen, kurz nach dem Morgenmahl, machte sich Hans auf den Weg zu den Stallungen. Kühn geworden, bat er den Reitknecht, ihm ein temperamentvolleres Pferd zu satteln. Das lehnte der jedoch unterwürfig ab, weil ihm das sein Herr ausdrücklich untersagt hätte. Hans musste sich zufrieden geben und mit dem bereits gewohnten Pferd vorlieb nehmen.

Er jagte nach dem Verlassen des Gutshofes wie ein Sturmwind über die abgeernteten Felder. Erst als er auf der Höhe den Wald erreichte, hielt er inne. Er stieg vom Pferd und tätschelte es. Dann sprach er mit ihm, wie er es bei seinem Oheim gesehen hatte. Danach setzte er sich auf einen nahe befindlichen Stein und hielt sein Pferd am Zügel. Vor ihm breitete sich die herbstlich bunte Landschaft. Hans sog die Luft bewusst ein und sagte vor sich hin: „*Wie ganz anders ist doch unser Heimatland im Gegensatz zu den Ländern im Süden. Es zeigt sich nicht nur in einem anderen Bild, sie riecht auch anders. Wie wunderbar. Der Herbst bietet mir außerdem die schönsten Farben. Mir ist, als wollte er mir damit eine besondere Freude machen.*"

Hans saß lange und schaute auf die hügelige Landschaft, die sich weit vor ihm dehnte. Er begann die Waldstücke zwischen den Feldern zu zählen. Dabei vergaß er sogar sein Reitvorhaben. Ein paar Amseln, die in einem Vogelbeerbaum wegen der Beeren aneinandergeraten waren, holten ihn wieder in die Gegenwart zurück. Auch sein Pferd zog ihn am Zügel, weil es grasend weiterziehen wollte. Hans sagte zu ihm: „*Ja, ja, du hast ja Recht. Wir müssen weiter.*" Er nahm es am Halfter, klopfte ihm auf den Rist[1] und sagte: „*So, nun wende ich mich wieder voll und ganz dir zu.*"

Er stieg in den Steigbügel und schwang sich in den Sattel. Dabei fiel ihm der Rat seines Oheims ein. Er sollte doch lernen, das Pferd einhändig zu führen. Also nahm er den Zügel in seine Linke, um die Rechte für das Führen eines Spießes frei zu haben. Das machte ihn sogar übermütig. Freudestrahlend fuchtelte er erst wild mit dem freigewordenen Arm herum. Dann schlug er damit Kreise in die Luft. Hätte man Hans beobachtet, wäre wohl keinem in den Sinn gekommen, dass der Reiter jahrelang auf keinem Pferderücken gesessen hatte. Hans fühlte sich den Anforderungen, die eine Jagd mit sich bringen würde, voll gewachsen. Er erinnerte sich an sein erstes Jagdgeschehen, an dem er zu Hause teilnehmen durfte. Diesmal wollte er nicht nur zum Erfolg Anderer beitragen. Er erwartete einen eigenen Jagderfolg. Deshalb

---

[1] Übergang vom Hals zum Rücken bei Pferden

trieb er sein Pferd nach gemächlichem Ritt immer wieder zum Galopp an. Er wollte sich doch erfolgreich in die Hatz[2] einbringen.

Bei seinen Reitversuchen hatte er die Mittagszeit völlig vergessen. Der Sonnenstand zeigte ihm an, dass der Höchststand lange schon überschritten war. "O weh", dachte er. „Wenn ich noch so reumütig zurückkomme, heute habe ich's mir ganz sicher bei der Base verscherzt."

Er wendete sein Pferd, um so schnell wie nur möglich wieder bei seinen Verwandten einzutreffen. Erst jetzt bemerkte Hans, wie weit er sich vom Schloss entfernt hatte.

Als er am Stall anlangte, fragte ihn der Pferdeknecht: „Hoher Herr, wo waren sie denn? Die Schlossherrin hat schon ein paar Mal erkunden wollen, wo sie geblieben sind. Ich hätte mich bald auf die Suche nach ihnen gemacht." Hans entgegnete lachend: „ Ich ahne Böses. Heute wird man mich wohl arg schelten. Das Reiten hat mir so viel Freude bereitet, dass ich die Zeit vollkommen vergessen habe."

Er übergab das Pferd und hastete zum Schloss. Auf halben Weg blieb er stehen und sagte sich, dass seine Hast dumm sei. „Damit kann ich auch keinen wesentlichen Zeitgewinn mehr herausschinden."

Kaum, dass er die Schlosstür geöffnet hatte, stand seine Base aufgeregt vor ihm. Sie empfing ihn mit der Frage. „ Sind noch alle deine Knochen heil? Als Hans das bejahte äußerte sie: „Du kannst die Verwandtschaft mit meinem Ehemann wirklich nicht verleugnen. Was seid ihr nur für Kerle, dass ihr alles um euch herum vergesst? Und was für Sorgen habe ich mir gemacht. Ich glaubte schon, du hättest dir beim Reitern Schaden getan."

Beschämt entgegnete Hans: „Ich habe ein furchtbar schlechtes Gewissen. Zeitvergessen bin ich wonnevoll durch die Gegend geritten. Leider habe ich an nichts anderes als das Reiten gedacht. Ganz plötzlich, aber leider zu spät, kam mir die Rückkehr wieder ins Bewusstsein. Nun stehe ich reumütig vor dir und bitte darum, dass mir trotz meiner Vergessenheit verziehen wird."

Die Kotzauerin musste lachen, als Hans wie ein reuiger Sünder vor ihr stand. „Es ist schon gut.", kam ihr über die Lippen. „Ich bin doch froh, dass du keinen Schaden erlitten hast. Schon so Mancher ist dabei verunglückt. Ich kann mich noch schwach daran erinnern, dass dein Vater dabei auch zu Schaden kam."

---

[2] Hetzjagd

Dann fragte sie Hans, ob er vor dem Abendessen noch etwas zu sich nehmen möchte. Hans verneinte und zog sich erst einmal zurück.

Um nicht wiederum unangenehm aufzufallen, ging Hans zum Abendessen bereits vorzeitig ins Speisezimmer. Dort traf er auf seine Base, die an einem Erkerfenster saß. Neben ihr auf einem Tischchen lag eine Stickerei. Die hatte sie sicher weggelegt, weil es bereits dunkelte. Als Hans ins Zimmer trat, schaute sie zu ihm auf und sagte lachend: *„Na wenigstens einer von meinen zwei Bummelanten hat sich eingestellt. Auf meinen Mann werden wird noch eine Weile warten müssen. Er wird wohl noch auf seinem Pferd sitzen."*

Hans wollte sich noch einmal entschuldigen. Er begann *„Bitte liebe Base, ich habe wirklich…."* Da unterbrach ihn die Kotzauerin und sagte: *„Das haben wir bereits geklärt. Hans, darüber brauchst du dir keine Sorgen mehr zu machen. Komm, hole dir noch einen Stuhl und setze dich zu mir. Wir nutzen die Dämmerstunde dazu uns noch eine Weile über das verrückte Geschehen auf unserer Welt zu unterhalten."*

Hansens Base eröffnete das Gespräch. *„Wir müssen noch einmal auf unser Gespräch von gestern Abend zurückkommen. Du musst wissen, der Glaube ist mir sehr wichtig. Ich stehe ihm seit meiner Kindheit sehr nahe. Aber ich verstehe nicht, dass die Verwalter des Glaubens predigen, was sie selbst missachten. Du bist doch ein Rechtsgelehrter. Kannst du mir darüber Aufklärung geben? Ihre Verfehlungen bringen sie doch selbst in die Hölle."*

Hans überlegte eine Weile, ehe er Antwort darauf gab. Schließlich sagte er: *„Es kann nur eine Erklärung geben. Es sind allesamt nur Menschen, auch der Papst. Wir sind nun mal sündhafte Geschöpfe. Der Klerus hat sich nur selbst weit über Alles herausgehoben, denn leider halten sie sich nicht an die Gebote. Sie legen die Bibel so aus, wie sie es brauchen.*

Die Kirchenoberen tun so, als wären sie Götter. Der Klerus fordert >Demut und Gehorsam im Glauben<. Da steht der Glaube bei ihren Forderungen doch sogar sichtbar an letzter Stelle. Die Forderung müsste ersetzt werden durch >Glauben, Demut und Gehorsam zur Erhaltung unserer Macht<. Aus vielen Gründen sind eine Menge ihrer Handlungen mehr als verwerflich. Wenn es wirklich ein Höllenfeuer gibt, an das sie wohl selbst nicht glauben, werden sich viele von ihnen dort wiedertreffen. Aber auf Erden halten sie die Zügel der Macht in ihren Händen. Das ist ihnen wichtiger als der Glaube. Die stünde ihnen laut Bibel gar nicht zu. Was wollen wir gegen sie denn tun? Nur eins habe ich selbst dabei zu bedenken. Arg laut darf ich meine Feststellungen nicht sagen, sie wären in ihren Augen bereits eine Todsünde."

„Ist das nicht furchtbar.", sagte die Kotzauerin. „Wie kann denn die Kirche dann noch der Träger unseres Glaubens sein?"

Hans entgegnete: *„Doch, der Verdienst der Glaubensvermittelung kommt ihr trotzdem zu. Nur unter dem Erwerb ihrer sich immer mehr verstärkenden Macht haben sie ihre eigentliche Aufgabe vergessen. Sie haben sich machtbesessen selbst erhoben und setzen sich selbst sogar über alle christlichen Lehren hinweg. Doch trotz alledem bringen sie die Worte der Bibel unter das Volk, wenn sie auch nicht dessen Sprache sprechen."*

Ihre Betrachtungen wurden jäh unterbrochen, als die Kinder das Zimmer betraten. Kurz danach kam auch der Hausherr hinzu. Triumphierend sagte der zu seiner Ehefrau: *„Na, sage nur, ich komme immer zu spät. Bin ich nicht wenigstens heute pünktlich?"*

Lachend entgegnet die: *„Du hast es richtig gesagt >wenigstens heute<. Und das ist und bleibt die Ausnahme."*

Als sich die Erwachsenen nach dem Essen zusammensetzten, drehte sich ihr Gespräch nur noch um die bevorstehende Jagd. Der Kotzauer sagte, dass sich die Jagd über mehrere Herrschaftsbereiche hinzöge. Sie gelte vor allem den Sauen, die sich stark vermehrt hätten und deshalb großen Flurschaden anrichten würden. Ganz in der Nähe hätten sie ein Getreidefeld so stark heimgesucht, dass nicht viel für die Ernte übrig geblieben sei.

Dann richtete er sich an Hans. *„Ich muss dir sagen, eine Sauhatz kann recht gefährlich ausgehen. In die Enge getrieben gebärden sich Sauen und Eber oft wie Furien. Sie stürmen auf ihre Angreifer zu. Das schafft die Möglichkeit sie mit der Saufeder[3] tödlich zu treffen. Sticht man sie dabei nur an, kann das ziemlich gefahrvoll für Pferd und Reiter werden. Du solltest dich auf ein solches Zusammentreffen wahrlich nicht unbedingt einlassen. Noch schlimmer kann die Sache werden, wenn Sauen aufgetrieben werden, die bereits verwundet sind. Dann werden sie unter Umständen zu wahren Bestien."*

Hans unterbrach seinen Oheim. *„Glaubst du eine Stickerei deiner Frau ersetzt mir die Jagd, nur weil ich mich neben sie gesetzt habe? Ich will mit dir zusammen an der Jagd teilnehmen. Glaube mir, ich weiß noch von Wiesenburg her um die Gefahren einer Jagd! Mache dir keine allzu großen Sorgen! Ich werde bestimmt nicht zu ungestüm die Tiere angehen. Doch, ein Jagderfolg wäre mir natürlich auch willkommen."*

---

[3] spezieller Jagdspieß

„Das hoffe ich", sagte der Kotzauer. *„Es wäre furchtbar, wenn du hier bei mir einen Jagdunfall erleiden würdest. Ich könnte deiner Familie nicht mehr unter die Augen treten."*

Auch die Base schaltete sich ein. Sie sagte: *„Ihr Männer seid bei den Jagden immer zu draufgängerisch. Das ist euch wohl von alters her noch so verblieben. Hans, ich bitte dich inständig, sei vorsichtig. Du musst keiner der erfolgreichen Jäger sein."*

Hans lächelte. Nach einer Weile sagte er: *„Ich bemühe mich um die von euch erwartete Disziplin. Doch einen Jagderfolg erstrebe ich schon."*

An diesem Abend gingen alle früher als sonst schlafen. Es war doch angekündigt worden, dass das Jagdgeschehen bereits bei Tagesanbruch beginnen würde.

Die Nachtschwärze hing noch im Zimmer, als Hans hochschreckte. Ein Klopfen an der Tür hatte ihn wachgemacht. Sein Oheim öffnete einen Spalt breit die Tür und sagte: *„Hans, wir müssen uns fertig machen. Es ist Zeit aufzustehen."* Hans antwortete noch ein wenig verschlafen: *„Ja, es ist gut."*

Es dauerte nicht lange und Hans stand gestiefelt und zur Jagd gerüstet auf dem Flur. Um ein Haar hätte er sogar das Morgenmahl vergessen.

Sein Oheim schickte ihn noch in die Schlossküche, wo man ihm eine reichliche Mahlzeit auftischte.

Als Hans den Gutshof erreichte, hatte sich dort bereits eine ansehnliche Jagdgesellschaft eingefunden. Hans begab sich zu den Stallungen und nahm dort seinen bereits fertig gesattelten „Braunen" in Empfang. Er glaubte, alle schauten auf ihn. Sie kannten ihn ja nicht. Deshalb gab er sich alle Mühe, sich so elegant wie nur möglich auf sein Pferd zu schwingen. Der Pferdeknecht reichte ihm noch den an der Wand lehnenden Jagdspieß. Dann ritt Hans auf seinen Oheim zu. Als er neben ihm stand, stellte ihn der Kotzauer als seinen Schwestersohn v.d. Planitz vor, der eben erst aus Italien zurück nach Hause gekommen sei. Alle nickte ihm freundlich zu. Dann richtete sich sein Oheim an seine Jagdgäste mit den Worten: *"Ich begrüße alle Gäste meiner neuerlichen Herbstjagd. Diesmal gilt die Jagd ausschließlich den Sauen, die tüchtig zugenommen haben und viel Flurschaden anrichten. Das sonstige Schalenwild[4] soll verschont bleiben. Mir geht es wirklich nur um die Sauen. Ich möchte noch einmal darauf aufmerksam machen, dass eine Saujagd kein*

---

[4] Paarhufer

leichtes Geschehen ist. Angestochene Sauen können furios[5] *werden. Also größte Vorsicht ist geboten. Doch, geht auch mit ihnen voller Respekt um. Auch sie sind Geschöpfe Gottes. Bedenkt, damit sind sie ein Stück Natur, wie wir auch. Noch einmal, begebt euch nicht unnütz in Gefahr. Es bleibt mir nur noch allen das rechte Jagdglück zu wünschen und auf eine gesunde Wiederkehr zu hoffen.*"

Zu seinen Jägern gewendet sagte er: „*Nun denn, blast mit einem Halali die Jagd an.*" Nach Verklingen des letzten Horntons, stürmte die Reiterschar mit einer ansehnlichen Hundemeute ins freie Feld hinaus und strebte dem Wald zu.

Hans hatte zunächst die gleichen Schwierigkeiten, die ihn an seine erste Jagd erinnerten. Er führte den Jagdspieß in seiner Linken. So konnte er ihn jedoch nicht benutzen. Musste er doch mit der Rechten zustoßen. Also war der Wechsel geboten. Doch nun glaubte er das Pferd nicht mehr recht führen zu können. Den Zügel in der Linken zu halten war ihm bereits damals ungewohnt. Bei seinem Hantieren geriet er an das Ende der Reiterschar.

Als er das bemerkte, sagte er zu sich selbst: „*Aber Hans, fahre dir nicht ein Gelächter ein.*" Er feuerte sein Pferd an und holte bald wieder auf. Am Waldrand, wo alle noch einmal anhielten, kam er sogar als einer der Ersten an.

„*Reitet nicht zu schnell, denkt daran, die Hunde müssen an eurer Seite bleiben*", hatte sein Oheim noch geschrieen. Bald standen alle am dichten Strauchwerk des Waldsaumes. Auf Sichtweite verteilten sich die Jäger über die Breite. Der Wald bot schier unüberwindliche Hindernisse. Von Anfang an war ein flotter Ritt verhindert. Hin und wider hörte man aufbrechendes Wild, doch es kam ihnen keins vor die Augen, und erst recht nicht vor den Spieß. Nur die Hunde waren gegenwärtig. Hans wurde klar, es war eine Pirsch und keine Hetzjagd. Das Unterholz hinderte ständig ein zügiges Vorankommen. Hans war in Gedanken noch damit beschäftigt, als plötzlich und völlig unerwartet ein kapitaler Keiler auf ihn zustürmte.

Geistesgegenwärtig stieß Hans mit seinem schräg nach unten angesetzten Sauspieß zu. Er musste den Keiler voll erwischt haben. Mit Entsetzen drang ihm jedoch das Splittern seines Spießschaftes in die Ohren. Danach vernahm er noch ein kurzes Quieken des Schwarzkittels.

Er hielt völlig verblüfft nur noch ein Reststück seines Sauspießs in der Hand. Die eigentliche Waffe war ihm im Keiler abhanden gekommen.

---

[5] unberechenbar

Als er sein Pferd wendete, fand er unweit das erlegte Tier. Das fehlende Stück seines Spießes ragte ihm dicht hinter dem Schädel noch aus der Schwarte heraus. Bewegungslos lag ein mächtiger Keiler vor ihm. Hans erinnerte sich an eine Erzählung seines Vaters. Eine todgeglaubte Sau hatte einen Treiber fürchterlich zugerichtet, weil sie noch Leben in sich hatte. Hans schnitt einen Zweig ab. Damit berührte er das Tier. Erst als es keinerlei Reaktion zeigte, stieg er ab, zog ein Fichtenzweiglein über die blutverschmierte Wunde des Tieres und tränkte es mit dessem Blut. Stolz steckte er den Bruch[6] zum Zeichen eines Jagderfolges an seine Kappe. Als er noch damit beschäftigt war, kamen Jagdgehilfen heran, die sich um den Abtransport der Beute kümmerten. Zuvor sah sich Hans noch einmal seine geborstene Waffe an. Der Schaft war kurz oberhalb der Verbindung mit der Feder[7] geborsten. Das verloren gegangene Stück stak noch in der Schulter des Ebers.

Zum Leidwesen für Hans hatte seine Jagdteilnahme damit ihr jähes und vor allem unvermutetes Ende gefunden. Er besaß keine Waffe mehr. Mit dem Reststück seiner Lanze konnte er nichts mehr ausrichten. Er überlegte. Was sollte er noch weiter zustande bringen?

Traurig stellte Hans fest, dass sein Jagdvergnügen leider nur eine kurze Zeit angehalten hatte. Doch das Erringen der Beute entschädigte ihn. Sie versetzte ihn in Hochstimmung. Hatte er doch ganz allein eine derartig kapitale Beute errungen. Diesmal war er eigenhändig zu einer nicht zu verachtenden Jagdbeute gelangt. Vor Jahren, hatte er nur zum Jagdglück Anderer beitragen können.

„Nun sitze ich schon auf einem Pferderücken", sagte er sich, „da reite ich doch nicht gleich nach Hause zurück." Er ritt wieder aus dem Wald hinaus und gab seinem Pferd die Sporen[8]. Hans jagte über die freien, bereits abgeernteten Felder. Er tobte sich regelrecht aus. Das Reiten war ihm ans Herz gewachsen. Fest nahm er sich vor, in Zukunft nicht darauf zu verzichten. Auch wenn er sein Erbe auslassen würde, wollte er weiterhin am Reiten festhalten.

Mehrfach vernahm Hans aus weiter Ferne Hörnerschall. Das gab ihm kund, dass die Jagd noch in vollem Gang war. Dann tauchten Zweifel in ihm auf. Die zu ihm her schallenden Signale könnten ja auch das Jagdende bedeutet haben. „Langsam musst du dich doch wieder heimwärts begeben", drang ihm ins Bewusstsein. Als er nach dem Sonnenstand schaute, bemerkte er, dass es

---

[6] Jagdtrophäe
[7] pfeilartige Eisenspitze
[8] Sporn am Reitstiefel

schon spät am Nachmittag sein musste. Er wendete sein Pferd und ritt in Richtung Kotzau zurück. Als er im Gutshof ankam, lief ihm sein Oheim bereits lachend und mit hoch erhobenen Armen entgegen. Hans stieg vom Pferd. Sein Oheim schüttelte ihm die Hand und gratulierte zu seinem Jagderfolg. *„Dein erlegter Keiler ist ein Prachtstück."* sagte sein Oheim. *„Hans du hast nicht nur Geschick, sondern auch Kraft bewiesen. Du hast dir sogar die Lanze nicht nehmen lassen. Dein Gegendruck muss größer als der des Keilers gewesen sein. Aus diesen Gründen brach sie. Das zeugt von einem Kraftakt. Damit hast du bewiesen, dass du kein schwächlicher Gelehrter bist. Du hast rechtes Rittertum gezeigt. Ich gratuliere dir zu deinem Erfolg."*

Auch andere aus dem Jagdgefolge kamen und gratulierten Hans zu seinem außerordentlichen Jagdglück. Aus ihren Gratulationen schien auch ein wenig Neid herauszuklingen. Mehrfach betonte man, dass der von ihm erlegte kapitale Keiler ein besonderes Prachtexemplar sei. Man bewunderte, dass er den straffen Keiler allein und sogar ohne Hunde erlegt hatte. Das sei eine beachtliche Leistung von ihm gewesen. Man riet ihm, er solle sich ja die Hauer[9] des Keilers als Trophäe[10] sichern.

Hans sah sich bei alledem sogar ein wenig peinlich berührt. Der Keiler war doch geradewegs in seine Saufeder hineingelaufen. Eigentlich hatte er seine Jagdbeute nur ganz zufällig gemacht. Sein Jagdglück war völlig unerwartet auf ihn zugekommen. Nein, es war buchstäblich auf ihn zugestürmt.

Als alles Wild auf der Jagdstrecke[11] lag, zählte man vierzehn straffe Sauen, acht Läufer[12] und acht Keiler. Der von Hans erlegte, war der gewaltigste. Seine Hauer wiesen eine beachtliche Größe auf. Als sich Hans das Tier genau anschaute, das nun so wehrlos vor ihm lag, stellte er selbst fest, dass er im wahrsten Sinne des Wortes Glück hatte. Hätte der Keiler seine Hauer einsetzen können, wäre sein Pferd und wohl auch er nicht gut weggekommen. Erst jetzt verstand er, dass man ihn bewunderte.

Über einem Feuer briet an einem Spieß bereits ein erlegtes Tier. Langsam drehte ein Jagdgehilfe das Wildbret über dem glühenden Buchenholz. Dicht daneben loderte ein weiteres Feuer und verbreitete im Umfeld wohlige Wärme. Die Jagdgesellschaft saß, aufgeregt miteinander schwatzend, darum he-

---

[9] Eckzähne
[10] Siegeszeichen
[11] Beuteplatz
[12] Heranwachsende Jungtiere

rum. Alle taten sich gütlich an einer im Kreise herumgereichten bauchigen Branntweinflasche.

Auch etliche Frauen waren hinzugekommen. Es handelte sich um die Ehefrauen der zur Jagd eingeladenen Männer. Auch die Kotzauerin befand sich unter ihnen. Mittlerweile vereinte sich die Abendkühle mit der des Herbstes. Immer spürbarer kroch die Kälte herauf. Deshalb hatten sich die Frauen in Wolltücher gehüllt. Sie nippten am Wein, der aus dem Maingebiet stammte. Der wurde ihnen aus Gläsern dargereicht, während die Männer Bierkrüge in Händen hielten. Eine Küchenmagd ging mit einem Krug herum und füllte den Männern die Becher immer erneut. Alle saßen auf Baumstämmen, über die Schaffelle gebreitet waren. Auf einem Tablett wurde in Scheiben geschnittenes, frisch gebackenes Brot herbeigebracht. Danach verteilte Küchenpersonal hölzerne Schalen und Messer. Währenddessen wurde der Braten noch immer fleißig über dem Feuer gedreht.

Hans war dicht an das Feuer gerückt. Ein leichtes Frösteln war auch über ihn gekommen. In Italien hatte er die heraufziehende Kühle als angenehm verspürt. Das machte ihm bewusst: *„An die Kühle werde ich mich wohl wieder gewöhnen müssen. Ich befinde mich nicht mehr im Süden. Hier ist es eben wesentlich kühler."*

Der Alkohol zeigte bei Vielen schon seine Wirkung. Die Unterhaltung wurde immer lauter und die Gesellschaft zeigte sich immer gestikulierender.

Plötzlich stand die Kotzauerin vor Hans. Der erhob sich und bot ihr seinen Hocker an. Doch sie blieb vor ihm stehen und umarmte ihn. Mit warmer Stimme sagte sie zu ihm: *„Mein lieber Hans, ich habe gehört, dass du auf der Jagd sehr erfolgreich warst. Dazu gratuliere ich dir. Hätten das deine Eltern erlebt, wären sie ganz sicher sehr stolz auf dich gewesen. Nun sage ich es dir. Wir alle hier mögen dich sehr und wir schätzen dich als unseren liebenswerten Verwandten. Wir freuen uns außerordentlich darüber, dass du wieder aus Italien zurückgekehrt bist. Wunderbar ist, dass du bei uns eingeschaut hast."*

Hans umfasste seine Base behutsam an beiden Schultern und sagte: *„Ich danke euch für eure mustergültige Gastfreundschaft. Eigentlich wollte ich nur kurz bei euch einkehren. Nun befinde ich mich bereits seit Tagen hier und fühle mich bei euch bereits wie zuhause. Doch, es wird Zeit, dass ich weiter ziehe. Ich muss wieder völlig nach Hause kommen. Es tut mir wirklich leid, doch ich muss euch bald verlassen. Es gilt, wieder Tritt zu fassen. Ich muss mir eine Tätigkeit suchen und endlich wieder sesshaft werden. Es wird wohl* *auch Zeit, dass ich eine Familie gründe. Also ich muss wohl auch irgend-wann auf Brautschau gehen."*

Die Kotzauerin lachte und sagte: *„Eile mit Weile. Nimm dir dazu Zeit. Es soll doch die Rechte sein. Die zu finden kann dauern."*

Hans sagte lachend: *"Na ja, es werden wohl noch ein paar Tage ins Land streichen, bis das geschieht. Wichtiger ist erst einmal, dass ich wieder richtig Fuß fasse und überhaupt eine Familie ernähren kann."*

„Du wirst das schaffen", sagte die Base. *„Es ist nur schade, dass wir uns wie-der räumlich trennen müssen. Doch dein Oheim und ich sind uns schon darü-ber einig geworden, dass wir dich nach Hause geleiten werden. Da können wir uns endlich auch wieder einmal in Wiesenburg umsehen und die Bezie-hungen auffrischen."*

Hans bedankte sich für die in Aussicht gestellte Heimfahrt. *„Da muss ich nicht betteln gehen, um weiter voran zu kommen. Ich kann nur danke sagen. In deutschen Landen muss man sehen, dass ein Landfuhrmann sich erwei-chen lässt. Um wie viel leichter waren da die Fahrten in Italien durchführ-bar. Da ging man in eine Agentur und die Sache war erledigt."*

Bis tief in die Nacht hinein saßen etliche der Jagdgenossen am längst schon niedergebrannten Feuer zusammen. Schon lange hatten sie die Frauen verlas-sen. Die waren zusammen mit der Kotzauerin in deren Kemenate gegangen. Etliche der Männer schwankten beträchtlich und lallten nur noch. Einige hat-te der Kotzauer bereits zum Schlafen ins Stroh legen lassen. Hansens Oheim hatte zwei Diener bestellt, die den Angetrunkenen Hilfe leisteten. Als es ge-gen Mitternacht ging, mahnte der Kotzauer zum Aufbruch. Einige wollten trotzdem ihre Becher noch füllen lassen. Der Kotzauer verhinderte das laut-stark und verkündete unüberhörbar: *„Für heute ist Schluss. Gleich begrüßt uns ein neuer Tag. Der soll nicht sehen, dass wir wackelig auf unseren Bei-nen stehen. Er wird uns neue Pflichten auferlegen, die wir mit aller Kraft an-zugehen haben. Ich danke euch für eure Teilnahme und hoffe, das Jagdgeschehen hat euch befriedigt. Ich wünsche euch eine gute Nacht."*

Es dauerte noch eine geraume Zeit, bis der letzte Gast vom Rest des nur noch glimmten Feuers verschwunden war. Die Dienerschaft hatte bis in den neuen Tag hinein damit zu tun, die letzten Gäste wegzubringen. In dieser Nacht gab es auch kaum Ruhe im Schloss. Etliche Gäste rumorten noch lange, bis sie endlich einschliefen.

Der Schlossherr sorgte dafür, dass sich das Dienstpersonal bereits am zeitigen Morgen unüberhörbar auf den Fluren beschäftigte. Ganz gegen sonstige Gewohnheiten sorgte das für lautstarkes Treiben. Das war eine gekonnte Maßnahme des Hausherrn, die Gäste aufzuwecken.

Sichtbar verkatert begaben sich etliche Gäste in die Schlossküche zum Morgenmahl. So Mancher befriedigte jedoch nur sein Durstgefühl. Als die letzten Gäste endlich davonfuhren, ging es bereits stark auf Mittag zu.

Der Schlossherr war schon längst seinen Tätigkeiten nachgegangen. Nur die Schlossherrin führte Regie im Schloss. Das forderte sie voll und ganz.

Dieser Tag stach von den bisherigen vollkommen ab. Überall im Schloss und im Gutshof hatte man damit zu tun, wieder die gewohnte Ordnung zu schaffen. Hans bat darum, noch einmal Reiten zu dürfen. Er ging hinüber zu den Stallungen. Kein Mensch war dort zu sehen. Er überlegte eine Weile, ob er eigenmächtig sein Pferd satteln solle. Hans hatte doch die Erlaubnis seines Oheims dazu erhalten. Als er sich gerade anschickte, das Pferd zu zäumen, kam ein Pferdeknecht hinzu. Er nahm Hans die weitere Arbeit ab.

Hans schwang sich auf den Pferderücken und ritt zunächst gesittet aus dem Gut hinaus. Kaum war er außerhalb des Tores, gab er dem Pferd die Sporen. Er jagte wiederum über die Felder bis an den Waldrand. Dann ritt er kreuz und quer über das Gelände. Kurzzeitig verfiel er in Trab und dann wieder in einen Galopp, um kurz danach dem Pferd auch wieder Ruhe zu gönnen. Hans genoss die Freiheit, die er in dieser Art der Betätigung sah.

Diesmal wollte er aber auf keinen Fall das Mittagsmahl verpassen. Der Sonnenstand zeigte ihm, dass es Zeit wäre, wieder heimwärts zu reiten.

Diesmal lobte ihn seine Base sogar, als sie ihn entdeckte. *„Siehst du, wenn ihr Männer es wollt, könnt ihr sogar pünktlich sein"*, sagte sie lachend zu ihm. Ebenfalls über das ganze Gesicht lachend entgegnete Hans: *„Nein, nein, die übergroße Angst vor dir hat mich nach Hause getrieben."*

Nach dem Essen durfte Hans, dem mittlerweile das Reiten außerordentlichen Spaß bereitete, erneut ein Pferd besteigen. Sein Oheim bot ihm an, mit ihm zusammen einen weiteren Holzeinschlag zu besuchen. Er fragte Hans: *„Wie ist es, traust du dich auch ein etwas temperamentvolleres Pferd in den Griff zu bekommen? Du kennst den Braunen, den der Stallknecht ritt, als er mit dir zusammen das erste Mal unterwegs war. Du wirst spüren, Pferd ist nicht gleich Pferd. Doch das wird zeigen, ob du wirklich ein rechter Reiter bist.*

Glückt es dir nicht, ihn zu zügeln, kehren wir einfach wieder um. Dann wechseln wir zum bisherigen Pferd. Was hältst du davon?"

Hans überlegte nicht lange und sagte zu. Auf dem Weg hinüber zu den Stallungen setzte er noch schmunzelnd hinzu: *„Mein lieber Oheim, hätte ich dein Angebot abgelehnt, hättest du mich doch für einen Feigling gehalten. So bin ich, wenn es daneben geht, nur ein Versager. Das wäre zwar ebenfalls schlimm, doch ein Feigling zu sein, wäre weit schlimmer."*

Sein Oheim schaute erschreckt auf. *„Nein Hans, als Feigling sehe ich dich ganz bestimmt nicht. Du hast mir bereits bewiesen, dass du ein ganzer Mann bist, sonst hätte ich dir dieses Angebot nicht gemacht"*, sagte er.

Bereits während Hansens Pferd gezäumt wurde, tänzelte es unruhig herum. Der Stallknecht herrschte es an: *„Nun halt doch Ruhe, es ist doch gleich soweit."* Als es Hans aus dem Stall führte, schlug ihm vor Erwartung das Herz schon ein wenig schneller. Ehe er sich auf den Wallach schwang, tätschelte er ihn und sagte: *„Wir werden uns schon vertragen."* Zu seiner eigenen Beruhigung fügte er noch hinzu: *„Und du hast zu machen, was ich will."* Dann stieg er in den Bügel und schwang sich in den Sattel. Wieder tänzelte das Pferd unruhig hin und her. Hans nahm es ein wenig mehr an die Kandarre[13]. Auf den leichten Zug reagierte das Pferd sofort. Es parierte.

Dicht nebeneinander ritten die beiden Männer aus dem Haupttor des Guthofes hinaus. Dann gab der Kotzauer seinem Hengst die Sporen. Der stürmte schnell voran. Hans machte es ihm nach. Nur wenige Pferdelängen hinter seinem Oheim jagte Hans ebenfalls dahin. Plötzlich minderte der Gutsherr die Geschwindigkeit. Er wendete sich, um nach Hans zu schauen. Als er ihn direkt hinter sich sah, unterbrach er seinen Ritt völlig. Er ließ Hans herankommen und sagte: *"Hans, du bist ein guter Reiter. Dein Pferd ist wahrlich nicht ganz unkompliziert. Ich vermutete, dass du mehr Schwierigkeiten mit ihm bekommst. Donnerwetter."*

Die Rede seines Oheims zog sich wie Balsam über Hansens seelisches Befinden. Bangen Herzens hatte er den Ritt begonnen. Nun sagte Hans zu sich selbst: *„Hans, nimm dich zusammen, ein Meister bist du trotzdem noch lange nicht, doch ein Tunichtgut auch nicht."*

In Intervallen[14] ritten sie einmal schnell und dann wieder langsamer dahin. Dabei ging Hans erneut durch den Kopf: *„Das Reiten gibst du nie wieder auf.*

---

[13] Gebisstange bei Pferden
[14] Zwischenräumen

Auf einem Pferderücken zu sitzen und sich so durch die Welt tragen zu lassen, ist doch die herrlichste Sache der Welt. Es ist die schönste Beschäftigung, die ein Mann unternehmen kann. Dabei wird mir so recht bewusst, es muss doch ritterliches Blut in meinen Adern fließen. Allein das Wort Ritter ist doch vom Reiter abgeleitet. "

Sie ritten über Felder und Waldwege bis hin zu einer kleinen Ansiedlung, die den Namen Issigau trug. Ein dort befindliches Waldgebiet gehörte dem Kotzauer. Das war von einem Schuldner in seinen Besitz gelangt. Etliche Klafter[15] lagen bereits in Länge geschnitten und zu Stößen geschichtet am Boden. Etliche Waldarbeiter waren damit beschäftigt, das Langholz zu schälen. Die frisch geschlagenen Stämme ließen sich mit speziellen Schäleisen leicht entrinden. In Meterstücken schichtete man die Rindenrollen zu Stößen zusammen. Die als Lohe bezeichneten Rollen verwendete man zum Gerben von Fellen und Leder. Als zerkleinerte Rindenstücke waren die den Gerbereien unentbehrlich. Mit den Lohestücken war auch ein zusätzlicher Verdienst verbunden. Während Hans beim Schälen der Rinde zuschaute, sprach der Kotzauer mit einem Jäger. Der war offensichtlich für den Holzeinschlag verantwortlich.

Als sein Oheim wieder an Hans heranritt, stellte ihm Hans etliche Fragen. Ihn interessierte vor allem, was mit dem vielen Holz geschehen würde. Der Kotzauer sagte: *„Wenn alles klappt, schlage ich daraus einen guten Ertrag. Das Holz wird von uns nur geschlagen und aus dem Wald herausgerückt. Der Käufer lässt es selbst bis an die Saale hinanfahren. So viel mir bekannt ist, soll es danach weiter geflößt werden. Wenn das Stammholz so gesund gewachsen ist wie hier, bringt der Wald einen höheren Ertrag als die Feldwirtschaft. Nur nach der Holzernte dauert es eben leider wieder viele Jahre, bis die Bäume reif zum Schlagen sind."*

Darauf erwiderte Hans: *„Du weißt ja, auch unser Besitz umfasst große Waldungen. Die ziehen sich ja weit über das ganze Gebirge hin. Sie reichen bis ans Neustädtel am Schneeberg. Doch damit werden wir wohl noch eine Menge Ärger bekommen! Die Silberfunde in der unmittelbaren Nachbarschaft lassen wohl unseren Sächsischen Kurfürsten wieder auf den Plan treten. Ihm steht ja das Bergregal[16] zu. Finden sich dort größere Mengen Silber, lohnt sich der bergmännische Abbau. Dann erhebt der darauf ganz sicher Anspruch. Wir werden das Gebiet sicher nicht in unseren Händen halten kön-*

---

[15] altes Raummaß (ca. 3,3 m³)

[16] dem Landesherrn zustehendes Bergrecht

nen! Es könnte sich sogar bereits in seinem Besitz befinden! Ich war ja lange nicht Zuhause.“

Der Kotzauer antwortete darauf: „*Mir wurde davon nichts zu Ohren gebracht. Sicher wird sich das Neustädtel noch im Planitz'schen Besitz befinden.“*

Das Gespräch nutzte Hans dazu, dem Oheim seine endgültige Heimreise anzukündigen. „*Ich bin so gespannt, wie es daheim aussehen wird. Es wird Zeit, dass ich das Reststück meiner Rückreise noch angehe. Mein Verweilen bei euch hat länger gedauert, als ich eigentlich vorhatte. Es hat mir so gut bei euch gefallen. Doch nun, lieber Oheim, verstehe bitte, ich muss euch endlich verlassen.“*

„*Das verstehe ich sehr gut*“, entgegnete sein Oheim, „*obgleich wir dich arg vermissen werden. Meine Frau und ich haben bereits festgelegt, wenn du es willst, werden wir dich selbst nach Wiesenburg bringen. Du kannst also jederzeit bestimmen, wann dieser Zeitpunkt für dich gekommen ist. Wir wollen erleben, was die in Wiesenburg für Augen machen, wenn du vor ihrer Tür stehst. Dabei wollen wir dir auch Hilfestellung geben, wenn es nötig sein sollte.*“ Hans hob den Kopf. Es sah aus, als wolle er die ihn umgebende Waldluft einsaugen. Dann seufzte er: „*Ich befürchte, dass ich sie schon erschrecken werde. Ob ich willkommen sein werde, wird sich zeigen. Mein Zurückkommen wird ganz sicher Verwirrungen hervorrufen.*

Ich werde ihnen so schnell wie möglich mitteilen, dass ich keinen Anspruch auf das Erbe meines Vaters erhebe. Diese Mitteilung wird hoffentlich alle Ängste beseitigen.“

„*Auch aus diesen Gründen wollen wir dich ja nach Wiesenburg begleiten. Wir wollen dazu beitragen, dass Irrungen gar nicht erst Fuß fassen*“, sagte sein Oheim. “*Und wann gedenkst du deine Heimreise anzutreten? Du kannst dir, wenn du magst, alle Zeit der Welt lassen. Wir sehen nach wie vor in dir einen lieben Gast.“*

Hans entgegnete: „*Wenn es euch recht ist, würde ich meine Reise schon in nächster Zeit zu Ende bringen.“*

„*Gut.*“ sagte der Kotzauer. „*Dann fahren wir in zwei Tagen nach Wiesenburg. Ich werde morgen alles soweit richten, dass ich eine Weile von hier fernbleiben kann. Das müssen wir dann auch schleunigst meiner Ehefrau mitteilen. Sie hat mir den Vorschlag gemacht, dich zusammen mit deiner Habe nach Hause zu bringen. Was wollen wir da noch Fremde darum bitten.“*

Als sie wieder auf dem Rittergutshof eintrafen, übergaben sie die Pferde dem Knecht. Beim Absteigen wäre Hans beinahe noch ein Unglück zugestoßen. Er verhakte sich mit einem Sporn im Steigbügel. Er hatte jedoch Glück, das es nicht während des Reitens geschah. Sonst hätte es ihm leicht ebenso wie seinem Vater gehen können. Hans hatte sich so verhakt, dass ihm der Pferdeknecht zu Hilfe kommen musste. Sein Oheim sagte: *„Das hätte am Ende noch gefährlich ausgehen können. Du hattest Glück, dass das im Stand geschah.“*

Danach gingen sie geradewegs zum Schloss hinüber, um die Kotzauerin über das geplante Vorhaben zu unterrichten. Die machte sich gerade in ihrer Kemenate zu schaffen. Die Männer setzten sich mit ihr zusammen. Der Diener musste Wein heranbringen und in trauter Runde brachte Hansens Ohein die Sprache auf das bevorstehende Ereignis.

Die Kotzauerin legte ihren Stickrahmen zur Seite. Als sie hörte, dass Hans nach Hause wolle, sagte sie: *„Hans, es ist schade, dass du uns verlassen willst. Doch um deinetwillen muss es geschehen. Du hast zuhause Etliches zu klären. Wir werden dich begleiten. Vielleicht könnten wir dir dort nützlich sein. Es ist ja noch nicht abzusehen, wie man in Wiesenburg reagieren wird. Dein einstiger Vormund Rudolph will unseres Wissens nach nicht davon ablassen, dich als Erstgeborenen auf Wiesenburg einzusetzen. Die ganze Zeit deiner Abwesenheit stand ihm dein Bruder eng zur Seite. Er ist in die ihm auferlegten Aufgaben gut hineingewachsen. Wenn er dich sieht, könnten wohl Ängste bei ihm aufkommen. Vielleicht sieht er sich doch schon als Herrschaftsbesitzer von Wiesenburg. Ganz sicher wird er sich das aber erhoffen.“*

Hans entgegnete sofort darauf: *"Da braucht er keine Angst zu haben. Ich werde ihm sofort klar machen, dass ich ihm die Besitzung Wiesenburg ganz sicher nicht nehmen werde.“*

„Ja“, sagte sein Oheim. *„Doch wissen wir, wie der Familienrat das sieht? Rudolph war nie ein Befürworter deines Studiums. Hätte deine Mutter sich nicht so für dich eingesetzt, hättest du überhaupt nicht studieren dürfen. Du bist der Älteste, der nach altem Recht die Erbfolge anzutreten hat. Daran wollte dein Vormund Rudolph immer festhalten.“*

Alle schwiegen eine lange Zeit. Dann sprach der Kotzauer weiter: *„Wir werden es erleben. Vielleicht wird alles ganz anders, als wir es uns vorstellen. Es ist ja auch zu bedenken, dass Rudolph kein gesetzlicher Vormund mehr von dir ist. Er hat nur noch das Recht, Empfehlungen zu geben. Doch, es wäre schon schön, wenn es dabei nicht zu Unstimmigkeiten käme.“*

„*O, wie sehr mir selbst daran liegt*", entgegnete Hans.

„*So.*" sagte sein Oheim, „*nun müssen wir für deine Reise alles planen. Ich werde alles so einrichten, dass wir hier eine Weile abkömmlich sind. Morgen am Nachmittag werden wir dein Gepäck im Korb unserer Kutsche verstauen lassen. Da solltest du dabei sein. Wir Zwei*", dabei deutete er auf sich und seine Frau, „*werden so wenig wie möglich mitnehmen. Ein paar Geschenke und ein wenig Kleidung für uns wird es sein. Unsere Kinder werden gut in den Händen der Erzieherin und des Kaplans verbleiben. Es steht also unserem Vorhaben nichts Ernsthaftes im Wege. Und so Gott will, wird unsere Mission zu den erhofften Erfolgen führen. Eins solltest du noch wissen, lieber Hans, wir stehen voll auf deiner Seite. Aus diesen Gründen werden wir in Wiesenburg ausschließlich deine Interessen vertreten. Noch eins will ich dir mit auf den Weg geben. Bitte dir für alle deine Entscheidungen eine Bedenkzeit aus. Aber das weiß ein Richter ganz sicher selbst. Man darf das nur bei Auseinandersetzungen nicht vergessen. Wenn man voller Erregung ist, sagt man so Manches.*"

Nach dem Abendessen saßen die drei Erwachsenen wieder zusammen am Kaminfeuer. Das Zimmer war nur spärlich beleuchtet. Es war die rechte Zeit zum Erzählen angebrochen. Der Kotzauer hielt sein Glas so in den Händen, dass sich in ihm das Kerzenlicht eines Leuchters spiegelte. Als Hansens Blick darauf fiel, sagte der: „*Es ist schade, dass auf unserer Erde nichts lange Bestand hat. Ich habe mich bei euch so wohl gefühlt, wie lange nicht. Das flammende Rot in deinem Weinglas lässt mich an unser Blut denken. Wir sind Blutsverwandte und trotzdem gab es bisher kaum Gemeinsamkeiten. Wir sollten uns nicht wieder aus den Augen geraten. Ich fand bei euch ein Zuhause. Dafür bin ich euch besonders dankbar, weil ich das wirklich in meinem Leben nur eine kurze Zeit hatte. Hier bei euch habe ich eigentlich erst recht begriffen, was ein Zuhause bedeutet.*"

Um Einzelheiten im Raum zu erkennen war es bereits zu dunkel. Doch Hans bemerkte, dass sich nach seinen Worten die Base mit einem Tüchlein die Augen abtupfte. Das berührte ihn sehr. Es lag ihm nichts daran, die Gefühle weiter herauszufordern. Deshalb wechselte er das Thema seines Gesprächsstoffes. Er sagte ganz unvermittelt:„*Es wird wohl Zeit, das letzte Stück meiner Heimreise anzutreten. Die Nächte sind schon recht kalt geworden, am Morgen zeigt sich Reif. Fällt erst Schnee wird die Reise noch beschwerlicher. Mich zieht es endlich nach Hause. Doch im gleichen Moment sagt mir eine innere Stimme, es lieber noch ein Stück hinauszuzögern. Mich bremst dann das unerklärliche Gefühl herauf dämmernder Befürchtungen. Ich habe Angst. Könnt ihr das verstehen?"*

Hans bemerkte selbst, dass er die Wendung, die sein Gespräch nehmen sollte, nicht geschafft hatte. Die Ungewissheit die sich unmittelbar vor ihm aufbaute, lastete auf ihm und wohl auch auf seinen Verwandten.

Was Hans nicht gelungen war, gelang seinem Oheim. Der sagte: *"Nun geht bald wieder ein Jahr zu Ende. In ihm ist die Menschheit nicht glücklicher geworden. Manches bisher Gültige hat an Bedeutung verloren, Anderes hat an Gewicht gewonnen. Mich bedrückt das Verhalten der Kirche. Die Allmacht Gottes ist von ihr in den Hintergrund gerückt worden. Die hat sie sich selbst zugeschrieben. Nun ist man bestrebt, eine Gottesburg ungeheuren Ausmaßes in Rom zu errichten. Ihre Größe soll ein Zeichen setzen. Dabei geht es ihnen nur darum, ihre Macht allen zu offenbaren. Was man vom Papst hört, zeugt nicht vom Gebaren eines heiligen Mannes. Stehen die alle noch fest zum Glauben? Was wird auf diesem Gebiet wohl noch offenbar werden? Wird Gott dabei einfach nur zusehen? Dämmert etwa der Untergang unserer Welt herauf? Hat Jesus Christus am Kreuz auch die gewaltigen Sünden derer gesühnt, die sich Stellvertreter Gottes auf Erden nennen? Das sind Dinge, die mir besonders schwer auf der Seele lasten."*

Hans entgegnete darauf: „*Seit meinen Pilgerreisen quirlen in mir ganz ähnliche Gedanken herum. Ich befand mich an den Wurzeln unseres Glaubens und an den Wirkungsstätten ihrer Vertreter.*

Deren Ämter gleichen sehr stark denen der weltlichen Herren. Sie fühlen sich sogar noch über sie herausgehoben. Die Inhalte des christlichen Glaubens kennen sie wohl. Sie lesen ja in der Bibel. Doch, ob sie das Wissen daraus auch verinnerlichen, ist eine andere Frage. Auch sie leben auf der Welt und nicht im Himmel. Und auf der Welt gibt es eine Menge teuflische Möglichkeiten von Verführungen. Geht man ihnen nach, kann man die eigentlich übernommenen Verpflichtungen sehr wohl vergessen. Wollen wir uns nichts vormachen, wer Macht besitzt genießt sie auch. Einmal daran gewöhnt, wird sie auch genüsslich in Anspruch genommen. Ja, er wird sogar Begründungen finden um damit sein eigenes Gewissen zu beruhigen."

„*Hört bloß auf.*" *schrie die Kotzauerin aufgeregt dazwischen. Hört man euch zu, ziehen einem alle Ängste dieser Welt ins Herz. Der Glauben soll uns doch den nötigen Halt geben. Mit ihm versetzt man sich in die Lage, alle Erdenlasten leichter zu tragen. Höre ich euch noch lange zu, raubt ihr mir dieses Fundament. Damit verliert mein Erdendasein den Anker, der mir ermöglicht, über alles hinweggetröstet zu werden. Ich will nicht daran glauben, dass unsere Sünden vor Gott ungestraft bleiben. Wie kann man ein sündhaftes Leben mit irdischen Geldzahlungen tilgen? Entspräche das der Wahrheit, müsste man Gott doch in die Nähe von Krämern rücken. Was macht die Kirchenobrigkeit damit aus Gott? Das kann doch nicht sein."*

Hans sagte darauf: *„Liebe Base. Ich wiederhole mich. Halte dir immer vor Augen, dass die gesamte Kirchenobrigkeit und auch der Papst nur Menschen sind. Wir sind alle die Nachkommen von Adam und Eva. Die wurden bereits wegen ihrer Sündhaftigkeit aus dem Paradies vertrieben. Es ist nur furchtbar, dass uns allen, auch der Obrigkeit, unsere Sündhaftigkeit so an die Beine geheftet bleibt. Sie ist in uns tief verwurzelt und bleibt wohl ewig an uns haften. Leider sind wir Menschen eben alle keine Engel."*

Die erwähnten Ängste der Kotzauerin ließen die beiden Männer ihr Gespräch beenden. Doch ehe sie sich trennten, sprachen sie noch einmal den Termin von Hansens Heimreise an. Sie einigten sich dabei endgültig auf den übernächsten Tag. Hans brachte noch einmal das Reiten ins Gespräch. Er bat seinen Oheim darum, den Folgetag dafür noch einmal nutzen zu dürfen. Was der, ohne Bedenken zu haben, zusagte.

So wünschten sie sich eine gute Nacht und legten sich schlafen. Als Hans in den Kissen lag, konnte er eine lange Zeit nicht einschlafen. Seine Gedanken zog es nach Wiesenburg und was ihn dort wohl erwarten würde. Das Hochgefühl, wieder nach Hause zurückzukehren, wechselte mehrmals in Angstgefühle hinüber. Wie würde sich seine Heimkehr wohl gestalten? Doch schließlich übermannte ihn die Müdigkeit doch. Sein sonst ruhiger Schlaf wurde in dieser Nacht von wirren Träumen begleitet. Das ließ ihn mehrfach wieder erwachten. Doch ein genaues Erinnern daran gelang ihm am Morgen nicht.

Für den neuen und letzten Tag bei seinem Verwandten in Kotzau, hatte Hans einen weiträumigen Ausritt vorgesehen. Ob er daheim dem Reiten so ohne weiteres nachgehen könne, sah er als fraglich an.

Als er sich zum Frühstück begab, teilte ihm seine Base mit, dass ihr Ehemann bereits seinen Verpflichtungen nachgegangen sei. Er ließ Hans ausrichten, dass Hans um die Vesperstunde[17] wieder zurück sein solle. Dann wollten sie zusammen seine Habe in der Kutsche verstauen, um am Morgen frühzeitig aufbrechen zu können. Heute würde sein Oheim alles so richten, dass sie ge-

---

[17] Nachmittagsimbiss

meinsam eine Weile abkömmlich sein könnten. Aus diesen Gründen sei er bereits aufgebrochen.

Hans meldete sich nach dem Morgenmahl bis zum erwünschten Termin ab. Über Mittag wollte er nicht zurücksein. Er begründete es damit, dass er das Reiten noch einmal in vollen Zügen genießen wolle. Dann ging er zu den Stallungen hinüber und sattelte gemeinsam mit dem Stallknecht sein Pferd. Kurze Zeit darauf ritt er aus dem Gutshof in Richtung der Stadt Hof hinaus. Zunächst wollte er auf der Commerzialstraße[18] zügig dahinstürmen. Sein Oheim hatte ihm doch ans Herz gelegt, nicht über Äcker und Wiesen zu reiten. Würde er auf fremden Lehnsgebieten[19] querfeldein über die Äcker reiten könne das Ärger einbringen, selbst wenn alles bereits abgeerntet sei.

Nun stürmte Hans auf der ausschließlich als Höhenweg angelegten Verbindung nach Hof hin. Nur äußerst selten begegnete er Fuhrwerken. Die transportierten Waren oder auch Langholz. Wenn er ihnen nahte, zügelte er sein Pferd um kein Unglück herauf zu beschwören. Gegen die Mittagszeit ritt er in ein Dorf hinunter ins Tal. Vor einer Dorfschenke stieg er ab und band sein Pferd an einen dafür angebrachten Mauerring. Dann zog er aus der Satteltasche einen Tuchfetzen und rieb seinem Pferd den Schweiß ab. Erst danach betrat er die Schenke, in der er unterwürfig begrüßt wurde. Hans bestellte sich ein deftiges Mittagsmahl und einen Schoppen Wein. Der Wirt entgegnete: *„Hoher Herr, ich kann leider nur einen Becher Bier anbieten. In meiner ärmlichen Dorfschänke zeigt niemand Verlangen nach einem Schluck Wein. Es würde mich jedoch außerordentlich beschämen, wenn der hohe Herr mich deshalb wieder verlassen würde."* Hans lachte. Danach sagte er: *„Dann bring er mir eben Bier."* Mehr an sich selbst gerichtet sagte er noch: *"Ich muss mich wohl auch langsam wieder am mein Zuhause gewöhnen. Ich bin nicht mehr im Süden. Dort gibt es kein Bier und hier keinen Wein."*

Ein wenig linkisch stand der Wirt neben ihm. Er konnte sicher die letzten Worte von Hans nicht recht deuten. Deshalb fragte er noch einmal: *„Der hohe Herr will also ein gutes Essen und statt Wein trinkt er Bier?"* Hans bejahte und der Wirt verschwand dienernd und rückwärts gehend aus der Gaststube. Es dauerte nicht lange, als ein junges Mädchen an seinen Tisch herantrat. Die lachte Hans freundlich an und sagte: *„Hoher Herr, Sie sollen nicht auf dem*

---

[18] Handelswege
[19] Rittergutsgelände

blanken Tisch speisen. Ich breite ihnen erst ein Linnen[20] *darüber.*" Dann legte sie einen Löffel und ein Messer darauf.

Hans zeigt sich sprachlos. Dann zog ihm durch den Kopf: *„Es ist schon etwas Wahres dran, ich bin in Deutschland und nicht mehr in Italien."* Doch dann wurde ihm klar, dass auch die erfolgte Anrede *„Hoher Herr"* wohl stark dazu beitrug, dass man ihn herausgehoben behandelte.

Kaum war das Tuch über den Tisch gebreitet, kam der Wirt mit einem Becher Bier und sagte: *„Hoher Herr, lassen Sie sich unser selbst gebrautes Bier recht wohl schmecken, es ist, so denke ich, dem Wein ebenbürtig."* Es dauert noch eine Weile, ehe der Braten kommt. Auch der wird bestimmt gut schmecken. Stillen Sie erst einmal ihren Durst."

Hans setzte den Becher an und trank. Als er ihn zurück auf den Tisch stellte sagte er: *„Wirt, dein Bier stillt nicht nur den Durst, es schmeckt gut, ist aber wohl auch gehaltvoll."* Der Wirt schmunzelte und sagte: *„Ja, schon so Mancher ist schwankend aus meiner Schänke gegangen."*

Hans entgegnete darauf: *„Das will ich beileibe nicht. Ich muss auch gut wieder zurück nach Kotzau kommen."*

Der Wirt sagte darauf: *„Ach da ist der hohe Herr ein von Kotzau?"* *„Nein, nein"* sagte Hans, *„das ist nur mein Oheim, bei dem ich zu Besuch weile."* Daraufhin zog sich der Wirt ehrfürchtig zurück. Dann brachte er auf einem riesigen Holzteller Brot, eine Schüssel mit Grütze, einen Becher mit Soße und einen dampfenden köstlich riechenden Hammelbraten. *„Guten Appetit."* sagte er, *„Sie werden ganz sicher nicht enttäuscht sein, hoher Herr."*

Und Hans war wahrhaftig nicht enttäuscht. Der Braten war köstlich. Er schmeckte ihm so gut, dass am Ende wirklich nur noch die Knochen und leere Schüsseln verblieben. Als er sich anschickte zu zahlen, trat das Mädchen wiederum an seinen Tisch.

Es reichte ihm lachend noch einen Apfel, den sie auf einem Tüchlein brachte. Dazu sagte sie kess:*"Ich bin aber nicht die >Eva< aus dem Paradies."* Hans entgegnete:*"Wohl aber fast genau so hübsch."* Als er die Worte gesagt hatte, erschrak er über sich selbst. Die Wangen des Mädchens überzog eine sichtbare Röte.

---

[20] Leinentuch

Lange verweilte Hans nicht mehr in der Schänke. Zufrieden und gestärkt ging er wieder auf die Gasse hinaus. Der Wirt begleitete ihn dienernd und wünschte ihm einen guten Heimritt.

Als Hans ins Freie trat stellte er fest, dass sich das Wetter schon sehr herbstlich zeigte. Ein kalter Wind blies ihn böig an und wehte ihm eine Menge Laub vor die Füße. Hans nahm erfreut wahr, dass sein Pferd wieherte, als es seine Stimme vernahm. Deshalb sagte er an das Pferd gerichtet: *„Es ist schon gut mein Brauner. Du willst dich sicher wieder austoben. Gleich geht es über Stock und Stein. Schade, dass wir uns morgen trennen müssen."*

Hans schwang sich aufs Pferd und jagte im Galopp davon. Bereits kurze Zeit danach spürte er, dass ihm die Hände klamm wurden. Ein bisher kaum bemerkter kalter Wind und ein unangenehmer, sich zunehmend verstärkender Nieselregen drangen ihm durch die Kleidung. Sein Hochgefühl, des Reitens wegen, schwand zusehends. *„Der Spätherbst zeigt sich von seiner unangenehmsten Seite."* dachte Hans laut: *„Der erleichtert mir aber auch den Abschied von hier."*

Es wurde zunehmend ungemütlicher, als gar noch Nebelfetzen über das Land jagten. Bangen Herzens fürchtete Hans eine weitere Wetterverschlechterung. Er befürchtete, dass sich auch sein Orientierungsvermögen verschlechtere, zöge der Nebel noch dichter herauf. *„Hoffentlich finde ich mich wieder recht nach Kotzau zurück."* dachte er.

Eigentlich hätte er schneller reiten wollen. Doch das bremsten immer wieder aufziehende dichte Nebelschwaden. Erst als der Weg wieder beiderseits von Wald gesäumt wurde, verlor sich der Nebel weitgehend. Das ermöglichte ihm endlich wieder im Galopp dahin zu jagen. Hans begriff, dass er sich ziemlich weit von Kotzau entfernt hatte. Bei seinem scharfen Ritt vergaß er sogar die Kälte, die ihn eigentlich voll in Besitz genommen hatte. Hans war es unmöglich, den Sonnenstand abzulesen. Er ritt ohne zu wissen, wo er sich eigentlich befand, nur noch die Commerzialstraße entlang. Es lag ihm daran, ja nicht vom Wege abzukommen. Eine feuchte Nebelnässe nahm um ihn herum immer mehr zu. Als er sich endlich sicher war, dass er sich in der Nähe von Kotzau befände, fiel ihm ein Stein vom Herzen. Beim Einritt in den Gutshof sagte er laut vor sich hin: *„Gott sei Dank. Der letzte Ausritt hier in Kotzau war nicht ganz ohne."* Unverzüglich kümmerte sich der Pferdeknecht um das Pferd. Deshalb konnte Hans völlig durchfroren hinüber zum Schloss gelangen. Erleichtert nahm ihn dort seine Base in Empfang. Die ließ sogleich heißen Lindenblütentee bringen, den Hans dankbar annahm. Ein heißes

Fußbad lehnte er jedoch ab. Dafür nahm er dicht am Kamin Platz, nachdem er sich seiner durchnässten Oberbekleidung entledigt hatte. Wegen des sich langsam wieder erwärmenden Blutes in seinen Fingern konnte er den Teebecher kaum ruhig in den Händen halten. Jeden Schluck des heißen Tees verspürte er wohlig in sein Inneres rinnen. Es dauerte eine ganze Weile, bis die Kälte wieder völlig aus seinem Körper gewichen war. Um das zu beschleunigen reichte ihm seine Base sogar noch ein Glas Branntwein.

Als sein Oheim ebenfalls durchnässt ankam, nahm sich ihm seine Frau in gleiher Weise an. Tee lehnte er jedoch ab. Dafür sprach er dem Branntwein etwas mehr zu. Etwas später als geplant luden die beiden Männer Hansens Gepäck in die Kutsche. Ein Knecht wurde noch herbeigerufen. Die schwere Bücherlast sollte jedoch erst kurz vor der Abreise zugeladen werden.

Als sie wieder im Schloss eintrafen, brachte die herbeigeholte Kinderfrau die Kinder gerade in ihre Betten. Ihre Mutter hatte ihnen mitgeteilt, dass beide Eltern Hans auf dessen Rittergut in Wiesenburg bringen wollten. Die Verabschiedung der Kinder von Hans geriet sehr herzlich.

Die Kotzauerin ging noch einmal zu ihren Kindern um sich zu verabschieden. Es dauerte länger als sonst, bis sie wieder zurückkam.

Die Nacht war bereits angebrochen, da betrat auch der Oheim das Zimmer erneut. Er hatte noch einmal mit seinem Verwalter gesprochen. Auch er ging zu seinen Kindern, um ihnen für die nächsten Tage Ade zu sagen.

Als er zurückkam, setzte er sich zu Hans dicht an den Kamin. Seine Frau holte wiederum den Branntwein hervor, den sie selbst in einem kleinen Eckschrank verwahrte. Vorsichtig füllte sie jedem ein Gläschen davon und reichte es mit den Worten: *„Auf unsere enge Bindung und dass sie nicht wieder verloren geht."*

Nach dem verspäteten Abendessen musste Hans noch über seinen Tagesverlauf berichten. Als er sagte, dass ihn der Nebel geängstigt hätte, entgegnete sein Oheim: *„Ja, um diese Jahreszeit kann uns der Nebel leicht überraschen. Doch so dick, dass er dir völlig die Sicht verwehrte, war er ganz sicher nicht."*

4. Kapitel

Heimkehr nach Wiesenburg

Es wurde festgelegt, am Morgen zeitig aufzubrechen, zumal ja auch erst noch Hansens Bücher zugeladen werden mussten. *„Wir haben auch ein paar Stunden zu fahren und wollen nicht erst in der Nacht in Wiesenburg ankommen. Dort sollen sie uns doch auch noch recht erkennen können. Darauf bin ich ja besonders gespannt"*, sagte der Kotzauer. *„Wir lassen uns fahren. Der Pferdeknecht, den du ja kennst, wird uns kutschieren. Das ist ein erfahrener Mann im Umgang mit den Pferden. Der kennt auch den Weg genau Mit ihm war ich bereits vor ein paar Jahren einmal in Wiesenburg. Dein Oheim v.d. Planitz zeigte sich damals darüber etwas erstaunt. Diesmal wird er wohl verwundert sein."*

Man sah dem Kotzauer seine Freude darüber an, dass ausgerechnet er Hans zurückbringen durfte. Hans glaubte am Gesichtsausdruck seines Oheims ablesen zu können, dass zwischen den beiden Familien keine besonders herzlichen Beziehungen bestanden. Das veranlasst ihn wiederum, bangen Herzens an seine bevorstehende Heimkehr zu denken.

Gleichzeitig wurde im bewusst, dass in ein paar Wochen das Jahr 1504 zu Ende gehen würde. Es war an der Zeit, sich endlich zuhause mit seinen Vorstellungen einzubringen.

Bald legten sich alle in Erwartung des kommenden Tages zur Ruhe. Hans schlief an diesem Abend mit gemischten Gefühlen ein. In sein Gebet schloss er die Bitte ein, dass sich alles gütlich fügen möge.

Er schlief unruhig. Mehrfach lag er wach und grübelte. Schließlich machte er sich bereits reisefertig, als die Sterne noch am Himmel standen. Seiner inneren Unruhe wegen zog es ihn sogar ins Freie. Hans ging noch einmal in den Park, um von dort aus noch einen Blick auf das Schloss zu werfen. Lange hielt er sich jedoch nicht im Freien auf. Die Kälte trieb ihn bald wieder zurück ins Haus. Wieder in seinem Zimmer angekommen sprach er mit dem Bild seiner Mutter, das im Raum hing. *"Liebe Mutter."*, sagte er schweren Herzens, *„Ach wärst du doch noch am Leben. Um wie viel leichter wäre es mir ums Herz. Ganz sicher würde sich alles ganz anders, und sicher auch viel leichter gestalten. Bitte, helfe, wenn du es vermagst, dass alles ohne Schwierigkeiten abgeht."*

Als er Klopfzeichen an der Tür vernahm, öffnete er sie. Draußen stand sein Oheim noch im Nachtgewand. Er wollte ihn wecken. Als er Hans bereits reisefertig entdeckte, wunderte er sich. *„Hast du diese Nacht gar nicht im Bett verbracht?"* fragte er. Hans entgegnete: *„Doch. Aber die Aufregung treibt mich um."* Sein Oheim lachte und er fragte: *„Daran ist aber hoffentlich die*

Freude schuld und nicht etwa die Sorge?" Fast kleinlaut teilte Hans mit, dass seine Befürchtungen überwiegen würden.

Mit den Sätzen: *„Nun warte doch erst einmal ab. Bestimmt sind sie froh darüber, dich wieder unter sich zu haben. Also bis bald am Frühstückstisch.",* verabschiedete sich sein Oheim.

Hans kramte die wenigen Sachen seines Besitzes, die sich noch im Zimmer befanden, in einem Beutel zusammen. Dann ging er ins Wohnzimmer, um dort wie gewohnt das Frühstück einzunehmen. Seine Base kam trotz der frühen Morgenstunde mit den verschlafenen Kindern.

Sie sagte:*„Die Kinder haben mich gestern darum gebeten, sich noch einmal von dir verabschieden zu dürfen. Also gestatten wir ihnen den Wunsch. Nun macht das schnell und dann husch, husch wieder zurück ins warme Bett."*

Artig verabschiedeten sich die Geschwisterkinder[1] von ihm. Danach schickte sie ihre Mutter wieder zurück und sagte: *„Ich komme nachher noch einmal mit Vater zu euch, um mich ebenfalls zu verabschieden."*

Bald erschien der Kotzauer ebenfalls im Zimmer. Das Frühmahl ging diesmal schnell. Der Oheim unterrichtete Hans noch darüber, dass alle seine Sachen bereits an die Kutsche gebracht seien. Es wäre also alles bereit. *„So."* sagte er weiter:*„Damit ist klar, Wir können abfahren. Doch ich will dir noch mit auf den Weg geben, es waren schöne Tage mit dir zusammen. Ich hoffe, du weißt, dass du jederzeit bei uns ein willkommener Gast sein wirst. Und nun komm, ehe wir in Trübsinn verfallen. "*

Die Kotzauerin hatte sich einen Pelz um die Schultern gelegt, der am Hals mit einem Riemchen zusammen gehalten wurde. Sein Oheim trug Lederkleidung. Hans hingegen kleidete nur der dünne Umhang, der ihm in Italien auch über den Winter gereicht hatte. Als das seine Base bemerkte, sprach sie mit einer Dienerin, die unverzüglich zurückging. Die hatte noch an der im Schlosshof fahrbereit stehenden Kutsche gestanden.

Hans sah noch einmal nach seiner Habe. Das meiste davon befand sich im Kutschkasten. Als Hans in der Kutsche Platz nehmen wollte, sagte ihm seine bereits im Gefährt sitzende Base, er solle noch einem Augenblick damit warten. Die zurückgekommene Dienerin brachte einen Umhang und einen Korb. Beides übergab sie ihrer Herrin. *„So"*, sagte die an Hans gewandt: *„Damit du nicht in der Kutsche festfrierst, schenken wir dir noch dieses warme Klei-*

---

[1] Cousins und Cousinen

dungsstück. Du bist nicht mehr in Italien!". Dann schaltete sich sein Oheim noch ins Gespräch. *„Ich möchte dir persönlich noch ein besonderes Geschenk machen. Es befindet sicht bereits gut verwahrt in der Kutsche. Es handelt sich um das Jugendbild deiner Mutter aus deinem Zimmer. Ich trenne mich gerne davon, weil es dir als Vermächtnis von ihr mehr bedeuten wird!"*

Ganz gegen seine Gewohnheit umarmte Hans seinen Oheim spontan. Mit feuchten Augen sagte er leise: *„Ich danke dir von Herzen. Du ahnst nicht, welch großes Geschenk du mir damit gemacht hast. Nun bin ich trotz ihres Todes doch wieder mit ihr vereint. Ich kann sie mit nach Hause nehmen. Tausendmal Danke."* Sie stiegen ein und die Pferde zogen sie hinaus auf die Commerzialstraße in Richtung Hof.

Die Dunkelheit der Nacht breitete sich noch über die Landschaft. Hans fröstelte. Er war glücklich den Umhang um sich breiten zu können. In den vergangenen Jahren hatte er die kalte Jahreszeit kaum zu spüren bekommen. Nun begriff er schnell, Deutschland war wirklich nicht Italien.

Hans saß im Halbschlaf in seiner Wagenecke. Es schien ihm, als würden seine beiden Mitfahrer schlafen. Nur sehr zögerlich zog der Tag herauf. Eine lange Zeit erkannte Hans seine gegenüber sitzenden Verwandten nur schemenhaft. Als es heller wurde, entdeckte Hans, dass dicker Reif die Wiesen überzog. Langsam regte sich wieder Leben in der Kutsche. Sein Oheim fragte: *„Hans, bist du wach? Schau einmal hinaus. Es wird nicht mehr lange hin sein, dann benötigt man zu so einer Fahrt den Schlitten. Der Winter lässt wohl nicht mehr lange auf sich warten. Wir werden sicher nicht lange in Wiesenburg verweilen, sonst bleiben wir heimwärts noch in Schnee stecken."*

„O, das hoffe ich nicht." entgegnete Hans. *„Ich habe bereits bestürzt den Reif auf den Feldern wahrgenommen. Bereut ihr, dass ihr mitgekommen seid?"* Sein Oheim lachte laut. Erschrocken hielt er die Hand vor seinen Mund und sagte: *„O weh, ich war zu laut. Nun habe ich doch mein Herzblatt aufgeweckt."* Worauf seine Frau etwas verschämt sagte: *„Ach du. Die Zeiten ließen mich doch eher zu einem welken Laubblatt werden. Doch dein lautes Lachen hat mich wohl aufgeschreckt."*

Ihre Fahrt führte sie mitten durch die Stadt Hof, die sie schnell durchfuhren. Immer wieder fand sich dichter Wald zu beiden Seiten ihrer Fahrstrecke. Ihre Kutsche brachte sie weiter in Richtung auf die Stadt Plauen zu.

„Jetzt klingen die Namen schon heimischer." sagte Hans. *„Sind wir einmal in Plauen, befinden wir uns doch bereits im Herrschaftsgebiet der Vögte. Wenn*

ich mich recht besinne, trägt doch in Plauen der Deutschritterorden wesentlich zur Stärkung des christlichen Glaubens im Land der Vögte bei."

Noch vor dem Mittagsläuten hielt ihre Kutsche am Marktplatz vor dem Rathaus in Plauen. Kurz darauf erscholl das Geläut von den gewaltigen Doppeltürmen der romanischen Pfeilerbasilika, der man den Namen des Täufers Johannis gegeben hatte. Sie war im Jahre 1122 als erste christliche Kirche im zurückeroberten Sorbenland von den Deutschherren[2] errichtet worden. Die germanischen Völker waren in der Zeit der Völkerwanderung von hier abgezogen und slawische Sorben nachgerückt. Die besiedelten das Gebiet im weiten Umfeld. Nach der Rückkehr deutscher Siedler ging von der Plauener Kirche die Christianisierung der heidnischen Sorben aus.

Ihre Kutsche hielt genau vor einer Schänke, in der man sich zunächst aufwärmte und dann zu Mittag aß. Als sie zusammen wieder auf den Marktplatz heraustraten, sagte die Kotzauerin: *„Ach du meine Güte. Ich habe doch ganz vergessen, dass mir auch noch ein Korb mit Esserei an den Arm gehängt wurde. Der steht nun immer noch unberührt in der Kutsche."*

Sie setzten ihre Fahrt fort. Von hoch oben grüßte sie der gewaltige Bergfried[3] des Vogtschlosses. Sie verließen die Stadt und setzten die Fahrt in Richtung Treuen fort. Verstohlen lugte hin und wider die Sonne durch vereinzelte Wolkenlöcher hindurch. Doch sie ließ trotzdem die von ihnen herbeigesehnte Wärme vermissen. Böige Windstöße bliesen Laub vor ihnen her. Die Kutsche bot ihnen glücklicherweise Schutz vor dem ungemütlichen Herbstwetter.

Wieder und wieder führte sie ihr Weg durch dichten Wald. Das brachte Hans ins Gedächtnis, wie grundlegend anders sich doch das Sachsenland gegenüber Italien darstellte. Die Base verteilte Wurst und Käsebrote aus ihrem Korb. Hans zeigte keinen rechten Appetit. Je näher sie Wiesenburg kamen, umso beklommener wurde es ihm zumute. Seine ungewöhnliche Ruhe fiel bald auch seinen Reisebegleitern auf. Um das zu verändern, begann der Kotzauer die Stille zu durchbrechen. Er sagte: *„Das Vogtland und unser Frankenland gleichen sich doch sehr stark. Wo man auch hinschaut, überall ist man vom Wald umgeben. Man kommt schwerlich aus ihm hinaus."*. Darauf entgegnete Hans nur *„Ja, ja."*

Der Oheim unternahm einen zweiten Versuch. *„Ganz sicher war vor hundert Jahren das Durchkommen an dieser Stelle schlecht möglich. Es wird hier*

---

[2] Ordensritter
[3] Wehrturm

wohl kaum Wege gegeben haben. Wie denkst du darüber, Hans?" Darauf entgegnete der: *„Mein Vater erzählte mir, dass erst die deutschen Siedler den >Miriquidi< zu roden begannen. Diesen Namen hatten die Sorben dem Wald gegeben. Das bedeutete in ihrer Sprache >schwarzer Wald<. Den tasteten sie nicht an, weil sie glaubten, dort befände sich der Sitz ihrer slawischen Gottheiten. Aus diesen Gründen besiedelten sie auch nur die Flussauen. Erst die deutschen Siedler schlugen sich ihr Bauholz aus den dichten, unberührten Urwäldern. Als das Gebiet zum deutschen Reichsgebiet erklärt wurde, jagten die Lehnsmannen[4] darin auch das Wild."*

Des Kotzauers Absicht war von Erfolg gekrönt. Er hatte Hans zum Reden gebracht. Es war ihm gelungen, Hans aus seiner grüblerischen Stille heraus zu holen. Der sagte nun weiter: *„Was blieb den Siedlern auch anderes übrig als den Wald zu roden? Um sich zu ernähren, benötigten sie Ackerflächen und Grasland für ihr Vieh. Das wird wohl den Slawen nicht sonderlich gefallen haben, wenn die an ihre Götter dachten. Doch es dauerte ja nicht lange, bis man sie zu Christen wandelte."*

Während ihrer Unterhaltung fuhren sie durch das kleine Dorf Altensalz. Dem Ort gab eine mehrfach urkundlich gemachte Salzquelle den Namen.

Ihr nächstes Ziel war das unweit davon befindliche Gospersgrün. Dort erreichten sie das Flüsschen Trieb. Danach fuhren sie durch ein weites Wiesental, durch das sich der Neumarker Bach schlängelte. Dort führte sie ihr Weg dicht an einer Mühle vorbei. Ihr mächtiges Mühlenrad wurde vom Wasser des schnell dahinschießenden Baches bewegt. Triefende Nässe fiel von den wuchtigen Schaufeln des Rades wieder in den Bach zurück. Neugierig schaute Hans nach der Mühle hin. Doch in schneller Fahrt zog ihr Gefährt bereits wieder an ihr vorbei. Sie blieben noch eine Weile im gleichen Tal. Dann ging es auf der alten Handelsstraße weiter in Richtung Lengenfeld. Dort überquerten sie die Göltzsch. Der gegenüberliegende Bergrücken brachte sie in das kleine Bauerndorf Waldkirchen. Dicht hinter Hauptmannsgrün wechselten sie hinüber in Kursächsisches Gebiet.

Über Kirchberg erreichten sie endlich ihr angestrebtes Ziel Wiesenburg.

Hans schlug das Herz bis zum Hals. Ihre Kutsche hielt vor dem großen verschlossenen Eingangstor seines Zuhauses. Sein Oheim hatte sich erhoben und sagte: *„Hans, uns steht ein historischer Moment bevor. Du befindest dich vor dem von deinem Vater ererbten Besitz. Wie es auch kommen möge, noch*

---

[4] Lehnsbesitzer (Ritter)

ist es dein Besitz. Alles, was du in der Folgezeit auch unternehmen willst, wäge gut ab und entscheide dich nicht sofort auf der Stelle. Erbitte dir stets eine Bedenkzeit. Ich wünsche dir hier an der Stelle deiner Väter, des kurzen Glückes deiner Eltern und deiner Geburtsstätte, alles nur erdenkbar Gute dieser Welt. Möge alles einen glücklichen Verlauf nehmen.

Und nun, nimm es mir nicht übel, mich interessieren in den nächsten Momenten die Augen derer, die noch nicht wissen, dass du hier Einlass begehrst."

Als der Oheim unmittelbar vor dem Tor stand sagte er: *„Hans, ich möchte dir noch ans Herz legen, zeige dich als der, der du bist. Es gibt keinerlei Gründe, ängstlich aufzutreten. Denke daran, du bist der Ritter Dr. Hans von der Planitz. Und, wenn nötig, sind wir zu deiner Unterstützung mitgekommen. Um die Überraschung perfekt zu machen, ist es sicher besser, wenn du noch in der Kutsche verweilst."*

Der Kotzauer zog kraftvoll am Glockenstrang. Unüberhörbar war der Klang einer Glocke im Innern zu hören. Danach bemerkten sie, dass die kleine Einlasstür am großen Tor zu öffnen war. Als der Kotzauer gerade eintreten wollte, erschien ein Diener, der nach dem Begehr fragte. Fast barsch sagte der Oheim: *„Öffnet das Tor. Die Verwandten aus Kotzau fordern Einlass. Wir kommen in einer wichtigen Angelegenheit. Melde das deiner Herrschaft."*

Der Diener rannte eiligen Schrittes davon. Das Tor blieb ungeöffnet. Es dauerte nicht lange bis ein Diener dann doch die schweren Torflügel auseinander zog, um die Durchfahrt zu gewähren. Auf der oberen Treppenstufe des Schlosseinganges stand erwartungsvoll der Oheim Ritter Rudolph v.d. Planitz. Der Kotzauer ging festen Schrittes auf ihn zu. Hinter ihm fuhr seine wappentragende Kutsche einher. Genau vor der Eingangstreppe kam sie zum Stehen. Die Tür öffnete sich und die Base verließ den Wagen. Hans saß noch immer wie angewurzelt in der Kutsche. Er hörte wie sein Oheim sagte: *„Lieber v.d. Planitz, ich habe dir einen ganz besonderen Mann mitgebracht. Du wirst es kaum glauben, ich bringe den Doktor und bisherigen Rektor der Universität von Bologna in sein Zuhause zurück."* Dann erscholl aus dem gleichen Mund die Aufforderung: *„Komm Hans. Du wirst erwartet."*

Hans nahm seinen ganzen Mut zusammen und stieg, so gravitätisch er nur konnte, vorwärts aus dem Wagen. Er hatte sein Barett aufgesetzt. Zusammen mit dem wollenen, mit Pelz verbrämten schwarze Mantel, gab ihm das ein respekteinflößendes Aussehen.

Sein einstiger Vormund stand wie versteinert auf der obersten Treppenstufe. Man sah ihm die außerordentliche Überraschung deutlich an. Weit waren seine Augen geöffnet und sogar sein Mund tat Gleiches. Dann überzog ein Lächeln sein Gesicht und mit weit ausgestreckten Armen kam er auf Hans zu und umarmte ihn. Nach einer Weile löste er sich und sagte: *„Hans, ich heiße dich im Namen der gesamten Angehörigen der Familie v.d. Planitz zu Hause ganz herzlich willkommen. Was bist du doch für ein stattlicher Mann geworden. Ich hätte dich nicht wiedererkannt."*

Dann schritt er auf die Kotzauerin zu und sagte: *"Ich bitte vielmals um Verzeihung. Dir liebe Kotzauerin hätte ich die erste Begrüßung ganz sicher zugestanden. Doch bitte verstehe, Hansens Heimkehr noch zu erleben, ließ mich diese Anstandsregel vergessen. Glaube mir, das geschieht mir sonst absolut nicht. Die Überraschung war doch riesengroß.*

Ich glaubte nicht mehr an seine Wiederkehr. Uns wurde zugetragen, dass er in Italien eine weltbekannte Universität leiten würde. Nun kommt erst einmal ins Haus. "

Danach begrüßte er ebenfalls mit einer Umarmung den Kotzauer. *„Wie lange haben wir uns aus den Augen verloren."* sagte er dabei. *"Ich freue mich, dich wieder bei den Planitzern zu begrüßen. Fast hätte ich euch >in mein Haus< eingeladen. Doch jetzt ist der eigentliche Hausherr wieder zurückgekehrt. Das entbindet mich endlich von allen meinen hiesigen Pflichten."*

Hans und auch seine beiden Begleiter hatten die letzten Worte von Rudoph v.d. Planitz mit einer gewissen Betroffenheit vernommen. Daraus ging doch hervor, dass er glaubte, Hansens Rückkehr stünde mit der Übernahme seines Erbes in Verbindung. Hans und auch dem Kotzauer war klar, das letzte Wort um das Wiesenburger Erbe war noch nicht gesprochen.

Rudolph trat zur Seite um seinen Gästen Einlass zu gewähren. *„Ich bringe euch gleich in den Ahnensaal."* sagte er, *„nach dort hole ich auch alle Verfügbaren zum Empfang von Hans. Das wird eine Weile dauern. Ich lasse euch gleich Speise und Trank auftragen. Es geht nur alles nicht ganz so schnell. "*

Obwohl er sich mühte gelassen zu erscheinen, sah man dem Planitzer seine Erregung an. Er war sonst ein über Allem stehender Mann. Hansens unerwartetes Erscheinen hatte ihn sichtbar durcheinander gebracht. Es schien als hätte er die Übersicht verloren. Er entschuldigte sich mehrmals, weil er Zeit brauche, um alle zusammen zu holen. *„Ich muss euch erst einmal allein lassen!"* Dann griff er sich an die Stirn, um sich im selben Atemzug die Frage zu stellen: *"Was wollte ich eigentlich jetzt tun?"* Dann sagte er: „*Ach ja, ich muss doch alle zusammenholen!"* Kurze Zeit danach verließ er, sichtbar durcheinander gebracht, das Zimmer.

Der Kotzauer strahlte über das ganze Gesicht. „*Unser Erscheinen hat hier eingeschlagen wie ein Blitz aus heiterem Himmel. So hatte ich es erwartet und genau so ist es auch geschehen. Mein lieber Hans. Sie haben hier wohl kaum noch mit deiner Rückkehr gerechnet."*

„*Komm, sei nicht so laut.*" mahnte ihn seine Ehefrau, „*Sie müssen nicht alles gleich mithören. Es soll doch alles friedlich ablaufen."*

Nach einer Weile erschienen zwei Bedienstete. Einer davon befand sich im Greisenalter. Während der Jüngere seinen Blick kaum auf sie richtete, schaute der Alte Hans voll ins Gesicht. Freundlich sagte er: „*Ich hoffe ich falle nicht in Ungnade. Mir steht ja so Manches nicht zu. Doch ich muß es tun. Junger Herr v.d. Planitz, ich freue mich Sie zu sehen."*

Man sah ihm seine Erregung an. Selbst seine Bewegungen erschienen fahrig. „*Sie werden sich ganz sicher nicht mehr an mich erinnern. Ich war der Kammerdiener Ihrer Mutter, als Sie noch ein ganz kleiner Junge waren. Schön, dass Sie wieder in die Heimat zurückgefunden haben. Ihre Mutter würde sich überglücklich zeigen."* Hans ging auf ihn zu, nahm ihm sein Tablett ab, stellte es auf den Tisch und griff mit beiden Händen nach einer Hand des Alten. Dabei sagte Hans: „*Erinnern, nein, das kann ich mich nicht mehr. Doch, wenn du ein Diener meiner lieben Mutter warst, danke ich dir ganz, ganz herzlich für deine Dienste an ihr."* Darauf entgegnete der Diener: „*Herr Hans v.d. Planitz, Sie haben absolut nichts von ihrer Freundlichkeit eingebüßt. Schon als sie noch ein kleiner Junge waren, trat die, wie auch bei Ihrer Mutter deutlich hervor."*

In diesem Moment betrat Rudolph v.d. Planitz den Raum wieder. Urplötzlich trat der Diener einen Schritt zurück und blieb stumm. Hans stellte sich nach diesem Ereignis unwillkürlich die Frage, wie wohl das übliche Verhältnis zwischen der Herrschaft und dem Dienstpersonal hier sei. Als die Diener den Raum wieder verlassen hatten, fragte sein Oheim v.d. Planitz: „*Was war denn mit dem Alten los? Hat der dich etwa belästigt?"* „*Nein, nein.*", sagte Hans, „*Das ganze Gegenteil war der Fall. Ich sprach ihm ein Lob aus."* „*Was?*" fragte der Planitzer daraufhin überrascht „*Das ist in unserem Haus aber ganz und gar unüblich. Dienstpersonal ist doch dazu da, uns zu dienen."* Hans holte tief Luft während er überlegte. Dann sagte er: „*Lieber Oheim. Es war mir ein Bedürfnis, dem alten Diener meiner verstorbenen Mutter Dank zu sagen. Davon hielte mich nicht einmal der Papst ab."*

Nach Hansens Antwort hing eine betroffene Stille im Raum. Sein hinter dem Planitzer stehender Kotzauer Oheim schaute überrascht auf. Dabei überdeckte er den Daumen mit dem Zeigefinger der rechten Hand und ließ sie zustimmend in die Luft emporschnappen. Oheim Rudolph v.d. Planitz stutzte zwar, doch er schwieg. Nach einer Pause sagte er nur noch: *„Gebt mir noch einen Augenblick Zeit. Gleich, mein lieber Hans, wird dein Bruder hier eintreffen. Die Anderen werden dann nach und nach folgen. Wir waren ja auf deine erfreuliche Rückkehr nicht vorbereitet."*

Auf die harte, unmissverständliche Entgegnung die Hans seinem Oheim gegeben hatte, erschien ihm nun seine überaus freundliche Anrede mit „mein lieber Hans" bigott[5]. *„Ganz so >lieb< war ich ihm in diesem Augenblick ganz sicher nicht"*, dachte er. *„Doch Rudolph soll ruhig spüren, dass ich in der Lage bin, meine eigenen Vorstellungen durchzusetzen."*

Mit einem Ruck öffnete sich die Tür. Im Türrahmen stand ein junger stattlicher Mann, der die Arme ausbreitete und auf Hans zukam. Dabei rief er: *"Bruder Hans, endlich finden wir wieder zusammen. Ich begrüße dich ganz herzlich hier auf der Herrschaft Wiesenburg, unserem ererbten Besitz. Als wir uns verloren haben, waren wir Kinder. Nun sind wir gestandene Männer. Könnten unsere Eltern deine Heimkehr ebenfalls miterleben. Unser Kotzauer Oheim hat dir sicher bereits vom Ableben unserer lieben Mutter erzählt? Mit ihr haben wir eine Perle von Mutter verloren. Sie war immer für mich da und du glaubst nicht, wie oft sie von dir sprach. Sie war in Gedanken wohl immer bei dir."*

Da schaltete sich der Planitzer Oheim ins Gespräch. *„Ich will euere Wiedersehensfreude nicht unterbrechen, doch ich möchte festhalten, es wird wohl nötig sein, dass wir uns morgen zusammensetzen um die Erbschaftsangelegenheiten zu regeln."*

Hans schaute ihm voll ins Angesicht und entgegnete: *„Mein lieber Oheim. Wir streichen zunächst einmal, so denke ich, das von dir angestrebte >Wir müssen<. Ich danke dir, dass du, als unser wichtigster Vormund, in den Jahren alles für uns gut geregelt hast. Unser Vormund bist du ganz sicher nicht mehr, weil wir erwachsene Männer geworden sind. Ich möchte mit meinem Bruder zunächst erst einmal unter vier Augen über unsere, ja, über die von uns gewoll-*

---

[5] geheuchelt

te Zukunft sprechen. Danach werden wir dich und auch unseren Kotzauer Oheim, vielleicht auch unsere weiteren Vormünder mit zu Rate ziehen.

Bestimmen könnt ihr alle nicht mehr über unsere Lebenswege. Wir werden euch, ehe wir eine Entscheidung herbeiführen, ganz sicher über unsere Absichten unterrichten. Vielleicht könnt ihr uns sogar dann noch beratend unterstützen. Doch bestimmen lassen wir uns eben so sicher nicht." Hans wendete sich seinem Bruder fragend zu.

„Wie denkst du, mein lieber Bruder darüber? Wagen wir beiden uns an eine Beratung über unsere Zukunft? Wir beide sind doch Manns genug. Und wir sind die Erben. Deshalb steht die Entscheidung darüber auch bei uns und bei niemand anderem."

Hansens Bruder machte auf die Rede hin ein angespanntes Gesicht. Hans glaubte schon, dass er seinen Vorschlag nicht annehmen wolle. Er überlegte lange. Eine gespannte Ruhe hing im Raum. Dann hellte sich sein Gesicht auf und er sagte: „Bruder, du hast Recht. Wir müssen uns erst einmal untereinander einig werden. Ich finde, das würden wohl auch unsere Eltern so wünschen. Und in ihrem Sinne werden wir wohl auch die bestmöglichste Lösung finden. Hans, man merkt dir an, dass du dir Gedanken darüber gemacht hast. Dafür danke ich dir. Und euch anderen sage ich, wir Zwei werden ganz sicher eine gute und vor allem respektable Lösung finden. Wir zwei Brüder werden das morgen erledigen."

Der Planitzer Oheim schaute finster drein. Dabei sagte er nur: „Na ja, hoffentlich entscheidet ihr euch nicht zu kühn. Denkt an die Erbfolge."

Nach diesem Einwurf von seinem Planitzer Oheim war Hans klar, zumindest der war mit Hansens Vorhaben bestimmt nicht einverstanden. „Ob er meine Entscheidung akzeptieren wird?", fuhr ihm durch den Kopf. „Schließlich wird ihm nichts anderes übrig bleiben." gab er sich selbst zur Antwort. Doch es wurde ihm auch bewusst, dass dazu ganz sicher seine Beharrlichkeit von Nöten sei.

Es wurde trotz der Spannung, die weiterhin anhielt, ein schöner Abend. Oheim Rudolph hatte seine Ehefrau von Planitz mit einer Kutsche hinzuholen lassen. Sie empfing alle, aber besonders Hans, auf eine ganz herzliche Weise. Sie umarmte ihn sehr warm. Doch als sie sagte:„Hans, es ist schön, dass du zurückgekommen bist. Fein, dass du dich besonnen hast, dein Erbe anzutreten." machte es Hans klar, dass ihre Annahme in die falsche Richtung ging. Ihre Rede durchzuckte Hans wie ein Blitz.

Er entgegnete ihr: *„Das geht mir alles ein wenig zu schnell. Jetzt bin ich erst einmal zurückgekommen. Alles Weitere muss erst bestens überlegt und genau entschieden werden.*" Man sah, dass seine Base stutzte, aber sie entgegnete nichts darauf. Rudolph v.d. Planitz hatte sogar den Gutsverwalter zum Empfang von Hans mit hinzugezogen. Der sprach Hans unterwürfig mit *„Hoher Herr und mein zukünftiger Gebieter.*" an. Hans war es müde, immer wieder dagegen aufzutreten. Doch es wurde ihm immer bewusster, dass sein Oheim alle Gedanken in die Richtung seiner Übernahme gelenkt hatte.

Aus diesen Gründen nahm Hans noch am Abend seinen Bruder zur Seite. Das wurde auch vom Planitzer bemerkt. Mit Argusaugen[6] schaute er zu den Beiden hin. Als das Hans bemerkte, sprach er bewusst sehr leise, um für andere unverständlich zu bleiben. Seinem Bruder flüsterte er zu: *„ Ich werde das Erbe nicht antreten. Ich überlasse es dir.*" Am Leuchten, das über dessen Gesicht huschte, erkannte Hans, dass ihm diese Ankündigung große Freude bereitete.

Als sie sich am späten Abend verabschiedeten, ergriff Rudolph v.d. Planitz noch einmal das Wort. Er sagte: *„Hört. Im Laufe des morgigen Vormittags treffen wir uns bitte alle erneut. Es gilt eine Entscheidung zu fällen, in welcher Weise die Weiterführung der Herrschaft Wiesenburg erfolgen kann. Ich vertrete dabei auch die Interessen der beiden nicht am Ort befindlichen Vormünder. Ich hoffe auf euer aller Vernunft, um zu einem einvernehmlichen Resultat zu gelangen.*" Hans sprach das letzte Wort. Er entgegnete: *„Mein Lieber Oheim Rudolph. Ich möchte noch einmal darauf hinweisen, dass wir, die beiden Söhne unseres Vaters, mündig sind. Wir lassen uns aus diesen Gründen wohl beraten, doch weisungsberechtigt ist niemand von euch allen. Die endgültige Entscheidung fällt demnach so aus, wie wir beiden Brüder, als Erben unseres Vaters, das wünschen.*"

Als sie auseinander gingen schien es Hans, dass der Blick seines Planitzer Oheims nicht mehr so wohltuend auf ihm ruhte, wie bei seiner Ankunft. Sein Kotzauer Oheim hingegen schaute ihn an, als hätte nicht Hans, sondern er selbst einen Sieg eingefahren.

Für Hans war sein Kinderzimmer hergerichtet worden. Ein Diener trug begleitend, einen Leuchter neben ihm her. Voller Erwartung öffnete Hans die Tür. Noch erkannte er nur schemenhaft Einzelheiten im Zimmer. Erst als der

---

[6] Augen eines Riesen, dem nichts entgeht

Diener den Leuchter auf den Tisch gestellt hatte, konnte er im Umfeld die Dinge genauer erkennen. Neben der Tür stand sein gesamtes Reisegepäck.

Auf dem Tisch entdeckte er einen in ein weißes Tuch eingeschlagen Gegenstand. Er vermutete darin sofort das mitgebrachte Jugendbildnis seiner Mutter.

Das Zimmer nahm ihn ganz gefangen. Hier fühlte er sich einst zuhause. Als er vor Jahren zum Studium ging, hatte er es verlassen. Nur das Bett von damals war nicht mehr vorhanden, sonst war alles unverändert.

Der Diener stand noch immer in demütiger Haltung in der Tür. Die Situation hatte Hans so in seinen Bann gezogen, dass er alles um sich herum vergessen hatte. Als er des Dieners gewahr wurde, verabschiedete er ihn. Dann begab sich Hans bedächtigen Schrittes zum Tisch, auf den der Diener den Leuchter gestellt hatte. Er entfernte das Tuch von dem vermuteten Bild. Lächelnd schaute ihn seine Mutter an. Hans war zu Tränen gerührt. Leise sagte er: *„Ach Mutter, um wie viel leichter wäre es mir ums Herz, wenn du noch unter uns lebtest. Auch das Aushandeln, wie das Erbe weiter verwaltet werden soll, wäre sicher leichter möglich."*

Hans wurde aus seinen Träumen gerissen, als er ein leises Klopfen an der Tür vernahm. Er öffnete die Zimmertür und war verblüfft. Trotz der späten Stunde bat ihn sein Bruder, ihn noch besuchen zu dürfen. Hocherfreut ließ er ihn ins Zimmer und geleitete ihn zum kerzenhell erleuchteten Bildnis ihrer Mutter. Hans sagte: *„Schau, lieber Bruder. Unsere Mutter ist noch mitten unter uns. Schon um ihretwillen werden wir uns einigen und uns nicht dreinreden lassen. Unsere Eltern werden beide gegenwärtig sein. Sie werden uns helfen, es recht zu machen."*

Rudolph entgegnete: *„Aus diesem Grund wagte ich noch heute Abend zu dir zu kommen. Deine Andeutung vorhin hat mich überrascht. Es liegt also wirklich nicht in deiner Absicht, das doch dir zustehende Erbe anzutreten? Allen hier auf dem Gut Anwesenden wurde immer wieder klar gemacht, dass du, als der Älteste, und nur du, der Erbberechtigte seiest. Mir wurde von jeher nur die Stellvertreterrolle zugestanden."*

Hans unterbrach den Redefluss seines Bruders. Er fragte: *„Rudolph, wenn ich dir das Erbe zugestehe, würde es dich glücklich machen? Schau, du bist hier sicher in Aufgaben hinein gewachsen, von denen ich nicht das Geringste verstehe! Nebenbei, mir bereitet bereits die Größe des Herrschaftsgebietes Ängste. Du würdest mir sogar einen Gefallen tun, wenn du das Erbe überneh-*

men würdest. *Meine Wünsche gehen in eine andere Richtung! Was sagst du zu meinen Gedanken?"*

Sein Bruder antwortete spontan: *„Damit würdest du mir meine bisher nur kühn geglaubten Wünsche erfüllen. Nehme es mir nicht übel, ich habe gehofft, dass du mit deiner Anstellung an der Universität in Bologna so eng verbunden wärst, dass du nicht zurück nach Kursachsen kämst. Nun legst du mir unser gemeinsames Erbe zu Füßen. Ich kann es noch nicht glauben. Bedenke auch, dass unser Planitzer Oheim alles dagegen tun wird. Er klebt am Althergebrachten. Demnach hast du das Erbe anzutreten, weil das der übliche Weg ist. Du bist als Ältester der Erbberechtigte. Das war schon immer so. Aus diesen Gründen will unser Planitzer Oheim davon nicht ablassen."*

Hans entgegnete: *„ Lieber Bruder. Wenn unser Oheim darauf hartnäckig beharrt, ist das seine Sache. Er ist aber nicht der Erbe, nicht unser Vater und auch nicht mehr unser Vormund. Wir beiden sind die Erben. Wir sind die Ausschlaggebenden. Erben sind doch rechtmäßig sogar befugt, ein Erbe auszuschlagen. Das führe ich nur an, um zu zeigen, dass eine freie Entscheidung rechtlich akzeptiert werden muss. Wenn sich die Erben einig sind, kann niemand dagegen angehen, auch nicht unser Planitzer Oheim. Wir müssen nur unumstößlich auf unserer Meinung beharren. Ich habe bereits klar in den Raum gestellt, er darf und kann uns beraten. Die Entscheidung liegt jedoch bei uns. "*

Danach trat eine längere Pause ein. Plötzlich erhob sich Rudolph. Er fiel seinem Bruder um den Hals und sagte: *Lieber Hans, ich kann dir gar nicht soviel Dank zu Füßen legen, wie du verdienst. Du machst mich zum glücklichsten Menschen auf Erden. Immer wieder beschäftigten sich meine Gedanken damit, wie es wäre, wenn ich die Herrschaft in die Hände bekäme. Nun wird das Ersehnte zur Wirklichkeit."*

Tränen rannen ihm über die Wangen. Voller Ergriffenheit sagte er:*"Noch einmal Tausend Dank mein lieber Bruder. Ich werde dich, wenn wir zurandekommen, so schnell wie möglich entschädigen. Und ich schlage vor, dass wir trotzdem das Waldgebiet um den Schneeberg bei Neustädtel in gemeinsamen Händen halten sollten. Die dortigen Silberfunde machen das Gebiet wertvoll. Sollte es dem Herzog gefallen es doch noch in seinen Besitz zu bringen, bist du ganz sicher besser in der Lage, unsere gemeinsamen Rechte darauf zu verteidigen. Was sagst du dazu? " „Na gut",* sagte Hans, *„darüber denken wir gemeinsam noch einmal nach! Jetzt gilt es erst einmal unsere beider Interessen durchzusetzen! Du wirst jedenfalls die Herrschaft Wiesenburg übernehmen!"*

Rudolph umarmte seinen Bruder und wünschte ihm eine gute Nacht, nicht ohne sich noch einmal für dessen Entscheidung zu bedanken.

Hans legte sich zufrieden in die Kissen. *„Was für ein Tag."* dachte er. In sein Nachtgebet schloss er seinen Dank für den bisher friedlichen Verlauf seines Erscheinens ein. Weiter bat er Gott darum, er möge ihnen bei den bevorstehenden Entscheidungen ebenfalls gewogen sein.

Als er am Morgen erwachte, stellte er fest, dass er lange nicht so gut geschlafen hatte, wie in der vergangenen Nacht. Er räkelte sich, hob die Arme in die Höhe und sagte laut vernehmlich: *„Ich bin eben wieder zuhause in den Wänden unserer Vorfahren."*

An diesem Morgen erschien er als Letzter zum Morgenmahl. Die Anderen hatten bereits erwogen, nach ihm zu schauen. Auch seine Planitzer Base war noch anwesend. Die rief ihm lachend zu: *„Komm, mein lieber Studiosus, ich habe ein Herz für Langschläfer. Setze dich neben mich. Diesen Platz habe ich extra für dich frei gehalten."*

Hans wunderte sich. Die Planitzer Base hatte sich ja bereits am Vortag ihm gegenüber sehr aufgeschlossen gezeigt. Doch Hans fiel auf, dass überhaupt eine aufgelockerte Stimmung herrschte. Alle beteiligten sich an den munter dahinfließenden Gesprächen.

Nach Beendigung des Males bat der Planitzer Oheim um ein gemeinsames Treffen aller in der Kemenate. Er sagte: *„Ich bitte euch in das Gemach eurer Mutter. Der Geist eurer Eltern soll um euch sein. Er möge helfen, möglichst zügig zu einem guten Ende der Erbschaftsangelegenheiten zu gelangen. Außerdem ist es um den Kamin in der Kemenate auch schön warm."* Immer noch lustig plaudernd setzte sich die gesamte Mannschaft in Bewegung, um einen Platz im angegebenen Raum einzunehmen. Alle rückten ihre Stühle dicht am den Kamin hinan. Draußen herrschte dichtes Schneetreiben. Ein Zeichen, dass sich das Jahr seinem Ende zuneigte.

Als alle ihren Platz gefunden hatten, wurde heißer Rotwein, der mit Honig gesüßt war, gereicht. Der Geruch des dampfenden Getränks verbreitete sich im Raum.

Oheim Rudolph v.d. Planitz erhob sich und sagte: *„Wir befinden uns an der Schwelle eines historischen Ereignisses unseres altehrwürdigen Geschlechts von der Planitz. Eigentlich wollte ich dieses Vorhaben vor der Ahnengalerie unserer Vorfahren vollziehen. Dort ist es jedoch in Anbetracht der Jahreszeit zu kalt. Ich denke, dass sich dieses Geschehen auch eine zeitlang hinziehen* *könnte. Aus diesen Gründen habe ich die Kemenate gewählt, wo uns der Kamin Wärme spendet. Es geht uns doch darum, das Erbe meines so früh verstorbenen Bruders Georg in die rechten Hände zu legen. Der älteste Sohn ist Hans. Laut eines althergebrachten Ritus[7] steht ihm das Erbe zu. Ich habe immer, bis zu seiner überraschenden und doch erhofften Rückkehr erwartet, dass er sich verpflichtet fühlt, dieses Erbe auch anzunehmen.*

Er sieht es anders. Das tut mir weh, zumal andere Rittergeschlechter sich ganz sicher das Maul darüber zerreißen werden. Ich wünschte mir nichts mehr, als dass Hans zu dem Einsehen gelangt, bisher Gewohntes ebenfalls durchzuführen. Ich war ja auch nicht dafür, ihn studieren zu lassen. Seine verstorbene Mutter hat mich förmlich angefleht, ihm diesen Wunsch zu erfüllen. Schon damals zeigte ich Befürchtungen. Nun liegen uns die so entstandenen Schwierigkeiten vor den Füßen.

Ich will nicht der böse Oheim sein, aber ich fühle mich auch meinen Ahnen gegenüber verpflichtet. Nun ist Hans nicht nur ein Studiosus, sondern ein Rechtsvertreter. Der weiß ganz sicher, was er will. Ich möchte ein letztes Mal appellieren. Ihr Beiden, haltet euch vor Augen, wie ihr Euch entscheiden müsstet, ehe ihr euch festlegt. Freilich habe ich bemerkt, dass die beiden Brüder sich trafen und sich ganz sicher auch abgesprochen haben. Ob sie zu einer Entscheidung kamen, weiß ich nicht. Wir werden es hören."

Nach seiner Rede herrschte Stille im Raum. Man hätte eine Nadel fallen hören. Diese Stille hielt eine lange Zeit an. Dann erhob sich Hans und sagte: *„Nach unserer gestrigen Aussprache will nicht ich sprechen, sondern ich möchte das Wort meinem Bruder erteilen, der so mutig sein möge, uns seinen Wunschtraum vorzutragen. Also mein lieber Bruder, unterbreite uns deine Wünsche."*

Ein wenig schüchtern erhob der sich und schaute sich im Rund um. Mit fester Stimme entgegnete der jüngere Bruder: *„Eigentlich immer schon erträumte ich, der Herr von Wiesenburg zu sein. Mir war klar, dass die Herrschaft meinem Bruder zusteht. Ich beneidete ihn nicht, doch als ich hörte, dass Hans zu einem führenden Juristen der bedeutendsten Universitäten aufgerückt sei, verstärkten sich meine Hoffnungen. Nun trug mir mein Bruder die Übernahme des Erbes an. Würde das geschehen, wäre ich der glücklichste Mensch auf Erden."*

---

[7] feierlicher Brauch

Mit hochrotem Kopf stand er vor seinen Verwandten. Dann schaute er zu seinem Bruder Hans, ging auf ihn zu, zog ihn hoch und umarmte ihn.

Alle waren von der Aussage und dem Verlauf der Aussprache berührt. Den beiden Brüdern standen die Tränen im Gesicht. Hans löste sich aus der Umarmung seines Bruders, wandte sich den Zuhörern zu und sagte: *"Wie denkt ihr? Wie würden sich in diesem Moment unsere leider so früh von dieser Welt gegangenen Eltern wohl entscheiden? Ich wage es zu sagen. Sie würden die Entscheidung ihrer Kinder bestimmt hinnehmen. Ganz sicher schon deshalb, weil sich ihre Kinder einverständlich darüber geeinigt haben.*

Ich selbst bin ein Jurist geworden. Mit meinem Wissen kann ich sicher nützlichere Dienste leisten. Ich könnte Sorge dafür tragen, dass das ausgeübte, doch völlig veraltete Territorialrecht sich zu einem nötigen Allgemeinrecht wandelt. Ich fühle mich aus diesen Gründen nicht als Grundherr riesiger Bodenflächen. Gebt bitte unser Erbe in die Hände meines Bruders. Er trug mir an, das silberträchtige Gebiet um den Schneeberg herum als gemeinsames Erbe zu verwalten. Das wäre noch zu überdenken. Doch er soll der alleinige Erbe der Wiesenburger Herrschaft sein."

Die Situation nutzend, erhob sich der Kotzauer Oheim. Hochaufgerichtet sagte er: *„Rudolph von Planitz auf Planitz, du hast vorhin meine Schwester ins Gespräch gebracht. Sie setzte sich für das Studium von Hans ein. Sie zeigte damit, dass ihr das Wohl ihres Kindes sehr am Herzen lag. Sophie ist nicht mehr in der Lage, hier ein Wort mitzureden. Ich bin jedoch fest davon überzeugt, sie würde sich auch jetzt für das Wohl ihrer Söhne einsetzen. Und wie ich deren Ehemann Georg einschätze, auch er würde sich ganz sicher, nicht leichten Herzens, doch schließlich bestimmt, für das Wohl seiner Kinder entscheiden. Wenn die beiden Söhne sich bereits entschieden haben, was wollen wir da noch daran herummäkeln? Es ist deren Sache. Sie sind nicht Unmündige. Wünschen wir den Beiden, dass ihr Leben so verläuft, dass sie am Ende ihrer Tage mit ihren Taten zufrieden sein können."*

Dass der Planitzer Oheim sich so an den Rand des Gespräches hatte drängen lassen, machte ihn verdrießlich. Er fühlte sich überrumpelt. Hatte er sich doch auch als Vertreter aller Vormünder ausgegeben. Nun fragte er sich, was ihm noch verblieben war. Nütze es ihm noch etwas, sich gegen alle zu stemmen und auf alte Gewohnheiten zu pochen? Man merkte ihm deutlich an, dass er sich als Verlierer fühlte. Zerknirscht sagte er, auf seinem Stuhl sitzen bleibend: *„Na denn. Was kann ich noch ändern? Es ist mir weder gelungen mein Wollen, noch die übliche Praxis durchzusetzen. Eure geballte Strategie* hat meinem Wollen keinen Platz gelassen. Ich hoffe nur, dass ihr eure Schritte nicht eines Tages bereuen werdet. Besonders glücklich fühle ich mich nicht. Ich fühle mich auch meinem verstorbenen Bruder gegenüber als Versager. "

Da erhob sich Hans erneut. Er ging auf seinen Oheim zu und nahm dessen Hand in die seine. Mit warmer Stimme sagte er: *„Mein lieber Oheim Rudolph, ich bitte dich, betrachte unsere Entscheidung nicht als deine Niederlage. Wir haben dir viel zu viel zu verdanken, als dich in eine Stimmung zu versetzen, die dich niederdrückt.*

Schau, wir sind doch allesamt keine Kinder mehr. Wenn wir, die Erben, glauben, dass uns unsere Entscheidung zum Nutzen gerät, müssten wir uns da nicht alle darüber freuen? Weit schlimmer wäre doch, wenn wir darum in Streit geraten würden. Komm, schlag die Augen auf. Gib uns die Hand und sprich uns deinen Segen zu. Damit machst du unser Glück erst vollständig."

Ganz langsam, so als erwache er erst, richtete Rudolph v.d. Planitz seinen Blick auf Hans. Dann sagte er: *„Hans dir fühle ich mich nicht gewachsen. Du bist schon etwas Besonderes im Stamm der Planitzer. Möge alles zum Guten geraten. Was soll uns das Geschwätz der Anderen?*

Meinen Segen sollt ihr haben. Werdet die glücklichen Söhne meines verehrten Bruders Georg." Lachend fügte er noch hinzu: *"Ich hoffe, wenn er uns von oben zusehen sollte, ihn nicht in einen Jammerzustand versetzt zu haben."*

Er erhob sich und umarmte erst Hans und danach auch Rudolph. Dann umfasste er die nebeneinander stehenden Brüder gemeinsam.

Auch die übrigen Zeugen traten herzu und gratulierten zur geglückten Entscheidung. Besonders warm gestalteten sich die Gratulationen der beiden Basen. Erst gratulierte die Planitzerin und danach die Kotzauerin. Man merkte, dass ihnen die Entscheidung als gelungen erschien, und dass sie sowohl Hans wie auch Rudolph zugetan waren.

Rudolph von der Planitz auf Planitz erhob sich und sagte: *„Ich trug jahrelang eine Last mit mir herum. Immer wieder bereitete mir das Erbe meines verstorbenen Bruders Georg Sorgen. Anfangs fühlte ich mich verpflichtet, es für dessen Kinder zu erhalten. Dann lastete mir die Erbfolge auf der Seele. Nun scheint mir, dass nicht nur meine Sorgen zerstoben sind. Wir haben wohl eine Lösung gefunden, die zu aller Zufriedenheit ausfiel, auch wenn sie nicht ganz meinem Wollen entspricht. Das gilt es festlich zu vollziehen. Ich schlage vor, das Ergebnis am kommenden Sonntag gebührlich zu feiern. Wir könnten ge-*

meinsam zum Gottesdienst nach Zwickau fahren. Im Anschluss feiern wir den Erbantritt von Rudolph v.d. Planitz auf Wiesenburg und Hansens Rückkehr in die Heimat. Was haltet ihr davon? Wäre das ein guter Vorschlag?"

Da meldete sich der Kotzauer Oheim zu Wort. *„Ja, bis dorthin vergehen noch drei Tage. Es geht stark auf den Winter zu. Schaut aus dem Fenster, es schneit. Der Schnee blieb bisher noch nicht liegen. Das kann sich aber bald ändern. Wir bleiben bis dahin in Wiesenburg. Sollte sich aber rechter Winter einstellen, müssen wir unverzüglich abfahren, um nicht im Schnee stecken zu bleiben. Bitte versteht das."*

Hans entgegnete: *„Es wäre schade, wenn ihr flüchten müsstet. Doch zu verstehen wäre es. Aber gestattet mir, dass ich an unsere beiden Oheime noch ein Wort richte. Zunächst möchte ich unserem Oheim Rudolph v.d. Planitz für seinen Einsatz für die Erhaltung und die so gute Verwaltung unseres Erbes danken. Ich möchte dich, lieber Oheim bitten, weiterhin beratend einzugreifen, wenn das nötig würde. Dann ist mir ein Bedürfnis, unseren Verwandten aus Kotzau für meine so wundervolle Aufnahme noch einmal zu danken. Die Tage, die ich bei euch verleben durfte, werde ich nicht vergessen. Ihr habt mich wie einen Sohn behandelt."*

„So.", sagte der Planitzer Oheim, *„zur Feier des Tages lassen wir uns einen ganz besonderen Tropfen entkorken. Den habe ich dazu bestimmt, wenn alles einen guten Verlauf nimmt."* Er zog am Klingelband und ein Diener erschien. *„Ich bitte um die kleinen Gläser und die bereitgestellte Flasche.",* sagte er.

Kurze Zeit darauf erschien der Diener mit dem Gewünschten, füllte die Gläser und ging mit dem Tablett zu jedem hin. Der Planitzer hob sein Glas hoch empor und sagte: *„Diesen edlen Schluck Branntwein trinken wir darauf, dass alles einen so friedlichen Verlauf genommen hat. Hoffen wir, dass unsere Entscheidungen die rechten waren. Unser Gott im Himmel möge uns dazu seinen Segen reichen."*

Schnell fügte er noch hinzu: *„Noch eins. Es ist Vorsicht beim Trinken geboten. Branntwein ist ein starkes Getränk, mit dem man sparsam umgeht. Also, zu unser aller und der Sache Wohl."*

Der Wind ließ in Abständen immer wieder Schneeregen an die Fenster trommeln. Er trieb die entstandenen Wasserbahnen die Fensterscheiben empor. Der Winter kündigte sich unmissverständlich an. Noch blieb der Schnee nicht liegen. Wenn er die Erde berührte, zerfloss er. Man sah dem Kotzauer Oheim an, dass ihm das Wetter Sorgen bereitete. Immer wieder ging er zum

Fenster, um hinaus zu schauen. Schließlich sagte er: „*Bitte versteht, es ist wohl sinnvoll, wenn wir morgen in der Frühe unsere Rückreise antreten. Ich möchte nicht, dass wir hier einschneien. Unsere zuhause gebliebenen Kinder sollen doch das Weihnachtsfest nicht ohne Eltern verbringen. Es erscheint mir sicherer, des Wetters wegen, wieder abzufahren. Ihr werdet das hoffentlich verstehen?*"

Der Planitzer Oheim und Hans wollten gleichzeitig eine Antwort darauf geben. Hans entschuldigte sich und überließ seinem Oheim die Rede und der sagte: „*Lieber Schwäher*[8], *wer sollte dich nicht verstehen? Ihr müsst ja auch nicht nur um die Ecke fahren. Einen vollen Tag werdet ihr doch sicher benötigen, um wieder nach Hause zu kommen. Es braucht ja gar kein Schnee zu liegen, gefriert es, wird die Reise noch gefährlicher. Es ist schade, dass ihr uns verlassen müsst, doch es wird wohl besser sein.*"

Hans entgegnete darauf nur noch: „*Schade. Doch ich muss es wohl einsehen.*" Und der Kotzauer sagte: „*Also sind wir uns einig. Wir fahren morgen früh wieder heimwärts. Ich wäre auch gerne noch eine Weile geblieben, doch, hier muss die Vernunft in den Vordergrund gerückt werden.*"

Sie saßen noch lange gemeinsam zusammen und waren guter Dinge. Dabei hatten sie sogar vergessen, dass es Mittag geworden war. Ein Diener erschien der die Herrschaften mit einem tiefen Bückling[9] zum Essen bat.

Nach dem Essen verabschiedete sich Rudolph v.d. Planitz auf Planitz zusammen mit seiner Ehefrau, weil sie wegen einer dringenden Angelegenheit in Planitz sein müssten.

Am frühen Morgen des Folgetages verließen auch die Verwandten aus Kotzau das Schloss Wiesenburg wieder. Ihre Kutsche hinterließ eine tiefe Fahrspur im Schneematsch, der den Weg bedeckte. Ihre Verabschiedung fiel sehr herzlich aus. Der Oheim bat seine beiden Geschwisterkinder, dass sie, wenn es das Wetter zuließe, bald wieder einmal bei ihnen in Kotzau vorbeikommen möchten. Dann zog im Schloss von Wiesenburg wieder Stille ein.

Hans richtete sich sein Zimmer nach seinen Vorstellungen ein. Das Bildnis seiner Mutter fand einen Platz an der Wand. Von Zwickau herbei geholte Handwerker maßen eine Wand aus, um daran ein Bücherregal zu errichten. Die meisten seiner Niederschriften und Folianten lagen noch immer in ihren Verpackungen auf dem Fußboden seines Zimmers. Der Tisch wurde an eines

---

[8] Schwager
[9] Verbeugung

der großen Fenster gerückt und ein sechsarmiger Kerzenleuchter fand darauf seinen Platz.

Für seine Zukunft hatte Hans im Sinn, sich in fürstliche Dienste zu begeben. Vielleicht, so dachte er, könne er so eine Richterstelle erlangen. Nach Weihnachten wollte er sich umsehen, welche Möglichkeiten sich ihm wohl böten.

Hansens Bruder Rudolph war nur noch an den Abenden zu sprechen. Bereits am frühen Morgen ging er den ihm nun auferlegten Pflichten als Herrschaftsbesitzer nach.

Hans hingegen beugte sich über seine Bücher und fertigte ein Gesuch an, das er an die kurfürstliche Kanzlei senden wollte. Das kurz bevorstehende Weihnachtsfest warf seine Schatten voraus. Dort, wo man vor Jahren ihren Vater aufgebahrt hatte, errichtete man eine Kerzenpyramide. Vier mit Weidenzweigen verbundene Holzstäbe umwand man mit Fichtenreisig und steckte Wachskerzen darauf. Auf den Steinfußboden verteilte man Häckselstroh, das an den Stall von Bethlehem erinnern sollte. Danach wurde eine tief herunterhängende Laterne an einem Deckenhaken befestigt. Genau darunter rückte man eine Futterkrippe. In deren Stroh wurde, wie jedes Jahr wieder, das Bornkinnel gelegt. Das war eine puppengroße geschnitzte Nachbildung des Jesuskindchens.

Zum Mittagessen versammelten sich alle Bediensteten des Schlosses und die Fröhner des Rittergutes im Speiseraum gleich neben der Schlossküche. Rudolph, dem nunmehrigen Schlossherrn, war seine Erregung anzumerken. Den Herrschaftsbesitzern war von der Kirchenobrigkeit die Pflicht auferlegt worden, für die nötige Glaubenstreue ihrer Hörigen zu sorgen. Damit war Rudolph zusammen mit dem Schlosskaplan auch diese Aufgabe zugefallen. Zum ersten Mal hatte er allen seinen Hörigen die Weihnachtsbotschaft zu verkünden.

Der Kaplan schlug, als alle versammelt waren, seine Bibel auf und las die Weihnachtsgeschichte aus dem LukasEvangelium vor. Hans, hatte sich neben den alten Diener gesetzt, der bereits seine Eltern bedient hatte.

Der Kaplan begann: „*Hört die Botschaft des Lukas, Kapitel 2, Vers 1 bis 20.*" Danach erschollen aus seinem Munde die Worte: >*factum est autem in diebus illis exiit edictum a Carsare Augusto ut describeretur universus orbis*<. Mitten unter den Leuten sitzend, bemerkte Hans deren zunehmende Teilnahmslosigkeit. Mittlerweile war der Kaplan bereits beim 10. und 11.Vers angelangt. Er las noch immer: >*Et dixit illis angelus: Nolite timere! Ecce* *enim evangelizo vobis gaudium magnun, quod ercit omni populo. Quia natus est vobis hodie salvator, qui est Christus Dominus in civitate David<.*

„*Das ist die Botschaft des Engels an die Hirten*", dachte Hans. „das heißt doch: *Und der Engel sprach zu ihnen: >Fürchtet euch nicht. Denn siehe, ich verkündige euch große Freude, die dem ganzen Volk widerfahren soll. Denn euch ist heute ein Retter geboren, welcher ist Christus, der Herr, in der Stadt Davids<*" Hans schoss es durch den Kopf. „*Die Kirche lässt die frohe Botschaft in einer Sprache verkündigen, die das Volk, an die diese Botschaft doch gerichtet ist, gar nicht verstehen kann. Diese, an alle Menschen gerichtete so wichtige Botschaft, kann doch gar nicht bis zu deren Herzen vordringen. Das darf doch nicht sein, dass sich diese Botschaft nur an eine studierte Obrigkeit richtet. Sie gilt doch allen Menschen. Wie soll denn dann das Volk den Sinn der geweihten Nacht überhaupt verstehen?*"

Hier, unter dem einfachen Volk sitzend, zum ersten Mal wieder zuhause, erkannte er diesen Widersinn. Es war ihm die Erleuchtung gekommen, dass die Bibel für das Volk ein Buch mit sieben Siegeln sei. Erschrocken und erschüttert nahm Hans diese Feststellung erstmals wirklich wahr.

Erst als danach sein Bruder für alle verständlich auf die Christgeburt einging, zeigten sich alle aufmerksam. Die Worte seines Bruders konnte ja auch jeder verstehen. Mit Freude sah Hans, dass alle diese Worte aufnahmen und wie ihre Augen zu leuchten begannen. Rudolph beendete seine Ansprache mit einem „Vaterunser" und der Kaplan spendete allen den Segen Gottes.

Danach wurde das Mittagessen zum gemeinsamen Verzehr aufgetragen. Nach uralter Sitte musste das eine Speise sein, die quillt. So, wie dieses Essen quillt, sollte im heraufziehenden neuen Jahr auch das Geld quellen. Aus diesem Grund wurde Hirsebrei mit Gänsefleisch serviert. Zur Feier des Tages gab es dazu auch einen Humpen[10] Dünnbier.

Draußen herrschte ein anhaltendes Schneetreiben. Der Wind trug den dichten Flockenwirbel bis an die Fensterscheiben heran. Dort zerflossen die Schneesternchen augenblicklich und machten sie tränengleich. In dünnen Bahnen lief ihr Wasser die Scheiben hinunter. Hans verfolgte das winterliche Geschehen sehr aufmerksam.

Der Kaplan las auch während des Essens immer wieder aus der Bibel vor. Es waren Zitate aus dem Weihnachtsgeschehen in lateinischer Sprache. Warum nur? Wer sollte das verstehen?

---

[10] großer Becher

Auch Hans hörte kaum noch zu. Es kamen ihm eher die Verwandten aus Kotzau in den Sinn. *„Hoffentlich kommen sie wieder unbeschadet nach Hause.",* dachte Hans. Über seinem Sinnieren ertappte er sich, dass auch er dem Vortrag des Kaplans kaum Aufmerksamkeit entgegen brachte. Auch allen Übrigen fehlte die gewollte andächtige Aufnahme der Bibelworte. *„Wer sollte sich darüber nicht wundern?"* dachte Hans. *„Die Leute hören die an sie gerichteten Worte wohl, doch sie bleiben ihnen unverständlich. Das ist ein deutliches Zeichen dafür, dass die Kirche ihrer Sendung nicht nachkommt."*

Noch während des Essens besprach sich Rudolph mit seinem Gutsverwalter. Das dichte Schneetreiben bereitete beiden Sorgen. Sie entschieden sich dafür, das gesamte Gutsvolk mit Schlitten nach Zwickau zum Weihnachtsgottesdienst zu bringen. Mittlerweile lag eine geschlossene Schneedecke über dem Land.. Sollte man da noch mit Wagen fahren?

Nach dem Essen wurde allen dieses Vorhaben mitgeteilt. Doch, ehe die Tischgemeinschaft aufgehoben wurde, stellte sich Rudolph v.d. Planitz als Erbe und neuen Herrn von Wiesenburg vor.

Er teilte mit, dass sein Bruder Hans v.d. Planitz bis auf weiteres auf dem Herrschaftssitz, genau wie er selbst, das Sagen hätte. Weiter verwies er darauf, dass es nach altem Brauch um 3 Uhr in der Nacht gemeinsam zur Weihnachtsmesse in die Pfarrkirche St. Marien nach Zwickau ginge. Die Schlitten würden noch im Laufe des Tages im Gutshof fertiggemacht. Sie sollten jedoch nicht vergessen, sich warm anzuziehen. Für jeden Schlitten stünden vier an Stäben befestigte Weihnachtslaternen bereit. Diese wären bereits mit Kerzen versehen, die man aber erst zur Abfahrt entzünden solle. Wie jedes Jahr fände auch weiterhin die Weihnachtsbescherung nach der Heimkehr vom Kirchenbesuch hier im Wiesenburger Schloss statt, wo sich alle wieder einfinden sollten.

Die Laternen waren eigentlich einfache Stalllaternen. Aufgeklebte Sterne machten sie zu Weihnachtslaternen. Jedes Jahr wurden sie zu dieser weihnachtlichen Kirchfahrt erneut aufgetragen.

Danach gingen alle wieder in ihre Arbeitsbereiche zurück.

Der Gutsverwalter holte alle zusammen, die nicht in den Stallungen benötigt wurden. Sie mussten die Schlitten für die Fahrt nach Zwickau zur Weihnachtsmesse einsatzbereit machen. Sonst lief alles weiter so ab, wie es das Leben auf dem großen Gutshof erforderte. Kurz nach Mitternacht erwachte das Leben, sowohl im Schloss als auch im Gutshof bereits wieder. Es schneite noch immer. Schon das machte ein geschäftiges Treiben nötig. Etliche Knechte waren dabei, die nötige Wegefreiheit zu schaffen. Die angefallenen Schneemassen mussten zusammen geschoben werden. Um die Schlitten vor dem anhaltenden Schneefall zu schützen, hatte man sie am Abend in der Tenne untergebracht. Den Schlitten der Herrschaft hatte man vor den Stallungen mit einer großen Plane überdeckt. Etliche Knechte waren dabei, auch davon den Schnee abzuschütteln. Andere beschäftigten sich mit den Pferden. Sie mussten gestriegelt und mit ihrem Zaumzeug versehen werden. Wegen all dieser Tätigkeiten sah man überall in den Fenstern Licht.

In der Schlossküche herrsche ebenfalls schon Hochbetrieb. Allen sollte noch vor Abfahrt etwas zum Essen gereicht werden. Ein riesiger Kupferkessel hing über dem Feuer. Eine Hafersuppe mit Gänsefleischstücken wurde vorbereitet. Heißer Tee sollte ebenfalls noch zur Verfügung stehen. Für die Herrschaften war das Morgenmahl viel früher als sonst zuzubereiten.

„Werden wir den rechten Weg überhaupt finden? Wenn uns gar Schneewehen den Weg versperren, gilt es vielleich sogar umzukehren. Doch die Entscheidung liegt bei den Herrschaften", sagte der aufgeregt umherlaufende Gutsverwalter. Er äußerte Befürchtungen, ob die Fahrt überhaupt zustande kommen könne. Es hörte einfach nicht auf zu schneien. *„Ob wir bei diesem Wetter überhaupt bis Zwickau kommen? Wir werden sehen. Auf jeden Fall müssen wir die Fahrt vorbereiten."* teilte er überall mit.

Dann trat Rudolph v.d.Planitz, der Jüngere, in einen dicken Pelz gehüllt, ins Freie. Darauf hatter der Verwalter schon sehnsüchtig gewartet. Sofort ging der auf den Planitzer zu und redete gestikulierend mit ihm. Beide gingen gemeinsam zum Gut hinüber. Rudolph bestaunte den frühen Einsatz der Leute. Der Planitzer hob sich von der weißen Schneedecke deutlich ab. Er glich in seinem dunklen Pelz einer von der Zeit geschwärzten Plastik. Feldherrenmäßig schaute er um sich. Dann entschied er: *„Es wäre jammerschade, wenn unsere Fahrt misslingen würde. Doch wer nichts wagt, gewinnt auch nichts. Wir blasen unser Vorhaben nicht von vornherein ab. Wenn der Schnee die Fahrt bannen sollte, müssen wir uns freilich geschlagen geben und umkehren. Dann bleibt uns nur, dass wir das Fest gemeinsam im Schloss feiern. Trommelt alle zusammen, wir starten sobald wie möglich, dass uns noch genügend Zeit verbleibt."*

Der Verwalter verschwand und kam kurze Zeit danach mit einem Jagdhorn wieder zurück. Damit erzeugte er einen kräftigen Signalton. Danach rief er: *„Macht euch alle fertig. Wir wollen schon bald starten. Spannt die Pferde an* *und stellt die Schlitten hintereinander auf. Mein Schlitten übernimmt des Schnees halber die Führung. Die Herrschaft fährt am Ende. Der Herrgott möge ein Auge auf uns werfen und uns diese Fahrt segnen."*

Es währte nicht lange und die Schlittenkolonne verließ den Gutshof in Richtung Zwickau. Es schneite nicht mehr. Nichts trübte den Blick nach oben. Das Sternengefunkel über ihnen und die glänzende Scheibe des Mondes gaben dem Geschehen etwas Feierliches. Das Land lag in friedlicher Ruhe. Nur das Klingen der an den Geschirren angebrachten Glöckchen war zu hören. Kein menschlicher Laut war zu vernehmen. Ihr Vorankommen gestaltete sich besser, als es der Gutverwalter angenommen hatte. Die Pferde zogen die Schlitten, ohne Schwierigkeiten erkennen zu lassen, durch den Schnee. Der leichte Pulverschnee wurde von den Pferden wie eine Wolke hochgewirbelt. Die zahlreichen Schlitten zogen eine deutlich sichtbare Spur durch die sonst noch unberührte Schneelandschaft.

Eher als gedacht erreichten die Wiesenburger ihr Ziel. Doch etliche andere Schlittengespanne füllten bereits den Bereich vor der St. Marienkirche. Nur in einer Seitengasse fanden ihre zahlreichen Schlitten einen Platz.

Weil sie die Pferde nicht an ein Gebäude anbinden konnten, mussten etliche Kutscher bei den Pferden bleiben.

Gemeinsam zogen die beiden Brüder v.d. Planitz mit dem Gutsverwalter, dem Büttel und deren Frauen, dem Gutskaplan und dem Gesinde in die Kirche ein. Der Hochaltar war prachtvoll geschmückt. Schwer hing der Weihrauchgeruch im Kirchenraum. Der würzige Rauch des Räucherharzes galt schon von alters her als *„Gottesparfüm"*. Das wird vom Boswelliabaum gewonnen, der nur im Oman gedeiht. Die drei Könige, die das Jesuskind anbeteten, reichten es bereits als besonderes Geschenk.

Zahllose Kerzen ließen den Hauptaltar in vollem Glanz erstrahlen. Das Kirchenschiff hingegen lag völlig im Dunkel. Darin fand das Gesinde seine Plätze. Die Übrigen bezogen sie in der Betstube der Planitzer Herrschaft. Die befand sich dicht am Hochaltar.

Die auf und abschwellenden Töne der Orgel füllten den Kirchenraum, der sich nach und nach bis auf den letzten Platz füllte. Dann zog unter Orgelklängen und dem Geklingel der Altarschellen die Kirchenobrigkeit ein. Ihnen folgte eine Gruppe Mönche des Zwickauer Zisterzienserklosters. Neben ihnen her gingen lichtertagende Ministranten. Ihre großen, weißen Kragen hoben sich besonders hervor. Einer von ihnen trug einen erleuchteten Stern dem

Zug voran. Gleich dahinter schritt der von einer Pulviale[11] umhüllte Priester. Seine Schultern umschlang eine goldbestickte Capa[12]. Neben ihm schritt der Kloster-Prior im einfachen Habit der Zisterzienser. Nach einander knieten sie sich, ehe sie das Pesbyterium[13] betraten, zu einem kurzen Gebet nieder. Der Priester trat als Einziger bis an den Altar heran. Hier verneigte er sich vor dem Tabernakel[14] und verharrte eine lange Zeit im Gebet. Die Anderen bezogen ihre Plätze im Chorgestühl.

Als die langgezogenen Tieftöne der Orgel verstummten, wendete sich der Priester der Gemeinde zu, hob segnend die Arme und sagte: *„Allmächtiger Gott des Himmels und der Erden, segne unseren Ein und Auszug. Bitte lasse die frohe Botschaft der Geburt deines Sohne Jesus Christus, unseres Erlösers, tief in unser Bewusstsein dringen und dort die rechten Wurzeln schlagen."*

Nach seiner Ansprache ertönte wieder die Orgel. Aus den Tiefen der Basstöne heraus endete es nur kurze Zeit darauf in den höchsten Jubelklängen. Dann wendete sich der Priester wiederum an die Gemeinde mit den Worten: *„Nun hört die frohe Weihnachtsbotschaft. Wir finden sie in der Bibel, im Lukasevangelium, II. Kapitel, in den Versen 1 bis 20.*

Und wieder geschah, was Hans bereits befürchtet hatte. Der Priester verlas die Weihnachtsbotschaft für die Gemeinde im für sie unverständlichem Latein. Als der Priester bei Vers 20 angelangt war, brauste wiederum die Orgel auf. Das nutzten die im Chor sitzenden Mönche. Sie gruppierten sich oberhalb der Altarstufen an den Chorschranken. Das Orgelspiel verstummte und der Chor der Mönche stimmte einen Choral in greorgianischer Weise an. Dieser einstimmige, liturgische Gesang war auf den heilig gesprochenen Papst Gregor (um 600) zurückzuführen. Der hatte ihn in eine damals neue Liturgie[15] einfügen lassen.

Seitlich von ihnen begab sich der Priester auf die im Kirchenschiff angebrachte Kanzel. *„Hört"*, rief der Priester, *„hört die Ankündigung der Geburt von Jesus aus dem Evangelium des Matthäus. Im 2. und 3. Kapitel kündigte ein Engel Josef im Traume an, Maria wird einen Sohn gebären, der ist vom heiligen Geist, dem sollst du den Namen Jesus geben, denn er wird sein Volk erretten von ihren Sünden."*

---

[11] Verspermantel
[12] ärmelloser Umhang
[13] Chorraum
[14] Allerheiligstes
[15] Gottesdienstordnung

Hans von der Planitz staunte. Der Priester predigte in verständlichem Deutsch. *„Warum,"* so fragte er sich, *„hat er die eigentliche Weihnachtsbotschaft des Lukas nicht auch so unter die Gläubigen gebracht?"*

Hans schüttelte den Kopf. Er fragte sich wieder, warum der Priester die Worte der Bibel den Gläubigen unverständlich bleiben lies. Hans war die lateinische Sprache bereits von frühester Jugend an geläufig. Er hatte die Texte ohne groß nachdenken zu müssen, verstanden. Als er in Italien weilte, warf das auch keine Fragen auf. Nun, wieder zuhause, erkannte er diesen Zustand zum ersten Mal in seinem Leben als ein gravierendes Versäumnis der Kirchenvertreter. Es beschlich ihn die Frage, ob das nicht gar ein gewolltes Geschehen der Kirchenobrigkeit sei. *„Auf diese Weise kann man auch leicht ein >Oben und ein Unten< schaffen."* zog ihm durchs Hirn. *„So kann man das Wissen der Obrigkeit auch als achtungsheischend sehen. Es könnte aber auch als Geringschätzung der einfachen Leute betrachtet werden. Sieht die allmächtige Kirche in ihren Gemeindegliedern gar nur eine unverbesserliche, gering geschätzte, dumme Masse? Glaubt sie im Verstehen der Bibeltexte das ihr allein zustehende Privileg? Dann verstößt sie auf unverantwortliche Weise gegen die von ihr übernommene Verpflichtung der Verkündigung. Die Bibel richtet sich an jeden einzelnen Menschen, nicht nur an etliche Hunderte Privilegierte, die sich als >Auserwählte< fühlen."* Hans nahm sich vor, bei der ersten Gelegenheit mit einem Verantwortlichen der Kirche darüber zu sprechen.

Nach der Weihnachtsmesse trafen sich alle wieder vor der Kirche und wünschten sich gegenseitig ein gesegnetes Fest. Der Oheim Rudolph kündigte seinen Besuch in Wiesenburg zum 2. Weihnachtstag an. Dann bestiegen nacheinander alle die an das Kirchenportal heranfahrenden Schlitten und begaben sich wieder auf die Heimfahrt.

Es begann zu dämmern. Der Mond stand noch am Himmel, die Sterne waren am Verblassen. Der auf der Herfahrt gespenstig erscheinende Wald bot sich nun den Augen als winterliches Wunderwerk. Alles war mit hohem Schnee bedeckt und glitzerte im verblassenden Mondlicht. Das erlebte Hans jedoch nur schemenhaft. Ihn beschäftigten immer noch die für das einfache Volk unverständlich bleibenden Worte der Bibel. Es kam ihm in den Sinn, der Text der Bibel müsste deshalb in die deutsche Sprache gebracht werden, damit ihn alle verstehen. Was sollte die in Latein verfasste Bibel in den Händen der einfachen Menschen? Sie können ihre Worte weder lesen noch verstehen.

Als sie zuhause anlangten, war es heller Tag geworden. Die Kälte machte sich vor allem an den Füßen bemerkbar. Zusammengekauert hockten sie auf den Schlitten. Als sie abstiegen, knirschte der Schnee unter ihren Füßen. Alle rannten so schnell wie möglich, um wieder ins Warme zu gelangen.

Zunächst gingen alle ihrer Arbeit nach. Die musste auch an diesem hohen Feiertag erledigt werden. Jeder wusste auch, dass sie sich zum gemeinsam Mittagmahl im Speiseraum des Gesindes wieder einfinden müssen. Alle waren in froher Erwartung. Es war Tradition, dass die Planitzer Herrschaft nach dem Festessen auch Geschenke an ihre Leibeigenen verteilte. Deshalb fragten sie sich, was es diesmal wohl geben würde.

Gegen Mittag begaben sich die beiden Brüder in den Gesindespeiseraum, um dort mit allen zusammen das alljährliche Festmahl einzunehmen. Der Raum befand sich gleich neben der Gutsküche. Darin saßen sie alle gemeinsam an einem langen, zusammen geschobenen Tisch. Die beiden Planitzer nahmen an der Tafelmitte, neben dem Verwalter und dem Schlosskaplan ihren Platz ein. Rudolph, der jüngere Planitzer, als nunmehriger Herrschaftsbesitzer, hieß alle willkommen. Danach übergab er das Wort dem Kaplan, um dem Geschehen die rechte Weihe zu vermitteln. Kurz zuvor hatte Hans mit dem noch ein längeres Gespräch geführt.

Als der Kaplan zu reden begann, legte er zwar die Bibel auf den Tisch, doch er schlug sie nicht auf. Für alle verständlich trug er die Weihnachtsgeschichte vor. Jeder im Rund lauschte andächtig diesen Worten.

Hans war beglückt. Seine Unterhaltung mit dem Kaplan zeigte den erwünschten Erfolg „*Man sieht es deutlich, wenn die Leute verstehen, was man ihnen sagt, zeigen sie sich auch als dankbare Zuhörer.*", sagte der.

Dann begann das Weihnachtsmahl. Große Schüsseln mit dampfendem Grützbrei wurden herangebracht. Mit einer wohlriechenden Soße stellte man kleinere dazu. An zahlreiche Stellen schob man breite Bretter, auf denen sich der dazugehörige Festbraten befand.

In der Schäferei waren dazu bereits vor Tagen etliche Schafböcke geschlachtet worden. Über dem offenen Küchenkamin hatte man sie heute nach dem Kirchgang auf Spießen glänzend braun gebraten. Der würzige Geruch der Speisen füllte den Raum. An jedem Platz stand ein Holzbecher. Zwei Jungmägde füllten sie aus ihren Kannen mit Dünnbier.

Nach dem Essen wurde für das Austeilen des „Bornkinnels" das Geschirr schnell abgeräumt. Jeder erhielt eine wollene Jacke geschenkt. Dazu gab es noch ein paar Äpfel aus dem Gutsgarten. Die Beschenkten bedankten sich demütig. Danach stimmte der Kaplan einen Choral an, in den alle einstimmten. Nach einem gemeinsamen Gebet und dem vom Kaplan gestifteten Segen, verließen alle nacheinander wieder das Geschehen.

Am Abend besprachen die beiden Brüder noch einmal, in welcher Form die Erbschaftsangelegenheiten vonstatten gehen sollten. Hans versicherte seinem Bruder erneut, ihm das Wiesenburger Erbe zu überlassen. Mit dem Erlös aus seinem Erbe wolle er sich um den Erwerb einer kleineren Herrschaft bemühen. Die sollte ihm auch die Möglichkeit einer zusätzlichen richterlichen Betätigung bieten.

Auf das Gebiet um Neustädtel/Schneeberg herum wolle er jedoch nicht verzichten. Das könnte, der dortigen Silberfunde wegen, einen gemeinsamen Zuwachs erbringen. Aus diesem Grund stelle er sich vor, es in beider Besitz zu belassen. Es wäre wohl auch zu befürchten, dass es um dieses Gebiet noch zu rechtlichen Auseinandersetzungen kommen könne. Der Kurfürst hielt die Bergregalien in Händen. Dagegen anzugehen wäre nur mit geschicktem Taktieren und dazu gehörigem Glück möglich. Nur so könnte das Gebiet vielleicht in den Händen der Familie Planitz verbleiben.

Sie versicherten sich gegenseitig, nicht in Streitereien zu verfallen. Zum Schluss sagte Hans: „*Wichtig ist auch, dass wir uns in unser Vorhaben nicht dreinreden lassen. Es geht um uns, wirklich nur um Dinge, die uns beide etwas angehen. Und es ist nicht zu vergessen, du, lieber Bruder, musst dich um die Zusprechung des erblichen Lehns beim Kurfürsten bemühen.*"

Um den Weg nach Zwickau zu ersparen, fand die Weihnachtsmesse am zweiten Feiertag in der Wiesenburger Schlosskapelle statt. Dazu traf trotz des Wetters noch rechtzeitig auch der Oheim Rudolph v.d. Planitz auf Planitz mit seiner Ehefrau ein. Die kleine Kapelle bot nur Platz für die Familienangehörigen. Für die Leibeigenen und Löhner des Gutes war ein Messgottesdienst am Nachmittag in der Gesindestube geplant.

Nach der Messe fand sich die Familie in der Kemenate zusammen. Von seinem großen Kamin ging eine anheimelnde Wärme aus. Sonst war es überall im Schloss ungemütlich und kalt. Auch der Gutsverwalter, zusammen mit seiner Frau und dem Kaplan, waren dazu eingeladen worden. Schon bald lenkten die beiden Brüder das Gespräch wiederum auf die Erbteilung.

Hans begann:„*Im Prinzip sind wir uns ja alle schon einig*" Er deutete auf seinen Bruder und sprach weiter:„*Wir zwei haben uns noch einmal abgespro-*

chen. Gemeinsam werden wir an dem Gebiet um den Schneeberg herum festhalten. Da Herzogt Albrecht ein Augenmerk darauf hat, könnte es dort zu Auseinandersetzungen kommen. Als Mitbesitzer könnte ich sicher besser argumentieren. Rudolph wird mir vom übrigen Erbe meinen Anteil auszahlen. Vielleicht werde ich damit eine kleinere, übersichtlichere Herrschaft erwerben können. Es ergäbe sich damit eine Möglichkeit, dass ich dann auch noch der Juristerei nochnachgehen könnte. Natürlich habe ich auch im Sinn, mich sesshaft zu machen, um irgendwann eine Familie zu gründen. Ach, dass ich es nicht vergesse, Rudolph wird sich wegen der Erbteilung auch mit der herzöglichen Kanzlei in Verbindung setzen, um dort die Erbfolge zu regeln."

Da der Planitzer Oheim danach keinen Einspruch erhob, galten die Erbschaftsformalitäten als angenommen und endgültig geregelt.

Rudolph, der Jünger der beiden Brüder, sagte: *„Für das immerwährende Gelingen unserer Vorstellungen müssen wir anstoßen. Ich hoffe, einen guten Tropfen aufzutischen. Der Wein stammt noch von unserem Vater. Ich dachte mir, sein guter Geist wird auf diese Weise um uns sein."*

Der Tag wurde ihnen allen zu einem wirklichen Erleben. Nach dem Essen entschieden sich die Herren zu einer Schlittenfahrt. Die beiden Frauen zeigten sich jedoch wenig begeistert darüber. Sie wollten lieber am wärmenden Feuer verbleiben. Das veranlasste die Herren dazu, lieber einen kurzen Ausritt zu wagen. Diese Entscheidung gefiel natürlich Hans besonders. Die Erinnerungen an Kotzau stiegen in ihm wieder auf.

Der Verwalter bat darum, sich noch eine zeitlang zu verweilen, er werde alles für den Ritt richten lassen.

Dann verschwand er mit der Aufforderung, sich genügend warm anzukleiden, aber dabei auch zu bedenken, die Beweglichkeit nicht zu stark einzuschränken. Die Reiter machten sich für den Ausritt fertig. Danach gingen sie gemeinsam hinüber zu den Ställen.

Hans stürmte mit seinem Rappen als Erster aus dem Gutsgelände hinaus. Aus den Nüstern seines Pferdes stob dampfender Atem auf. Im Bart von Hans fing sich der seine. Als er sich nach hinten umschaute, entdeckte er, dass er seine Begleiter weit hinter sich gelassen hatte. Er verlangsamte das Tempo stark, bis die Anderen heran waren. Die redeten auf Hans ein, der Kälte wegen das Unternehmen lieber aufzugeben. Hans widersprach, doch es half ihm nicht. Er musste sich der Mehrheit beugen. Gemächlich, viel zu langsam für Hans, ritten sie zum Gutshof zurück. Als sie sich wieder am Kamin vereinten, brachte ein Diener Branntwein, der in heißes Honigwasser gegossen wurde. Die Planitzer Base hatte dafür gesorgt, dass sich die Reiter auch von innen her wieder aufwärmen konnten.

Nachdem etliche Gläser davon getrunken waren, stieg die Stimmung im Raum. Man wurde des Erzählens nicht müde. Es wurde gelacht, geschimpft und über alles nur Mögliche gelästert. Plötzlich, keiner wusste recht wie es zustande gekommen war, geriet der Planitzer Oheim in einen harten Disput[16] mit dem Kaplan. Mit einem Mal waren alle wieder hellwach, als der Oheim sagte:*„Die Kirche hat sich eines fürchterlichen Verbrechens schuldig gemacht, als sie das >Fegefeuer< auf die Erde holte. Der Inhalt des christlichen Glaubens ist die Liebe. Die Kirche predigt den Gläubigen davon. Und dann bringt sie es fertig, Menschen den Feuertod erleiden zu lassen. Mit welchem Recht darf sie Menschen bei lebendigem Leib verbrennen lassen?“*

Der lautstarke Angriff des Planitzers gegen den Kaplan hatte den förmlich sprachlos gemacht. Hans versuchte dem Gespräch eine andere Richtung zu geben. Er mühte sich vergebens. Sein Oheim riss das Gespräch immer erneut an sich. Auch dessen Ehefrau gelang es nicht, ihn zu bremsen. Schließlich wandte er sich an alle und fragte: *„Hat einer von euch eine derartige Scheußlichkeit schon einmal erlebt? Doch ganz sicher nicht. Aber ich wurde Zeuge einer sogenannten Hexenverbrennung drüben im Fränkischen. Die junge Frau starb an einen Pfahl gebunden inmitten der Flammen einen jammervollen Tod. Wo hat die verantwortliche Kirchenobrigkeit da die Liebe gelassen, von der sie predigt? Sie hat das arme junge Blut bedenkenlos in die Verdammnis geschickt. Und ganz sicher ging dem Ganzen das lustvolle Quälen voraus, das man Folter nennt. Unter wahnsinnigen Schmerzen wird doch alles zugegeben. Und das Schlimmste ist, derartige Prozesse nehmen zu und enden fast immer auf dem Scheiterhaufen. “*

Nachdem sich der Planitzer Oheim seinen Zorn von der Seele geredet hatte, herrschte eine betroffene Stille im Raum. Nach einer Weile ergriff er wiederum das Wort und sagte: *„Ich weiß, unser Kaplan ist der Falsche, dem ich das zur Last gelegt habe. Auch weiß ich, dass das Weihnachtsfest, das uns zusammengeführt hat, eigentlich ein Fest der Freude und der Liebe ist. Aber gerade deshalb hat es mich an dieses grausliche Geschehen erinnert. War es nicht schon immer so, dass Stärke unbarmherzig ausgeübt wurde? Das lastet auf meiner Seele. Nehmt es mir bitte nicht übel. Der Branntwein hat wohl auch meine Zunge etwas gelockert.“*

---

[16] Auseinandersetzung

Die eigentlich gewollte Weihnachtsstimmung war dahin. Der sich sonst immer verhalten zeigende Gutsverwalter blickte zu Boden und sagte: *„Es ist nicht nur die Kirche, die Anlass gibt, dass Unzufriedenheit herrscht. Ich glaube die Zeiten befinden sich im Umbruch. Vor noch kaum fünf Jahren wagten die Dittmarschen Bauern in Holstein sich gegen den dänischen König zu erheben. Hätte jemals ein Mensch daran gedacht, dass so etwas einmal stattfinden könne? Ein Bauernheer zog gegen die Streitmacht eines Königs. Sie besiegten sogar das gewaltige Heer des Dänenkönigs und erzwangen dessen Rückzug. Ist da nicht auch eine Wandlung im Denken des einfachen Volkes zu erkennen? Wohin wird das künftig führen? Die Stadtbürger propagieren >Stadtluft macht frei<. Damit wird doch eine grundlegende Veränderung der Gesellschaft angezeigt. Die erreichten Privilegien der Stadtbürger und deren Patrizier untergraben die unseren. Sie sind wohlhabend geworden. Und nun zeigt sich, ihr Reichtum hat auch ihre Herzen verändert. Das wird sicher zukünftig unsere Welt auch weiter verändern. Maßt sich die Überzahl der Bauern und des Stadtbürgertums gar an, die Macht an sich zu reißen?“*

Da meldete sich wiederum der Planitzer Oheim zu Wort. Er war nicht mehr so aufgeregt wie anfänglich, als er sagte: *„Die Kirche behauptet, die Macht sei ihr von Gott in die Hände gelegt worden. Sind die weltlichen, wie auch die religiösen Mächte wirklich von Gott bestellt worden? Lehnen sich die Menschen wirklich gegen Gottesgesetze auf, wenn sie sich gegen ihre Unterdrückung und Bevormundung wehren? Wir sind ritterlichen Geblüts, das hat auch dazu geführt, dass wir uns herausgehoben haben.“*

Er überlegte eine Weile, dann sagte er, sich an Hans richtend: *"Und was bringt uns die Veränderung unseres bisher doch bewährten Territorialrechtes? Was habt ihr mit euren neuen Rechtsansichten erreicht? Ein Teil hat sich erst 1491 vom Reich gelöst. In der Schweiz riefen sie aus: >Wir wollen sein ein einig Volk von Brüdern*[17]. *Bis 1254 war das Gebiet ein Stammland der schwäbischen Könige und des Kaisers. Die Habsburger verloren damit 1493 fast allen ihren Besitz südlich des Bodensees."*

Da schalteten sich ungewohnt wortstark die beiden zu den Männern herangerückten Frauen ein. Die Planitzer Base sagte mit hoch erhobener rechter Hand: *„Und wohin hat uns euer ach so kluges Gerede geführt? Wir sind hier zusammen gekommen, um das Weihnachtsfest gemeinsam zu feiern. Was habt ihr daraus gemacht? Ihr geratet euch gar noch in die Haare, wenn ihr*

---

[17] Rüttli-Schwur

weiter so rechthaberisch miteinander streitet. Die Weihnachtsbotschaft
spricht von Liebe auf Erden. Sie spricht von Freude, weil uns Gott seinen
Sohn als Erlöser von unserer Schuld schickte. Und was geht von eurer Strei-
terei aus? Ist es Liebe? Ist es Freude? Ist es Friede? Nein. Ihr zerstört den
gottgewollten Frieden. Hört auf. Mag der Inhalt eurer Streiterei richtig oder
falsch sein. Hört damit wenigstens zu Weihnachten auf. Ihr begeht damit eine
unverzeihliche Sünde."

Da schaltete sich die Frau des Verwalters in das Gespräch ein. *„Uns umgibt ja*
auch eine sonderbar unheilige Zeit. Wir leben doch in der >Zeit zwischen
den Jahren<. In den >Unternächten< drängt sich das alte, heidnische Ge-
dankengut noch immer gewaltig in die Köpfe der Menschen. Ich glaube, wir
müssen aufpassen, dem nicht auch noch zu verfallen. Bis zum >Hohen Neu-
jahr<[18] *sind ja auch die Geister und die unruhigen Seelen los, sagt man."*

Aufbrausend unterbrach sie ihr Ehemann mit den Worten: *„Weib, du machst*
noch alle gar verrückt mit deinen >zwölf unruhigen Nächten<. Glaubst du
gar, der >Wilde Jäger< spukt in unseren Köpfen, wenn wir Kritik an unserer
Zeit üben? Mit diesem alten Aberglauben habe ich im Gut drüben genug zu
tun. Ja, es sind Tage, in denen die Kirche eine besondere Andacht fordert.
Doch in den Köpfen der Leute spukt noch ein tief verwurzelter Heidenglau-
ben herum. Und nun redest du so, als hingen sogar noch Reste dieses Irrglau-
bens an dir."

Seine Frau schaute auf und sagte: *„Es mag sein, es ist Althergebrachtes.*
Doch auch die Kirche hat es nicht fertig gebracht, den Leuten diesen Irrglau-
ben aus den Köpfen zu bringen. Die glauben doch sogar fest daran, dass ih-
nen diese Zeit sogar ermöglicht, in die Zukunft zu schauen.

Voriges Jahr kam ich doch dazu, wie sie in der Familie unseres Schmiedes
>Lebenslichter< schwimmen ließen. In einer ererbten Schüssel ließen sie für
jeden eine Hälfte von Walnussschalen schwimmen. Darin hatten sie Wachs-
kerzen befestigt. Das erste Verlöschen sagte angeblich den bald bevorstehen-
den Tod ihres Besitzers voraus."

„Ja", sagte die Planitzerin, *„solcher Unfug ist weit verbreitet. Hierzulande*
schütteln sich junge Mädchen in der Andreasnacht[19] *doch an jungen Apfel-*
bäumchen den Herzallerliebsten herbei. Aus der Richtung, aus der ein Hund
dabei bellt, soll der Freier kommen. Doch ich glaube, dass wohl niemand

---

[18] Dreikönigstag (6.Januar)
[19] 30. November

wirklich daran ernsthaft glaubt. Ebenso ist es mit den am 30. November ge-
schnittenen >Barbarazweigen<. Um zwei macht man ein rotes Band. Blühen
die zu Weihnachten habe man drei Wünsche frei. Verbreitet ist auch, in der
Weihnachtsnacht an den Hühnerstall zu klopfen. Die Mädchen reden sich
ein: >Kräht e Hoah, kriegste en Moah, gackert e Henn, kriegste kenn.<"

Alle lachten über das Geschehen um den Hühnerstall. Hans sagte:„ *Das wird*
doch schwerlich für voll genommen. Da handelt es sich wohl nur um eine Al-
berei." „Na ja", sagte der Gutsverwalter, „*zwischen Weihnachten und dem*
Hohen Neujahr gibt es schon eine Reihe von Bräuchen, die vom Volk ernst
genommen werden.

Es ist zu Beispiel gefährlich Bettzeug zu waschen. Tut man das, könnte es ge-
schehen, der Tod steht ins Haus. Waschwasser ausschütten holt die Krank-
heit ins Umfeld. Heult in den Unternächten der Sturm, befürchtet man einen
bevorstehenden Krieg.

So recht glauben die Leute vielleicht nicht daran. Doch es könnte wohl auch
etwas Wahres daran sein. Die Alten haben das Wissen auf die Jungen ge-
bracht. Vielleicht stimmt es doch?"

„*Aber man kann auch nicht alles nur uralten Riten zuschreiben*", sagte der
Planitzer Oheim. „*Die Kirche hat für diese Zeit sogar ein Badeverbot ausge-*
sprochen. Es ging ihr in den Badestuben zu unzüchtig zu. Sie bezeichnete das
Baden nun sogar als Todsünde. Auf dem Aachener Konzil beschloss die
>Heiligkeit<, dass ein Bad im Monat für einen Christenmenschen gerade
noch statthaft sei. "

Die beiden Frauen zwinkerten sich verstohlen zu. Sie hatten erreicht, was sie
wollten. Es war ihnen gelungen, die Unterhaltung in die gewünschte Richtung zu bringen. Doch wegen der neuerlichen Rede des Planitzers, der schon
wieder die Kirche am Wickel hatte, blieben sie weiterhin wachen Sinnes.

Zum Leidwesen der Frauen, wurde Bier und Wein aufgetragen. Der Alkohol-
genuss sorgte zunehmend für eine lockere Stimmung im Raum. Unbemerkt
von allen, schaltete sich die Planitzerin ein. Sie verschwand eine Weile und
wies die Dienerschaft an, alkoholische Getränke nicht mehr zu üppig auszu-
schenken. Dann wurde zu Tisch gerufen. Aufgetragen wurde die obligatori-
sche >Weihnachtssuppe des Hauses<. Das war eine dickliche Grützsuppe,
der man reichlich Honig und Trockenobst beigemengt hatte. Anschließend
brachte man eine große Schüssel mit rotbackigen Äpfeln. Als es aufs Ende
zuging sang man sogar das alte Lied >Es ist ein Ros' entsprungen<.

Ehe sich alle niederlegten, verabschiedeten sich die Base und der Oheim aus Planitz noch. Sie wollten in aller Frühe wieder zurück auf ihren Besitz nach Planitz fahren. Alle zeigten sich froh darüber, dass es nicht erneut geschneit hatte. Bereits im Weggehen begriffen, drehte sich der Planitzer noch einmal um und sagte zu Hans: *"Ach, beinahe hätte ich es vergessen. Unweit von uns gelegen ist eine halbe Herrschaft vakant. Du sprachst doch von einem >kleineren Besitz<. Tu dich einmal um, es handelt sich um die Herrschaft Auerbach/Göltzsch. Die liegt doch nur wenig von uns entfernt. Wende dich einmal an die herzögliche Kanzlei. Am besten ist es, einen Postreiter zu schicken, um nicht zuviel Zeit zu verlieren. Überlege es dir. Vielleicht hast du Glück. Damit bliebst du auch in unserer Nähe."*

Als sich Hans in sein Bett legte und er sein Abendgebet gesprochen hatte, überdachte er noch einmal den Tag. Was sollte er von der Botschaft seines Oheims halten? *„Es ist vielleicht eine gute Idee, sich diesbezüglich an den Kurfürsten zu wenden"*, dachte er. Doch zu einer Entscheidung kam er nicht. Bald schon schlief er ein.

Am Morgen, als die beiden Brüder wieder zusammen saßen, stellte Rudolph seinem Bruder die Frage: *„Na, was sagst du zu der Meldung unseres Oheims? Vielleicht könntest du doch ein kleineres Lehn in unserer Nähe erstehen?"*

Hans sagte unter Lachen: *„Ich bin absolut nicht abgeneigt. Ich werde heute ein diesbezügliches Schriftstück als Gesuch aufsetzen. Doch das Schicksal soll entscheiden. Wir werden es erfahren. Klappt es nicht, soll es eben so sein."*

Als sie das Morgenmahl zu sich genommen hatten, erhob sich Rudolph. Dabei sagte er noch im Hinausgehen *„Na denn Bruderherz, wende alle deine Studienkünste auf, dass das Ergebnis so ausfällt, wie du es dir erhoffst."*

Im Laufe des Vormittages fertigte Hans ein Gesuch für das vakante Lehensgebiet der Herrschaft Auerbach/Göltzsch an.

Er überlas es mehrfach. Danach verwarf er es stetig wieder und setzte es von Neuem auf. Als es ihm endlich gelungen erschien, faltete und siegelte er es. Dabei sagte er vor sich hin: *„Möge es gelingen und die Entscheidung dafür die richtige sein."* Nach einer Pause fügte er hinzu: *„Geht es daneben, wird es mir nicht wehtun, dann klappt es sicher ein andermal. Schließlich benötige ich ein übersehbares Lehn. Das sollte für die Gründung einer eigenen Familie ausreichen."* Als das Schriftstück vor ihm auf dem Tisch lag, sagte er:

"So, nun muss ich nur noch den rechten Postreiter finden und ein wenig Glück haben."

Das Wiesenburger Lehn war zusammen mit dem Planitzer ein altschriftsässiger Allodialsitz. Das war ein lehnszinsfreies Erbgut, dem alle Weisungen direkt von der kurfürstlichen Kanzlei zugestellt wurden. Das nützte nun in besonderer Weise auch Hans. Ein berittener Bote brachte Hansens Schreiben nach Planitz. Von dort brachte es ein Kurier in die Dresdener Kanzlei.

Die Folgetage nutzte Hans, zu Pferde durch die verschneite Landschaft zu jagen. Dabei kamen ihm lange geglaubte Erinnerungen wieder zurück. Die ersten Reitversuche als er zum Ritter geschlagen werden sollte standen ihm wieder vor Augen. Welche Ängste zeigte seine Mutter damals, wenn er mit den Pferden umging. Nun jagte er mit seinem Pferd durch den Schnee, dass der hoch aufstob.

5. Kapitel
Gewissheit in Dresden

Nach nur wenigen Tagen hielt Hans ein Schreiben des Sächsischen Kommissariats in Dresden in seinen Händen. Es war vom einem herzoglichen Kommissar Graf Balthasar v. Schwarzburg unterzeichnet.

Hans erbrach mit zitternden Händen das Siegel. Dann las er: *„Aus Gründen des Lehnserwerbes Auerbach/Göltzsch bitten wir den Ritter Hans v.d. Planitz diesbezüglich in unserer Dresdener Kanzlei vorzusprechen."* War das ein gutes Omen? Man hätte ihn doch nicht eingeladen, wenn man ihm das Lehn nicht zusprechen wollte. Hans fühlte sich hin und hergerissen. Zunehmend baute sich in ihm eine unbekannte Spannung auf. Er fragte sich, ob er dabei gar dem Herzog Albrecht gegenüber treten werde. Der hatte sich doch immer stark interessiert am Gebiet um den Schneeberg herum gezeigt. Das war ja nun zum gemeinsamen Besitz der Brüder v.d. Planitz geworden. Dann lachte Hans über sich selbst. *„Mit derartig banalen Dingen, wie meinem Anliegen, gibt sich der Herzog ganz sicher nicht ab."*, sagte er vor sich hin.

Familienrat wurde gehalten. Im Vordergrund stand zunächst, wie Hans nach Dresen gelangen könne. Der bestand darauf, die Strecke zu Pferde zurückzulegen. Er wollte mehrmals eine Rast einlegen und in Herbergen nächtigen. Sein Bruder entschied, ihm dann auf jeden Fall einen Reitknecht zur Seite zu stellen. Rudolph beharrte auf seiner Meinung. *„Mitten im Winter, unternimmt man eine derartige Reise nicht allein"*, sagte er. Zur Sprache kam auch, was zu tun wäre, wenn der Herzog Gebietsansprüche auf den Schneeberg stellen würde. Hans bat seinen Bruder um Vertrauen. Selbstbewusst glaubte er, dann erfindungsreich und redegewand genug zu sein.

Am Morgen des Folgetages wurden in aller Frühe zwei Pferde für den Ritt nach Dresden gesattelt. Ein drittes Pferd diente als Packpferd. Ihm wurde ein Bündel mit zusätzlicher Kleidung und die Wegzehrung aufgeschnürt.

Bis Wildenfels hatten sie tüchtig mit dem in den letzten Tagen gefallenen Schnee zu tun. Der Wald ringsum war dick in Schnee gehüllt. Kamen sie einem Baum zu nahe, entlud er Schnee über sie. Mit der Zeit wurde der Ritt leichter. Je weiter sie aus dem Gebirge hinauskamen, umso weniger hatte es geschneit. Das ermöglichte den Pferden ein besseres Vorankommen, obwohl ihnen im freien Gelände der eisige Wind zu schaffen machte. Endlich, gegen Abend erreichten sie müde und arg mitgenommen, über die alte Geraer Handelsstraße, den Ort Wittgensdorf. Hier fanden sie einen Gasthof, der ihnen samt ihren Pferden ein Unterkommen bot.

Hans aß nur wenig und fiel hundemüde in sein Bett. Der Reitknecht schlief trotz der Kälte im Stall bei den Pferden.

Die größere Strecke lag noch vor ihnen. Deshalb begaben sie sich zeitig auf den Weiterritt. Eine heiße Mehlsuppe mit Blutwurststücken und ein tüchtiges Stück Brot hatte ihre Mägen gefüllt. Da hier weniger Schnee lag, kamen sie schneller voran. Nur hin und wider hemmten Schneewehen das Fortkommen, dann mussten sie einen Bogen schlagen. Weiterhin blieben sie auf der Handelsstraße, die sie aus dem Ernestinischen[1] auf Dresden hin führte. Die nächste Rast machten sie in Nossen. Über den kleinen Ort Wilsdruff erreichten sie am späten Abend endlich Dresden. Erschöpft fanden sie eine Herberge, die sie aufnahm.

Am Morgen kleidete sich Hans standesgemäß und begab sich auf den Weg zum Residenzsitz, um in der dort vermuteten Kanzlei vorzusprechen. Nach Vorzeigen der Ladung begleiteten ihn Wachen zu Kommissar Graf v. Schwarzburg. Der begrüßte ihn außerordentlich herzlich mit den Worten: *„Sind Sie gar auf Vogelschwingen zu uns nach Dresden gekommen? Sie sind ja schneller als ein Gewitterblitz.“* Hans entgegnete: *„Nein Hoheit, wir sind auf Pferderücken nach Dresden geeilt.“ „Was?“* entgegnete der Graf, *„und das bei dieser Januarkälte? Da sieht man das Ungestüm der Jugend.“ „Nun Ja“*, sagte er an Hans gerichtet, *„Wir haben eine Reihe Erkundigungen über den Ritter v.d. Planitz eingeholt. Er ist ja ein weitgereister und kluger Mann. Sie haben im italienischen Bologna die Römischen Rechte studiert?“* Hans entgegnete darauf, ohne Unterwürfigkeit zu zeigen: *„Ja, ich habe mein Studium in Bologna erfolgreich mit dem Doktorat beendet.“ „Na.“* sagte der Graf, *„Sie haben doch auch selbst die Fakultät geleitet?“* Hans nippte mit dem Kopf und sagte: *„Herr Graf, mir wurde das Glück zuteil auf diese Weise wirksam werden zu dürfen.“* Der entgegnete wiederum: *„v.d. Planitz, wurden Sie nicht auch zum >Ritter des Heiligen Grabes< geschlagen? Das ist doch auch etwas Besonderes.“* Der Graf überlegte eine Weile, dann sagte er: *„Es ist wohl schade, dass Sie ihr Wiesenburger Erbe ausgeschlagen haben. Warum bemühen Sie sich nun um ein halbes, also viel kleineres Lehn?“* Hans straffte sich und entgegnete mit deutlich vernehmbaren Worten: *„Ich möchte eine Familie gründen und ihr auch ein Zuhause schaffen. Das viel größere Erbe meines Vaters hätte mich ganz und gar gefordert. Ich möchte aber versuchen, mein erworbenes Wissen nicht brach liegen zu lassen. Vielleicht ergibt sich eine Gelegenheit, es nutzbringend anzuwenden.“*

Der Graf, der Hans mittlerweile den Rücken zugewandt hatte, wendete sich ihm blitzartig zu und sagte:*„Das ist sehr zu loben. Ich sehe, wir haben richtig*

---

[1] Thüringen

entschieden, dass wir Ihnen, v.d. Planitz, das Lehn zugeprochen haben." Nach einer Weile sagte der Graf: *„Für Sie und Ihre zukünftige Familie wünscht Ihnen das Hohe Haus alles Gute. Haben sie denn schon ein Eheweib, das Ihnen Kinder schenken wird?"* Diese Frage brachte Hans ein wenig aus der Fassung. Errötend schüttelte er den Kopf und sagte fast ein wenig eingeschüchtert: *„Nein, das Glück wurde mir noch nicht zuteil. Ich bin doch erst kürzlich aus Italien wieder zurückgekommen."* Erheitert entgegnete der Graf darauf: *„Na, dann mögen die Weiber bald zu einem Studienobjekt von Ihnen werden, damit das Vorhaben recht gelingen kann. Ritter Hans v.d. Planitz, wir sprechen Ihnen hiermit die halbe Herrschaft Auerbach/Göltzsch zu. Mögen Sie daran Freude haben. Die nötigen Dokumente darüber werden Ihnen durch Boten zugestellt."* Er reichte Hans die Hand, um ihn damit gleichzeitig zu verabschieden.

Hans hätte vor Freude in die Luft springen mögen. Als er vor der Tür stand, sagte er leise vor sich hin: *"Hans, du bist zwei Sprossen höher gestiegen ..."* Er brachte seine Gedanken nicht zu Ende. Ein Bote bat ihn, noch einmal zurück zu Graf v. Schwarzburg zu kommen.

„Zwei Dinge sind mir noch eingefallen", sagte der Graf, *„Ritter v.d. Planitz, Sie nächtigen natürlich in einem unserer Gästezimmer. Der Bote wird Sie gleich einweisen. Dann lade ich Sie für heute Abend nach Sonnenuntergang in mein Palais zu einem Ball. Dort finden Sie ganz sicher eine Anzahl hübscher, junger Eheanwärterinnen. Schauen Sie sich gut um. Vielleicht finden Sie darunter Eine, die ihnen für Ihr Vorhaben geschaffen scheint. Wir sehen uns also heute am Abend bei mir."* Lächelnd gab ihm der Graf noch einmal die Hand. Damit war er wieder entlassen.

Hans wurde zu einem Nebengebäude geleitet. Dort wies man ihm ein Zimmer an. Das unterschied sich gewaltig von dem in der Herberge bezogenen Raum. Es war fürstlich eingerichtet. An den Fenstern hingen sogar samtene Vorhänge. Auch für die Pferde wurde ein dahinter befindliches Stallgebäude bestimmt.

Nun hatte Hans für den Umzug nach hier zu sorgen. Zum Glück lag die Herberge nur wenige hundert Meter entfernt. Als der Pferdeknecht die Pferde wieder gezäumt hatte, ritten sie zum Quartier an der Kanzlei. Hier bezog sogar der Knecht ein Zimmerchen innerhalb des Stallgebäudes. Hans überlegte lange ehe er sich dazu entschied, die gräfliche Einladung in dessen Palais anzunehmen. *„Wie gut"*, dachte er, *„dass mein Kleiderbündel das überhaupt zu-*

lässt!" Dann sagte er sich: *„Warum soll ich mich dort nicht einmal sehen lassen? Der Graf erwartet das doch auch sicher!"*

Von einer Besichtigung der Residenzstadt sah Hans ab. Die Kälte zwickte tüchtig an die Ohren. Er beschäftigte sich damit, sich für das gräfliche Fest vorzubereiten. Vor allem sorgte er dafür, dass er sich den anhaftenden Pferdegeruch vom Leib wusch.

Um sich zu sättigen, wickelte Hans die mitgenommene Wegzehrung aus. Wurst, Schinken, Brot, ein Stück Braten und etliche Äpfel hatte man ihm eingepackt. Da vernahm Hans leises Klopfen an der Tür. Ein Diener lud ihn zum Essen in den Speisesaal des Hauses ein. Hans zeigte sich verwundert darüber. Man hatte vergessen ihm mitzuteilen, dass die Hausgäste auch im Haus verköstigt würden. Hans ließ sich zum Essen führen. Dort bekam er Besseres als die mitgeführte Wegzehrung aufgetischt.

Nach dem Essen richtete Hans seine ganze Aufmerksamkeit darauf, sich für den Empfang bei Graf v. Schwarzburg herzurichten. In seinem Kleiderbündel fand er alles dafür. Der für ihn bereitgestellte Diener hatte ihn nach dem Essen auch darüber orientiert, dass Graf v. Schwarzburg für Hans eine Kutsche anfahren lassen würde. Wenn die einträfe, würde er Hans davon unterrichten. Bei Einbruch der Dämmerung machte sich Hans bereit. Wohl oder übel musste er den schweren Pelz umhängen, den er beim Herritt trug. Dem haftete jedoch noch der Geruch seines Pferdes an. Sonst besaß er kein Kleidungsstück, um der Kälte entgegen zu wirken.

Als Hans das Klopfen an der Tür vernahm, zog er den Pelz um seine Schulter und ging hinaus. Der Diener geleitete ihn bis zur bereitstehenden Kutsche. Die Anfahrt zum gräflichen Palais währte nur wenige Minuten. Es lag in unmittelbarer Nähe der Kanzleigebäude. Als Hans die Kutsche verließ, begleiteten ihn zwei Diener in Livree die hohe Eingangstreppe hinauf. Dort entledigte er sich seines Pelzes. An der Saaltür empfing ihn der strahlende Hausherr. *„Ich freue mich, Sie in meinem Hause begrüßen zu dürfen."* sagte der, *„Machen Sie die Augen auf, vielleicht finden Sie unter den zahlreichen Damen, was sie suchen."*

Hans bedankte sich artig lächelnd für die Einladung und entgegnete: *„So eilig habe ich es denn doch nicht Herr Graf."* Der Graf wiegte den Kopf hin und her und sagte: *„Zu lange sollte man damit aber nicht warten."*

Hans betrat den hell erleuchteten Saal und war geblendet. Eine Vielzahl Kerzen ließ den Raum sommerhell erstrahlen. Die mit Spiegeln verblendeten

Wände warfen die Helle wieder zurück. Hans verweilte einen Augenblick, ehe er den nicht allzu großen Spiegelsaal betrat. Eine Menge Menschen waren bereits anwesend. Für Hans waren das alles Unbekannte. Etliche standen in Gruppen zusammen und sprachen miteinander. Andere saßen in Paaren an den am Rand aufgestellten Tischen.

Hans war noch damit beschäftigt, alles in Augenschein zu nehmen, als plötzlich sein Gastgeber neben ihm stand. Der forderte ihn auf, mit ihm zu kommen. Sie schritten auf einen Tisch zu, an dem noch ein Stuhl unbesetzt war. Ein älteres Ehepaar und eine junge Frau hatten drei Plätze am Tisch eingenommen. Der Graf trat mit den Worten an sie heran: *„Ich möchte Sie miteinander bekannt machen".* Auf das Ehepaar deutend sagte er: *„Das ist die Familie von Schönburg auf Schöna im Meißnerischen mit ihrer Tochter Barbara. Der Junge Mann, den ich herzugebracht habe, ist der Ritter des Heiligen Grabes Dr. Hans von der Planitz. Ihm ist eben erst eine Herrschaft zugesprochen worden Der junge Mann ist kürzlich aus dem fernen Italien wieder nach Sachsen zurückgekehrt. Dort war er Rektor der berühmten Rechtsuniversität in Bologna. Vor ihm liegt sicher eine aussichtsreiche Zukunft. Darf er hier an ihrem Tisch Platz nehmen?"* Der Ritter von Schönburg entgegnete: *„Es ist uns eine Ehre, mit einem so erfolgreichen jungen Mann zusammen zu sitzen. Nehmen Sie Platz junger Rittersmann."*

Hans fühlte sich unwohl. Er kam sich zu dick angepriesen vor. Ihm ging durch den Kopf, ob der Hausherr ihn etwa gar mit ganz bestimmten Vorstellungen an diesen Tisch gebracht hatte. Hans zeigte sich aus diesem Grund nicht gerade sehr gesprächig. Das gefiel aber offensichtlich dem Ritter v. Schönberg nicht sonderlich. Immer wieder versuchte er ins Gespräch mit Hans zu kommen. Hans gab artige, doch nur knappe Auskünfte. Er wollte sich nicht ausfragen lassen. Das schien sein Gegenüber vorzuhaben. Als die Sprache aber auf Hansens Pilgerfahrt nach Jerusalem kam, war das Eis gebrochen. Hans erzählte und die Anderen lauschten.

Sogar die bisher so schweigsame junge Schönbergerin stellte etliche Fragen. Das war Hans nicht unrecht. Er hatte Gefallen an der jungen Frau gefunden. Die Beantwortungen ihrer Fragen gaben ihm zudem Gelegenheit, ihr voll ins Gesicht zu schauen. Dabei stellte Hans fest, dass sie schöne Augen habe. In Ihm stieg ein bisher unbekanntes Gefühl einer besonderen Zuneigung auf. Auch dem v. Schönberger fiel auf, dass die beiden sich spürbar näher kamen. Das schien ihm gar nicht so unrecht zu sein. *„Ein so gebildeter und von Erfolgen umgebener, zielstrebiger junger Ritter wäre als Schwiegersohn nicht zu* verachten", kam ihm in den Sinn. Aus diesem Grund erhielt Hans im Laufe des Abends von Ritter v. Schönberg sogar eine Einladung. „*Wir würden uns freuen, und uns sehr geehrt fühlen Herr Ritter v.d. Planitz, wenn Sie zu einem Besuch zu uns kämen.*, sagte er zu Hans. Der hätte darüber laut jauchzen können. Hans hätte niemals für möglich gehalten, dass er sich so urplötzlich zum anderen Geschlecht hingezogen fühlen könnte. Er bemerkte, in ihm war das >Pflänzchen Liebe< am Aufkeimen. Ganz spontan, viel schneller als es seiner bisherigen Gewohnheit entsprach, antwortete er auf die Einladung: „*Ja, ich nehme Ihre Einladung sehr gerne und mit großem Dank an. Ich fühle mich geehrt und bin außerordentlich erfreut.*" Als er die Worte so herausgesprudelt hatte, war ihm seine Spontanität, mit der er geantwortet hatte, fast ein wenig peinlich. Er war so mit sich selbst beschäftigt, dass er nicht bemerkte, dass sich die Wangen von Barbara mit Röte überzogen.

Der Abend verging Hans viel zu schnell. Immer wieder schaute er nach seiner hübschen Nachbarin. Er konnte nicht genügend Blicke von ihr einfangen Der Abschied fiel Hans nicht leicht. Die von Ritter v. Schönburg noch einmal ausgesprochene Einladung tröstete ihn ein wenig über die Trennung hinweg, Die Worte: „*Wir sehen uns demnächst wieder, Ritter v.d. Planitz.*", fanden in Hans einen festen Ankerplatz. Auch die Mutter von Barbara sagte bei der überaus herzlichen Verabschiedung: „*Sie sind uns jederzeit ein willkommener Gast. Ganz sicher würden Sie auch Barbara eine Freude mit ihrem Besuch bereiten.*" Als ihm Barbara zum Abschied die Hand reichte, glaubte Hans ein leichtes Zittern zu verspüren.

Auch vom Kanzleirat verabschiedete sich Hans an diesem Abend noch. Schon des Wetters wegen wollte er schnell wieder nach Wiesenburg zurück. Der Graf sagte bei der Verabschiedung von Hans ganz beiläufig: „*Mein lieber Herr v.d. Planitz, wir werden ganz sicher bald wieder miteinander zusammentreffen.*"

Kurz vor dem Einschlafen überdachte Hans noch einmal den Tag. Dabei wurde ihm klar, dass der Kanzleirat Graf v. Schwarzburg wohl ein Gönner von ihm war. Was sollten nur seine letzten Worte bedeuten? Warum sollte er bald wieder mit ihm zusammenkommen?

Dann tauchte die Frage in Hans auf, ob der sich gar mit dem Schönburger abgesprochen hatte. Der freie Platz am Schönburger Tisch? War das Zusammentreffen etwa eine geplante Aktion der Beiden?

Sein Glücksgefühl ließ ihn nicht lange bei diesen Gedanken verweilen. Hans war mehr als froh darüber, dass es sich so ergeben hatte. Bereits am nächsten

Morgen ritten die beiden Männer wieder zurück in Richtung Wiesenburg. *„Der Wettergott ist uns gnädig.“*, sagte Hans, als sie sich auf die Pferde schwangen. Es hatte nicht mehr geschneit und es war auch etwas milder geworden. Sie nahmen den gleichen Weg, wie auf dem Herritt. Ohne Schwierigkeiten langten sie wieder in Wiesenburg an.

Noch am Abend quollen Hans Herz und Mund über. Er schwärmte seinem Bruder gegenüber, welch entzückendes Mädchen er kennen gelernt habe und dass er sogar von ihren Eltern eingeladen worden sei. Der lachte lauthals über die Schwärmerei seines Bruders. *„Na, na.“*, sagte er warnend, *„Verbrenne dir nur nicht die Finger an einem Weib. Du kennst sie ja noch gar nicht recht. Jedes Feuer beginnt ja bekanntlich klein. Brennt es erst einmal lichterloh, frisst es schnell alles weg.“*

Hans entgegnete lachend: *„Du kennst sie nicht. Ich kann nur noch an sie denken. Wenn ich auf festen Füßen stehe und sie zeigt sich nicht abgeneigt, wird sie mein Eheweib. Daran glaube ich ganz fest.“* Sein Bruder verließ ihn an diesem Abend mit den Worten: *„Meinetwegen. Du musst ja wissen, was du tust. Wie schnell nur gerät ein Mann wegen eines Weibes so aus der Fassung.“*

Hans schlief an diesem Abend müde vom Ritt, doch auch in beglückendem Gedenken an Barbara v. Schönburg ein.

Nach nur zwei Tagen traf ein berittener Bote in Wiesenburg ein. Er überbrachte die in Aussicht gestellte Lehnsurkunde für die Halbherrschaft Auerbach/Göltzsch. Hans zeigte sich beglückt. Er war in Hochstimmung. Lauthals rief er aus: *„Das Jahr 1504 lässt sich mehr als gut an. Die nun mir gehörende bisherige Wolframsdorfer Hälfte gestattet mir jetzt eine Familie zu gründen. Nun habe ich für sie einen rechten Platz gefunden. Es bleibt mir nur noch, auch in die rechten Dienste zu kommen. Vielleicht hilft mir da der Kanzleirat Graf v. Schwarzburg.“*

Hans zeigte sich so locker wie noch nie. Er hüpfte tanzend wie ein Junge herum. Als das sein Bruder entdeckte sagte der grinsend: *„Dich hat es aber gewaltig gepackt! Der Himmel möge mich davor bewahren! Was kann Verliebtheit nur aus einem Mannsbild machen!“*

Hans ließ sich davon nicht beirren und sagte fast unhörbar: *„Warte nur, mein Lieber. Auch dich wird dieses Gefühl irgendwann packen. Dann werde ich mich über dich lustig machen.“*

6. Kapitel

Die Herrschaft Auerbach ruft

Die nächsten Tage vergingen mit den Vorbereitungen für die Reise zu Hansens künftigem Herrschaftsgebiet. Sein Bruder Rudolph bestand darauf, dass sie die gemeinsam unternehmen sollten. *„Vier Augen sehen mehr.“*, sagte der. *„Da sehen wir auch gleich, was du dort noch benötigst und was du vom Wiesenburg-Gut bekommen und mitnehmen kannst.“*

Hans ließ sich überzeugen. Doch es wäre ihm lieber gewesen, wenn er seinen Besitz erst einmal allein unter die Augen genommen hätte.

Die kommenden Tage ließen die Brüder wegen des frostigen Winterwetters von ihrem Vorhaben erst einmal absehen, obwohl es Hans kaum noch erwarten konnte, nach Auerbach zu kommen. Bei dieser Kälte konnte er seinen Besitz sowieso nicht beziehen. Wohl oder übel musste er sich darein fügen.

Nach Verlauf einer Woche wurde beschlossen, die Reise doch mit einem Schlitten zu wagen. *„Auerbach liegt ja nicht außerhalb der Welt.“*, sagte Hans. Er wollte die Reise lieber wieder reitend bewerkstelligen. Da aber zu vermuten war, dass in höher liegenden Gebieten mehr Schnee liegen würde, sah er letztlich davon ab.

Der Schlitten wurde mit allem nur Möglichen beladen. Zu guter letzt musste man sich jedoch beschränken, um selbst noch richtig sitzen zu können. An einem Februarmorgen des Jahres 1504, zeitig in der Frühe, starteten die Brüder ihre Reise ins Land der Vögte. In Decken und Pelze gehüllt, waren sie gut gegen die Kälte gerüstet. Rudolph steuerte den Schlitten. Seinem Handpferd[1] hatte man Schalanken[2] an den Kammdeckel[3] geschnallt. Jede Bewegung des Pferdes verursachte ein helles Schellengeläut.

Sie kamen besser voran als gedacht. Über Irfersgrün und Pechtelsgrün gelangten sie nach Lengenfeld. Hier legten sie eine Rast in einer am Wege gelegenen Schänke ein. Sie diente vor allem dem Aufwärmen. Durch dick verschneiten Wald erreichten sie in Niederauerbach die alte Heerstraße, die von Plauen herführte. Nur einen Steinwurf davon entfernt, trafen sie auf das dort lautstark stampfende Hammerwerk NiederAuerbach. Das hatte der einstige Herrschaftsbesitzer von Auerbach/Göltzsch, Friedrich v. Dohna, um 1450 aus Gründen der hiesigen Eisenfunde errichten lassen. Hier waren sie mit ihrem Schlitten dicht an die wasserreiche Göltzsch herangekommen. Deren Wasser trieben die großen Wasserräder des Eisenhammers an. Hier unter-

---

[1] rechtes Pferd
[2] Teil des Bauchgurtes
[3] Bauchgurt

brachen sie ihre Fahrt eine Weile, um dem quirligen Treiben zuzuschauen. Das lärmende Stampfen der schweren Pochhämmer füllte das Tal so gewaltig, dass ihnen keine Unterhaltung möglich war. Des Dröhnens halber verweilten sie nur kurze Zeit. Dicht am Hammer überquerten sie die Göltzsch. Entlang des Göltzschufers führte sie die Dorfstraße von Niederauerbach bis an die Kirche des Dorfes Redewisch hinauf.

Als sie den Lärm nur noch von ferne hörten, hielt Rudolph den Schlitten noch einmal an. Er fragte seinen Bruder aufgeregt: *„Gehört das Hammerwerk nun auch zu deinem Besitz?"* Hans war sich darüber selbst im Unklaren. Er verwies darauf, dass ihm nur die halbe Herrschaft von Auerbach/Göltzsch gehöre. *„Es könnte vielleicht so sein.",* gab er zur Antwort. *„Bisher sprach man bei der Zusprechung immer nur von der Herrschaft Auerbach. Die genaue Festlegung des Lehnumfanges muss ich erst noch abwarten."*

Unterhalb der Kirche bogen sie in die Schlehgasse ein und erreichten nach wenigen Augenblicken zu ihrer Rechten den Rittersitz Göltzsch. Der lag von einem ihn umschließenden Wassergraben gesichert, in der Göltzschaue. Dort erfragten sie ihr weiteres Vorankommen. Über die Kohlenstraße, die bis nach Böhmen führte, gelangten sie über den Lamnitzer[4] zum Rittergut Sorga. Von dort fanden sie leicht die rechterhand bereits sichtbare Burg von Auerbach.

Auf der Höhe angekommen, konnten sie gut auf die unter ihnen liegende Burganlage schauen. Dicht dabei entdeckten sie auch das dazu gehörige Vorwerk[5].

Bruder Rudolph stellte sich auf die Beine, reichte seinem Bruder die Hand und sagte: *„Ich gratuliere dir mein lieber Hans zu deinem nun neuen Zuhause. Mögest du hier glücklich werden und bis in dein hohes Alter zufrieden auf dieser Burg leben können."*

Hans dankte seinem Bruder nur verhalten. In diesem Augenblick hatte er mit sich selbst zu tun. Ergriffen, und ein wenig verschämt, wische er sich seine Freudentränen von den Wangen. Dann sagte er mehr an sich selbst als an seinen Bruder gerichtet: *„Hier will ich meinen Ankerplatz finden und in einer, nein, in meiner künftigen Familie glücklich mein Leben verbringen."*

In gemächlichem Tempo fuhren sie auf die nahe Burganlage zu. Hansens Blick schien an den alten, hoch aufragenden Wehrturm gekettet zu sein.

---

[4] sorbische Höhenbezeichnung
[5] Gutswirtschaft

Wie besessen sprang er plötzlich auf, reckte beide Arme gen Himmel und schrie in die kalte Winterluft hinein:*"Ich fühle mich als der glücklichste Mensch auf Erden. In mir ist das beglückende Gefühl eines Kindes bei der Bescherung am Weihnachtstag."* Je näher sie der Burg kamen, umso stiller wurde Hans. Der sonst so gefestigt scheinende Mann kämpfte immer wieder gegen seine Tränen an.

Rudolph holte ihn mit der Frage zurück: *"Wo wollen wir uns Rat holen? Fahren wir erst zur Burg oder finden wir besser eine Auskunft im Vorwerk?"*

Sie entschieden sich dafür, in der Burg nachzufragen. Doch mit dem Schlitten bis zum Torturm hinaufzukommen, erschien ihnen bald unmöglich. Aus diesem Grund steuerten sie doch das Rittergutsgelände an. Als sie durch das offen stehende Tor in den großen Gutshof hineinfuhren, sahen sie etliche erstaunte Gesichter. Sie waren noch nicht einmal vom Schlitten gestiegen, als ein Mann auf sie zukam und sie barsch zum Verlassen des Gutshofes aufforderte. Dem Befehlston nach hätte es der Gutsverwalter sein können. Hans plusterte sich auf wie ein balzender Auerhahn. Dann schleuderte er seine Worte wie Spieße heraus: *"Nein. Das werden wir nicht tun. Sie werden verschwinden. Schicken Sie uns einen Menschen mit besseren Umgangsformen. Gehen Sie mir aus den Augen."*

So eine Reaktion hatte sein Gegenüber ganz offensichtlich nicht erwartet. Er fiel untertänig in sich zusammen und stammelte: *"Verzeihen Sie hoher Herr."* Hans war so erregt, dass er auf seinem Befehl beharrte. Schnarrend entfuhr ihm erneut die Aufforderung *"Verschwinden sie."* Eine derartige Härte hätte ihm selbst sein Bruder nicht zugetraut. Erschrocken schaute Rudolph seinen Bruder verwundert an.

Nachdem der Gescholtene verschwunden war, kam ein älterer Mann mit einem langen, weißen Bart auf sie zu. In demütiger Stellung verharrte der vor ihnen und sagte mit nach unten gerichtetem Kopf: *"Hoher Herr, Sie sind vermutlich unser neuer Patron, der Herr v.d. Planitz. Gehen Sie bitte nicht zu streng mit unserem Verwalter um. Er war nur darauf bedacht, Fremde von hier fern zu halten. Die haben auf dem Hof nichts zu suchen. Lassen Sie bitte Nachsicht walten. Er ist mein Sohn, der nun mein Amt innehat."*

Nun tat Hans sein hartes Auftreten fast ein wenig leid. Er entgegnete: *"Ja, auf einen harten Klotz gehört auch ein harter Keil. Na ja, wir werden sehen, wie wir uns in Zukunft vertragen werden. Ich wollte eigentlich mit ihm reden, um eine gebührliche Auskunft zu erlangen. Das hat er gründlich zunichte gemacht. Er hat uns mit seinem Befehl regelrecht überfallen. Nun werdet ihr uns die Fragen beantworten, die uns der Sohn schuldig geblieben ist. Ich hoffe, wir haben den Rechten getroffen, der auch in der Lage ist, uns durch die Burganlage zu führen. Ist darin noch die nötige Dienerschaft zu finden? Kann man die Räume ohne großen Aufwand beziehen?"*

Der Alte bejahte die Fragen. Ein Pfiff von ihm holte einen Knecht herbei, der den Schlitten übernahm. Danach schlurfte der alte Mann mit den Worten auf die Burg zu: *„Edler Herr v.d. Planitz, bitte folgen Sie mir mit Ihrer Begleitung.",* bat er. Seitlich der Gutsanlage führte ein Tor zur Burg hin. Hans hatte die verschneiten Stufen, die sie hinaufstiegen, nicht gezählt. Sie waren zahlreich. Der Alte öffnete oben eine schwere Eichentür. Er trat zurück als sie knarrend aufging. Ein leises *„Bitte Ihr hohen Herren, treten Sie ein und bringen Sie Glück herein."* kam über dessen Lippen.

Hansens Ärger war verflogen, als er mit einem Bein im Raum und einem noch auf der Treppe stand. Er wandte sich seinem Bruder zu und sagte: *„Ein Bein steht in meinem Zuhause, mit dem anderen stehe ich nur auf meinem Besitz. Lieber Rudolph verstehst du den feinen Unterschied? Ich heiße dich in meinem nunmehrigen Zuhause recht herzlich willkommen. Der kleine anfängliche Aufzug wird hoffentlich eine Ausnahme bleiben. Ich möchte kein allzu strenges Regiment führen. Möge uns der Herrgott zu allem seinen Segen geben."*

Da übernahm der etwas seitlich stehende Alte das Wort: *„Wir befinden uns hier im Wirtschaftsgebäude. In ihrem Erdgeschoss befindet sich die Küche, auf unserer Ebene ist die Dirnitz[6] und darüber liegen weitere Wirtschafts- und auch Vorratsräume".* Ein überdachter Korridor führte sie ein Stück weiter zu einer schweren Eichtür. Hier blieb der Alte, ehe er sie öffnete, erst einmal stehen. Er deutete darauf und sagte: *„Diese Tür lässt uns in den Palas gelangen. Auch die Kemenate ist dort zu finden."* Sie standen fast im Dunkel, nur durch zwei kleine Fenster drang Licht herein. Als der Alte die Tür öffnete flutete ihnen Licht entgegen. Aus der Dunkelheit kommend, blinzelten sie geblendet noch eine Weile. Sie betraten den Festsaal der Burg, der schöne große Fenster besaß. An der Breitseite des Raumes entdeckten sie sogar einen Kamin. *„Im Obergeschoss finden sich die Schlafräume. Von außen sind zwischen dem kleinen Eckturm und dem Palas die Räume des Büttels zu erreichen. Ich habe bereits einen Diener nach ihm geschickt. Er müsste bald hier erscheinen. Auch die Küche ist von Ihrer Ankunft unterrichtet worden. Ihr Leibdiener wird ihnen ebenfalls bald zur Verfügung stehen. Ihr nicht ange-*

---

[5] Wohnung der Dienstleute

kündigtes, plötzliches Erscheinen hat uns alle etwas überrascht. Dass ich es nicht vergesse, wenn Sie es befehlen, werden alle in ihren Diensten Befindlichen zu ihrem Empfang bereitstehen."

Es klopfte an der Tür. Worauf der Alte sagte: *„Das wird wohl ihr Kamerdiener sein, den wir bestellt haben."* Ein jüngerer Mann in Livree betrat das Zimmer, schritt auf sie zu und sagte, sich verbeugend: *„Herr v.d. Planitz, ich stehe zu Diensten. Man nennt mich >Nickel<."* Hans musterte den Diener von Kopf bis zu den Füßen. Dann sagte er: *„Na denn, Nickel, hole meinem Bruder und mir ein ordentliches Mahl herbei. Mal sehen, was die Küche zu bieten hat."* Nickel entgegnete darauf:*„Die hohen Herren müssen sich aber erst ein wenig gedulden. Auch der Koch war auf Ihr Kommen nicht vorbereitet."* Das nutzte der Alte. Sich verbeugend fragte er danach, ob er weiterhin noch gebraucht würde. Hans verneinte und entließ ihn. Er und der Diener verließen daraufhin gemeinsam den Raum.

Ihr Alleinsein nutzten die beiden Brüder dazu, sich den Raum genauer anzusehen. Die beiden Schränke, der große Tisch und die Stühle waren schwere Eichenholzmöbel. In den Fensternischen standen gepolsterte Bänke, zwei große Lüster trugen zahlreiche Wachskerzen. Um den Kamin herum standen etliche Hocker. Um sie herum lagen Felle auf dem Fußboden. Links und rechts neben dem Kamin standen zwei Kerzenleuchter, deren herab getropftes Wachs den Dielenboden bedeckte.

Der Diener begehrte erneut Einlass. *„Ehrwürdiger Patron"*, sagte er *„der Koch bittet um ein wenig Geduld. Er wird sich beeilen, etwas Warmes aufzutischen. Soll ich dafür sorgen, dass der Kamin angeheizt wird? Die Herren werden doch wohl durchgefroren sein? Der Kamin wird den Raum schnell erwärmen."* Als Hans das bejahte, zog der Diener an einem Klingelgurt nahe der Tür. Eine Magd erschien, die das Feuer entzündete und Holzscheite um die Späne stapelte. Sie war damit beschäftigt, bis die Flammen um das Holz züngelten. Dann war sie, etliche Knickse machend, schnell wieder verschunden. Eine zweite Magd erschien. Die breitete ein Tuch über den Tisch. Währenddessen rückte der Diener Gläser zurecht und füllte sie mit rotem Wein. Danach bat er die Herrschaften, Platz zu nehmen. Ehe er das Zimmer verließ fragte er Hans noch, wann er mit dem Büttel[7] sprechen wolle. Er stünde jederzeit zu einem Gespräch bereit. Damit war Hans klar, dass die Gerichtsbarkeit an seine Herrschaftshälfte gebunden war. Er wünschte erst zu essen, erst danach solle der Büttel bei ihnen erscheinen.

---

[7] Gerichtsbote

188

„Na, was sagst du?", fragte Hans seinen Bruder. „Auf den ersten Blick lässt doch Nichts etwas zu wünschen übrig? Dass ich gleich zu Beginn hart auftrat, war auch kein Fehler. Es wird mir nicht gleich jemand wieder auf der Nase herumtanzen."

Rudolph entgegnete: "Ich glaube, du hast ins Volle gegriffen. Es ist zwar ein weitaus kleinerer Besitz als unser Wiesenburg. Außerdem hältst du nur die halbe Herrschaft in deinen Händen, doch es scheint alles in ordentlichem Zustand zu sein. Und wenn du dich auch noch der Juristerei hingeben willst, wird dein Besitz auch ausreichend Größe besitzen. Ich gratuliere dir. Du hast vor allem das, was du wolltest. Wie ich dich einschätze, wirst du schon das Rechte daraus machen."

Nach dem vorzüglich zubereiteten Essen stellte sich der Büttel vor. Tapsig, wie ein Bär betrat er den Raum. Der große Mann mit rabenschwarzem Vollbart und langen zotteligen Haaren, blickte finster drein. Sein ganzes Erscheinungsbild strahlte unnachgiebige Härte aus. „Du meine Güte, der sieht ja aus wie ein Henker", schoss es Hans durch den Kopf. „Wenn er sein Amt so ausführt, wie zu vermuten ist, werde ich mich wohl bald von ihm trennen."

Der Büttel sagte mit volldröhnender Stimme:„Ich heiße die neue Herrschaft auf der Burg zu Auerbach herzlich willkommen. Mein Name ist Melligor Veidt und ich bin Ihr Büttel. Ich stehe Ihnen zu Diensten.", horchte Hans auf. „Der benimmt sich doch, als wäre er hier der Hausherr.", dachte er. „Nein, den werde ich mir schon bald vom Hals schaffen. Das ist mir eine zu unsymphatische Person."

Nachdem der Büttel sich vorgestellt hatte, begann er ohne gefragt zu werden über seine Amtsgeschäfte zu sprechen. Hans unterbrach seinen Redeschwall mit den Worten: „Es ist schon gut. Alles wird zu seiner Zeit geschehen." Damit entließ er den verdutzt dreinschauenden Mann wieder.

Hans und sein Bruder waren an den Kamin gerückt, der nun eine wohlige Wärme ausstrahlte. Gleich daneben hatte Hans einen Klingelzug entdeckt. Er betätigte ihn und prompt erschien der Leibdiener. Unterwürfig blieb der stehen und fragte: „Was begehrt der Herr von der Planitz?"

Hans lächelte ihm freundlich zu und sagte: „Nickel, in so tiefgebeugter Stellung musst du nicht vor mir verharren. Es genügt eine kurze Beugung des Kopfes. Mich interessiert, wie es mit dem Schlafen auf der Burg steht. Kann alles so hergerichtet werden, dass wir auch hier nächtigen können?" Nickel antwortete: „Herr v.d. Planitz, ich glaube ja. Ich hatte kurz nach Ihrem Ein-

treffen eine Kammerzofe mit dem Herrichten der Schlafstätten beauftragt. Ich denke, das ist bereits geschehen. Ich werde es erfragen." Dann verschwand er, um kurze Zeit darauf wieder mit der Meldung zu erscheinen, dass alles Diesbezügliche gerichtet sei.

Die Brüder saßen noch eine ganze Weile am Kamin. Draußen war es Nacht geworden. Nur das Kaminfeuer brachte noch etwas Licht in den Raum. Im Zimmer hob sich alles nur noch schemenhaft ab. Der Diener erschien, um die Kerzen anzuzünden, doch Hans wollte die Dämmerung weiterhin genießen. Als draußen die Sterne aufzogen, beschlossen sie ihr Nachtlager aufzusuchen.

Der Diener geleitete sie über eine breite Treppe in das obere Stockwerk, durch das sich ein langer Korridor zog. Der einen Leuchter tragende Diener öffnete eine Tür und sagte: *„Hier finden die Herren ein Doppelbett. Sollte das nicht recht sein, finden wir auch kleinere Räume mit Einzelbetten."* Hans entschied sich dafür, ohne Rudolph zu erst fragen, dass beide im Zimmer mit dem großen Bett schlafen sollten. Da Rudolph nicht widersprach, blieb es dabei.

Als sie beide in den Kissen lagen, begann Hans zu spötteln. Lachend sagte er: *„Da sehen wir, wie es sein könnte, wenn wir mit einer Frau verheiratet wären. Nun liegen wir zwei Eheanwärter in einem Bett. Möge uns der Himmel bald die rechten Frauen zuführen, dass wir unserem Zustand ein Ende setzen. Das gilt dir, wie mir."* Rudolph entgegnete: *„So schnell denke ich nicht ans Heiraten. Mir fällt eben ein, der Traum in der ersten Nacht geht in Erfüllung. Träume du nur von deiner Barbara. Ich muss erst lernen, die riesige Herrschaft Wiesenburg allein richtig zu lenken. Dann reden wir noch einmal über meine Heirat."* Hans sagte lachend: *„Wenn dich nicht bereits vorher Amors Pfeil trifft. Ich kann ein Lied davon singen, das kann verteufelt schnell gehen."*

Nach einer Weile endete ihre Unterhaltung. Ein leises Schnarchen verriet, dass Rudoph eingeschlafen war.

Nach einem hervorragenden Frühmahl beschlossen die Brüder, sich im Rittergut gründlich umzuschauen. Rudolph interessierte besonders in welchem Zustand die Stallungen und die Tiere sich befänden. Vor allem die Pferde und Milchkühe wollte er begutachten. Er wollte seinem unerfahrenen Bruder dann helfend entgegenkommen.

Nickel, der Diener, beorderte auf den Wunsch von Hans hin den Gutsverwalter zu einer Führung durch das Rittergut. Als die beiden Planitzer auf den Hof traten, stand der schon bereit. Mit hängendem Kopf trat er an Hans heran und sagte: *„Hoher Herr, ich bitte Sie untertänigst mein gestriges Missgeschick zu verzeihen. Fremde haben im Guthof nichts zu suchen. Es war uns nicht bekannt, dass Sie unser neuer Patron sind Es tut mir wirklich leid, dass ich Sie so forsch ansprach. Bitte verzeihen Sie mir."*

Mit ernstem Gesicht antwortete Hans:*„Es handelte sich nicht nur darum. Fremde haben ganz sicher nichts auf dem Hof zu suchen. Doch beide Torflügel standen weit auf. Sonst wären wir mit unserem Schlitten nicht auf den Hof gekommen. Ohne die Gründe zu hinterfragen, gingen sie wie ein Büttel mit rüdem Ton auf uns los. Ein derartiges Gebaren verurteile ich. So einfach tue ich das nicht ab. Das hätte ja auch der Vogt oder der Landesfürst sein können. Die hätten sicher noch viel wildere Reaktionen gezeigt. Nein, nein, das ist kein Missgeschick gewesen. Das war eine rüde, nicht so ohne weiteres zu verzeihende Aktion."* „Bin ich damit meines Amtes enthoben?" fragte der sichtlich zerknirschte Verwalter. *„Wir werden sehen wie man sich weiterhin anstellt.",* sagte Hans. *„Jetzt gebt uns erst einmal einen Einblick in eure Arbeit. Wie steht es um das Gut? Ist alles auf die rechte Weise bestellt? Gebt uns einen wirklichen Einblick in die eine und auch in die andere Seite. Ich verlange Ehrlichkeit."*

Langsam wich das Zerknirschtsein seines Verwalters. Zunächst führte der sie in die Pferdeställe. Er öffnete eine Tür, ließ die Planitzer vorangehen und sagte: *„Wir befinden uns in den Stallungen der Herrschaftspferde. Nur noch dieser Rappe, es ist ein wilder Hengst, ist uns verblieben. Die fehlenden drei Pferde haben die letzten Besitzer, die Herren v. Wolframsdorf, mitgenommen. Diese Zwischentür führt uns in einen weiteren Pferdestall. Hier stehen sechs Pferde, zwei Stuten und vier Wallache. Das sind unsere Ackerpferde. Alle stehen gut im Futter und sind leistungsstark. In der oberen Box befinden sich zwei einjährige Fohlen."*

Sie gingen wieder durch eine Seitentür und standen im Kuhstall. *„Hoher Herr, hier stehen 48 Milchkühe, weiter hinten befinden sich 12 Färsen und die Kälber. Jetzt müssen wir über den Hof gehen, denn die Ochsen und auch die Schweine haben einen Stall für sich allein."*

Im Schweinestall befanden sich Schweine verschiedensten Alters. Auch Mutterschweine mit zahlreichen Ferkeln zeigte er ihnen. Daneben befand sich die Futterkammer. Hier wurde Stroh gehäckselt und Rübben geschnitzelt. Anschließend gingen sie in den Stall für die Zugochsen. Zuletzt besuchten sie noch die Milchkammer. Hier würde gebuttert sowie Quark und Käse zubereitet. An die 300 Schafe und viele Lämmer befänden sich in der Schäferei, die hoch oberhalb des Burgteiches läge. „*In ihm finden sich Karpfen und auch etliche Hechte. Unterhalb des Teiches sind die Herrschaften ja in den Gutshof eingebogen.*" Er deutete nach links. „Dort sehen Sie die gutgefüllten Gutsscheune und die nötigen Schuppen."

Hans zeigte sich zufrieden. Er entließ den Gutsverwalter mit der Bitte, seinen Bruder und ihn zum Büttel zu bringen. „*Da müssen wir wieder hinüber auf die Burg. Seine Amtsstube befindet sich neben dem kleinen Eckturm innerhalb der Burg.*" Hans entgegnete: „*Gut. Dorthin finden wir selbst. Da brauchen wir keine Führung. Ich denke, im Gut ist alles im rechten Zustand. Ich hoffe, es wird auch so bleiben. Es ist auch zu hoffen, dass man sich in Zukunft etwas umgänglicher benimmt.*"

Dann gingen die Beiden im weiten Bogen den Burgberg hinauf. Hans wollte durch das Burgtor hinein gelangen. Steil führte sie der Weg bergwärts. Das Torhaus war mit einem gewaltigen Tor verschlossen. Auch das kleine Nebentor verhinderte ihr Eintreten. Um sich bemerkbar zu machen, zogen sie den daneben befindlichen Klingelzug. Nach einer Weile erschien Nickel, der Kammerdiener. Hans zeigte sich verwundert darüber, dass kein Wächter öffnete. Er erfuhr, dass der mit den Vorbesitzern gegangen sei.

Mit nur wenigen Schritten erreichten die Planitzer das Büttelhaus. Als sie eintraten, blieb der überaus dicke Mann auf seinem Stuhl sitzen. Das hielt auch an, als ihn Hans ansprach. Es sah fast so aus, als spräche der Büttel nicht mit seinem Herrn, sondern mit einem Büßer. Der Büttel wartete die Ansprache des Planitzers gar nicht erst ab. Er redete einfach ungefragt darauf los. Das reichte Hans. Er unterbrach dessen Redefluss mit den Worten: „*Habe ich an den Büttel bereits eine Frage gestellt? Sein ganzes Gebaren missfällt mir arg. Es ist wohl an der Zeit, ihn in die Schranken zu verweisen. So will ich meinen Büttel nicht sehen. Das schließt unsere weitere Zusammenarbeit aus. Richten sie, was es zu richten gibt, dann packen sie ihre persönlichen Sachen zusammen und gehen. Wer jeglichen Respekt vermissen lässt, verdient das nicht anders.*"

Jetzt erst erhob sich der Mann und sagte: „*Ich bin hier schon über 20 Jahre der Büttel. Das befähigt mich, dass ich mich gut auskenne. Deshalb sollte sich der Herr v.d. Planitz seine Maßnahme noch einmal überlegen.*" In Hans quoll ein sichtbares Unbehagen über das Verhalten des Mannes auf. Im Verlassen des Zimmers sagte er, ohne sich noch einmal nach ihm umzuwenden: „*Er wird meine Worte wohl verstanden haben.*"

Unüberhörbar ließ Hans die Tür ins Schloss fallen. Als sie im Freien standen, sagte Hans zu seinem Bruder: *„Sind hier die guten Sitten überall so verkümmert? Was nimmt sich der Bursche nur heraus? Nein. Den kann ich einfach nicht übernehmen. Der würde mich in den Wahnsinn treiben.“* Sein Bruder bestätigte das mit den Worten: *"Ich finde eigentlich keine Worte wegen dessen Benehmen. Was nimmt sich der Kerl heraus. Wer, glaubt er denn zu sein.“*

Als er wieder mit Nickel zusammentraf, bat er den darum, nach dem Verwalter zu schicken. Nur kurze Zeit darauf traf der bei Hans ein. Noch in der Tür stehend befahl ihm Hans, darauf zu sehen, dass der Büttel spätestens am morgigen Tag die Burg zu verlassen hat. Mit Nachdruck sagte Hans: *„Der hat hier nichts mehr zu suchen. Es ist besonders darauf zu achten, dass er nur seine persönlichen Dinge mitnimmt. Ehe er uns verlässt, hat er sich noch einmal bei mir zu melden.“*

Die Worte hatte der Burgherr äußerst hart ausgesprochen. Das zeigte auch Wirkung bei dem Angesprochenen. Demütig dienernd, und sogar rückwärts gehend, verließ der den Raum.

Nur wenige Stunden darauf brachte der Diener den Büttel ins Zimmer. Der sprach ohne eine Anrede sogar eine Forderung aus. *„Wie steht es um mein Wohnrecht? Habe ich darauf nicht nach den vielen Jahren hier im Umfeld ein Anrecht?“* Hans verschlug es fast die Sprache über das unbotmäßige Verhalten dieses Mannes. Dann schrie er förmlich aus sich heraus: *„Scher er sich zum Teufel, ehe ich ihn gar noch festsetzen lasse. Doch ich fordere noch eine ordentliche Übergabe der Akten. Ich möchte auch dabei sein, wenn er die Burg verlässt. Geht mir aus den Augen.“*

Nur kurze Zeit danach berichtete der Diener, dass der Büttel bereit zur Übergabe des Gewünschten sei. Er wolle unverzüglich von der Burg gehen.

Hans machte sich mit seinem Bruder auf, das zu kontrollieren. Trotzigen Tones deutete der Verabschiedete auf einen Berg Akten. Dabei sagte er rauh: *„Hier ist das, was der hohe Herr zu wünschen gedenkt. Ich habe mein Bündel geschnürt. Das ist alles. Habe ich es erst noch einmal zu öffnen? Ich werde die Herrschaft derer v.d. Planitz für immer verlassen.“* Hans zeigte keinerlei Regung als er sagte: *„Dann ziehe er dahin und lerne bessere Manieren. "* Der Büttel wendete sich der Tür zu und ließ sie hart ins Schloss fallen.

Auf den späten Nachmittag hatte Hans alle Bediensteten des Gutes und der Burg in das Gesindehaus bestellt. Dichtgedrängt standen Verwalter, die Knechte und Mägde, ein Schmied und zwei Schäfer, der Koch und das Küchenpersonal und ein Büttelschreiber bereit. Hans stellte sich als neuer Herrschaftsbesitzer vor. Er forderte ihren Einsatz, doch er sagte auch, dass jeder, der ein berechtigtes Anliegen habe, zu ihm kommen dürfe. Die Forderung, miteinander respektvoll umzugehen, strich er besonders heraus. Wenn jeder ordentlich seiner Arbeit nachginge, solle es niemandem schlecht gehen, betonte er. Dann gab er bekannt, dass er den Büttel entlassen habe. *„Nicht er, sondern ich halte die Herrschaft in den Händen. Deshalb musste er gehen."*

Als alle schon im Begriff standen, ihrer Arbeit wieder nachzugehen, berief Hans den Büttelschreiber zu sich. Das war ein noch recht junger Mann. Hans wiegte abschätzend mit dem Kopf als er ihn fragte: *„Wie steht es um deine Kenntnisse? Können wir einen Versuch wagen, ihn zum Büttel zu erheben? Traut er sich das zu, wenn wir noch einen Schreiber dazu einstellen?"* Ein Leuchten ging über dessen Gesicht, als der entgegnete: *„Hoher Herr v.d. Planitz, versuchen Sie es mit mir. Ich werde Sie sicher nicht enttäuschen. Ich werde eine behutsame Strenge walten lassen."* Hans schmunzelte. Dann sagte er: *Gut. Verfalle er aber auch nicht völlig in das Gegenteil seines Vorgängers. Na mit Gott. Dann übernehme er das Geschäft. Wir werden sehen, ob er es recht ausfüllen kann."*

Als alle den Raum wieder verlassen hatten, sagte Rudolph zu seinem Bruder: *„Hans ich staune. Du gehst wie ein alterfahrener Herrschaftbesitzer vor. Deine Art, wie du mit den Leuten umgehst, zeugt von Strenge, doch auch von Gerechtigkeit. Deine Worte werden sicher alle auf deine Seite gebracht haben. Du hast deine Sache gut gemacht."*

Danach berieten die beiden Brüder, wie der weitere Verlauf ihrer Erkundungen vonstatten gehen solle. Rudolph drängte zur Heimreise. Es war milder geworden. Nasser Schnee fiel vom Himmel und machte den Aufenthalt im Freien ungemütlich. Das bewog Hans noch einen Tag abzuwarten. *„So haben wir auch noch Gelegenheit, uns die Burgsiedlung und die Kirche anzuschauen"*, sagte Hans. Rudolph lenkte schließlich ein.

Am nächsten Morgen zogen die Brüder zu weiteren Erkundungen los. Vorsichtig gingen sie den Berg hinunter. Es hatte über Nacht gefroren. Die Glätte machte ihnen das Begehen des steil hinab führenden Wegstückes nicht leicht. Sie besuchten die gleich unter der Burg liegende Kirche.

Die war dem heiligen Laurentius gewidmet. Hans stellte sich dabei gleich dem Geistlichen als neuer Besitzer der Halbherrschaft Auerbach vor. Der Geistliche führte sie stolz durch seine Kirche. Den Hochaltar schmückte ein großes Bild der heiligen Anna. Das trüge ihr bei den Siedlern auch den Namen >Annakirche< ein, erklärte der Priester. Zu beiden Seiten fanden sich vier Nebenaltäre. Die wurden ihnen unter den Namen Trinitatisaltar, Maria-Magdalenen-Altar, Wahrleichnamsaltar und Drei-Könige-Altar vorgestellt. Sie erfuhren, dass die Kirchengründung wohl in die Zeit der Ortsgründung selbst, so um das Jahr 1274/82, falle. Der Ausgangspunkt von Kirche und Siedlung wäre jedoch die Burganlage gewesen. 1311 sei ein Ullrico von Urbach urkundlich gemacht worden, der dem Ort sicher seinen Namen gab.

Doch bereits 1282 wäre ein Conradus de Urbach als Burgherr dokumentiert worden. In dieser Urkunde hätte die Burg die Bezeichnung >castrum Urbach< gefunden.

Zum Abschluss des Besuches sagte Hans dem Priester, er wolle den Büttel von der Burg weg haben. Ob er wüsste, wo der sein Amt aufschlagen könne. Der zeigte auf ein neben dem Gottesacker stehendes Haus. „*Zur Herrschaftszeit der Burggrafen v. Dohna wohnte der Büttel darin. Das alte Haus birgt nur noch Gerümpel. Es müsste wohl etwas herausgeputzt werden, um es wieder zu beziehen*", sagte der Priester.

Zusammen mit ihm schauten sich die Brüder dort um. Dabei wurde sich Hans darüber klar, dass er hier dem Büttel ein neues Quartier geben würde. Zum Abschluss wurde er vom Geistlichen gefragt, wann er auf der Burg einzöge. „*Schon bald.*", lautete seine Auskunft.

Sie besuchten den kleinen Gottesacker[8] unterhalb des Burgberges, direkt vor der Kirche. Nur wenige Häuser fanden sich darunter. Sie verteilten sich über den ganzen Hang hinab bis zum Ufer der Göltzsch hin. Dort führte ein Holzbrücklein über den Fluss hinweg.

Am Folgetag fuhren die Brüder wieder zurück nach Wiesenburg.

Noch ehe sie abfuhren wies Hans den neu ernannten Büttel an, dafür zu sorgen, dass das einstige Büttelhaus wieder hergerichtet werde. Er verpflichtete ihn dazu, die Arbeiten zügig voranzutreiben. Gleichzeitig gab er kund, dass er schnellstens nach Auerbach umsiedeln würde.

Sie hatten kaum die Heimreise angetreten, da fragte ihn sein Bruder: "*Und was brauchst du nun am dringendsten?*" Hans schaute überrascht drein. Das nutzte sein Bruder dazu, ihm gleich die Antwort darauf zu geben. „*Hans, du brauchst wieder anständige Reitpferde. Nur ein Pferd im Stall, von dem du*

---

[8] Friedhof

nicht weißt, weshalb man es zurückließ? Ich werde dir eins aus dem Wiesenburger Stall schenken. Na ja, vielleicht werden es auch zwei. Und sicher wird dir auch unser Planitzer Oheim zu guten Pferden verhelfen.

Sonst, ich muss schon sagen, alles hat einen guten Eindruck auf mich gemacht. Auch das Vieh, das ich vor Augen hatte, war in Ordnung. Ich habe mich auch im Schuppen etwas umgesehen. Es fehlt wohl auch da weder an Wagen noch an Gerätschaften. Die Herrschaft ist überschaubar, du wirst sogar Zeit finden, deiner geliebten Juristerei nachzugehen. Nun kannst du auch daran denken, eine Familie zu gründen."

Lächelnd sagte Hans: „Ich weiß ja noch nicht einmal, was Barbara eigentlich von mir hält. Es ist also noch keine Eile angesagt. Ich muss mich auch erst um eine Anstellung bemühen. Ich will ja der Juristerei unbedingt treu bleiben. Daran liegt mir viel."

Nach einer Weile richtete sich Hans wieder an seinen Bruder. „Was meinst du, sollte ich schnell zur Auerbacher Burg übersiedeln? Oder warte ich auf bessere Jahreszeiten?" Der entgegnete: „Du kannst auf Wiesenburg bleiben, solange du willst. Doch es wäre sicher angebracht, auf seinem Besitz auch gegenwärtig zu sein. Du hast dort wohl auch Etliches zu richten. Doch bei klirrender Kälte musst du das nicht unbedingt vollziehen."

Auf dem gleichen Weg wie auf der Herfahrt, fuhren sie wieder nach Wiesenburg zurück. Dort langten sie gegen Abend an. Rudolph sagte zu seinem Bruder: „Jetzt kümmere ich mich erst einmal darum, ob hier alles in Ordnung weiter lief. Für den Abend lade ich dich ein. Wir müssen doch auf dein erworbenes Lehn anstoßen. Ich denke, du hast damit wirklich etwas Rechtes gewonnen."

Wie verabredet, setzten sich die beiden Brüder am Abend zusammen. Es wurde ein langer Abend. Beim Leeren etlicher Gläser Wein überdachten sie ihr Leben, Dabei offenbarten sie sich auch ihre Wünsche, wie sie sich ihr weiteres Leben gestalten wollten.

Es folgten ein paar eisige Wintertage, in denen jedoch kein Schnee mehr fiel. Hans hatte sich wieder über seine Bücher gemacht, die er von Bologna mitgebracht hatte. Doch immer wieder strebten seine Gedanken davon weg. Immer wieder dachte er an Barbara v. Schönburg. Die junge Frau hatte es ihm angetan. Dann kam ihm in diesem Zusammenhang auch das Leben mit ihr auf der Auerbacher Burg in den Sinn. Dabei stellte er fest, dass er sich nicht so recht auf die vor ihm ausgebreiteten Gesetzestexte konzentrieren konnte. Das brachte ihn zu dem Entschluss, so schnell wie nur möglich seinem Leben eine gefestigte Richtung zu geben. Dazu war Etliches zu klären. *„Ich muss mich auf eigene Füße stellen.",* sagte er sich. *„Das beginnt mit dem Übersiedeln nach Auerbach. Und sobald es das Wetter erlaubt, nehme ich die Einladung nach Schöna wahr. Ich muss wissen, ob ich bei Barbara v. Schönburg eine Chance habe. Ihre Eltern schienen mir jedenfalls hold gesonnen zu sein. Wenn es sich so fügt, wie ich es mir wünsche, werde ich sie so bald wie möglich zu meinem Eheweib nehmen. Dann hole ich sie auf die Auerbacher Burg, um mit ihr eine Familie zu gründen! Wenn ich Glück habe, spricht man mir in der Umgebung auch noch ein Richteramt zu!"*

Etliche Wintertage waren ins Land gezogen. Kein Tag verging, ohne dass Hans sich an die Seite von Barbara sehnte. Er gestand sich ein, dass er bis über beide Ohren in diese Frau verliebt war. Dann wieder packten ihn Zweifel, ob sie ihm ihre Liebe überhaupt schenken würde. *„Du kennst sie ja gar nicht."* sagte er sich dann ernüchtert. Hans staunte über sich selbst. *„Ich hätte nie für möglich gehalten, dass nur der Gedanke an eine Frau sich so in das Gehirn bohren kann. Ich verliere mich jeden Tag ein Stück mehr an eine Frau, von der ich nicht einmal weiß, ob ich sie jemals erlangen kann.",* sagte er sich.

Als sich die Wiesen wieder mit Grün überzogen, plante Hans einen baldigen Besuch bei den v. Schönburgs. Der Hornung[9] ging seinem Ende zu. Hans zeigte sich locker. Seit Tagen pfiff er sogar leise vor sich hin. Er nahm sich fest vor, dorthin zu reiten. Hans sprach davon, dass er auch erwäge, in der fürstlichen Kanzlei eine Nachfrage anzustellen. Eine richterliche Anstellung käme ihm nun gerade recht.

Eines Morgens offenbarte er seinem Verwalter, dass er Auerbach eine zeitlang verlassen müsse. Doch bis zu St. Benedikt, dem Frühlingsbeginn am 21. März, zog sich das Unternehmen noch hin. Dann sagte Hans: *„Alles ist genau durchdacht. Nun gibt es kein Zurück mehr. Morgen in der Frühe reite ich los. Ich flehe zu Gott, dass meine zwei lebensbestimmenden Vorstellungen Erfüllung finden mögen. Ich erhoffe mir eine Anstellung. Doch noch weit mehr liegt mir daran, Barbara heimführen zu dürfen."*

---

[9] Februar

7. Kapitel
Hans auf Freiersfüssen

Es hatte über Nacht leicht gereift. Noch in der Nacht machte sich Hans für den Ritt bereit. Ein Reit und ein Sattelpferd waren ihm bereitgestellt. Er nahm den gleichen Weg nach Dresden, wie schon einmal. Dafür brauchte er zwei Tage. Bangen Herzens erbat Hans sich in der fürstlichen Kanzlei einen Termin bei Graf v. Schwarzburg.

Widererwarten klappte das im Handumdrehen. Wie einen alten Bekanntenr begrüßte der ihn. Ehe er seinen Wunsch vortragen konnte, wurde er gefragt, ob er seine Herrschaftshälfte bereits in Augenschein genommen habe. Hans bejahte und teilte ihm seine Eindrücke mit. Dass er den Büttel entlassen musste, stellte er als bedauerliche, doch nötige Handlung dar.

Der Graf schmunzelte und entgegnete darauf:„*v.d. Planitz, Sie werden das schon richten. Kehren ist immer nützlich. Und wie steht es sonst so mit Ihnen? Haben Sie die Einladung nach Schönburg bereits ins Auge gefasst? Mein Patenkind Barbara würde sich ganz sicher darüber freuen.*“ Hans horchte erstaunt auf. Der Graf kannte Barbara also näher? Sein Herz schlug erwartungsvoller als er sagte: „*Herr Graf, ich befinde mich auf dem Weg zu den Schönburgern. Ihre Patin gefällt mir sehr. Deshalb reite ich auch mit bestimmten Absichten nach Schöna.*“

Der Graf strahlte über das ganze Gesicht, als er sagte: „*Habe ich mir doch so etwas gedacht. Na denn, ich hoffe, dass ihr Wunsch Wirklichkeit wird. Ich glaube, er ist erfüllbar.*“ Das gab Hans Hoffnung. Artig richtete er die Worte an den Grafen: „*Ich bin aber zu Ihnen gekommen, um untertänigst zu erkunden, ob in der Nähe meines zukünftigen Wohnsitzes ein Richteramt für mich zur Verfügung stehen könnte. Die Juristerei will ich ja nicht ganz an den Nagel hängen.*“ Darauf entgegnete Balthasar v. Schwarzburg: „*Ich werde Ihren Wunsch vormerken. Gute Juristen sind gefragt. Wir werden sehen, was sich da tun lässt. Ich habe etwas ins Auge gefasst, das kann aber eine Weile dauern. Das Augenmerk habe ich auf ein einflussreiches Betätigungsfeld gesetzt.*“ Dann fragte er: „*Wie steht es, Ritter v.d. Planitz, wohnen Sie wieder hier bei uns? Dann sind Sie heute Abend mein Gast.*“

„Hoher Herr“, entgegnete Hans darauf, „*ich habe mich noch nicht um ein Quartier umgetan.*“ „*Na, Sie wissen ja Bescheid*“, sagte der Graf, „*Sie sind Gast der Kanzlei. Ich werde alles dazu veranlassen. Wenn Sie morgen weiterreiten, wünsche ich ein gutes Gelingen. Grüßen Sie die Schönburger bitte von mir. Und heute Abend erwarte ich Sie als Gast in meinem Haus.*“ Damit war Hans entlassen. Draußen nahm ihn ein Diener in Empfang, der ihn in das Gästehaus führte. Hans hatte gespürt, dass ihm der Graf sehr zugetan war. Er hatte ihn ja geradezu in seinem Vorhaben bestärkt. Hans war sich auch sicher, dass er früher oder später eine Anstellung über den Grafen erhalten würde.

Am Abend wurde Hans fast ausschließlich von der Ehefrau des Grafen in Beschlag genommen. Er befand sich damit in einer Zwickmühle. Viel lieber hätte er sich mit dem Grafen unterhalten. Doch dessen Eheweib führte konstant das Wort. Sie interessierte sich zunächst für Hansens Pilgerreisen. Danach fragte sie ihn über seine Zukunftspläne aus. Seiner herausgehobenen Ausbildung wegen, prophezeite sie ihm eine gesicherte Zukunft. Die Gräfin vergaß aber auch nicht die Jungfrau Barbara herauszustreichen. Dabei kam Hans in den Sinn, dass die Grafenfamilie Interesse daran zeigte, dass Hans und Barbara v. Schönburg ein Paar würden.

Am Morgen setzte Hans seinen Ritt fort.

Je näher er seinem Ziel kam, umso wechselhafter wurden seine Gefühle. Einmal war er sich sicher, dass sich seine Hoffnungen erfüllen. Dann plagten ihn wieder ernsthafte Zweifel.

Sein Weg führte ihn unmittelbar am Elbufer entlang. Hoch gen Himmel strebende Felsen zwängten die flutenden Wasser in ihr Flussbett hinein. Hin und wieder trug es auch ein Schiffchen. Hans schien es, als wolle der mächtige Strom mit ihnen spielen. Er war bereits nahe an die böhmische Grenze herangekommen und es dunkelte. Das ließ ihn zu der Erkenntnis kommen, dass er doch noch nach einer Herberge suchen müsse. In einem kleinen Fischerdörfchen fand er sie. Das Wirtshaus, nur wenige Meter vom Wasser entfernt, bot seinen Pferden und auch ihm ein Unterkommen. Über der Schankstube befand sich sein Zimmerchen. Es barg nur das Nötigste. Das war ein Bett mit Strohsack. Auf einem winzigen Tisch stand eine Waschschüssel.

Hans aß nur wenig, trank einen Becher Wein und legte sich auf den Strohsack. Es gelang ihm nicht, einzuschlafen. Seine Gedanken schlugen Purzelbäume. Er hing hoffnungsvollen Gedanken nach. Dabei zeichnete er seine Wünsche bereits als Tatsachen an den Himmel, um sie hernach wieder unter Höllenqualen zunichte werden zu lassen. Als er am Morgen erwachte, fielen die Sonnenstrahlen bereits durch das kleine Fenster in das Zimmerchen und trafen geradewegs auf ihn. Das sah Hans als gutes Omen. Er setzte sich auf, faltete die Hände, richtete seinen Blick gen Himmel und betete laut: „*Herrgott, bitte nehme mir meine quälenden Gefühle und richte alles zum Guten. Du hast in mich hinein die Begehrlichkeit der Liebe gepflanzt, bitte lasse sie in Erfüllung gehen. Wenn das mit mir so weitergeht zerreiße ich mich in Hoff-*

nungen und Enttäuschung. Ich kann nicht mehr vernünftig denken. Was hat die Liebe zu einer Frau aus mir nur gemacht?"

Als er wieder auf seinem Pferd saß, sagte er laut vor sich hin: *„Ich hoffe, am heutigen Abend zu wissen, ob Träume auch in Erfüllung gehen können. Heute muss sich die Lösung finden."* Als er losritt, legte er sich selbst den Zwang auf, alle Zweifel abzuschütteln. Um das zu bewerkstelligen, pfiff Hans laut vor sich hin. Jedoch bei allem Wollen, es gelang ihm nicht, sich völlig in den Griff zu bekommen.

Sein Weg führte ihn schräg auf die Höhe des Elbufers hinauf. Es währte nicht mehr lange und er erreichte Schöna. Die Burg grüßte zu ihm her. Als er am Burgtor anlangte, schlug ihm das Herz spürbar bis zum Hals. Er fand das Tor verschlossen. Er betätigte einen Klingelzug. Nicht lange danach trat ein Diener aus einer Seitentür heraus und fragte nach seinem Begehr. Nachdem Hans seinen Namen preisgegeben hatte, entfernte der sich wieder. Kurze Zeit darauf öffnete man das große Tor, um Hans Einlass zu gewähren. Er ritt mit seinen beiden Pferden in den weiträumigen Burghof hinein und hielt vor der Hauptburg. Dort stand in der weit geöffneten Tür Barbara zusammen mit ihrem Vater. Hans glaubte, alle Himmel stünden offen, als zu seinem Empfang auch die Tochter des Ritters mit anwesend war. Er stieg vom Pferd, machte eine tiefe Verbeugung vor Barbara und reichte dem Burgherrn die Hand mit den Worten: *„Werter Ritter v. Schönburg, ich bitte darum, den mir von Ihnen angebotenen Besuch auf ihrer Burg antreten zu dürfen. Ich komme auch mit besten Grüßen des Grafen v. Schwarzburg, der auch seiner Patin Barbara recht schöne Grüße ausrichten lässt."*

Ein Lächeln huschte über das Gesicht des Schönburgers. Dann entgegnete er: *„So. so, da kommen Sie also geradewegs vom Grafen. Na denn, seien Sie uns herzlich willkommen, Herr v.d. Planitz. Nicht nur ich freue mich über Ihren Besuch. Die ganze Familie ist neugierig auf Sie, und wie Sie sehen, Barbara freut sich natürlich auch."*

Das Hervorheben, dass sich Barbara freue, hatte Hans sehr hellhörig in sich aufgenommen. Er dachte:*„Vielleicht stehen meine Aussichten günstiger, als ich erhofft habe."*

Ein Knecht übernahm seine Pferde und Hans wurde in das Haus gebeten. Als Erstes erklärte Hans, dass ihm der Ritt hierher gelegener erschien als mit der Kutsche die Reise zu unternehmen. Worauf der Burgherr lachend entgegnete: *„Da sieht man das Ungestüm der Jugend."* Dabei ließ er Hans nicht aus

den Augen, als er sagte, *„Vielleicht war auch noch etwas Anderes im Spiel?"*
Hans begriff sofort dessen Anspielung und errötete.

„Na ja, Sie waren uns bereits angekündigt, muss ich Ihnen gestehen", sagte
der Schönburger. *„Ein schneller als Sie reitender Bote von Graf v. Schwarz-*
burg hat sie uns bereits gemeldet. Der Graf wollte sicher gehen, dass wir
auch auf der Burg anzutreffen wären." Da war sich Hans endgültig darüber
im Klaren, dass auch der Graf an einer künftigen Verbindung der jungen Leute ein Interesse hatte.

Nachdem Hans sich gewaschen und umgezogen hatte, traf sich die Familie in
der Kemenate. Hans wurde dort überaus herzlich von der Burgherrin empfangen. Sie sagte: *„Lieber Ritter Hans, uns allen ist es eine überaus große Ehre,*
einen so lieben Gast begrüßen zu dürfen. Fühlen Sie sich bei uns aufgenom-
men wie zu Hause. Wir freuen uns alle, ich glaube aber, unsere Barbara freut
sich am meisten darüber. Sie haben wohl einen recht tiefen Eindruck bei ihr
hinterlassen." Die unweit von Hans stehende Barbara errötete bei den Worten ihrer Mutter. Der letzte Satz hatte sich bei Hans tief eingegraben. Zent-
nerschwere Lasten fielen von ihm ab, als er sagte: *„Nun darf ich es wohl*
ebenfalls gestehen, dass auch ich danach fieberte, der Schönburg einen Be-
such abzustatten."

Eine Weile herrschte völlige Ruhe im Raum. Etwas ergriffen sagte dann der
Burgherr: *„Ihre Worte, Ritter v.d. Planitz, gereichen uns zur Ehre und berei-*
ten uns große Freude. Ich möchte nicht verhehlen, ich habe Erkundigungen
über Sie eingezogen. Sie wissen, dass Ihnen ein überaus guter Ruf voraus-
geht? Auch Graf v. Schwarzburg hat sie uns als hochgebildeten Ritter mit
großen Idealen geschildert. Er hatte ebenfalls Erkundigungen über Sie ange-
stellt, als Sie Anwartschaft auf die Herrschaftshälfte von Auerbach erhoben
hatten. Gestatten, Sie sind kein unbeschriebenes Blatt. Ihre Familie ent-
stammt uraltem Adel, der dynastisch mitbestimmend wirkte. Lieber Ritter v.d.
Planitz, wir schätzen Sie.

Solltet ihr beiden", und dabei deutete er auf seine Tochter, *„euch einig wer-*
den, hätten wir keinerlei Einwände dagegen. Ich nehme doch sehr stark an,
dass dieser Grund Sie zu uns zog. Da Ihr verehrter Vater bereits frühzeitig
verstarb, haben Sie keinen Fürsprecher. Aus diesem Grund bin ich ein wenig
vorgeprescht. Ich hoffe, es in eurer beider Interesse recht gemacht zu ha-
ben." Sein Blick ging von seiner Tochter zu Hans hin und blieb fragend an
ihm hängen. Hans war aufgestanden. Seine Wangen glühten, als er sagte:
„Seit Wochen plagt mich ein Bangen. Eure Tochter Barbara füllt mein Herz,

202

meine Gedanken umkreisen sie täglich. Wenn ihr mir Eure Tochter zur Ge-
mahlin geben solltet, wäre ich der glücklichste Mensch auf Erden. Ich würde
alles für sie tun. Nichts wäre mir lieber, als mit ihr eine Familie zu gründen.
Aus diesem Grund habe ich die halbe Herrschaft Auerbach angeschafft.
Kann ich meine erworbenen Rechtskenntnissen noch anwenden, haben wir
auch ein gutes Auskommen. Wenn Barbara mir ebenfalls ihre Liebe entge-
genbringen kann, führte ich sie als glücklichster Mensch zum Traualtar. "

Barbaras Vater sagte: *„Nun seid Ihr zwei gefragt. Ihr kennt euch ja noch gar*
nicht recht. Wir geben Euch deshalb Gelegenheit dazu. Hans v.d. Planitz,
bleiben Sie eine Weile auf unserer Burg. Euer Umgang miteinander wird
euch darüber Aufschluss geben. Wollt ihr, du meine geliebte Tochter, und Sie
Hans, diese Möglichkeit wahrnehmen? "

Der Schönburger schaute zuerst fragend seine Tochter an. Kaum hörbar sagte
die, ohne zu jemand aufzuschauen: *„Ja Vater, ich würde mich darüber freu-*
en. Lieber Ritter v.d. Planitz, ich mag Sie ebenfalls sehr, sonst würde ich
mich über Ihren Besuch nicht so riesig freuen. " Dann schaute der Schönburger zu Hans. Der gab zur Antwort: *„Von mir ist eine Last genommen. Ich*
fürchtete Fräulein Barbara würde meine Liebe nicht erwidern können. In mir
ist eitel Freude. Ich finde im Moment nicht die rechten Worte, mein riesiges
Glück auszudrücken. "

„Nun, ich hoffe sehr, dass ihr beiden jungen Menschen in Liebe zueinander
finden werdet. ", sagte der Burgherr. Barbaras Mutter schloss sich den Worten
ihres Mannes an und sagte: *„Barbara verdient einen guten, einen fürsorgli-*
chen Mann. Wenn der Ritter v.d. Planitz das unserer Barbara sein kann,
dann jubelt auch mein Herz. "

Hans versuchte heimlich eine Träne der Ergriffenheit von der Wange zu wi-
schen, was ihm nicht ganz gelang. Als das Barbaras Mutter sah, stand sie
spontan auf, nahm ihre Tochter bei der Hand und legte die in die Hand von
Hans. Die beiden Liebenden standen wie zwei zu Stein erstarrte Figuren. Ihre
Blicke waren ineinander gerichtet. Es sah aus, als wollten sie sich gegenseitig
in ihre Herzen schauen.

Die folgenden Tage empfand Hans als die beglückendsten seines bisherigen
Lebens. Hans suchte immer wieder die Nähe zu Barbara. Doch ihre Brüder
waren ebenfalls immer darauf aus, mit Hans zusammen auszureiten oder
Fechtübungen zu veranstalten. Gerne baten sie Hans auch zum Erzählen sei-

ner Erlebnisse. Das tat Hans am Liebsten, weil dann auch Barbara immer dicht bei ihm saß.

Die Tage vergingen wie im Fluge. Zwei volle Wochen waren bereits dahin gegangen. Die beiden Liebenden hatten glücklich zueinander gefunden. Schweren Herzens erkannte Hans, dass es Zeit würde, sich wieder auf die Heimreise zu begeben. Am Liebsten wäre er auf der Schönburg geblieben, um in der Nähe von Barbara zu sein. Als Hans seine Heimreise ankündigte, nahm ihn der Schönburger noch einmal zur Seite. Er sprach ihn mit Hans an, als er fragte: *„Kann ich Barbara hinzurufen? Siehst du in ihr eine Frau für ein gemeinsames Leben?"* Hans entgegnete: *„Ich wünsche mir nichts sehnlicher, als mit ihr zusammenzuleben. "* Da ließ der Schönburger seine Barbara und sein Eheweib herzuholen. Als sie zu viert am Tisch saßen, sagte der Burgherr: *„Traurig ist, dass uns Hans schon wieder verlassen muss. Er hat sich um seinen Besitz zu kümmern. Wir haben noch einmal miteinander gesprochen. Ich glaube, wir können ihm unsere Barbara reinen Gewissens anvertrauen. Und nun will ich an Barbara das Wort richten. Kannst du, mein Liebling, in Hans deinen Ehemann sehen? Willst du mit ihm eine eigene Familie gründen? "*

Deren Antwort ließ nicht auf sich warten. *„Ja, lieber Vater, Hans ist ein Mann, zu dem ich Vertrauen habe und ich kann zu ihm aufsehen."* Darauf sagte ihr Vater:*„Mit Hans habe ich vorhin gesprochen. Auch er ist in Liebe zu Barbara entbrannt. Gut. Dann wollen wir für den Sommer die Hochzeit planen. Kinder, wie denkt ihr darüber? "* Hans erhob sich, zog Barbara zu sich empor und sagte: *„Ich bedanke mich für die schönen Tage bei euch auf der Burg. Barbara, dir werde ich ein treuer Ehemann sein. Und die Hochzeit könnte meinetwegen schon morgen stattfinden. " „Na, na, junger Mann. ",* sagte der Schönburger lachend. *„Eile mit Weile. So schnell geben wir unsere Barbara nicht her. "*

Hans sagte: *„Leider muss ich dringend wieder zurück. Es wird höchste Zeit meinem Besitz vorzustehen. Manches wird da zu richten sein. Doch, ich lade euch alle ein, mich ebenfalls baldigst zu besuchen. Meine Burg ist zwar weitaus kleiner als die eure, doch schön ist sie auch. "*

„Gut.", sagte der Schönburger, *„Wir werden uns bald bei dir sehen lassen. Richte du dich erst einmal recht dort ein. Barbara wird bestimmt dafür sorgen, dass nicht zuviel Zeit vergehen wird. Du Hans, ziehe mit Gott. Wir freuen uns, dass er alles so gut gefügt hat. Hans, wir versichern dir, dass wir dir alle sehr zugetan sind. "*

Am folgenden Morgen, die Sonne war gerade aufgegangen, ritt Hans wieder los. Am Abend hatte er sich bereits von allen verabschiedet. Doch als er sein Pferd gerade besteigen wollte, standen der Burgherr und seine Tochter neben ihm. *„Wir können dich doch nicht so ohne einen noch maligen Gruß ziehen lassen."*, sagte der Burgherr. Barbara umarmte Hans zum ersten Mal und sagte mit tränenfeuchten Augen: *„Hans ich liebe dich."* Hans flüsterte ihr ins Ohr: *„Ich dich auch. Am liebsten würde ich dich mit auf den Sattel ziehen und davon jagen."*

Barbara stand ohne ihren Vater noch lange wie starr auf der Stelle, obwohl Hans längst ihren Blicken entschwunden war. Hans, der sich gegen Mittag schon weit von Schöna entfernt hatte, weilte in Gedanken noch immer dort.

Er hatte sich dazu entschlossen, in Wiesenburg nur noch einmal zu rasten. Sein Zuhause sollte hinfort die Burg in Auerbach sein.

Tief in der Nacht, der neue Tag hatte bereits begonnen, traf Hans in Wiesenburg ein. Er hatte die lange Reisestrecke in einem Gewaltritt zurückgelegt. Bis man ihm Einlass gewährte, verging eine lange Zeit. Niemand vermutete, dass Hans um diese Nachtstunde vor dem Tor stand. Hans aß nichts, er trank nichts, er fiel nur hundemüde auf sein Bett und war im Handumdrehen eingeschlafen. Als er erwachte, war es bereits heller Tag. Ohne Verzug suchte er seinen Bruder auf, um ihm zu berichten, wie die Dinge stünden. Hansens Rede glich einem Strom. Seine Worte überschlugen sich förmlich. Rudolph schmunzelte in sich hinein, als ihm einfiel, dass sein Bruder einem überkochenden Milchtopf glich. Rudolph gelang nur ein einziger Satz: *„Mein lieber Bruder, dich hat es ja tüchtig erwischt."* Es blieb keine Möglichkeit sonst noch etwas zu sagen. Aus Hans sprudelten die Worte in einem derartigen Redefluss heraus, dass Rudolph nichts entgegnen konnte.

Hans gab kund, dass er seine Reise noch heute bis Auerbach fortführen wolle. Rudolph teilte ihm mit, er lasse in den nächsten Tagen sein noch in Wiesenburg befindliches Hab und Gut nach Auerbach bringen. Hans zeigte sich darüber hoch erfreut. Dabei bat er ausdrücklich um das Bild ihrer Mutter, das ihm die Kotzauer geschenkt hatten.

Rudolph bat seinen Bruder, mit ihm hinüber zu den Pferdeställen zu gehen. Dort stellte er Hans drei gesattelte Pferde zur Auswahl vor. *„Zwei davon gehören dir"*, sagte er, *„du hast die Wahl."* Hans fiel seinem Bruder um den Hals und bedankte sich ganz herzlich dafür.

Er überredete seinen Bruder, erst am Folgetag nach Auerbach zu ziehen. Da es bereits auf Mittag zuging, würde er nicht vor Mitternacht dort ankommen. Hans musste das einsehen.

Früh am Morgen nahm Hans in Hochstimmung Abschied von Wiesenburg. Er wusste, seine Auerbacher Burg wär nun sein fester Wohnsitz. Ein riesiges Glücksgefühl hatte sich in ihm aufgebaut. Das ließ ihn seine Umgebung kaum richtig wahrnehmen. Erst als er den Lärm der Niederauerbacher Eisenhämmer vernahm, wurde ihm klar, dass er seinem Ziel bereits sehr nahe gekommen war. Als er kurze Zeit danach seine Burg vor Augen hatte, hielt er an und weidete sich an ihrem Anblick. Dabei entfuhren ihm die Worte: *„Hier will ich nicht nur wohnen, nein, hier werde ich mich geborgen fühlen. Hier soll das Nest für meine zukünftige Familie zusammen mit Barbara entstehen."*

Als Hans in den Gutshof einritt, bestaunte der Verwalter die beiden, von Hans mitgeführten, wunderschönen Pferde. Die Stute und der Wallach füllten kurze Zeit darauf den bisher fast verwaisten Reitstall von Hans.

Für den nächsten Tag ließ sich Hans bei seinem Mitbesitzer der Herrschaft, Ritter Kunz v. Hermannsgrün, zu einem Besuch anmelden. Der wohnte nur unweit auf dem Rittersitz Göltzsch. Als er in den Hof von dessen Vorwerk einritt, herrschte dort ein quirliges Durcheinander. Ein stämmiger Mann mittleren Alters schrie eine Gruppe Hörige lautstark an. Es stellte sich heraus, dass es der Lehnsherr Kunz v. Hermannsgrün war.

Hans beschlich ein eigenartiges Gefühl, als er dem finster dreinschauenden Hermannsgrüner gegenüber stand.

Der zeigte sich auch Hans gegenüber nicht gerade freundlich gesonnen. Hans glaubte in ihm einen ungestümen, vielleicht sogar zügellosen Mann zu erkennen. Unwillkürlich kam ihm in den Sinn, dass darin vielleicht die Gründe zu suchen seien, dass sein Vorgänger die Herrschaftshälfte aufgegeben hatte.

Der Hermannsgrüner nahm sich kaum Zeit für Hans. Hans wurde auch nicht in das Haus gebeten. Er blieb nicht einmal stehen, als er mit Hans sprach. Hans fühlte sich zu tiefst brüskiert. Er verabschiedete sich urplötzlich und verschwand wieder. Auf dem Nachhauseritt fragte er sich, was das für ein Mensch sei, der keinerlei Umgangsformen erkennen ließ. Er dachte an seinen entlassenen Büttel und wusste, dass ganz sicher kein freundschaftliches Verhältnis zwischen ihnen aufkommen würde. Dieses Ereignis trübte sein bisheriges Hochgefühl ganz beträchtlich.

Wieder auf seiner Burg angekommen, ließ er seinen jungen Büttel rufen. Ganz unverblümt richtete er die Frage an ihn, was der Hermannsgrüner für ein Mensch sei. Ein wenig verhalten entgegnete der Gefragte: *„Hoher Herr, es ist ein wilder, sehr herrschsüchtiger Geselle. Es geht der Ruf um, er sei ein Trunkenbold. Sie werden noch mit ihm zu tun bekommen. Es ist ihm nicht gelungen, Eure Herrschaftshälfte noch dazu zu gewinnen. Das wird ihn wohl auch bitter machen."*

Diese Auskunft brachte Hans die Erklärung über dessen widerborstiges Benehmen. Doch Hans wäre nicht Hans gewesen, wenn ihn dieses Geschehen eingeschüchtert hätte. *„Wenn der glaubt, mich auch vertreiben zu können, irrt er sehr. Muss ich mich mit ihm streiten, ist das schlimm, doch ich werd' es ihm schon zeigen, vertreiben wird er mich ganz sicher nicht.",* sagte er sich.

Es währte nur ein paar Wochen Frieden, dann ging der Hermannsgrüner zum Angriff über. Unmittelbar am Göltzschufer, das ganz offensichtlich zum Besitz von Hans gehörte, brannten über eine große Fläche lichterloh die Uferwiesen. Es glückte, die Brandstifter noch mit Fackeln in den Händen zu fassen und nach Auerbach zu bringen. Es stellte sich heraus, dass es sich um Leibeigene des Hermannsgrüners handelte. Sie gestanden, im Auftrag ihres Herrn gehandelt zu haben. Hans ließ sofort per Boten ein Schreiben überbringen, in dem er darauf hinwies, bei weiteren Provokationen sofort die Kanzlei in Dresden einzuschalten.

Der Hermannsgrüner reagierte darauf sogar mit dem Festsetzen des Botens. Das zwang Hans zum persönlichen Einschreiten. Er machte seinem Kontrahenten klar, dass er gesetzlich gegen ihn vorgehen werde, wenn er sich nicht an Recht und Ordnung halten wolle. Als der wütend gegen ihn angehen wollte, ritt Hans mit dem Boten grußlos ab.

Hansens sicheres Auftreten schien Wirkung gezeigt zu haben. Jedoch war er sich nicht sicher, ob seine Drohgebärden einen nachhaltigen Eindruck hinterlassen hatten. Er selbst war gewillt, derartige Gebaren nicht einfach hinzunehmen. Hans wusste aus Erfahrung, wer sich nicht wehrt, gilt als schwach und hat bald völlig verloren.

Dieses Ereignis hatte seine Neugierde geweckt, möglichst viel über die Herrschaft Auerbach/Göltzsch in Erfahrung zu bringen. Dabei diente ihm der Kaplan als gute Quelle. Der gab ihm einen fast lückenlosen Bericht über die Herrschaft.

Anno 1422 wurde die Herrschaft den Vögten zu Plauen unterstellt. Die übergaben sie noch im gleichen Jahr einem Senik v. Dohna. Damit wurde der zum Burggraf in Auerbach. Dessen Bruder, Hans v. Dohna, übernahm die Herrschaft im Jahre 1450. Ein Jahr danach vermachte er seinen Besitz je zur Hälfte seinen beiden Söhnen Stengko und Hans v. Dohna. Sie wurden damit zu gleichberechtigten Herrschaftsbesitzern.

1483 verkauften sie eine Herrschaftshälfte an Pankratius Schenk, der sie wiederum 1492 an Hans v. Wolfersdorf weitergab. Als im gleichen Jahr der Burggraf Stengko v. Dohna auf Göltzsch verstarb, wurden Leupold v. Reudnitz und die Brüder v. Wolftramsdorf zu Mitbesitzern der Herrschaft Auerbach/Göltzsch.

Schließlich verkaufte die Familie v. Dohna 1499 ihre noch verbliebene Herrschaftshälfte an das Adelsgeschlecht v. Hermannsgrün.

Damit teilten sich die v. Wolframsdorf die Herrschaft Auerbach/ Göltzsch. mit denen v. Hermannsgrün. Die Wolframsdörfer lebten auf der Auerbacher Burg. Die Hermannsgrüner bezogen den Rittersitz Göltzsch.

Beide Familien gerieten miteinander in anhaltenden Streit, worauf die Wolframsdorfer ihre Hälfte zum Verkauf freigaben. Der Besitzer dieser Herrschaftshälfte war nun Hans v.d. Planitz geworden, der damit auch die Burg Auerbach als Wohnsitz erlangt hatte.

Hans hatte sich schnell auf der Burg eingelebt. Doch der Hermannsgrüner hielt nicht die von Hans erhoffte Ruhe. Immer wieder stellte sein Nachbar mit Stänkereien seine Kraftbeweise zur Schau. Schließlich verlor Hans die Geduld. Er schickte gleichzeitig an den Hermannsgrüner und an die herzogliche Kanzlei einen geschliffenen Beschwerdebrief. Bereits einen Tag darauf reagierte der Hermannsgrüner.

Er schickte Hans einen Brief voller Beleidigungen. Den sandte Hans unverzüglich an die Kanzlei nach Dresden. Damit begann eine anhaltende Rechtsstreiterei zwischen den beiden Parteien.

Doch es gab auch eine Reihe schöne Ereignisse für Hans. Zwei Wagenladungen seines Besitzes hatte sein Bruder von Wiesenburg nach Auerbach bringen lassen. Die zuletzt angekommene Ladung wurde von einem Ochsengespann gezogen. Das war ein Geschenk seines Planitzer Onkels, zusammen mit noch einem Reitpferd.

Nun stand der Besuch der Schönburger ins Haus. Die hatten sich für die kommende Woche angesagt. Das sorgte auf der Burg und im Gut in Auerbach für große Aufregung. Überall wurde aufgeräumt, gekehrt und gescheuert. Es sollte doch alles in bestem Zustand erscheinen. Auch im Gut wurde alles auf den Kopf gestellt. Sogar das Milchvieh wurde, wie natürlich auch die Pferde, ordentlich gestriegelt.

Hans fieberte wie ein Kind diesem Besuch entgegen. Mehrfach stellte er in Gedanken seinen Besitz und seine Burg denen der Schönburger gegenüber. Dabei keimte ihm sogar der Gedanke auf, dass er mit dem ausgeschlagenen Erbe von Wiesenburg einen besseren Eindruck gemacht hätte. *„War die Aufgabe gar falsch?"*, fragte er sich.

Einen Tag vor der Ankunft der Schönburger steigerte sich bei Hans die Unruhe zum Zerreißen. Immer wieder ging er durch die Burg und durch das Rittergut um zu sichten, dass auch alles gut gerichtet sei.

Bei strahlendem Sonnenschein fuhr die Kutsche der Schönburger am Nachmittag des Folgetages in den Gutshof ein. Auf ihr prangte das große bunte Wappen der Familie v. Schönburg. Vom Gut wurde die Kutsche zur Burg hinüber geleitet. Steil ging es den Burgberg hinan, ehe sie durch das Tor in den Burghof hinein gelangte. Hans ging freudestrahlend auf seine Gäste zu. Hansens Diener öffnete die Kutschentür und klappte das Treppchen herunter. In einer tiefen Verbeugung, mit dem Drücker in der Hand verharrte er, bis alle ausgestiegen waren.

Als alle festen Boden unter den Füßen hatten, sagte Hans: *"Ich begrüße meine Gäste auf das allerherzlichste. Meine Burg kann sich nicht mit der Euren messen. Doch ist sie auch klein, so ist sie doch mein und sie wartet auf eine Familiengründung. Ich wünsche mir sehr, dass sich alle bei mir recht wohl fühlen."*

Hans schritt erst auf die Mutter von Barbara zu und reichte ihr die Hand. Die nahm sie, zog ihn an sich und umarmte ihn. Auch der Schönburger ergriff Hans an beiden Schultern und sagte: *„Ich messe die Größe eines Ritters nicht nur an seinem Besitz, sein Können ist mir eine weitaus wertvollere Größe, lieber Hans. Und dass ich es nicht vergesse, Graf v. Schwarzburg lässt Grüße ausrichten. Schon bald schicke er einen Boten."* Hans bedankte sich, dann wandte er sich Barbara zu.

Etwas schüchtern standen sich die Beiden gegenüber. Da sagte Barbaras Mutter die erlösenden Sätze: *„Steht nicht so steif Kinder. Ihr dürft euch eure Liebe schon zeigen."* Daraufhin umarmten sich beide. Hans hätte so stundenlang verharren können. Der Duft ihrer Haare wirkte auf ihn betörend. Als sie sich voneinander lösten, schauten sich beide strahlend in die Augen. Hans bat seinen Besuch in den Pallas. Dort stand die Dienerschaft bereit, um Speisen aufzutragen. Als er den Saal betrat, sagte der Schönburger:*„Deine Burg, lieber Hans, mag zwar nicht zu den größten zählen, doch schön ist sie allemal."* Hans entgegnete darauf: *„Ich habe mit Absicht mein viel größeres Erbe ausgeschlagen. Wegen meines langjährigen Studiums kenne ich mich vorzüglich im römischen Recht aus. Das wird künftig zum gültigen Recht ganz Europas werden. Wenn ich mein Wissen anwenden kann, braucht mein Lehn kein Riesenausmaß besitzen, um eine Familie gut versorgen zu können."*

Darauf gab der Schönburger kund: *„Ich glaube kein großes Geheimnis zu verraten, wenn ich preisgebe, dass Graf v Schwarzburg daran glaubt, dass dein Wissen dich erheben wird."* Hans sagte darauf: *„Hoffentlich erwartet er nicht zu viel von mir. Ich muss ja erst einmal unter Beweis stellen, dass ich wirklich etwas kann."* Danach richtete er seine Worte an Barbara: *„Liebe Barbara, ich kann dir nur versprechen, dass ich alles tun werde, um dich glücklich zu machen."* Dann wandte er sich an ihre Eltern und sagte: *„Euch bitte ich nun ganz ergebenst um die Hand Eurer Tochter Barbara. Gebt sie mir bitte zur Ehegemahlin. Ich trage sie seit Wochen tief in meinem Herzen."* Er wendete schnell den Kopf zu Barbara hin und fragte: *"Du willst doch hoffentlich mit mir in die von mir so ersehnte Zweisamkeit eingehen?"*

Hans hatte zwei gewichtige Fragen kurz hintereinander an zwei verschiedene Menschen gerichtet. Deren Beantwortungen hingen nun im Raum. Wer sollte zuerst Antwort geben? Barbara hatte den Mund zum Sprechen schon geöffnet, dann schwieg sie aber ohne eine Silbe von sich zu geben. Gehörte es sich, dass sie sofort ihr *„Ja"* herausschrie? Hans hatte die erste Frage an die Eltern gerichtet. Musste nicht der Vater erst die segnende Genehmigung dazu geben?

Heinrich v. Schönburg erhob sich ein wenig umständlich. Dann stand er wie ein Baum. Eine Weile verstrich wortlos. Dann schritt er zu Barbara, zog sie hoch, und legte ihre Hand in die von Hans. Dazu kam ihm über die Lippen: *„Wenn man ein Kind weggibt, ist das keine leichte Sache. Mein Eheweib und ich, ja sogar der Graf, saßen zusammen, um darüber zu beraten. Du, Hans v.d. Planitz erscheinst uns würdig genug zu sein, unsere Barbara als Eheweib heimzuführen. Und nun soll unsere Barbara ihren Entscheid preisgeben."*

Die hübsche junge Frau sagte mit fester Stimme: *„Unsere beider Hände liegen bereits ineinander. Ich wollte vorhin schon laut herausschreien, dass ich dein Eheweib werden möchte. Nun schreie ich es zwar nicht, doch Hans, ja,* *ich will dir ein gutes Weib sein.*" Dabei fiel sie ihm, wie bereits bei der Begrüßung wiederum um den Hals.

Es wurde ein wunderschöner Abend. Nach einem üppigen Mahl saßen sie zusammen bis tief in die Nacht hinein.

Am Folgetag lud Hans seinen zukünftigen Schwiegervater zu einem Ausritt ein. Er wollte diesen dazu nutzen ihm seine Herrschaft zu präsentieren. Dabei machte er einen großen Fehler, der fast böse ausging. Der ihm verbliebene Rappe war ein außerordentlich schönes, aber auch temperamentvolles Tier. Der Verwalter hatte ihn nur hin und wider bewegen lassen. Hans kam auf die Idee, ihn zu reiten. Der Schönburger erhielt ein Pferd aus dem Wiesenburg-Stall. Als Hans aufsitzen wollte, blähte der „Schwarze" die Nüstern und brach zur Seite aus. Hans ließ sich davon nicht beeindrucken. Als er im Sattel saß und ihn zügeln wollte, ging ihm der Rappe durch. Hans gelang es nicht, ihn zum Stehen zu bringen. Hätte das Gutstor aufgestanden, wäre er sicher mit ihm auf und davon geprescht. Mehrere Männer mühten sich, das Pferd zum Stehen zu bringen. Es verging eine ganze Weile, ehe es ihnen gelang, es fest an der Kandare zu halten. Hans stieg zitternd aus dem Sattel. Der Unfall seines Vaters, an dem der lebenslang zu leiden hatte, kam ihm in den Sinn.

Der Schönburger wollte auf den Ritt verzichten. Hans ließ sich jedoch nicht beirren. Er wechselte nur das Pferd.

Der Vater von Barbara zeigte sich am Abend mehrfach beeindruckt. Er schwärmte davon, dass Hans trotz des misslichen Ereignisses Mut gezeigt hätte. Er habe den Ausritt nicht aufgegeben. Dann schwärmte er von der Lage Auerbachs, es sei wie bei ihnen, rundum von Wald gesäumt.

Hans hingegen bedauerte, dass Barbara wegen eines fehlenden Damensattels vorläufig an keinem Ausritt teilnehmen könne.

Als alle am Abend wieder zusammensaßen, wurde der Hochzeitstermin erwogen. „*Wir richten die Hochzeit natürlich auf unserer Burg aus.*", sagte der Schönburger. „*Und der Termin? Da die heilige Maria als himmlische Fürsprecherin gilt, wäre zu überlegen, die Hochzeit so um Maria Himmelfahrt herum im August zu feiern. Wie denkt ihr Anderen, vor allem das junge Paar, darüber?*" Die schauten einander an. Dann fragte Hans Barbara: "*Bis dahin vergehen noch einige Tage, doch es wird wohl recht so sein. Die Eltern müssen nichts übers Knie brechen. Ich denke, wir lassen es dabei. Bis dahin gibt es ja auch noch Einiges zu richten.*" Barbara nickte mit dem Kopf und sagte: „*Es ist schon gut so.*"

Die Besuchstage vergingen wie im Fluge. Hans führte sie in die Kirche. Er ging mit seinem Besuch die Göltzsch entlang und berichtete, dass in ihr Goldflimmerchen zu seifen wären. Sie verlebten glückliche Tage.

Als Barbara mit ihren Eltern die Heimreise antrat, konnte Hans seinen Kummer schwerlich verbergen. Sein zukünftiger Schwiegervater bemerkte das und sagte: *„Es bleibt dir nur, so bald wie möglich wieder nach Schönburg zu kommen. Du kannst uns jederzeit besuchen, uns bist du immer willkommen."*

Als sie zur Kutsche gingen, sagte Barbaras Vater: *„Wir wollen zunächst nur bis Dresden fahren. Dort werden wir noch dem Grafen einen Besuch abstatten, ehe wir danach gar heimfahren."* Schmunzelnd warf er noch ein: *„Der erwartet unseren Bericht. Der Graf hat Barbara ja auch in sein Herz geschlossen."*

Die Liebenden umfingen sich zum Abschied noch einmal eine ganze Weile. Dann stieg Barbara als Letzte in den Wagen, der langsam davon fuhr. Noch als der längst nicht mehr zu sehen war, stand Hans an gleicher Stelle. Noch an diesem Tag traf ein Bote aus Dresden ein. Er überbrachte ein Schreiben der kurfürstlichen Kanzlei.

Hans erbrach erwartungsvoll das Siegel. Doch er wurde in dem Schreiben nur davon in Kenntnis gesetzt, dass sich der Herzog nach Rücksprache mit Graf v. Schwarzburg selbst in den Rechtsstreit zwischen Hans v.d. Planitz und Kunz v. Hermannsgrün eingeschaltet hätte.

Hans zeigte sich trotz der erfreulichen Nachricht enttäuscht. Er hatte geglaubt, dass man ihm mit dieser Botschaft eine juristische Anstellung anböte.

Seit Hans die Herrschaftshälfte in seinen Händen hielt, gab es immer erneute Streitereien. Dabei zeigte sich der auf Göltzsch wohnende Kunz immer als ein beharrlich auf Streit ausgerichteter Mensch. Seine stetig hervortretenden Aggressivitäten erzeugten immer neue Zwistigkeiten.

Das empfand Hans als „teuflischen Spuk". Er sah in seinem Nachbarn einen dummen Streithammel. *„Den holt eines schönen Tages der Teufel selbst"*, sagte er sich. *„Der Hermannsgrüner erstickt noch an seiner eigenen Bosheit. Wenn der glaubt, auf diese Weise Größe oder Stärke zeigen zu können, hat er vergessen, dass es ihn morgen bereits umblasen kann."*

Die Urteilssprechung aus Dresden war zugunsten von Hans ausgefallen. Doch der Hermannsgrüner zeigte sich keinesfalls als geschlagener Mann.

Im Jahre 1470 hatte man um den Schneeberg herum begonnen, nach Erzen zu graben. Erst holte man Eisenerz aus dem Gestein, danach Silber und Zinn. Das fündige Gebiet lag im Herrschaftsbereich der Planitzer. Obwohl die Familie v.d. Planitz sich mit dem damaligen Kurfürst gut stand, befand sie sich bald mit ihm im Rechtsstreit. Der beharrte wegen der Silberfunde auf die ihm zustehenden Bergregalien. Die sicherten ihm die Abbaurechte zu. Die Streitigkeiten zogen sich über Jahre dahin. Durch das geschickte Taktieren vom Grafen v. Schwarzburg, dem kurfürstlichen Kommissar, wurden die Streitereien beigelegt, als die dortige Ausbeute zunächst nachließ.

Auch im Vogtland begannen Bergleute nach Metallen zu suchen. Eine Menge größere und kleinere Schachtanlagen wurden als Stollen[1], überall wo sich nackter Fels zeigte, aufgefahren. Auch auf dem nun Hans v.d. Planitz gehörenden Auerbacher Herrschaftsgebiet hatte man bereits etliche Schachtanlagen angelegt. Hans selbst erhoffte sich einen bergmännischen Zugewinn, zumal ihm noch immer keine Anstellung in Aussicht gestellt worden war.

---

[1] waagerecht in den Berg gehauene Anlage

8. Kapitel
Hochzeit auf Schönburg

Der Sommer zog ins Land. Hans weilte mehrfach zu Besuch auf der Schönburg. Dort verbrachte er zusammen mit Barbara eine glückliche Zeit. Der festgelegte Hochzeitstermin zum Fest „Maria Himmelfahrt" rückte immer näher. Hans und Barbara fieberten dem Ereignis entgegen. Die Familienmitglieder beider Geschlechter und etliche Gäste wurden dazu eingeladen. Auch Graf v. Schwarzburg und sein Eheweib rechnete man dazu.

Um dieses Fest zu etwas Besonderem zu machen, plante der Brautvater, die Festlichkeit mit einem Ritterfest zu verbinden. Am Nachmittag sollte als Höhepunkt sogar ein Turnierkampf stattfinden. Dagegen lief die Brautmutter jedoch Sturm. „*Soll sich gar zur Hochzeit noch einer aus der tollwütigen Ritterschar das Genick brechen?*" fragte sie. „*Nein, das mache bitte nicht, mein Lieber. Geschieht dabei ein Unglück, liegt auf der jungen Ehe kein Segen.*", hielt sie ihrem Mann vor. Schweren Herzens erkannte der die Einwürfe seines Weibes an.

Je näher der Hochzeitstermin rückte, umso hektischer ging es auf der Schönburg zu. Schweine wurden geschlachtet. Fleisch wurde gepökelt, Schinken und Wurst wurden geräuchert. Bier wurde gebraut und Wein angefahren. Dann räucherte man auch noch Fische im Gutshof. Alle auf der Burg waren in besonderem Maße beschäftigt. Etliche Näherinnen schnitten Stoffe zu und stellten daraus die Festroben her. Immer öfter machte sich der Burgherr aus dem Staub, um dem quirligen Geschehen zu entgehen.

In Auerbach, Wiesenburg und Planitz machte man sich Sorgen um die rechte Kleidung. Auch hier waren Frauen dazu bestellt, Kleidung herzustellen, die dem herausgehobenen Ereignis angepasst war.

Hans benahm sich dabei am verrücktesten. Erst dachte er, dass ihm seine bisherige Kleidung völlig ausreiche. Dann kam ihm in den Sinn, dass er ja Barbara besonders gefallen müsse. Die Kleidung, die man ihm anzupreisen versuchte, gefiel ihm nicht. Schließlich ließ er sich breitschlagen und akzeptierte, was modisch sei. Am Liebsten wäre er zusammen mit Barbara auf und davon gelaufen. Als er seine Kleider schließlich anprobierte, sagte er: „*O weh. Nun sehe ich aus wie damals die Meißnerischen Gecken[1] auf der Pilgerreise. Hoffentlich lacht mich Barbara damit nicht aus.*" Eine Woche vor der Hochzeit schnürte Hans alles, was er zu brauchen glaubte, zu einem Bündel zusammen. Dann machte er sich fertig, um nach Schöna zu seinem Hochzeitsfest zu reiten. In den vergangenen Wochen hatte er den Rappen straff an die Kandare genommen. Den hat-

---

[1] Modenarr

te er nun zum Ritt zur Schönburg vorgesehen. Er wollte seinem Schwiegervater vor Augen führen, dass er ihn zu einem ordentlichen Reitpferd abgerichtet habe. Einem zweiten Pferd, das ihm als Packpferd diente, wurde das Bündel aufgezurrt. Kurz nach dem Losreiten wurde ihm klar, dass er wegen des Packpferdes nicht so schnell vorankommen konnte. Aus diesem Grund plante er, wiederum in Dresden eine Unterbrechung einzulegen. Er hoffte, im Gästehaus der Kanzlei wieder ein Unterkommen zu finden.

Später als gedacht erreichte er die Ortsgrenze der Residenzstadt. Es ging bereits stark auf abend zu. Es regnete. Hansens Hochstimmung war ihm abhanden gekommen. Völlig durchnässt stieg er vor der Kanzlei von seinem Pferd. Graf v. Schwarzburg war nicht erreichbar. Es dauerte lange, bis Hans die Genehmigung zum Verbleib erteilt wurde. Müde und zermürbt warf er sich auf sein Bett und war im Handumdrehen eingeschlafen.

Am frühen Morgen, die Sonne ging gerade auf, begab er sich wieder auf den Weg. Erst spät am Nachmittag stand er vor dem Tor der Schönburg. Bereits als er in den Burghof einritt, erkannte ihn Barbara und kam ihm entgegen gelaufen. Die Braueltern empfingen ihn überaus herzlich.

Nur wenige Tage vor dem großen Ereignis herrschte überall hektisches Treiben. Auch Hans wurde schnell mit in die Vorbereitungen des Festes einbezogen. Die Brautleute fanden immer erst am Abend zusammen, da auch Barbara eine Menge Pflichten zu erfüllen hatte.

Das neben der Burg stehende Kavaliershaus wurde regelrecht auf den Kopf gestellt. In ihm sollte die Großzahl der Gäste untergebracht werden. Girlanden aus Fichtenzweigen wurden gebunden. Die sollten die Portale schmücken. Mit langen Rutenbesen kehrte man den Burghof. Es ging wirklich hektisch auf der Burg zu. Das gleiche Bild zeigte sich auch im Hof des Rittergutes. Überall war man dabei, alles in einen ordentlichen Zustand zu versetzen. Für alle Fälle sah man sogar vor, den jungen Gästen in der Scheune ein Unterkommen zu bieten. Zu diesem Zweck wurden in der Panse[2] fürsorglich Leinentücher über das Stroh gelegt. Jedem waren Aufgaben auferlegt, die sich auf das bevorstehende Hochzeitsfest bezogen. Einen Tag vor dem Fest trafen die ersten Gäste ein. Darunter befanden sich auch Graf v. Schwarzburg, der Oheim aus Planitz mit seiner Frau, der Oheim v. Kotzau mit Ehefrau und der Bruder von Hans. Bereits der Vorabend gestaltete sich zu einer herausgehobenen Festlichkeit. Die fand fast ausschließlich im Burghof statt.

---

[2] Stauraum

Dort hatte man eine Feuerstelle errichtet. Darüber briet ein Eber am Spieß. Etliche gespaltene Baumstämme brannten. Sie erhellten den Burghof wie riesengroße Fackeln.

An einer langen Tafel saßen sich die Gäste gegenüber. Das gewährte ihnen untereinander eine gute Unterhaltung. Am späten Abend trafen auch noch weitere Gäste ein. Etliche Verwandte von Barbara und auch die einstigen Vormünder von Hans und Rudolph waren noch hinzugekommen.

Speisen wurden in Hülle und Fülle aufgetragen. Die Getränke wurden hingegen auf Weisung des Burgherrn nur zögerlich ausgegeben. Er wollte der Trunkenheit entgegenwirken. Alle sollten am Morgen nüchtern an der Hochzeit teilnehmen.

Obwohl der Nacht noch die Tageswärme anhaftete, fröstelten einige der Frauen. Aus diesen Gründen versammelte die Burgherrin die Frauen um sich und führte sie in ihre Kemenate. Ohne die Frauen ging es plötzlich wesentlich lauter zu. Die Männer erzählten sich Jagderlebnisse, Geschehnisse aus ihrem Ritterleben und natürlich auch Frauengeschichten, die nicht unbedingt für Frauenohren taugten. Die Frauen hatten längst ihre Betten aufgesucht, als endlich auch im Burghof Ruhe eintrat.

Am Morgen, im Gutshof krähten noch die Hähne, stellten sich drei Knappen im Burghof auf. Aus ihren Hörnern ertönte der Weckruf. Eilig kleidete sich Hans an, ging in den Hof, um den Musikanten ein paar Münzen zu reichen. Als er seinen Beutel öffnete, stand auch Barbara neben ihm. Mit einer Umarmung begrüßte er sie. Kurz zweifelte er daran, ob er das vor der Trauung überhaupt dürfe. Natürlich schob er alle Zweifel beiseite und genoss die Situation außerordentlich.

Das lange Aufbleiben zögerte das Morgenmahl lange hin. Die Trauung sollte in der unweit gelegenen gotischen Dorfkirche von Reinhardtsdorf stattfinden. Die Familie v. Schönburg war dem dortigen Kaplan bestens bekannt. Er hatte Barbara und auch etliche ihrer Geschwister darin schon getauft.

Die Trauung war auf die elfte Tagesstunde festgesetzt. Am Ende hatte man noch Eile, nicht zu spät zur Kirche zu kommen. Heinrich v. Schönburg wendete alle Mühe auf, den Hochzeitsgästen klarzumachen, dass es Zeit würde zur Kirche zu kommen. Diener und Zofen mühten sich darum, Hans und Barbara für das bedeutungsvolle Zeremoniell würdig anzukleiden. Alle Kutschen standen im Burghof in Reih und Glied abfahrbereit. Hans fuhr zusammen mit seinem Bruder in der Wiesenburger Kutsche zur Kirche. Als bereits alle, bis auf die Brauteltern abgefahren waren, schritt die Braut die Treppen des Palas herunter und betrat den Burghof. Ihren Eltern standen dabei die Tränen in den Augen. Beide traten dicht an ihre Tochter heran und ihr Vater sagte: *„Meine liebe Barbara. Es ist die Zeit gekommen, dass ich dich einem Mann zum Eheweib gebe.*

Damit beginnt für dich, aber auch für uns, ein völlig anderes Leben. Du wirst die Pflichten als Eheweib und sicher auch als Mutter übernehmen. Wir werden deine Nähe vermissen. Doch du wirst sicher einem guten Mann gegeben. Vergesse bei all' dem Neuen, das um dich sein wird, nicht dein Elternhaus. Das wird dir immer offen stehen."

Ihre Mutter wischte sich die Tränen aus den Augen und flüsterte: *„Ich möchte lachen und glücklich sein, und trotzdem treibt es mir die Tränen in die Augen. Mein liebes Kind, ich wünsche dir alles Glück dieser Erde. Ich wünsche dir für eure gemeinsame Zukunft glückliche Jahre."*

Dann setzten sie sich gemeinsam in die bereitstehende Familienkutsche und fuhren zur Kirche nach Reinhardtsdorf. Dort wurden sie stürmisch empfangen. Hans stand voller Erwartung im weit offen stehenden Kirchenportal, als ihm der Schönburger seine Tochter zuführte. Barbara machte einen Knicks und Hans verneigte sich vor ihr. Im Klang der Orgel schritten sie dem vorangehenden Kaplan nach. Dicht vor dem Altar blieben sie stehen. Der gotische Hochaltar stand kerzengeschmückt. Das Braurpaar kniete auf zwei roten Kissen nieder. Im Altarraum hatten die nächsten Verwandten Platz gefunden. Aus dem Kirchenschiff ertönte von drei Seiten her das Klingen von Altarschellen. Als das verstummte, ergriff der Priester das Wort: *„Hans v.d. Planitz, und du Barbara v. Schönburg, ihr seid heute hier vor Gott erschienen, um das heilige Sakrament[3] der Ehe einzugehen."*

In einer sehr weihevollen Form gestaltete der Priester die Eheschließung der beiden Liebenden. Als er sie einzeln fragte: *„Bist du gewillt, deinem Ehepartner in Liebe anzugehören, ihn zu lieben und ihm treu zu sein, bis dass der Tod euch scheidet?"*, war das Schluchzen der Brautmutter nicht zu überhören. Es hielt auch an, bis sie sich die Ringe ansteckten und sich küssten. Als der Priester die Zeremonie mit den Worten beendete: *„Ihr seid vor Gott in den heiligen Bund der Ehe eingetreten. Die Gnade Gottes ist euch gewiss. Doch bedenkt, was Gott zusammengefügt hat, das soll der Mensch nicht scheiden."* Als er ihnen die Hände aufs Haupt legte und sagte: *„Die Gnade Gottes sei mit*

---

[3] heilige Handlung

Euch. Nun gehet hin in Frieden und mehret euch.", brauste die Orgel kurzzeitig auf. Als sie verstummte sang der Kirchenchor einen Choral. Dann nahm das Paar freudestrahlend die Glückwünsche seiner Gäste entgegen. Unter Orgelklängen schritten sie langsam alle aus der Kirche. Draußen nahmen sie die wiederum zahlreiche Glückwünsche entgegen.

Vor der Kirche stand eine nagelneue Kutsche für sie bereit. Sie war das Hochzeitsgeschenk der Brauteltern. Die hatten in Erfahrung gebracht, dass Hans noch keine eigene Kutsche besaß. Zu beiden Seiten prangte auf ihr das Planitzer Wappen mit den Sternen und den Schwanenflügeln. Damit fuhr das Brautpaar allen Übrigen voran. Eine wahre Kutschenschlange zog in Richtung der Schönburg zurück. Als sie dort ankamen, standen alle Bediensteten zum Empfang bereit und jubelten dem jungen Paar zu.

Kurze Zeit nach ihrem Eintreffen auf der Burg schüttelte das Ehepaar v. Schwarzburg den Neuvermählten zum wiederholten Mal die Hände. Der Graf richtete sich zuerst an Hans mit den Worten: *„Nun, v.d. Planitz, machen Sie meine Barbara glücklich. Sie ahnen nicht, was ihnen da für ein „Edelstein" zu Eigen wurde."* Und an Barbara gerichtet sagte er: *„Sei du ihm ein gutes Weib. Ich wünsche Euch zu allem was ihr vorhabt Gottes Segen."*

Ein wunderschöner Sommertag ließ den Burghof wiederum zum eigentlichen Ort der Festlichkeiten werden. Große schattenspendente Tücher schützten vor zu großer Sonneneinstrahlung. Musikanten spielten auf und eine Menge fahrendes Volk sorgte für außergewöhnliche Unterhaltung. Sogar ein Tanzbär sorgte für die Belustigung der Gäste.

Etliche Verwandte reisten bereits am Folgetag wieder ab. Darunter war auch Graf v. Schwarzburg. Andere reisten erst an. Drei Tage lang wurde auf der Schönburg gefeiert. Als sich der Graf verabschiedete, sagte er zu Hans: *„Mein lieber v.d. Planitz, noch fanden sich keine Möglichkeiten ein Amt für Sie zu finden. Doch es wäre dumm, auf Ihre Dienste zu verzichten. Im Moment sind alle Ämter besetzt. Seien Sie hoffnungsvoll. Wir finden eine Möglichkeit."* Hans hatte es sich viel leichter vorgestellt, eine Anstellung zu finden. Die Zuneigung des Grafen zu Barbara ließ ihn weiterhin hoffen, dass der sich für ihn einsetzen werde.

Das junge Paar beschloss, nicht mehr lange auf der väterlichen Burg zu bleiben. Vor allem Hans war der Meinung, es würde Zeit sich endlich gemeinsam auf die eigenen Füße zu stellen. *„Auerbach ruft mich. Es wird Zeit, endlich unsere Zweisamkeit zu leben. Mich zieht es auf meine Burg."* sagte er zu Barbara. Die entgegnete: *„Ja, es ist so weit, dass ich von der Schönburg Abschied* nehmen muss. *Das fällt mir nicht leicht, für mich beginnt damit ein völlig neues Leben. Doch es muss wohl so sein. Wann wollen wir übersiedeln? Ich muss doch meine Eltern darauf vorbereiten.*" Hans überlegte einen Augenblick. Dann sagte er: *„Geben wir uns noch einen Tag Zeit. Übermorgen starten wir dann in unser eigenes Zuhause. Es ist schon angebracht, dass du deine Eltern vorsichtig informierst.*" *„O*", sagte Barbara, *„das wird ihnen ans Herz gehen.*"

Am Abend teilte Barbara ihren Eltern mit, dass sie bereits am übernächsten Tag mit ihrem Mann nach Auerbach ziehen wolle. Ihr Vater antwortete darauf: *„Ja, meine liebe Tochter, nun müssen wir dich aus unserer Obhut entlassen. Ihr müsst in Zukunft euer Leben selbst in die Hände nehmen. Möge der Herrgott ein Auge auf euch haben und euch den rechten Weg weisen.*"

Barbaras Mutter standen die Tränen in den Augen, als sie sagte: *„Das ist eben das Los aller Eltern. Sie müssen ihre Kinder irgendwann loslassen. Es ist für beide Teile ein tiefer Einschnitt. Der trifft wohl am meisten die Eltern. Eine junge Liebe hilft eher darüber hinweg. Ihr könnt euch gewiss sein, wir sind trotzdem weiterhin für euch da.*" Sie versuchte zu lächeln, doch die Tränen rannen die ganze Zeit über ihre Wangen.

Barbaras Vater sagte: *„Das ist so, die Zeit bleibt nicht stehen. Reifes Obst fällt eben vom Baum. Das ist nicht aufzuhalten. Eure Familienkutsche wird euch sicher nach Hause bringen. Ich habe es mir schon zurecht gelegt. Ein Pferdeknecht von uns wird die Kutsche nach Auerbach führen. In den nächsten Tagen lassen wir Barbaras Hab und Gut samt Aussteuer nach Auerbach bringen. Dann kann der Knecht wieder mit zurück zur Schönburg fahren. Ich soll euch noch sagen, dass ihr auf eurer Heimreise Halt beim Grafen machen sollt. Bei ihm sollt ihr übernachten. Ihr sollt nicht erst in der Nacht bei ihm ankommen, hat er gesagt.*"

Am Folgetag wurden Barbaras Besitztümer gesichtet. Dabei wurde entschieden, was sie mitnehmen wolle. Ein Teil davon wurde in die Reisekutsche verladen. Hansens Reit und auch sein Packpferd sollten angeleint hinter der Kutsche einherziehen. Alles wurde für den Abreisetag hergerichtet.

Am Abend vor ihrer Abfahrt saßen sie weitaus wortkarger als sonst zusammen. Vor allem Barbaras Mutter konnte den Abschiedschmerz nur schwer verbergen. Sie selbst zeigte sich stark, doch ihre geröteten Augen wiesen deutlich auf ihre wirkliche Stimmung hin. Am Morgen ihrer Abfahrt war es mit ihrer Fassung völlig vorbei. Sie schalt sich selbst und entschuldigte sich bei Barbara. Es schien, als ersticke sie im Meer ihrer Tränen. Das machte Barbara den Abschied keinesfalls leichter. Hans drängte aus diesem Grund auf eine schnell Abfahrt. Als sie abfuhren, standen Barbaras Eltern wie versteinert. Auch Barbara selbst kauerte kaum ansprechbar in ihrer Wagenecke. Eine ganze Weile verstrich in völliger Ruhe. Hans versuchte, seine Barbara auf andere Gedanken zu bringen. Er lenkte sie auf das Geschehen außerhalb der Kutsche. Es gelang ihm keinesfalls so, wie er es erhoffte. Barbaras Gedanken waren im Bann des Abschieds vom ihrem Elternhaus. Als sie bei Königstein an die Elbe heran kamen, änderte sich Barbaras Verhalten. Nach und nach wurde sie zu einem Plappermäulchen, das immer neue Fragen stellte. Am Nachmittag hielt ihr Wagen vor dem Hause des Grafen v. Schwarzburg. Ein großes Tor ließ sie in den Innenhof gelangen. Bedienstete nahmen sich ihres Gefährtes an. Ein Diener führte sie in die Wohngemächer. Hier wurden sie von der Hausherrin herzlich willkommen geheißen. Bald kam auch der Graf hinzu. Die Gastgeber bewirteten das junge Paar hervorragend. Als sie nach dem Essen zusammensaßen, bat der Graf, Hans möge doch über sein Wirken in Italien und über seine Pilgerreisen berichten. Seine Zuhörer saugten seine Schilderungen förmlich in sich auf. Keiner wagte, ihn zu unterbrechen. Alle staunten nur. Der Graf war in die Erzählungen von Hans am meisten gebannt. Als Hans eine Pause einlegte, erhob der Graf sein Glas gegen Hans und sagte: „*Wir sehen in Barbara so etwas wie unser Kind. Leider haben wir selbst keine. Es ist an der Zeit, dass auch wir uns näher kommen Darf ich Hans sagen? Das wird wohl auch im Sinne von Barbara sein?*" Dabei schaute er zu ihr hin. Die stand auf, umarmte ihn und sagte: „*Oheim Balthasar, was habe ich mir doch für einen welterfahrenen Mann eingefangen.*" Der entgegnete: „*Und einen hochgebildeten dazu. Hans ich versichere dir, dass ich alles daran setze, dir eine deinem Wissen entsprechende Anstellung zu beschaffen.*"

Die Zeit war wie im Fluge vergangen. Es ging bereits stark auf Mitternacht zu. Als sie sich zur Ruhe legen wollten, fragte der Hausherr: „*Wollt ihr nicht noch einen Tag bei uns bleiben? Es wäre schön, wenn wir Hans noch einmal tüchtig ausfragen könnten. Ihr seht euch morgen hier in Dresden um und fahrt erst übermorgen weiter. Was haltet ihr von meinem Vorschlag?*" Hans schaute Barbara erschrocken an. Die zog verlegen die Schultern hoch und sagte: „*Lieber Oheim Balthasar, eigentlich zieht es uns in unsere Burg nach Auerbach.*" Da schaltete sich sofort die Schwarzburgerin ein und sagte: „*Was weiß denn der Oheim noch von jungem Glück. Ich verstehe euch Barbara. Wir haben, wenn Gott es will, noch öfter Gelegenheiten uns zu unterhalten. Lieber Balthasar, das siehst du doch ganz sicher genau so?*" Der Graf räusperte sich. Dann sagte er: *„Natürlich! Wie eigennützig habe ich nur gedacht? Zieht eures Weges! Ich verstehe euch sehr wohl!"* Dabei zwinkerte er Barbara zu. Hans fiel ein Stein vom Herzen. Er hatte schon befürchtet, Barbara würde sich bereit erklären, doch noch zu bleiben. Noch sehr früh am Morgen fuhr ihre Kutsche wieder auf die Straße hinaus. Hans ging die Fahrt viel zu langsam. *„Hoffentlich kommen wir heute noch nach Hause"*, sagte er. *„Wir fahren eben und reiten nicht. Die größere Wegstrecke liegt ja noch vor uns."*

Barbara war eingeschlafen und Hans gingen tausend Dinge durch den Kopf. Immer wieder zog es seine Gedanken hin zu seinem Wunsch, endlich eine Anstellung zu erlangen, um auf diese Weise ihre Zukunft sicherer gestalten zu können.

Erst tief in der Nacht bog ihre Kutsche in den Rittergutshof in Auerbach ein. Barbara hatte fast die ganze Zeit über geschlafen. Hans musste den Gutsverwalter herausklopfen. Der erschien mit einer brennenden Fackel. Hans machte ihm sogleich Vorwürfe, weil das Tor nicht verschlossen war. Dann übergab er ihm die Pferde samt Kutsche. *„Wir sprechen uns morgen"*, sagte er noch, ehe er mit seiner Frau zur Burg hinüber ging. Der Verwalter hatte ihnen seine Fackel übergeben, dass sie den Weg besser finden sollten. Das Ehepaar ging über die Steintreppe zur Burg empor. Mit Hilfe des Klingelzuges machten sie dort auf sich aufmerksam. Schlurfend hörte man den Diener nahen, der seine Herrschaft tiefgebeugt mit einem Leuchter in der Hand empfing. Er fragte, ob sie noch zur Nacht etwas zu sich nehmen wollten. Hans verneinte. Der Diener sagte: *„Ich möchte der Herrschaft melden, dass das Schlafgemach bereits seit Tagen für Ihren Empfang hergerichtet ist. Soll ich die Herrschaften nach dort bringen? Dann gehe ich mit dem Leuchter voran."* *„Ja, wir sind hundemüde."* sagte Hans. Dann schritten sie dicht hinter dem Diener gehend bis in ihr Schlafgemach. Dort entzündete der Diener noch einen Leuchter und entfernte sich.

9. Kapitel
Eheglück in Auerbach

Hans umfasste seine Frau zärtlich und sagte: „*Mein liebes Eheweib. Ich heiße dich von Herzen in unserem eigenen kleinen Reich willkommen. Fühle dich hier wohl, so wie du es auf der Schönburg warst. Möge uns der Allmächtige seinen Segen zusprechen und uns ein langes, glückliches Leben schenken. Mein Sinnen gilt nur unserer Liebe. Ich werde alles in meinen Kräften stehende tun, um unser Leben recht zu gestalten.*"

Barbara standen die Tränen in den Augen, als sie ihm um den Hals fiel und leise sagte: "*Auch ich will dir ein treues und verlässliches Eheweib sein. Ich bete zu Gott, dass unsere Wünsche wahr werden.*"

Müde und von der langen Fahrt mitgenommen, legten sie sich schlafen.

Am Morgen, als Hans die Augen aufschlug, lag sein Weib noch friedlich schlafend in seinem Arm. Ihr loses, schwarzes Haar umkränzte ihr rosiges Gesicht. Er traute sich nicht, sich zu rühren. Er wollte sie nicht wecken. Liebevoll betrachtete er sie und erkannte in ihrem doch unverhofften Zusammentreffen eine göttliche Fügung

Als Barbara nach einer Weile die Augen aufschlug und ihrem Ehemann in die Augen schaute, sagte sie: "*Gott hat uns auf eine wunderbare Weise zusammengeführt. Dafür möchte ich ihm danken. Das würde ich gerne in der Kirche tun*". Hans entgegnete: "*Nach dem Morgenmahl werde ich dir deinen Wunsch erfüllen. Dann gehen wir gemeinsam hinunter in unsere Kirche.*"

Hans brachte seine Barbara in die Kemenate und sagte: "*Das ist nun dein Reich. Ich hoffe der Raum gefällt dir. Du hast alle Freiheiten, es so zu gestalten, wie du es magst.*" Barbara ging zum Fenster und schaute hinaus. Dann sagte sie: „*Es ist ein gemütlicher, nicht zu großer Raum. Sein Kamin heizt ihn im Winter bestimmt auch gut aus. Aber überwältigt bin ich von der Aussicht. Es liegt uns ja alles zu Füßen.*"

In die Kemenate ließen sie sich auch das Morgenmahl bringen. Nicht nur der Diener, sondern auch drei Mägde trugen die Speisen und Getränke auf. Alle schauten nur verstohlen auf die vor ihnen sitzende schöne Herrin. Die hatte ihr geflochtenes Haar hoch gesteckt. Eine silberne Spange ließ eine Krone vermuten. Hans konnte seine Augen nicht von Barbara lassen.

Nach dem Essen fiel Hans ein, dass er den Verwalter zu sich bestellt hatte. Der wartete bereits auf dem Flur. Die beiden Männer gingen zusammen in den Burghof. Dort sagte Hans: „*In der Nacht stand wieder das Gutstor weit auf. Das kann doch nicht sein. Wozu ist ein Tor denn da? In Zukunft wird das am Abend geschlossen. Ich hoffe mich deutlich ausgedrückt zu haben.*"

Der Verwalter stand mit gebeugtem Kopf und sagte kleinlaut: *„Ich werde persönlich darauf achten.* Danach sagte er: *Herr v.d. Planitz, es gibt aber weitaus größeren Ärger. Der Hermannsgrüner auf Göltzsch macht uns immer größeres Ungemach. Nun jagt der sogar in Ihrer Herrschaftshälfte ganz unverfroren herum. Dabei tut er so, als ob ihm alles gehöre. Sie müssen dringend dagegen etwas unternehmen. "* Darauf entgegnete Hans: *„Morgen werden wir gemeinsam beraten, was dagegen zu tun ist. Mein Eheweib soll davon nichts erfahren, um sie nicht zu ängstigen. "* Dann ging Hans über das Geschehen verärgert wieder zu seiner Frau zurück. Er wollte ihr doch den Wunsch des gemeinsamen Kirchganges erfüllen.

Gemächlich schritten sie den Burgberg hinunter und gingen zielstrebig auf die Kirchentür der Laurentius-Kirche zu. Dabei fragte Barbara: *„Eine Kapelle gibt es auf unserer Burg wegen der Kirchennähe wohl sicher nicht?"* *„Nein"*, sagte Hans, *„unsere Burg ist dazu wohl auch zu klein. Wenn man den Herrgott besuchen will, kann man ihm zuliebe die geringe Wegstrecke auch laufen. Sicherlich siehst du das auch so, meine liebe Barbara? "* Worauf sie zur Antwort gab: *„Natürlich, mein Lieber."*

Als sie den Kirchenraum betraten, lag der fast völlig im Dunkel. Nur die „Ewige Lampe" im Presbyterium[1] brannte. Sie gingen auf das große Gemälde der Mutter Maria im Hochaltar zu. Auf den Altarstufen knieten beide nieder. Im stummen Gebet verharrten sie eine lange Zeit nebeneinander. Als sich Sophie beim Verlassen der Kirche noch etwas genauer umschaute, trat der Priester hinzu und begrüßte die beiden mit den Worten: *„Da kann ich dem Ehepaar v.d. Planitz doch zum Vollzug des Ehesakraments noch gratulieren. Ich begrüße Sie ganz herzlich in Ihrer Herrschaft und in unserer Kirche. Natürlich wünsche ich von Herzen allzeit den Segen unseres Herrn und Heilands. Möge unser Herrgott Ihnen allzeit beistehen und Ihre Geschicke günstig lenken."*

Die beiden bedankten sich für den Zuspruch des göttlichen Segens. Danach bat Barbara den Priester ihr Aufklärung über den ihr unbekannten Kirchenpatron zu geben. Der entgegnete: *„Laurentius war der 1. Erzdiakon unserer römisch-katholischen Kirche unter dem Papst Sixtus II. Er wirkte im 4. Jahrhundert in Rom. Glaubensstark endete sein Leben wie auch das des Papstes selbst auf einem glühenden Eisenrost. Schriftlich niedergelegte Zeugenaussagen über deren Martyrium sind uns vom Heiligen Ambrosius überkommen."* Als sie wieder im Freien standen, führte Hans seine Gemahlin weiter

---

[1] Chorraum

den Berg hinunter bis an die von Erlen umsäumte Göltzsch. Hier setzten sie sich ins Gras und schauten zu, wie die Forellen in der Strömung standen.

Erst in der Mittagsstunde stiegen sie wieder zur Burg hinauf.

Am Folgetag trafen Hans und der Gutsverwalter wieder zusammen. Sie wollten beraten, was gegen den kecken Mitbesitzer der Herrschaft zu tun sei. Ein Knecht holte noch den Büttel hinzu, der vorschlug, Gleiches auf dem Gebiet des Leupold v. Hermannsgrün zu unternehmen. Das lehnte der Planitzer strikt ab. *"Nein."* sagte Hans, *„Damit würden wir unweigerlich noch Öl ins Feuer gießen. Das vergrößert den Konflikt nur und gibt ihm den Trumpf in die Hand, Beschwerde über uns einzulegen. Das werde ich aber erneut tun. Ich reiche eine Klage in der herzöglichen Kanzlei in Dresden und in der kurfürstlichen Kanzlei in Weimar ein. Das reicht mir aber nicht aus. Dort, wo er sich auf meinem Gebiet zeigte, legen wir Fangeisen aus. Die sind täglich von uns zu kontrollieren. Sonst wird nichts gegen die Hermannsgrüner unternommen. Ansonsten kann ich nur hoffen, dass sich die kurfürstliche Schiedsstelle baldigst zu meinen Gunsten entscheidet."*

Hans hatte seine Klage noch nicht abgeschickt, als man ihm wiederum einen erneuten Übergriff des Nachbarn meldete. Der überstieg die bisherigen Streitereien jedoch um ein Vielfaches. Im Jahre 1503 war Auerbach zur Bergstadt mit einem eigenen Bergamt erhoben worden. Damit erlangte es eine eigene Bergordnung und eigene Trank, Zoll und Geleitrechte. Nun ging es um die Nutzung der Bergrechte. Bisher war es zwischen den beiden Herrschaftsbesitzern von Auerbach nur zu Streitereien gekommen. Nun waren die Auseinandersetzungen aber zu zerstörerischen Tätlichkeiten übergegangen. Der Bergnutzungsrechte wegen war Leupold v. Herrmannsgrün mit einer gewaltigen Zahl seiner Hörigen auf das Gebiet des Planitzer gezogen. Er ließ eine dort gelegene Schmelzhütte einfach niederreißen. Die gehörte zu zwei geistlichen Lehn, die im Gerichtsbann der Planitzer Herrschaft standen. Das Ganze geschah unter lautstarker Beschimpfung und Verhöhnung des Planitzers.

Hans v.d. Planitz setzte unverzüglich eine Anklageschrift auf, die er per Boten an den Kommissar, Graf v. Schwarzburg überbringen ließ. Er bat um ein schnelles Einschreiten gegen die unmöglichen, zudem gewalttätigen Machenschaften seines Mitbesitzers.

Ebenfalls per Boten erging aus der Kanzlei ein sofortiger Befehl an den Hermannsgrüner. Er wurde aufgefordert seine ungesetzlichen Tätigkeiten sofort zu beenden. Des Weiteren sei er verpflichtet für die Wiedergutmachung Sorge zu tragen. Der dachte jedoch nicht im Geringsten daran, den angerichteten Schaden wieder zu beheben.

Weitere Streitigkeiten zogen sich noch über die nächsten Monate dahin, in denen es immer um erneute Belästigungen von Seiten des Hermannsgrüners ging.

Ein Jahr nach der Hochzeit gebar Barbara v.d. Planitz ihr erstes Kind. Hans hatte sich einen Stammhalter erhofft. Es wurde ihm ein Mädchen geschenkt. Hans löste sich bald von seinen Vorstellungen. Das kleine Mädchen wurde schnell zum Liebling aller.

Nun stand die Taufe an. Natürlich waren auch Barbaras Eltern aus Schöna dazu gekommen. Auch etliche ihrer Geschwister waren mit einer Kutsche angereist. Der Planitzer Oheim hatte es sich, trotz seines schlechten Gesundheitszustandes, nicht nehmen lassen, auch nach Auerbach zu kommen. Der Bruder von Hans hatte ihn mitgebracht. Auch der Kotzauer Oheim war mit seinem Eheweib und drei seiner Kinder angereist.

Der Kaplan in Auerbach fieberte aufgeregt dem herausragenden Geschehen entgegen. So viele hohe Herrschaften hatten seine Kirche noch nicht auf einmal besucht. Es sollte sich ja sogar ein kurfürstlicher Graf unter der Taufgesellschaft befinden.

Stolz trug Barbara ihr Töchterchen der Taufegesellschaft voran, als sie in die Laurentius-Kirche gingen. Die große Anzahl der Hinzugekommenen füllte die Kirche. Es waren doch nicht nur Verwandte, sondern auch zahlreiche Freunde der Familie, nach Auerbach gekommen. Auch Graf Balthasar v. Schwarzburg kam mit seinem Eheweib zur Taufe von Barbaras erstem Kind.

Wie eine Königin durchschritt Barbara mit ihrem Kindchen den Mittelgang der Kirche. Auf den Altarstufen stehend, empfing sie der Kaplan und geleitete die Eltern mit dem Täufling bis dicht an den Hochaltar. Dort knieten die Eltern nieder. Auf den Stühlen des Altarplatzes hatten die vier Taufpaten Platz genommen. Das waren Barbaras Vater und Graf v. Schwarzburg, von der Mutterseite her. Von Hansens Verwandtschaft übernahmen das Amt der Kotzauer Oheim und Hansens Bruder. Der Kaplan segnete zunächst das Elternpaar. Danach bat er es an das Taufbecken. Dort vollzog er das Taufsakrament als Infusionstaufe. Durch dreimaliges Beträufeln mit Weihwasser taufte er die kleine Erdenbürgerin auf den Namen Elisabeth Sophie v.d. Planitz. Dabei sprach er erst dem Kind und danach den Eltern den göttlichen Segen zu. Dann wendete er sich an die Paten. Er sprach sie an, das unauslöschliche Sakrament der heiligen Taufe zu übernehmen. Sie seien damit als Zeugen und Bürgen, zusammen mit den Eltern, in Verantwortung für das Kind. In Anbetracht der großen Taufgemeinde hatten Hans und Barbara alle ihre Gäste in das neuausgebaute Büttel- und Gerichtshaus gebeten.

Das lag unweit der Kirche. Die darin befindliche große Gerichtsstube konnte die Festgesellschaft besser fassen als die kleineren Räume auf der Burg. Aus der unweit gelegenen herrschaftlichen Küche gelang die Versorgung. Es wurde eine gelungene Festlichkeit. Die Dienerschaft hatte jedoch tüchtig damit zu tun, alles zur rechten Zeit heran zu schaffen.

Am späten Nachmittag war nur noch die engere Verwandtschaft verblieben. Das bewog Hans, seine Gäste auf die Burg zu bitten. Längst hatte eine Kinderfrau den Täufling in ihre Obhut genommen und auf die Burg gebracht. Nun spazierten auch alle Übrigen gemächlich hinauf zum alten Rittersitz hoch über dem Ort. Dort teilte sich die Gesellschaft. Die Frauen gingen mit Barbara in die Kemenate, die Männer fanden im Rempter[2] ihren Platz. Es währte nicht lange, bis die Männer ihren Gesprächsstoff in den Problemen ihrer Zeit gefunden hatten. Das veranlasst die Frauen fern zu bleiben.

Der noch unter ihnen verbliebene Graf v. Schwarzburg brachte das Gespräch in Fluss. Er fragte: *„Habt ihr schon gehört, es mulmt wieder einmal gewaltig unter den Kirchenvertretern. Unser Herzog hat durchblicken lassen, dass sich unter den Augustinern[3] in Wittenberg Protestler befinden. Die sehen sich mit den Gepflogenheiten der Heiligen Kirche in Widerspruch. Wenn man es recht bedenkt, die Kirchenobrigkeit macht so viele gravierende Fehler, dass man glauben könnte, wenn sie so weiter macht, schaufelt sie sich noch ihr eigenes Grab."*

Hans warf ein: *„Es ist ja auch verrückt, wenn sich gleich mehrere Kirchenmänner dazu berufen fühlen, der alleinige Vertreter Gottes zu sein. Drei amtierende Päpste. Mit dieser Papstvermehrung hat die Kirchenobrigkeit ein Schisma[4] herauf beschworen. Damit hat sie viel ihrer bisherigen Glaubwürdigkeit verspielt. Konnte sich die Kirche selbst noch etwas Schlimmeres antun? An verschiedenen Orten herrschten gleichzeitig die Päpste Benedit XIII., Gregor XII. und Johannes XXII. Das ist nun runde hundert Jahre her. Doch dieses Gerangel hat der Menschheit überdeutlich gezeigt, dass es den Kirchenmännern doch nur um die Macht und nicht um den Glauben ging.*

---

[2] Festsaal
[3] Mönchsorden
[4] Kirchenspaltung

Und wem verdankt die Kirche die Wiederherstellung ihres Ansehens? Es war König Sigismund, der sich um die Einheit des Christentums mühte. "

„Wundert ihr euch dann noch, wenn es immer erneute Bestrebungen gibt, das von den Kirchoberen verordnete Dogma[5] *aufzubrechen? Die Bibel zeigt uns doch den rechten Weg. Daran halten sich selbst unsere christlichen Vertreter nicht. Auch das einfache Volk hat zu denken gelernt. Wenn ihnen auch die Kirche die Bibeltexte nur in unverständlichem Latein vorsetzt. "* warf Barbaras Vater ein. *„Wer auch nach Reformen strebte, ob der Engländer Wyclif, oder der Böhme Hus, wurde von der Kirche als ketzerischer Feind dargestellt und vernichtet. Wenn wirklich etwas Wahres am Aufbegehren der wittenbergischen Augustinermönche ist, die Kirche wird sie wieder auf den Scheiterhaufen schicken. "*

Plötzlich erhob sich Graf v. Schwarzburg, hielt sein Glas in die Höhe und sagte: *"Pfeifen wir auf die Unzulänglichkeiten dieser Welt. Eigentlich wollte ich es gleich bei meiner Ankunft mitteilen, Hans es ist soweit. Deine geschliffenen Anklageschriften fanden nicht nur bei uns in der herzoglichen Kanzlei Aufmerksamkeit. Hans du hast auch Interessen beim Kurfürsten geweckt. Der schaltete sich deshalb auch persönlich in die Auseinandersetzungen gegen deinen Mitbesitzer ein. Hans ich kann dir versichern, in Bälde wirst du die von dir gewünschte Anstellung in ein kursächsisches Amt erhalten."*

Hans riss es vom Stuhl. Er schrie es förmlich in die Runde hinein: *„Gott sei Dank. Ich sitze fast täglich über meinen Büchern der Rechtswissenschaften und frage mich, ob das einen Sinn hat. Endlich. Wie lange habe ich danach gefiebert, mein erworbenes Wissen und Können auch anwenden zu dürfen. Werter Graf, Barbara und ich bedanken uns ganz herzlich für den Zuspruch. "* Worauf der Graf lächelnd sagte: *„Hans, das hast du dir selbst verdient."*

Anschließend sagte Hans: *"Aber von einer Einmischung des Kurfürsten in meinen Rechtsstreit ist nichts zu spüren. Der Hermannsgrüner verharrt weiterhin in seinen Streitereien. Der streitet wohl solange weiter, bis ihn der Tod holt."* Worauf der Graf sagte: *„Ich möchte dem Geschehen nicht vorgreifen. In der nächsten Zeit wird es diesbezüglich zu einer Entscheidung kommen, die dir, lieber Hans, bestimmt gefallen wird."*

Bis weit nach Mitternacht saßen die Männer zusammen. Etliche verabschiedeten sich, ehe sie sich schlafen legten. Sie wollten bereits am frühen Mor-

---

[5] unumstößliche Lehrmeinung

gen wieder nach Hause zurückkehren. Nur Barbaras Eltern und das Ehepaar v. Schwarzburg wollten noch bleiben. Die Männer planten Hansens Besitz noch genauer zu erkunden. Deren Frauen hingegen zeigten sich mehr am Planitz'schen Nachwuchs interessiert.

Am Folgetag schwangen sich Hans und seine Gäste in die Sättel und erkundeten Hansens Besitz kreuz und quer. Balthasar v. Schwarzburg zeigte sich voller Begeisterung. Vor allem die umfangreichen Waldgebiete hatten es ihm angetan.

„Zur nächsten Jagd hoffe ich eingeladen zu werden." sagte er. *„Das muss doch riesigen Spaß machen, hier an einer Treibjagd teilnehmen zu können."* Hans sicherte ihm das für den kommenden Herbst zu.

Als die letzten Gäste wieder abgereist waren, lief auf der Auerbacher Burg alles wieder wie gewohnt. Doch Hans vermisste den bisherigen Umgang mit seiner Barbara. Die kümmerte sich nun nicht mehr so oft um Hansens Belange. Ihr Kindchen war zur Nummer Eins geworden.

Eine kurze Zeit später brachte ein berittener Bote eine Depesche aus der Kanzlei. Hans erbrach freudigen Herzens das Siegel. Er glaubte, dass ihm darin das Amt, von dem der Graf gesprochen hatte, angetragen würde. Als Hans das Schreiben las, verdunkelte sich sein erwartungsvolles Gesicht. Das Schreiben enthielt nicht, was er erwartet hatte. Er hielt trotzdem ein für ihn gewichtiges Dokument in den Händen.

Es enthielt den Schiedsspruch des Kurfürsten, der zugunsten von Hans ausfiel. Der Kurfürst belehnte den Planitzer mit der bisherigen Herrschaftshälfte des Hermannsgrüners. Das persönliche Eingreifen des Kurfürsten hatte Hans zum alleinigen Herrschaftsbesitzer von Auerbach und Göltzsch zu ungunsten des Hermannsgrüners gemacht. Bald war Hansens Enttäuschung verflogen. Lachend stürmte er zu Barbara um ihr diese Neuigkeit mitzuteilen. Als er im Anschluss beklagte, dass er eigentlich mit einer Anstellung gerechnet habe, sagte Barbara:*"Nun sei aber ruhig. Wenn Oheim Balthasar dir gesagt hat, dass das bald klappen wird, kannst du dich darauf verlassen."*

Als Hans Barbara verließ, hüpfte er wie ein kleiner Junge und trällerte: *„Was lange währt, wird schließlich gut."* Als er das im Übermut gesagt hatte, stand er plötzlich wie zu einer Salzsäule erstarrt. Er sagte laut die Erkenntnis vor sich hin: *„Wie lange warte ich schon auf eine Anstellung? Was lange währt ....na ja, das muss doch endlich auch einmal in Erfüllung gehen."*

Zunächst nahm ihn aber erst einmal die Vergrößerung seines Erblehns in Anspruch. Er schwang sich auf sein Pferd und ritt in Begleitung seines Büttels und seines Gutsverwalters bis dicht an den Rittersitz Göltsch hinan. Um kein neues Ungemach herauf zu beschwören, ritten sie nur um den Sitz Göltzsch herum. Sie beobachten, dass im Vorwerk[6] ein hektischen Treiben herrschte. Etliche Wagen wurden beladen. Ganz sicher bereitete man dort den Auszug vor. Danach ritten sie immer an der Göltzsch entlang bis zum Hammerwerk nach Niederauerbach hinunter. Das einst so laut empfundene Stampfen des Hammers im Tal schien Hans heute erträglicher zu sein. War das nur Einbildung?

Sie stiegen von ihren Pferden und gingen in das Gelände des Hammerwerks hinein. Dort wurde ihnen das Dröhnen der Stößel dann doch fast unerträglich. Hans bemerkte, dass ihn die Windrichtung genarrt hatte. Als man sie des Geländes verweisen wollte, stellte sich Hans als neuer Besitzer vor. Es wurde ihnen jedoch weiterhin Misstrauen entgegengebracht. Als er die im Werk herrschende Geschäftigkeit entdeckte, schug ihm das Herz schneller. Er hoffte darauf, genau wie am Schneeberg, nun auch in seinem größeren Herrschaftsgebiet Silber aus dem Berg holen zu können. Etliche Stollen waren ja bereits entstanden. Hans erfuhr jedoch, dass bisher alle Hoffnungen, Silber zu finden unerfüllt geblieben seien. Eisen und Zinnerze würden in den Schächten im Rund wohl gefördert. Bis weit zum Bendelstein hinauf würden die Schächte führen. Vor allem im >Heideschachten< bei Brunn würde Zinnerz gewonnen. Aber auch in der >Braunen Grube<, im >Jerusalem> und im >Elisabeth-Stollen< sei man fündig. Hans schmunzelte. Das waren alles Stollen, die sich nun in seinem Besitz befanden. Hans erkannte aber auch im Hammer eine Wertsteigerung seines Besitzes.

Ohne das befürchtete Zusamentreffen mit Leuten aus dem Hermannsgrüner Lager ritten sie befriedigt wieder nach Auerbach zurück. Hans fühlte sich beglückt. Er hatte begriffen, sein nun auf die Doppelgröße angewachsener Besitz würde seine Familie sogar ohne eine Anstellung mühelos ernähren. Trotzdem setzte er weiterhin große Hoffnungen darauf seine Rechtskenntnisse anwenden zu können.

Wenige Tage darauf überbrachte ein berittener Bote wiederum eine Botschaft. Hansens Hände zitterten vor Aufregung als er sie in seinen Händen hielt. Das Siegel trug das Wappen von Kurfürst Friedrich III., dem Weisen. Sie kam nicht aus der albertinischen Kanzlei aus Dresden, sondern aus der

---

[6] Rittergut

kurfürstlichen in Wittenberg. Sie trug das Siegel und die Unterschrift des Kurfürsten. Vor Aufregung überflog Hans das Schreiben zunächst erst einmal, ohne seinen Sinn recht zu erfassen. Dann, als er es zum zweitenmal unter die Augen nahm, löste sich seine innere Spannung langsam.

Hans wurde zu einem Gespräch in die ernestinische Kanzlei nach Wittenberg geladen. Er las das Schreiben sogar ein drittes Mal. Dann erinnerte er sich an die im Jahre 1485 vollzogene Teilung Sachsens. Die beiden Söhne des Kurfürsten Friedrich II., des Sanftmütigen, hatten sich nach dem Tod ihres Vaters ihr Erbland geteilt. Auf diese Weise war aus dem bisherigen Kurfürstentum Sachsen ein >ernestinischer Teil< für Ernst und ein >albertinischer Teil< für Albrecht entstanden.

Die Kurwürde war dem ernstestinischen Teil zugefallen. Nach dem Tod von Kurfürst Ernst war dessen Sohn Friedrich III., der Weise, als Kurfürst angetreten. Der residierte in Wittenberg. Zu dessen Besitz gehörte auch das Vogtland. Der zweite Sohn, Albert, trug die Herzogswürde weiter. Er wählte Dresden zu seiner Residenz.

Ab 1500 führte Herzog Georg der Bärtige sein albertinisches Erbe weiter.

Hans hatte das Alles nicht beachtet. Dass die Kanzlei in Dresden, der Graf v. Schwarzburg vorstand, nicht die kurfürsrtliche, sondern die herzogliche Kanzlei von Georg dem Bärtigen war, stand ihm nun endlich deutlich vor Augen. Wie hatte er sich doch geirrt.

Mit zitternden Händen hielt er die Einladung des Kurfürsten in seinen Händen. Hans war gespannt, was sich daraus ergeben sollte. Er war sich darüber im Klaren, er musste wohl bald nach Wittenberg reisen. Dann fiel ihm sein Eheweib ein. Sollte ihm beim Kurfürsten in Wittenberg eine Anstellung angeboten werden, müsste er wohl erst ein klärendes Gespräch mit Barbara führen. Wie sollten sie da ihr weiteres Leben gestalten? Müsse er gar sein unlängst erworbenes Lehn wieder aufgeben?

In seinem Gehirn quirlte eine Menge von unausgegorenen Gedanken durcheinander. Sollte er sich gleich mit Barbara darüber austauschen? Unruhig getrieben, bewegte er sich im Gutshof hin und her. Nach einer Zeit des gedanklichen Durcheinanders blieb er plötzlich stehen, und sagte vor sich hin: *„Noch weiß ich ja nicht einmal was der Kurfürst wirklich von mir will. Wie verhalte ich mich bloß? Ich stelle mich doch nur so albern an, weil ich über eine lange Zeit nach einer Anstellung förmlich gegiert habe. Was ist nur mit dir los? Nun finde aber ganz schnell wieder zu deiner Vernunft zurück."*

Er verließ das Gut und ging an den gegenüberliegenden Fischteich. An seinem Rand legte er sich in die Wiese und schaute in die über ihm aufgetürmten Wolkenberge. Hans suchte in ihnen Gestalten und Gesichter zu entdecken. Dabei kam ihm ins Bewusstsein, dass er daran schon als Kind Vergnügen gefunden hatte. Als er sich erhob, befand er sich wieder im seelischen Gleichgewicht. Er beschloss, Barbara nur mitzuteilen, dass ihn der Kurfürst persönlich nach Wittenberg zu einer Aussprache gerufen habe.

10. Kapitel
Anstellung
bei Kurfürst Friedrich III.

Erst am Abend teilte er Barbara mit, vom Kurfürsten eine Einladung in den Händen zu haben. Sie zeigte sich hoch erfreut. Doch bereits kurze Zeit danach stellte sie plötzlich die Frage: „*Was wird, wenn dir der Kurfürst etwa in Wittenberg ein Amt anträgt?*" Mit dieser Frage hatte Hans nicht gerechnet. Er suchte umständlich nach einer Antwort. Dann sagte er gekonnt: „*Abwarten, meine Liebe Wir wissen ja noch nicht einmal, was der Kurfürst überhaupt vorhat. Nichts wird so heiß gegessen, wie es gekocht wird. Erst nach der Aussprache werden wir beraten, was zu tun ist.*"

Die kurfürstliche Einberufung nach Wittenberg veranlasste Hans zu der Frage, wie er nach dort gelangen sollte. Sollte er reiten? Wäre es beeindruckender wenn er mit seiner Kutsche anreise, zumal auf ihr für alle sichtbar sein Familienwappen prangte? Schließlich riet ihm Barbara, auch des Wetters wegen nicht zu reiten. Außerdem habe er so die Gelegenheit, seine Kleidung nicht verschnüren zu müssen.

Am Vorabend seiner Abreise trat er dicht an das Bildnis seiner Mutter hinan. Er faltete die Hände und sagte: „*Liebe Mutter, wenn es dir irgendwie möglich ist, lenke mein Schicksal günstig. Nun, da ich annehmen kann, dass mein sehnlichster Wunsch in Erfüllung geht, kommen mir etliche Zweifel. Muss ich letztlich aus diesen Gründen meine Familie vernachlässigen? Kann ich beides miteinander recht verbinden? Es sind auf einmal so viele Fragen und Zweifel aufgetaucht. Hilf mir bitte alles auf den rechten Weg zu bringen.*" Auch in seinem Nachtgebet richtete er an Gott die Bitte um eine rechte Fügung.

Nach herzlicher Verabschiedung von seinem Kind und seiner wiederum schwangeren Frau, bestieg er seine Kutsche. Ein Knecht führte sie mit zwei Rappen, die bereits aufgeregt hin und hertrappelten.

Hans genoss die Fahrt außerordentlich. Der Wind fuhr immer wieder durch die reifenden Kornfelder. Das erinnerte ihn an das wogende Meer. Über die Bläue des Himmels zogen Wolkenberge dahin. Seine Kinderjahre kamen ihm in den Sinn. Wie gerne lag er im Gras und schaute zu, wie der Wind die Wolken jagte.

Keine schlammigen Pfützen hinderten ihr Vorankommen. Die Pferde brachten die Kutsche zügigig ihrem Reiseziel näher.

Wegen seines langen Verweilens in Italien war ihm das Geschehen im Reich fast völlig aus dem Sinn geraten. Aus diesen Gründen hatte Hans über Graf v. Schwarzburg Erkundigungen über den Kurfürsten eingeholt. Es war ihm bisher nur bekannt, dass der von Amts wegen einer der sieben Wahlmänner bei den Königswahlen war. Er hatte auch erfahren, dass der Großvater von Kurfürst Friedrich, Friedrich II., bei einem Ausritt tödlich verunglückt war. Seine beiden Söhne Ernst und Albrecht übernahmen danach die Regierungsgeschäfte zunächst gemeinsam.

Im Jahre 1485 vollzogen die beiden Brüder einen folgenschweren Entschluss. Sie teilen ihr Herrschaftsgebiet. So entstanden zwei Herrscherlinien. Ernst, dem Älteren, kam die Kurwürde zu. Albrecht wurde die Herzogswürde zugesprochen. In gemeinsamer Nutzung verblieben aber weiterhin die erzgebirgischen Bergbauhebiete und die Niederlausitz. Kurfürst Ernst verstarb nach nur einem Jahr Regentschaft. Sein Nachfolger wurde Friedrich III., der Weise, der ihn nun zu sich nach Wittenberg gebeten hatte. Mit der Teilung war auch das Vogtland in seinen kurfürstlichen Besitz geraten.

Bereits weit nach Mittag ließ Hans die Kutsche am Rand des kleinen Ortes Niechwitz anhalten. Ein Landgasthof lud zur Einkehr ein. Der lag nur einen Steinwurf vom Ufer der Mulde entfernt. Unter einer riesigen Linde fanden Reisende und Pferde Schatten. Bisher hatten die Wolken nur kurzzeitig die Sonnenstrahlen ein wenig gebremst. Eine drückende Sommerwärme brütete über dem Land. Ehe Hans aus dem Wagen stieg, wischte er sich den Schweiß aus dem Gesicht. Danach schritt er gemächlichen Schrittes auf das Gasthaus zu. Während der Kutscher mit einem Eimer Wasser für die Pferde aus einem Brunnentrog schöpfte, strebte Hans in die Kühle des Hauses. *„Durst ist doch etwas Furchtbares."* zog ihm durchs Hirn. Ohne zu fragen, trug der Wirt ein kühles Bier heran. Ehe er es auf den Tisch setzte, fragte er: *„Es ist doch recht so, hoher Herr?"* Der hatte offensichtlich das Wappen auf der Kutsche entdeckt. Hans bejahte dessen Frage fast lautlos. Sein Mund erschien ihm wie ausgetrocknet. In drei Schlucken leere er seinen Becher und bat um einen neuen. Plötzlich fielen Hans die Pferde und der Kutscher ein. Deshalb fragte er den Wirt, ob sie zur Nacht bleiben könnten. Man merkte dem Wirt die Freude darüber an, als er ein *„Ja, natürlich, hoher Herr"* förmlich herausschmetterte. *„Sie können eine vorzügliche Kammer erhalten."* *„Gut, dann bleiben wir, wenn es auch Platz für Kutscher und Pferde gibt."* sagte Hans. Darauf sagte der Wirt dienernd: *„Es wird alles zu Ihrer Zufriedenheit gerichtet, hoher Herr."*

Hans bat den Wirt, dem Kutscher zu zeigen, wohin der die Pferde bringen könne *„Wenn das geschehen ist, soll der in die Gaststube zum Essen kommen."* teilte Hans dem Wirt noch mit. Er sah durch ein Fenster, wie die Männer miteinander sprachen. Danach zog der Knecht die Pferde von der Kutsche und verschwand mit ihnen.

Es dauerte jedoch eine ganze Weile, bis er schüchtern wieder in der Türöffnung erschien. Dort wartete er, bis sein Herr ihm einen Tisch zuweisen ließ. Auch er schüttete das gereichte Dünnbier förmlich in sich hinein. Hans winkte ihn danach zu sich heran und offenbarte ihm, dass sie hier Nachtquartier bezögen. Er könne sich jederzeit das Nacht- und auch das Morgenmahl bereiten lassen. *„In der Frühe fahren wir dann weiter.“* Der Knecht erwiderte unterwürfig: *Ja, Herr v.d. Planitz, ich schlafe aber bei den Pferden.“*

Der Planitzer schlief in der Nacht bei weit geöffnetem Fenster. Allmählich brachte die Nacht ein wenig Abkühlung. Er lag schon wach, als ein herrlicher Morgen heraufzog. Das Wiehern der Pferde vor dem Haus schreckte ihn auf. Sein Knecht beschäftigte sich bereits mit den Pferden. Als Hans die Gaststube betrat, erfuhr er, dass der Knecht bereits gegessen habe.

Es dauerte nicht lange und ihr Gefährt bewegte sich wieder auf dem Handelsweg in Richtung ihres Reiseziels. Dann grüßten die Burg und die Kirchen von Eilenburg zu ihnen herüber. Eine mächtige Stadtmauer schloss die alte Stadt ein. Hans überlegte, ob er nicht noch in einer Kirche ein Bittgebet verrichten solle. Dann sagte er sich, dass sie sicher noch an einer Kapelle vorbeikämen. Dort glaubte er sich näher mit Gott verbunden zu sein. Gegen Mittag führte sie ihr Weg bis dicht an die Stadt Schmiedeberg heran. Über ihre Stadtmauer ragte der Turm einer Kirche hoch hinaus. Hans bedeutete seinem Knecht, bis zu dieser Kirche hinan zu fahren. Hier wollte er noch einmal den göttlichen Segen für die bevorstehenden Geschehnisse erbitten.

Durch das Autor fuhren sie in die Stadt hinein. Ihre Kutsche ratterte über das harte Steinpflaster bis zur Pfarrkirche hinan. Die von einem reich geschmückten Portal umgebene Eichentür fand er weit offenstehen. Er schritt auf den Hochaltar zu, faltete die Hände und richtete seinen Blick starr auf das Kruzifix auf dem Altar. Eine lange Zeit verharrte er so, ohne dass ein Wort über seine Lippen kam. Erst kurz bevor er sich wieder erhob, sagte er halblaut: *„Herrgott, Du kennst die rechten Wege, ich tappe im Dunkel. Bitte helfe mir, dass ich das Rechte tue.“*

Es gab keinen weiteren Aufenthalt. Bald erreichten sie die Kommerzialstraße wieder, die sie dicht am Elbestrom entlang in das unweit gelegene Wittenberg brachte. Es war nicht schwer, das Schloss auszumachen. Daneben fand Hans auch mühelos die kurfürstliche Kanzlei. Dort stellte er sich mit seinem Namen vor. Ein Kanzleidiener verließ den Raum, um ihn anzumelden. Kurze Zeit darauf erschien der kurfürstliche Kommissar v. Mistelbach, der Hans ein herzliches Willkommen entgegenbrachte. Er bat ihn in sein Amtszimmer. Dort stellte er Hans eine Audienz mit dem Kurfürsten für den kommenden Tag in Aussicht. *„Das wird ganz sicher so sein, denn der Kürfürst zeigte sich an einem Gespräch mit Ihnen sehr interessiert. Die genaue Stunde stelle ich Ihnen noch rechtzeitig zu.",* sagte der Kommissar.

Dann erkundigte er sich, ob sie bereits ein Quartier bezogen hätten? *„Wenn nicht, steht Ihnen unser Kavaliershaus[1] zur Verfügung. Dort ist auch Ihre Versorgung gewährleistet",* sagte er. Hans entgegnete, dass er das Angebot gerne in Anspruch nehmen würde. *„Dann kann ich Ihnen dorthin auch die Zeit der Audienz zukommen lassen. Wir sehen uns morgen wieder. Ich wüsche Ihnen eine gute Zeit in den Mauern unserer Residenzstadt Wittenberg."* Damit verabschiedete sich der Kommissar.

Ein Diener nahm sich Hansens an. Er brachte ihn in ein daneben befindliches Gebäude, das sich als Gästequartier herausstellte. *„Herr v.d. Planitz, ich veranlasse auch die Unterbringung Ihrer Pferde und des Kutschers. Die werden nebenan in den Stallungen ihren Platz finden"* sagte der. *„Ihr Reisegepäck wird Ihnen gleich auf ihr Zimmer gebracht. Essen können Sie im Erdgeschoss, dort befindet sich auch die Küche."*

Dann stiegen sie über einen Wendelstein in das Obergeschoss. Dort befand sich seine zweckmäßig eingerichtete Bleibe.

Ein Klopfen an der Tür ließ einen weiteren Diener eintreten, der Hansens Reisegepäck brachte.

Hans verzehrte noch den letzten Reiseproviant, den ihm Barbara mitgegeben hatte. Dann beschloss er des langen Sitzens halber, sich noch ein wenig zu bewegen. Da er sich gleich neben der kurfürstlichen Residenz befand, wollte er darüber genauere Einsicht erhalten. Er umrundete zunächst das erst vor wenigen Jahren erbaute Residenzschloss. Danach besuchte er die Schlosskirche. Hans war von der außerordentlich reichen Kirchenausstattung gebannt. Gemälde von Lucas Cranach d. Ä. und lebensgroßen Plastiken waren überall zu entdecken. Das überaus kunstvoll geschnitzte Chorgestühl und der prunkende Hochaltar fanden seine Bewunderung. Danach setzte er sich vor dem Elstertor im Friedhof auf eine Steinbank und meditierte über Gott und die Welt und über seinen eigenen unausbleiblichen Tod. Erst als die Sonne sich bereits beträchtlich dem Horizont zuneigte, ging er bedächtigen Schrittes wieder zu-

---

[1] Gästehaus

238

rück zu seinem Quartier. Dort wurde ihm ein deftiges Mahl, zusammen mit einem Krüglein Wein, aufgetischt. Hans verließ das Gebäude noch einmal und genoß im Freien die Abendkühle des sich langsam neigenden Tages. Dabei überdachte er das Tagesgeschehen. Es trat ihm ins Bewusstsein, dass der Folgetag sein bisheriges Leben grundlegend verändern könnte.

Kurz vor dem Einschlafen kamen bei ihm wiederum Zweifel auf, ob es richtig sei, eine Anstellung beim Kurfürsten anzunehmen.

Als er beim Morgenmahl saß, erschien ein Bote, der ihn auf die zehnte Stunde zur Audienz zum Kurfürsten bat. Sein Herz schlug schneller. War es aus Angst oder war es die Aufregung vor dem Zusammentreffen mit dem Kurfürsten? Er konnte es sich selbst nicht erklären. Hans ging auf sein Zimmer und kleidete sich für den Empfang. Dann fand er keine Ruhe mehr, obwohl ihm die große Uhr an der Schlosskirche zeigte, dass er noch Zeit habe. Er begab sich trotzdem auf den Weg. Das Hofgeviert des Schlosses durchschritt er zunächst kreuz und quer. Dann suchte er sich auf einer Bank einen Platz, um sich zu sammeln. Er ließ die Uhr nicht aus den Augen, um die Zeit ja nicht zu verpassen. Als der Zeiger weit an die bestimmte Zeit hinangerückt war, erhob er sich.

Zu beiden Seiten der Schlosstür standen Wächter mit Hellebarden. Ein herbeigerufener Diener brachte Hans in ein großes Amtszimmer. Hier musste Hans eine Weile warten. Dann führte man ihn über einen Korridor in ein Vorzimmer des Kurfürsten. Schon bald öffnete sich die große Tür. In der Türöffnung stand der Kurfürst. Hans verbeugte sich und der Kurfürst sagte lachend an Hans gerichtet: „*Gott zum Gruß. Da steht er nun vor mir, der mir so angepriesene Rechtsgelehrte v.d. Planitz. Kommen Sie. Ich habe mit Ihnen Etliches zu beprechen.*"

„*Durchlaucht, ich bezeuge Ihnen herzlichen Dank für meinen Empfang. Der Herrgott möge diese Stunde segnen.*", entgegnete Hans, sich tief verneigend. Worauf der Kurfürst sagte: „*Erhebe er sich und komm er herein.*" Hinter dem Kurfürsten einhergehend, betrat Hans ehrfürchtig den Raum. Vor einem großen Tisch, dessen Beine in Löwentatzen endeten, bot ihm der Kurfürst einen mächtigen Polsterstuhl an. Gegenüber nahm der auf einem ebensolchen Stuhl Platz. Beide Männer musterten sich zunächst gründlich. Die massige Figur des Kurfürsten machte auf Hans sichtlich Eindruck.

Auf ein Klingelzeichen des Kurfürsten hin erschien ein Diener, der zwei bereitgestellte Kristallpokale mit rotem Wein füllte und danach wieder verschwand.

Dann reichte der Fürst eins der Gläser Hans, hob seins in die Höhe und sagte: *„Möge unser Treffen zu einem fruchtbaren Ergebnis führen."* Das setzte Hans in Erstaunen. Er hatte geglaubt, der Kurfürst zeige sich unnahbarer. Seine Erscheinung flößte zwar Achtung ein, doch seine Augen strahlten Wärme aus.

„Na ja, kommen wir gleich zur Sache." sagte der Fürst. *„v.d. Planitz, Sie sind mir als ein Meister der Jurisprudenz angepriesen worden. Stimmt das, dass Sie an der Universität von Bologna das Römische Recht gelehrt haben?"*

Hans nickte mit dem Kopf und sagte: *„Ja, Hoheit. Ich war dort Rektor der juristischen Fakultät."* *„Donnerwetter. Dann stimmt es wohl, was man über Ihn berichtet. Graf v. Schwarzburg lobte Ihre Fähigkeiten außerordentlich. Ihr Wissen und Können läge brach, seit Sie wieder nach Deutschland zurückgekehrt seien? Trifft das zu?"* fragte der Kurfürst. Hans entgegnete: *„Das ist richtig hoher Herr."*

Es trat eine längere Pause ein. Doch es war zu erkennen, dass der Kurfürst überlegte. Dann sagte der unvermittelt: *„Da müssen wir doch etwas dagegen unternehmen. Wir brauchen hierzulande Menschen, die das Recht nicht nur kennen, sondern auch zu unser aller Wohl Recht sprechen können. Menschen, wie Sie, v.d. Planitz, sind vonnöten. Sie könnten mich dabei sicher beratend unterstützen."*

Das waren Worte, auf die Hans lange schon gewartet hatte. Es wurde ihm schwer zu sprechen. Seine Kehle erschien ihm wie ausgetrocknet. Wie sollte er sich nun entscheiden?

Der Kurfürst sagte: *„Ritter v.d. Planitz, werden Sie mein Berater. Mein Wahlspruch ist: >Tantum, quantum possum<[2]. Doch man kann eben nicht alles. Mir ist das Recht etwas unverletzlich Stabiles. Das will ich in meinem Kursachsen erhärten und festschreiben. Unschuld und Schuld, Recht und Unrecht sind Größen, die einerseits gesichert, andererseits bekämpft werden müssen. Kann ich diesbezüglich mit dem Ritter v.d. Planitz rechnen?"*

Hans wiegte seinen gesamten Körper aufgeregt hin und her. Dann sagte er: *„Durchlaucht, es ist mir eine hohe Ehre, Ihnen dienen zu dürfen. Doch ich befinde mich dabei in einem großen Zwiespalt. Meine Familie sitzt auf der Burg in Auerbach. Ich kann nicht dort und auch bei seiner Majestät sein. Gerne würde ich laut >Ja< schreien. Ich kann mich aber auch nicht damit abfinden, meine dortige Herrschaft wieder aufzugeben."*

---

[2] Soviel, wie ich kann.

Es trat eine beklemmende Stille ein. Beide Männer saßen sich lange wortlos gegenüber. Dann sagte der Kurfürst: *"Da finden wir eine Lösung. Ihre Familie muss ja nicht jeden Tag in Auerbach auf der Burg sitzen. Wir holen sie hierher nach Wittenberg. Da kann sie mal hier und mal da wohnen. Überlegen Sie sich das. Es würde mir leidtun, wenn ich auf ihre Hilfe verzichten müsste. So, nun trinken wir in aller Ruhe unseren Wein und lernen uns ein wenig genauer kennen."*

Der Kurfürst sprach mit Hans über die Herrschaft Wiesenburg und den frühen Tod seines Vaters. Dann kam das Gespräch auf den Glauben. Dabei erfuhr Hans, dass der Kurfürst ebenfalls eine Pilgerfahrt nach Jerusalem unternommen hatte. Dort war er, wie Hans auch, zum „Ritter des Heiligen Grabes" geschlagen worden.

Als der Kurfürst erfuhr, dass Hans ebenfalls Gleiches erlebt hatte, sagte der: *„Daraus ist doch zu erkennen, dass wir bereits etliche Gemeinsamkeiten besitzen. Ich habe ja auch erst im Jahre 1502 unsere landesfürstliche Universität, unsere „Leucorea" hier in Wittenberg errichten lassen. Damit habe ich mir ein geistig-kulturelles, sowie politisches Zentrum nach hier geholt. Ich habe mich doch dem Humanismus verschrieben. Nun hat man mir mit der Reform der Reichsverfassung und einer Menge anderer Reichsangelegenheiten, ein großes Maß an Verantwortung aufgebürdet. Planitz, ich benötige Sie. Geben Sie mir keinen abschlägigen Bescheid. Nun, da sich ausgerechnet bei uns ein Auflehnen gegen den Ablasshandel entwickelt hat, könnte es auch Ärger mit der Kirche geben. Eine Gruppe Augustinermönche im Umfeld Luthers geht stark gegen den Ablass an. Ihr Orden ist der Seelsorge, der Ausbildung und der Mission verpflichtet.*

Und eben deswegen sehen sie im Ablasshandel eine Widrigkeit der Kirchenobrigkeit. Noch *scheint es nur reine Gelehrtenfehde zu sein. Doch die wächst sich bereits aus. Ein Schreiber des Kardinallegaten Aleander schrieb doch. >Ein Augustinermönch aus Wittenberg geht gegen die Ablasspredigten unseres Ordensbruders Tetzel an. Damit hat er die gute Einrichtung des Sündenerlasses, ja, sogar den Heiligen Vater selbst angegriffen<. Er hat wohl auch aufbegehrt, weil Luther die Frage aufwarf, warum der Papst nicht die Peterskirche mit seinem eigenen Geld baue.*

Da ist doch anzunehmen, dass das noch viel Ärger einbringen wird. Ja, ja, die Indulgentia[3] ist in aller Munde. Bringt nun die heilige Kirche den Luther, wie einst den Jan Hus, gar wieder auf den Scheiterhaufen?"

Hans äußerte sich zunächst sehr vorsichtig. Er sagte nur: *„Der Ablass war einst nur ein Nachlass von Sünden mit den Mitteln der auferlegten Buße. Das waren Reue und gute Werke im Gebet.".* Er hielt inne und schaute zunächst auf das Reagieren des Kurfürsten. Der zeigte sich durch Nicken mit dem Haupt einverstanden. Er sagte sogar: *„Ganz richtig."*

Nach einer Pause sprach Hans weiter: *„Früher waren das Gebete, Fasten, Almosen und Wallfahrten. Mit dem Nachlassen der Kirchenzucht wurden die guten Werke hauptsächlich in Zahlungen an die Kirche oder die Kleriker selbst umgewandelt. Damit verhält sich die Kirche absolut nicht bibeltreu. Die größer werdenden Geldbedürfnisse der Kirche haben diesen Missbrauch leider zur Sitte gemacht."*

„Gut beobachtet." warf der Kurfürst kopfnickend ein. *„Der Doktor v.d. Planitz redet schon bald wie unser Luther. Früher waren auferlegte Bußleistungen Ausschlüsse aus der Kirchengemeinschaft. Die wurden nach einer aufrichtigen Bußzeit sogar meist wieder aufgehoben. Aber die Kirchenobrigkeit wusste schon immer, was ihr zum Nutzen gereicht.*

Auch die erzielten >Schenkungen< erreichte die Kirche meist nur auf dem Weg von Indulgenzen. Sogar eine Menge von Kirchen entstanden auf diese Weise. Ich stehe fest im Glauben und lasse mich auch nicht beirren. Doch unsere liebe Kirche bereitet auch mir manchmal Sorgen."

Hans erwiderte nichts darauf. Doch er hatte erkannt, dass der Kurfürst ähnliche Gedanken hegte, wie er selbst.

"So", sagte der Kurfürst plötzlich, *„für heute soll es genug sein. Planitz, Sie besuchen mich morgen noch einmal um die gleiche Zeit. Ich lasse ein rechtes Unterkommen für Ihre Familie ausspähen. Natürlich lasse ich Ihnen Zeit zur Beratung mit den Ihren. Doch ich rechne fest damit, dass Sie mir als Rechtsberater dienlich sind."*

Er zog an einer Glocke. Ein Diener erschien, der Hans aus dem Zimmer brachte.

---

[3] Straferlass

Jetzt zeigte sich, dass Hans vom Angebot des Kurfürsten regelrecht überrollt worden war. Sollte er sich über das Angebot des Kurfürsten freuen? Warum nur zogen immer noch Ängste in ihm auf?

Er hatte geglaubt, die Entscheidung seines Schicksals allein dem Kurfürst überlassen zu können. Nun hatte der sie herbeigeführt. Hans stand damit vor einer schwerwiegenden letzten Entscheidung. Auf dem Korridor fragte er sich laut: *„Hans, was nun?"* Im Freien steuerte er wieder auf eine Bank zu. Eine lange Zeit sass er dort und schaute unschlüssig vor sich hin. *„Was habe ich mit meiner Bewerbung nur angerichtet? Wie wird Barbara darüber denken? Wie wird sie sich entscheiden? Ich bringe unser ganzes bisheriges Leben durcheinander."* ging ihm durch den Kopf. Doch auf keine seiner Fragen konnte er sich selbst eine Antwort geben.

Um sich ein genaueres Bild von der Residenzstadt machen zu können, erkundete er sie am Nachmittag. Er erfuhr dabei, dass der respekteinflößende Bau des Renaissanceschlosses erst 1490 in Angriff genommen worden war. Am Hauptgebäude wurde immer noch gebaut.

Danach begab sich Hans in die Schlosskirche. Die war ebenfalls erst vor kurzer Zeit vollendet worden. Hans zeigte sich erneut erstaunt über ihre außergewöhnlich reiche Ausstattung. Am Ende des Mittelganges kniete er auf einer Steinplatte nieder. Er faltete die Hände mit dem Blick auf den Hochaltar. Halblaut flehte er: *„Herrgott steh mir bei. Verhilf mir zur rechten Entscheidung. Ich bin nicht in der Lage, sie selbst zu finden."* Dann betete er einen Rosenkranz.

Danach besuchte er den Marktplatz mit dem Rathaus, an dem sich ebenfalls noch Bauleute zu schaffen machten. Im Maktbrunnen wusch er sich die Hände und kühlte sich den Nacken. Er ging weiter in Richtung zur Elbe hin. Dort wollte er zur Universität gelangen, die der Kurfürst „Leucorea" nannte. Der ganze Stolz des Kurfürsten war das Konventhaus des Augustiner-Eremitenklosters, aus welchem die Univerität entstand. In ihr lehrte auch der Augustinermönch Dr. Martin Luther. Der hatte eine Professur für Bibelexegese inne. Seine Tätigkeit bestand darin, zusammen mit seinen Studenten, die Texte der Bibel auszulegen.

Danach führte ihn sein Weg zur Stadtkirche St.Marien, einem gotischen Kirchenbau aus dem 13.Jahrhundert. Als er vor ihr stand, bewunderte Hans zunächst ihre eigenwillige Doppelturmfront. Die Türme waren untereinander durch eine hölzerne Turmbrücke verbunden. Er durchschritt die dreischiffige Langhaushalle und ging bis zum Altarraum vor. Etliche Achteckpfeiler trugen die hochgewölben Kreuzrippen. Auffallend waren ihm die zahlreichen Plastiken. Sonst war das Kircheninnere recht einfach ausgestattet. Leises Orgelspiel hielt Hans eine ganze Weile in der Kirche fest. Hans erfuhr, dass Luther hier predige.

Immer wieder hörte er den Namen Luther. Das hatte in ihm Neugierde geweckt. Wer war denn dieser Dr. Luther, von dem alle sprachen? Hans beschloss, sich in den Folgetagen genauer mit ihm zu beschäftigen.

Noch einmal zog es ihn in die Schlosskirche, die prunkvoller ausgestaltet war als St. Marien. Im Hinausgehen bemerkte er einen zurück gezogenen Vorhang an einem Beichtstuhl. Da er schon lange nicht mehr gebeichtet hatte, entschloss er sich, das hier zu nutzen. Zusammen mit einem priesterlichen Rat erhoffte er sich, seine Unsicherheit zu klären.

Der Beichtvater schien der Stimme nach schon älter zu sein. Das war Hans nicht unrecht, vielleicht verfügte der dann auch über mehr Lebenserfahrung. Hans gelang es, ohne genaue Angaben zu seiner Person zu machen, den Pater in die Richtung seiner bestehenden Unklarheiten zu führen.

Der Beichtvater riet Hans, unbedingtes Vertrauen zu Gott zu haben, der ihm ganz sicher auch den rechten Weg zeigen würde. Dabei spielte er auf Abtrünnigkeiten an und war bei Luther. Dem sprach er die ewige Verdammnis zu. Hans zeigte sich unwissend. Das veranlasste den Beichtvater, ihm Luther als Widersacher des Papstes darzustellen. Der würde ganz sicher bald als Ketzer auf dem Scheiterhaufen enden. Er entließ Hans mit der Weisung: *„Mein Bruder, vertraue auf Gott. Gehe in dich und bereue deine Sünden. Sicher wirst du mit ein paar Scherflein[4] Gott günstig stimmen. Er wird auf dich schauen und dein Schicksal richtig lenken. Gehe mit Gott.“*

Ehe Hans die Kirche verließ, entdeckte er das vor ihm an der Wand angebrachte Kruzifix. Das veranlasste ihn, ebenfalls ein Gebet an Jesus zu richten. Er bat ihn darum, seine Ratlosigkeit zu beenden und ihn in die rechte Richtung zu lenken. Danach verließ er die Kirche innerlich gefestigt. Er fragte sich: *„Warum mache ich mir denn Sorgen? Noch ist nichts entschieden. Eigentlich geht es nur um Barbara und die Familie. Das letzte Wort muß ich deshalb Barbara zusprechen. Ihre Meinung wird die Entscheidung erbringen.“*

Hans ging wieder zum Marktplatz zurück. Dort suchte er nach einer Schenke, um darin seinen Durst zu stillen. Bei einem Glas Rotwein überdachte er noch einmal den zu Ende gehenden, für ihn so ungewöhnlichen Tag. Was war alles

---

[4] sächsische Kleinmünze

geschehen. Das Zusammentreffen mit dem Kurfürsten war das Herausragendste. Auch die Erkundung der Residenzstadt Wittenberg hatte ihn beeindruckt. Nun verblieb ihm nur noch, den immer wieder erwähnten Dr. Luther persönlich kenenzulernen.

Hans genehmigte sich noch ein zweites Glas, ehe er wieder zurück in sein Quartier ging.

Am Morgen, nach einem ausgiebigen Mahl, machte er sich wieder zum Empfang beim Kurfürsten zurecht. Pünktlich fand er sich erneut in der kurfürstlichen Kanzlei ein. Dort wurde er unverzüglich zum Kurfürsten geleitet. Der empfing Hans wie einen alten Bekannten. Er fragte ihn: *„Na, hat der v.d. Planitz gut geschlafen? Sie wissen, Planitz, der erste Traum geht in Erfüllung. Ich hoffe, Sie haben etwas Gutes geträumt?"* Ehe Hans etwas erwiedern konnte, redete der Kurfürst weiter: *„ Kommen Sie nach Wittenberg. Wir bieten der Familie v.d. Planitz ein ganzes Haus am Markt als Wohnsitz an. Darin findet sich genügend Platz für Ihre Lieben. Auch die nötigen Stallungen sind vorhanden. Es gäbe also nichts, was Ihrem Antritt hier noch entgegenstünde. Ritter v.d. Planitz, wir haben alles dafür getan, um Ihnen hier gute Möglichkeiten zu bereiten. Ich kann nur sagen, ich rechne mit Ihnen, weil ich Sie brauche. Nun liegt es bei Ihnen. Teilen Sie uns Ihre Entscheidung baldmöglichst per Boten mit."*

Hans entgegnete: *„ Ihr Entgegenkommen ehrt mich in jeder Weise sehr. Verstehen Sie aber bitte, dass ich mich noch einmal mit meinem Eheweib absprechen muss. Ich verspreche eine baldige Meldung."*

„ Ist ja gut." erwiederte der Kurfürst, *"Ich verstehe das. Nun haben wir noch etwas Zeit miteinander zu plaudern v.d. Planitz. Wie gefällt Ihnen mein Wittenberg?"* Doch Hans kam wieder nicht dazu, eine Antwort darauf zu geben. Der Kurfürst sprach weiter: *„Aus der unlängst angebrochenen Kunstepoche der Renaissance, mit dem Streben nach der Wiedergeburt des antiken Eroes, ging auch eine geistesgeschichtliche Bewegung einher. Die nennt man nun den Humanismus. Ich habe gehört, der verfolge das Ziel, allseitig gebildeter Menschlichkeit. Darin sehe ich eine richtige Entwicklung. Doch das richtet sich auch gegen die althergebrachte Scholastik und den damit verbundenen kirchlichen Dogmatismus. Der Humanismus muss doch Altes aufbrechen, um Neues zu ermöglichen? Gibt da der Luther die rechte Richtung an? Er zweifelt doch die bestehende Praxis der Kirche an. Und Mut zeigt der Bursche auch. Es heißt schon was, sich gegen die althergebrachten Machtpositionen der Kirche zu stellen. Sein Mut imponiert mir sehr, wenngleich mir auch*

Angst um den Glauben ist", sagte der Fürst. „*Der Luther soll doch gesagt haben, dass es seine Pflicht sei, allen das Unrecht vor Augen zu führen, nicht nur dem einfachen Volk sondern auch den Hochstehenden. Er stellt ein völlig neues Gottesbild dar. Er sieht in Gott nicht den Strafenden oder Zürnenden, sondern einen gütigen, verzeihenden Vater, der wirklich Reuigen ihre Sünden vergeben würde. Luther beruft sich dabei auf die von ihm erarbeiteten Auslegungen der Bibeltexte. Das widerspricht dem bisher von der Kurie dargestelltem Gottesbild. Was halten sie davon, v.d. Planitz?*"

Hans entgegnete darauf zunächst zögerlich: „*„Wer der Kirche unbequem wird, den stempelt sie zum Ketzer. Luther muss höllisch aufpassen, dass ihm nicht ein solches Schicksal widerfährt. In Italien entstand das Bemühen, für die Kunst wiederum die antiken Ideale zu erwecken. Das rückt den Mensch als Krone der Schöpfung in den Mittelpunkt. Mit der Darstellung des Menschenbildes wurde auch seine Schönheit entdeckt.*

Gleichzeitig wurde das Streben nach Menschlichkeit und Bildung geboren. Das Herausreißen des Einzelnen aus der bisherig gewohnten Masse der Anonymität ist neu und bringt ein total verändertes Weltbild mit sich. Das sich nun verbreitende Römische Recht lehnt sich ebenfalls an den antiken Vorbildern an. Und es ist nicht zu verkennen, Luther kann die Erfindung des Buchdruckes für sich in Anspruch nehmen. Das dient der Verbreitung seiner Schriften."

Der Kurfürst sagte: „*Bisher stellte die Kirche das Fegefeuer als Reinigungsprozess und Läuterung nach dem Tod dar. Das >Jüngste Gericht< würde über das Schicksal der Menschen endgültig entscheiden. Die Kirchenobrigkeit sieht darin die Lösung zwischen der menschlichen Unfertigkeit und seiner Vollendung durch den Glauben. Sie stellt die Hölle oder den Himmel in Aussicht. Ja sie verbreitete, dass nur die, die in der Gnade Gottes sterben, durch den Sühnetod Christi und durch die Fürbitte der Kirche gereinigt wären. Sie preist ein Leben in Armut und Demut an, das die Gläubigen mit dem Himmel beschenkt. Dagegen geht Luther an. Planitz, wir müssen noch viele Gespräche miteinander führen. Merken Sie, dass ich Sie als einen guten Rechtsberater brauche? Das muss so bald wie nur möglich geschehen.*"

Nach einer Weile sagte der Kurfürst: „*Ich hoffe also stark auf eine Zusage, und ich freute mich, Sie in meiner Nähe zu haben. Kommen Sie wieder gut nach Hause.*"

Als Hans bereits am Hinausgehen war, sagte er noch: „*Bald hätte ich es vergessen, ein Diener wird Sie zum ausgewählten Haus am Markt bringen. Sie müssen sich doch ein rechtes Bild von ihrer künfigern Behausung machen können. Leben Sie wohl v.d. Planitz."*

Der Diener, der ihn hinausbegleitete, führte Hans mit einem gewaltigen Schlüsselbund bewaffnet zum Marktplatz. Unweit der Schenke, in der Hans eingekehrt war, trat er an ein Haus hinan. Er schloss dessen mächtige Eichentür auf. Danach besichtigten sie gemeinsam alle darin befindlichen Räume. Hans stellte fest, dass in dem Haus mehr Platz geboten wurde, als auf seiner Burg in Auerbach. Die Räume waren auch mit Möbeln versehen. Er hätte es sich hier sofort bequem machen können.

Gemeinsam verließen sie das Haus wieder. Hans kehrte in sein Gästehaus neben der Kanzlei zurück. Danach vertrieb er sich die Zeit bis zum Abend noch einmal mit dem Erkunden der Stadt. Es wurde im klar, wenn er Rechtsberater des Kurfürsten werden sollte, hätte er mit der Person Luthers wohl bald zu tun. Das schien ihm so sicher, wie das Amen in der Kirche zu sein. Hans hatte erfahren, dass sich eine große Anhängerschar um den Wittenberger Universitätsprofessor Dr. Luther gebildet habe. Sie entwickele sich immer lautstärker zu einer gegen den Ablass auftretenden Gruppe. Luther war also kein Einzelgänger mehr. Schon deshalb könnte ihm die Kirchenobrigkeit schwerlich den Ketzertod bringen.

Der Kurfürst hatte Hans gesagt, dass der Papst Innozenz III. die Bischöfe zur Beschränkung des Ablasses aufgefordert habe. Das würde jedoch nicht eingehalten. Nur der Bischof v. Rom, der Papst selbst, dürfe noch Ablass erteilen. Doch alle frönten dem Ablasshandel weiterhin in unverschämter Art und Weise.

Am Folgetag fuhr Hans wieder nach Hause zurück. Als er in Auerbach anlangte, ging er unverzüglich zu einem Eheweib, das ihn bereits sehnlichst erwartete. Noch während ihrer Umarmung fragte sie: *„Na, zu welchem Ergebnis hat die Aussprache geführt? Hat dich der Kurfürst selbst empfangen? Sag schon, hat man dir eine Anstellung zugesagt?"*

Darauf antwortete Hans: *„Warte Barbara, alles schön der Reihe nach. Erst will ich wissen, wie du dich fühlst." „Gut."* sagte Barbara, *„Mach schon, rede. Wie ist die Sache in Wittenberg verlaufen?"* Hans forderte Barbara zum Setzen auf. Dann begann er: *"Der Kurfürst hat mich zweimal empfangen. Dabei sprachen wir miteinander eine lange Zeit über Gott und die Welt. Er will, dass ich mich bereit erkläre, sein Rechtsberater zu werden. Die Zeit drängt mich, das zu entscheiden."* Da fiel ihm Barbara in die Rede. Sie fragte: *„Da* *hast du nicht gleich ja gesagt? Du hast doch so lange darauf gewartet. Ich kann mich nur über dich wundern.“*

„Meine liebe Barbara“, sagte Hans, *„Ich habe vorher keinen Gedanken darauf verwendet, dass Wittenberg nicht bei Auerbach liegt. Wir wollen doch unsere Auerbacher Herrschaft nicht aufgeben. Diese Überlegung verhinderte meine sofortige Zusage. Der Kurfürst zeigte sich sehr entgegenkommend. Er hat uns ein großes Haus in Wittenberg angeboten. Wir könnten also je nach Bedarf mal hier und mal dort wohnen. Doch wir müssen alles erst gründlich überlegen. Sage ich dem Kurfürst zu, gibt es kein Zurück mehr. Ich will erst deine Meinung dazu hören.“*

Barbara sagte mit hochrotem Kopf: *„Ha. Gibt es da noch etwas zu überlegen, wenn der Kurfürt uns schon so entgegen kommt? Du hast doch schon lange gejammert, weil du dein Wissen nicht anwenden kannst. Der Kurfürst selbst will dich haben. Was soll uns da noch hindern, ja zu sagen?“*

Freudestrahlend umfing Hans seine Barbara und er sagte: *„Es fällt mir nicht nur ein Stein vom Herzen, es ist eine ganze steinerne Burgmauer.*

Ich glaubte, meine Zusage würde dir Kummer bereiten. Ich danke dir, dass du so viel Verständnis aufbringst.“ Barbara fragte erstaunt: *„Haben wir uns nicht gegenseitige Verbundenheit und Treue geschworen? Dein Wunsch ist auch der Meine. Wenn sich sogar der Kurfürst für dich interessiert, zeigt mir das doch auch, was ich für einen tollen Mann habe.“*

Barbara strahlte über das ganze Gesicht. Worauf Hans sichtbar gelockert antwortete: *„Übertreib’ nicht. Auch dein Oheim v. Schwarzburg hat mich ganz sicher gut angepriesen.“*

Bereits am nächsten Tag schickte Hans einen berittenen Boten nach Wittenberg. Der brachte Hansens Antrittserklärung zur Kanzlei des Kurfürsten. Hans teilte darin auch mit, dass er zu Beginn des Monates September samt seiner Familie nach Wittenberg kommen wolle.

Einen zweiten Boten schickten sie los, der das Geschehen in die Kanzlei zu Graf v. Schwarzburg und zu den Schönburger Eltern brachte.

Man hoffte darauf, dass bis zu Beginn von Hansens Anstellung auch das neuerliche Kind der Planitzer geboren sei. Barbara wollte die Geburt noch in Auerbach erleben. Die verbleibende Zeit verbrachte Hans nur noch über seinen Büchern. Auch alles, was er über Luther in Erfahrung bringen konnte, war für ihn von großem Interesse. Dann fiel ihm ein, dass er in Wittenberg ganz sicher auf Unternehmungen zu Pferde verzichten müsse. Das ließ ihn jede

Möglichkeit nutzen, mit seinem Rappen auszureiten. Ansonsten richtete sich Hansens Aufmerksamkeit zunehmend auf Barbara. Im Gegensatz zur ersten Schwangerschaft, hatte sie diesmal mehr Beschwernisse.

Hans ließ sich vom Kaplan der St. Laurentius Kirche berichten, was er über Luther wusste. Er sprach ihm auch die Bitte aus, für ihn alle erreichbaren Schriften von ihm zu besorgen. Was Hans natürlich damit begründete, dass er zum Rechtsberater des Kurfürsten erkoren sei.

Voller Entrüstung sagte der Kaplan zu Hans: *„Ausgerechnet ein Theologe spricht sich gegen die Kirche aus. Luther kehrt die bisher praktizierte Kirchenmeinung völlig um. Er stellt die Freiheit der Christenmenschen in Frage. Die würde ihnen unsere Heilige Kirche nicht gewähren. Luther predige von einem gütigen, liebenden und vor allem verzeihenden Gott, und er beruft sich dabei auf die Bibel. Jeder reuige Sünder dürfe sich Gott ohne jegliche priesterliche Fürsprache nähern. Damit spricht er sich gegen die notwendige kirchliche Fürbitte aus. Luther predigt, dass der einfache Mensch durch das Androhen der Hölle von Seiten der Kirche absichtlich geängstigt würde. Er äußere die Meinung, dass mit der Androhung der Hölle den Menschen das Geld leichter aus der Tasche zu ziehen sei. Er ist ein Ketzer, der vor ein Inquisitionstgericht gehört. Weiter verbreitet er die Meinung, dass nicht gute Werke und die rechte Beachtung der geforderten Vorschriften zu Gott führten. Das könne nur allein Gottes barmherzige Gnade zustande bringen. Er klagt die Freiheit aller Christenmenschen ein. Was soll ich dazu noch sagen? Der Luther ist ein Ketzer.“*

Hans bat ihn trotzdem, er möge ihm Luthers Schriften beschaffen. Als sie sich danach trennten, war sich Hans nicht sicher, ob der Pater nicht doch einen Lutheranhänger in ihm sah.

Immer wieder nahm Hans seine Bücher und Aufzeichnungen zur Hand. Er wollte seinen künftigen Beratungen das Römische Recht zugrunde legen. Das immer noch weit verbreitete Territorialrecht erkannte er nicht mehr als zeitgemäß. An Luthers Schriften zeigte Hans aber auch zunehmend Interesse. Der Auerbacher Pater hatte ihm wirklich etliche besorgt, verriet jedoch nicht, woher er sie hatte. Hans erfuhr daraus, dass Luther bei einem Besuch der Papstkirche in Rom die erwünschten Verheißungen nicht fand. Das Gleiche war doch auch ihm widerfahren. Das führte dazu, dass er Luther zunehmend seine Sympatien entgegenbrachte.

Für Barbara rückte die Geburt ihres zweiten Kindes immer näher. Sonst hatte sie die Sommerwärme immer als wohltuend empfunden. Nun litt sie unter der

Hitze des Sommers. Ganz plötzlich stellten sich bei ihr die Wehen ein. Hans schickte nach der Wehmutter[5]. Noch ehe die eintraf, hatte Barbara einen kleinen Jungen zur Welt gebracht. Die Freude auf der Burg war riesengroß. Der Mutter und dem Kind ging es gut. Hans war es wichtig, dass ihm ein Stammhalter geschenkt worden war. Die Weiterführung seines Geschlechts war damit gesichert. Das schien ihm besonders wichtig, da sein Bruder noch immer unverheiratet war.

Zur Taufe kamen wieder etliche Verwandte und Freunde nach Auerbach.

Barbaras Eltern brachten den Grafen v. Schwarzburg mit. Die beiden Männer übernahmen die Patenschaft des kleinen Erdenbürgers. Der Graf war allein gekommen, da seine Frau erkrankt war.

Eine Amme war schnell gefunden. Doch, als sie erfuhr, dass sie mit nach Wittenberg gehen sollte, wollte sie nicht bei ihnen bleiben. Da sich keine Lösung finden ließ, beschloss Hans schweren Herzens, zunächst doch allein nach Wittenberg zu ziehen.

Ende August sichtete Hans seinen Bücherbestand. Dabei sortierte er aus, was er mit nach Wittenberg nehmen wollte. Als er den zunehmend größer werdenden Bücherberg sah, erschrak er. *„Ich muss mich beschränken. Wenn ich das alles mitnehme, bricht mir die Kutsche auseinander.“*, sagte er vor sich hin.

Zwei Tage vor Ende des Monats ließ er alles, was er mitnehmen wollte, verstauen. Das Gewicht der vielen Bücher lastete arg auf den Achsen des Wagens. Dem Paar fiel der Abschied voneinander diesmal ganz besonders schwer. Hans verabschiedete sich liebevoll von seinen Kindern. Als er Barbara ade sagte, konnte sie die Tränen nicht mehr unterdrücken. Es half auch nichts, als Hans tröstend sagte: *„Wir sehen uns doch bald wieder. Ich komme so oft es mir möglich ist nach Auerbach.“*

Als er die Kutsche betieg, standen auch ihm die Tränen in den Augen.

Er redete sich ein, nicht aus der Welt zu sein, doch den Abschiedsschmerz linderte das nicht. Eine lange Zeit hingen seine Gedanken weiterhin an seinem Zuhause.

Sie waren noch nicht lange unterwegs, als sich der Wagen plötzlich zur Seite neigte. Hans versuchte krampfhaft sein Gleichgewicht zu halten. Sofort war ihm klar, dass eins der Hinterräder gebrochen war. Der Kutscher öffnete die

---

[5] Hebamme

Wagentür und sagte: *„Herr, der Wagen ist überladen. Wir haben einen Radbruch."* Hans stieg vorsichtig aus dem Wagen und fragte voller Angst: *„Was machen wir nun? Wo bekommen wir in dieser Einöde ein Rad her?"* Der Kutscher umrundete den Wagen und entgegnete: *„Vielleicht schaffen wir es gemeinsam, den Schaden zu beheben. Hoffentlich müssen wir nicht auch noch einen Teil des Gepäcks ausladen. Unter dem Wagenboden hängt ein Ersatzrad. Der Wagen liegt aber teilweise darauf. Ich suche nach einem kräftigen Ast, mit dem ich den Wagen anheben kann, dann sehen wir weiter."* Er holte aus dem Wagenkasten eine Axt und verschwand. Mit einem armstarken Aststück, das er hinter sich herzog, tauchte er wieder auf. Das schob er so weit es ging unter das Gefährt Danach nahm er einen Strick von seinem Sitz und zog mit einem Pferd davon. Als er zurückkam, zog das Pferd einen großen Stein bis an den Wagen heran. Nun ging alles schnell. Der Kutscher hob den Wagen an und Hans wälzte den Stein unter das Holz. Der Wagenboden hob sich. Die Pferde zogen den Wagen nach der anderen Seite und das Rad konnte aus seiner Halterung gezogen werden. Hans staunte über die Geschicklichkeit seines Kutschers.

Kurze Zeit darauf war das Rad an der Kutsche befestigt und die Fahrt konnte fortgesetzt werden. Ohne weitere Schwierigkeiten erreichten sie zu später Stunde Wittenberg. Da Hans vermutete, in der Kanzlei niemand mehr anzutreffen, steuerten sie eine Herberge an. Die bot ihnen samt den Pferden ein Unterkommen für die Nacht.

Am Morgen meldete sich Hans in der Kanzlei. Dort wurde ihm gleich neben dem Audiezzimmer des Kurfürsten eine Amtsstube zugewiesen. Auch die Schlüssel seines Wohnhauses wurden ihm übergeben. Dazu erhielt er die Botschaft, dass dort bereits eine Dienerschaft dem Erscheinen seiner Familie harre. Der Kurfürst sei im Moment ortsabwesend.

Er habe aber Anweisung gegeben, dem Ritter v.d. Planitz alle Wünsche zu erfüllen. Er möge sich erst einmal einrichten und zurecht finden.

Hans sezte einen Großteil seiner Bücher an der Kanzlei ab. Danach fuhren sie zum Markt bis vor sein Haus. Nach dem Betätigen eines Klingelzuges öffnet ein Diener das Tor. Durch eine Einfahrt gleich daneben gelangte auch die Kutsche bis in die Stallungen.

Der Diener geleitete seinen Herrn in das Haus. In einem großen Vorraum stand die gesamte Dienerschaft in tiefer Verbeugung zum Empfang bereit. Hans gab kund, dass seine Familie noch nachkäme. Alles Weitere würde er mit dem Kammerdiener besprechen. Der brachte ihn in einen Raum mit hohen Fenstern. In den grünen Butzenglasscheiben fing sich das Sonnenlicht. Das ließ sie aufleuchten wie reinen Smaragd[6]. Hans fühlte sich in diesem Raum sofort wie zuhause. Schwere Eichenmöbel füllten den großen Raum. An der Innenwand befand sich ein Kamin. Vor ihm war der Boden mit Fellen ausgelegt. Drei reich mit Kerzen bestückte Kandelaber sorgten am Abend sicher für die nötige Helligkeit im Raum. Ein Erker zum Markt hin war mit einer gepolsterten Bank ausgestattet. *„Mein Glück wäre vollkommen, hätte ich auch meine Lieben um mich."* dachte Hans. Er war sich sicher, seine Familie so bald es nur ginge hierher nachzuholen.

Hans ließ sich von seinem Kammerdiener in alle Räume des Hauses bringen. Er fand alles bestens eingerichtet. Nur das Getrenntsein von seiner Familie bremste den in ihm aufkommenden Jubel beträchtlich.

Nach Mittag begab er sich in die Kanzlei, um sich dort mit seinem Amtszimmer vertraut zu machen. Er wurde auch vom kurfürstlichen Kommissar, der die Kanzlei leitete, voller Respekt empfangen. Die dort beschäftigten Schreiber dienerten tiefgebückt vor ihm. Aus der Schreibstube führte eine Tür in einen Vorraum seines Amtszimmers. Dort fand Hans zwei Männer mittleren Alters. Die teilten ihm mit, dass sie in Leipzig Jurisprudenz studiert hätten und ihm zur Verfügung stünden. Sie begleiteten Hans in sein Zimmer. Zwei hohe Fenster ließen genügend Licht in den Raum. Ein riesiger Schreibtisch befand sich in der Raummitte. Daneben stand ein Schreibpult. Etliche Regale waren mit Akten und Büchern gefüllt. Hansens Bücherschatz hatte man auf einer Bank gestapelt. Eine hohe Eichentür führte in das nebenan befindliche Amtszimmer des Kurfürsten. Durch eine andere Tür gelangte man auf den Korridor hinaus. Sein Amtszimmer ähnelte stark dem, das er in der Universität Bologna besessen hatte.

Kurz nach dem Betreten seines Zimmers brachte einer der Juristen ein Aktenbündel. Als er es auf den Tisch legte, sagte er: *„Hoher Herr, Ritter v.d. Planitz, das schickt Ihnen der Kurfürst. Er bittet Sie, sich damit vertraut zu machen. Es handelt sich um Akten, die Luther betreffen. Mit dem werden wir uns in der nähsten Zeit wohl arg beschäftigen müssen. Die Mutter Kirche geht hart gegen ihn an. Sie fordert ihn zu einer Stellungnahme. Luther aber weigert sich unseres Wissens nach, das selbige zu tun. Der Kurfürst ist daran interessiert, wie er sich als Landesfürst verhalten soll. Ihn interessiert, ob man dem Luther beistehen solle oder ob der bereits Kopf und Kragen verspielt hätte."*

---

[6] grüner Edelstein

Hans sagte lachend: *„Hab' ich mirs doch gedacht, dass dieser Luther uns noch zu schaffen macht. Gut. Ich werde das Aktenbündel studieren. Mal sehen, noch bin ich kaum über Luther orientiert. Sie wissen sicher mehr über diese Sache. Wenn ich Fragen habe, kann ich mich an Sie wenden?"* Der antwortete: *„Natürlich. Das ist doch unsere Aufgabe. Dazu sind wir doch da."*

Hans nahm an seinen Tisch Platz. Es war ihm klar, für die nächsten Tage hatte er genügend zu tun. Danach ordnete er seinen Bücherschatz ein. Wieder an seinen Tisch gesetzt, kam er ins Grübeln. *„Wie hat sich doch mein Leben mit einem Schlag verändert"*, dachte er. Dabei kamen ihm Zweifel, ob seine Entscheidung, ausgerechnet Rechtsberater des Kurfürsten zu werden, richtig war. Damit hatte er nicht nur die Trennung von seiner Familie herbeigeführt. Auch das geliebte Reiten war ihm verwehrt.

Er machte sich missgestimmt über das Aktenbündel her. Nachdem er etliche Seiten studiert hatte, bewunderte Hans den Mut Luthers, der sich so lautstark gegen die allgewaltige Papstkirche auflehnte. Hans nahm sich vor, am Sonntag den Gottesdienst in der Pfarrkirche zu besuchen. Dort wollte er Luther predigen hören. Vielleicht, so dachte er, könne er sich danach ein besseres Bild von ihm machen.

Hans vergrub sich regelrecht in die Luther-Akten. Je mehr er sich damit beschäftigte, umso mehr freundete er sich mit dessen Meinungen an. Luther stellte sich wortstark gegen die Ansichten der Kirchenobrigkeit. Die propagierte, die Sündenvergebung sei ihr von Petrus in die Hände gegeben. Deshalb zog der Ablassprediger Tetzel nun durch die deutschen Lande mit dem zu offensichtlichen Ruf: *„Solang das Geld im Kasten klingt, die Seele aus dem Feuer springt."*

Luther wetterte nicht nur gegen dessen marktschreierisches und vor allem aufdringliches Auftreten. Tetzel beteuere auch, dass Reue und Buße nicht mehr von Nöten seien. Sogar künftige Sünden könnten durch Zahlungen abgegolten werden. Das hatte bei Luther scharfen Protest zuwege gebracht. Tetzels Bekundung, dass dann nicht einmal die Beichte mehr nötig sei, stieß sogar bei katholischen Priestern auf Unverständnis. Luther berief sich nach jahrelangem Bibelstudium auf die Heilige Schrift. Aus diesen Gründen ging er scharf gegen Tetzel und die Kirche an.

Unbeirrbar benutzte die Kirche den Ablass als sprudelnde Einnahmequelle. Auf diese Weise sollten die nötigen Gelder für den Bau der neuen Papstkirche in Rom erbracht werden. Sie stellte die Loslösung von allen Sünden gegen beachtliche Geldbeträge lautstark in Aussicht. Schließlich propagierten im Land einherziehende Mönche verschiedener Bettelorden sogar Verstorbene aus dem Fegefeuer herauskaufen zu können. Auch künftige Sünden könnten finanziell bereits getilgt werden.

Die Kirchenvertreter behaupteten, dass Christus, Maria und die Heiligen große Verdienste vor Gott erworben hätten. Diesen von Gott gegebenen Schatz hätten sie der Kirche übergeben. Der befähige sie nun, die Sündenlast von den Schultern der Menschheit zu nehmen.

Papst Leo X. erachtete es 1514 auch als richtig, Gelder daraus für den Türkenkrieg zu nutzen. Doch in Wirklichkeit verwendete die Kirche das eingebrachte Geld weiterhin zur Begleichung der Baukosten des Petersdoms und der aufwendigen Lebensführung des Papstes selbst.

Das hatte Luther veranlasst lautstark gegen den Verkauf von Ablassbriefen aufzutreten.

Hans ging nicht nur einmal zu den Predigten von Luther. Das tat er, so oft er nur konnte. Er fand, dass Luthers Predigten von hohem Bibelwissen und großem Gottvertrauen getragen waren. Was Hans faszinierte, war die Darstellung Gottes als gütigen und verzeihenden Vater. Luther berief sich dabei auf die Bibel, in der nur von der Liebe Gottes die Rede sei. Die Kirche hingegen sprach von einem strafenden Gott. Sie drohte mit dem Jüngsten Gericht und dem Fegefeuer. Luther aber predigte ausschließlich von der göttlichen Liebe. Jeder reuige Sünder könne bei ihm auf Vergebung hoffen. Ausschließlich die barmherzige Gnade Gottes könne die Menschen zum Heil führen und nicht die Kirche mit ihrem Ablasshandel. In ihm sah Luther nur eine schlecht versteckte Steuer, die auf das schlechte Gewissen der Menschen ausgerichtet sei. Wie verderblich sie sei verdeutliche, dass sie sogar auf Lebensjahre und -tage ausgerichtet werde.

Als Hans wieder mit dem Kurfürst zusammentraf, zeigte der sich zunächst hocherfreut über Hansens Zusage bei ihm als Rechtsberater tätig zu sein.

Dann kam er sogleich auf Luther zu sprechen. Der Kurfürst bat Hans, ihm seine gewonnenen Erkenntnisse mitzuteilen. Er sagte zu Hans: *„Ich habe Angst vor dem Tod und vor allem vor der Hölle. Es könnte doch sein, Gott würde mir seine Gnade entziehen. Ich habe Furcht, dass mich bereits meine Stellung arg belastet. Ein frommer Mann bin ich wohl. Der Kirche stehe ich sehr nahe, doch alles liebe ich bestimmt nicht an ihr. Mein Sammeln von Reliquien für meine Schlosskirche sah ich als gottgefällig. Da kommt doch der Luther und behauptet, gottgefällige Werke seien in den Augen Gottes nutzloses Ge-*

tue. Hat der Luther gar Recht, wenn er behauptet, die Gottesliebe sei nur ge-
währleistet in der Reue der eigenen Sündhaftigkeit? Planitzer, was halten Sie
davon? Schickt Gott ausgerechnet uns den Luther nach Wittenberg, weil der
die Bibel besser auszulegen imstande ist als der Papst? Planitzer, versuchen
wir gemeinsam eine Klärung zu schaffen. Ich sehe mich außerstande das
Richtige zu tun. Doch das eben erwartet man von mir.“

Hans entgegnete: „*Hoher Herr, Ich glaube ebenfalls fest im Glaube zu ste-*
hen. Doch was wissen wir armen Menschlein schon. Sie fordern von mir,
gleich zu Beginn meiner Tätigkeit hier in Wittenberg, eine wahrscheinlich
sehr folgenschwere Entscheidung. Ich kann nur meine eigene Ansicht kund-
geben. Der Fall kann nur unter Absprache einer Reihe von Verantwortlichen
zugunsten aller entschieden werden. Luther ist keinesfalls ein Ketzer. Ich
habe gehört, was, und wie er predigt. Er fordert eine nötige Reform inner-
halb der Kirche und rüttelt nicht am Glauben. Luther sieht die Bibel als rich-
tungsweisendes Buch, das nicht die rechte Beachtung findet.

Auch ich befinde mich seit langem im Zweifel. Der Glaube an Gott ist die eine
Sache. Da lässt sich nichts zum eigenen Nutzen daran verdienen. Die Kirche
nutzt jedoch ihre Macht zum eigenen Nutzen. Weil ich das so sehe, bin ich da
ein Ketzer? Nein. Der rechte Glauben ist mir ein Bedürfnis. Ich glaube auch,
dass sich in jedem Menschen ein Glaubensfunke findet. Geht es Menschen
schlecht, können alle, sogar die angeblich Ungläubigen bangend beten.“

Der Kurfürst lächelte. Nach einer Pause sagte er: „*Gott hat ein gutes Werk ge-*
tan, als er Ihnen eingab, zu mir zu kommen.“

Hans hustete verlegen. Daran schloss er die Bitte: „*Ziehen wir auch Ihre an-*
deren Räte zur Entscheidung hinzu. Jeder wird es auf seine Weise betrachten.
Mehrere Köpfe sind jedoch eher in der Lage, den vielleicht richtigen Weg zu
entdecken.“ Friedrich der Weise sagte darauf: „*Gut, sehr gut. Man gab mir*
den Beinamen „der Weise“. Wir wollen eine weise Entscheidung treffen. Rit-
ter v.d. Plamitz, ihre Überlegungen sind weise.“

Danach schickte er nach den anderen Räten. Schließlich waren sie zu fürft
versammelt.

Der Kurfürst eröffnete die Bratung mit den Worten: „*Der Luther macht mir*
Kummer. Es gilt ein „Für“ oder ein „Wider“ zu finden. Ihr Herren, Ihr wisst,
meine Devise ist >Gottes Wort bleibt in Ewigkeit<. Das ist mir eine uner-
schütterliche Größe. Dieser Tetzel scheint mir aber eine ganz und gar ver-
dammungswürdige Laus in unserem Pelz zu sein. Zunächst hatte ich nichts

gegen ihn einzuwenden. Verkaufte er doch Ablassbriefe zugunsten der Mag-
deburger und Mainzer Erzbistümer. Nun bin ich aber wohl gegen ihn, seine
Einnahmen fließen von Sachsen außer Landes."

Hans konnte ein Lächeln nicht verkneifen. *„ Und wenn man es recht bedenkt,*
Sündenerlass gegen bare Münze? Wie können Menschen, in welchem Auf-
trag auch immer, Anderen die Sünden vergeben oder sie ihnen gar abkaufen?
Vielleicht liegt der Luther mit seinen Meinungen gar nicht so schief. Mut hat
er jedenfalls."

Nach einer längeren Redepause zog er erneut das Wort an sich mit der Weisung: *"Ich fordere Euch auf, bildet euch bis morgen eine eigene Meiung zu*
dem Luther. Wir treffen uns am morgigen Tag und werden zu einem Urteil
kommen, das wir zu tragen imstande sind. Wir treffen uns morgen hier zur
gleichen Stunde. Geht mit Gott."

Hans dachte: *„Des Kurfürsten Entscheidung ist schlau. Vielleicht habe ich*
dazu ein wenig mit beigetragen."

Ehe der Kurfürst Hans entließ, sagte er zu ihm: *„Kommt Zeit, kommt Rat. Fin-*
den wir nicht sofort eine Lösung finden wir sie eben ein andermal."

Diese Feststellung enttäuschte Hans. *„Vielleicht ist der Kurfürst auch nur ein*
Künstler im Hinauszögern." schoss es ihm durch den Kopf.

Der Folgetag brachte große Aufregung in die Residenzstadt Wittenberg.

Im Laufe des Vormittags trug man Hans in seiner Kanzlei zu, der Luther sei
mit seinen Ansichten erneut in die Öffentlichkeit getreten. Diesmal seien es
keine Druckschriften, die er verteilt habe. Er hätte an der hiesigen Schlosskirche ein großes Postulat[7] angebracht. Er selbst bezeichne seine darauf enthal-
tenen Forderungen als Thesen[8]. Es seien 95 an der Zahl, die sich allesamt auf
Veränderungen der bisherigen Kirchenpraxis bezögen. Er spreche sich darin
nicht nur gegen den Ablasshandel, sondern auch gegen die Heiligenverehrung und die Beichte aus. Luther richte sich gegen den verwerflichen Missbrauch, den die Kirche gegen besseres Wissen zu ihren Gunsten nutze. Er
behaupte:*„Ein jeder Christ, der wahre Reue und Leid über seine Sünden*
habe, erreiche auch völlige Vergebung von Strafe und Schuld, die ihm von
Gott auch ohne Ablassbrief gewährt würde."

---

[7] Forderung
[8] Merksätze

Kurz darauf erschien der Kurfürst und bat Hans in sein Residenzzimmer. Mit hochrotem Kopf empfing er ihn mit den Worten: „*Nun steht uns wirklich Kramuri*[9] *ins Haus. Mit dem Luther schaut man auch auf uns. Nun heißt es, sich schnell zu entscheiden, auf welcher Seite wir stehen. Ich habe unsere Zusammenkunft vorverlegt. In wenigen Minuten werden sich alle versammeln. Planitz, in welche Richtung sollten wir gehen? Das müssen wir gut überlegen. Vielleicht will Gott mit dem Luther ein Zeichen setzen. Wenn Gott es so will, sollten wir ihm nicht hinderlich sein. Es stehen doch auch beileibe nicht nur arme Leute hinter Luther. Wäre es ratsam sich vorsichtig hinter ihn zu stellen? Was sagen Sie dazu v.d. Planitz?*"

Hans entgegnete: „*Es handelt sich ja beileibe nicht mehr nur um den einen rebellichen Mönch. Luther ist keine Einzelperson mehr. Hinter ihm steht eine ganze Anhängerschar. Auch Melanchton ist ein Sympathisant und Mitstreiter Luthers geworden. Selbst in der Schweiz zeigen sich gleiche Begehren. Dort fordert der Zwingli Innovationen*[10].

Auf der Gegenseite freilich steht die Mutter Kirche mit einer Reihe von Männern, die am Erhalt des Althergebrachten festhalten wollen. Der mir von Ingolstadt her bekannte Professor Eck könnte ein ebenbürtiger Streiter gegen Luther sein. Die Vernunft sagt mir, es wäre wohl anzuraten, dass die bestehenden Verkrustungen der Kirche aufgebrochen werden müßten. So bibel- und glaubenstreu, wie sich der Klerus darstellt, ist er nicht. Wer die Macht in den Händen hält, weiß auch das Recht auf seiner Seite. Doch mir scheint, der Klerus hat dabei den wahren Glauben aus den Augen verloren."

Als die anderen Räte eintraten, stellte der Kurfürst gerade die Frage: "*v.d. Planitz, Sie sehen in Luther also unseren Mann?*" Alle schauten auf Hans und warteten gespannt auf dessen Antwort. Der erkannte sofort seine Lage. Seine Antwort könnte bereits die Entscheidung bringen.

Zögerlich antwortete Hans: „*Luther hat den Mut, sich laut darüber zu äußern, was viele Menschen, darunter sogar Kirchenmänner, denken. Die Mutter Kirche hat sich bei Etlichem festgefahren. Man sollte sich nicht gegen Luther stellen, einen Kertzer sehe ich in ihm nicht. Dass er Zorn heraufbeschworen hat, ist verständlich. Ich glaube jedoch, es geht ihm ernsthaft um den wahren Glauben. Wenn die kirchliche Macht ein Stück aufgebrochen würde, trüge das auch für uns Nutzen. Die Kirche sieht sich doch über Allem stehend. Eins ist gewiss, bekommt der Luther keine weltliche Unterstützung,*

---

[9] Dreckzeug
[10] Veränderungen

wird das Streben nach kirchlichen Reformen zusammenbrechen. Dann wird Luther wohl auch auf dem Scheiterhaufen landen, was auch unserem Ansehen schaden würde."

Eine lange Pause folgte. *„Na, welcher Meinung sind denn meine anderen Räte?"* fragte der Kurfürst. *„Stemmen wir uns gegen Luthers Begehr, oder ziehen wir mit ihm in die gleiche Richtung? Sie sollten ihre Meinung vertreten und mir beratend zur Seite stehen. Also frisch von der Leber. Raus mit der Sprache. Es stellt sich die Frage, weshalb es zu solch einer Rebellion gekommen ist. Hat Luther Recht oder nicht? Nur so kommen wir zu einer Lösung. Und wir werden sehen, der Gutenberg[11] verhilft Luther dazu, dass in wenigen Tagen die gesante Christenheit den Inhalt seiner Forderungen erfährt. Wir müssen Stellung beziehen und können nicht so tun, als hätten wir keine Kenntnis davon."*

Nur einer der drei verbleibenden Räte meldete sich nach einer Weile *„Ich gebe zu Bedenken, dass wir gegen die Heilige Kirche in einen Krieg ziehen. Sind wir in der Lage, daraus siegreich hervorzugehen? Hat die Kirche nicht alle Trümpfe in der Hand? Sie würde uns rücksichtslos mit einem Bann belegen. Abgesehen davon, ob Luther recht oder unrecht hat. Zeigen wir Sympathie für Luther, sprechen wir uns gegen die Allgewalt der Kirche aus. Kann das gut gehen? Ich wäre aus diesen Gründen dafür, dass wir uns gegen Luthers Meinung stellen. Ich glaube, das wäre die klügste Handlung."*

„Und welcher Meinung sind die Anderen?" fragte der Kurfürst. Nur verhalten wagten die sich zur Meinungsbildung beizutragen. Einer sagte:*"Ich glaube, die Kirche rechnet mit unserer Unterstützung. Stellen wir uns auf die Seite Luthers, wird uns das sicher schlecht bekommen. Aber ich schließe mich der Meinung des Kurfürsten an. Er wird wohl wissen, was zu tun ist."*

Der Kurfürst sagte unter Lachen: *„Dieser Rat wird mir sicher zu außerordentlichem Nutzen gereichen."*

Der dritte Rat hatte wohl das Geschehen klug verfolgt. Er äußerte: *„Ich teile die Meinungen des Kurfürsten und des Herrn v.d. Planitz. Wir riskieren zwar viel, doch wir können auch Manches gewinnen. Unser Kurfürstentum ist stark genung, gegen die Kirche zu trotzen. Es wäre nur anzuraten, nach Verbündeten zu suchen."*

Der Kurfürst erhob sich und sagte: *„Ich bin mir völlig klar darüber, dass es hier um einen unerhört wichtigen Entscheid geht. Es gäbe wohl die Möglich-*

---

[11] Erfinder des Buchdrucks

keit des stillen Abwartens. Das könnte uns zum Nutzen sein oder auch nicht! Nun glaube ich, wir haben keine Zeit mehr. Das Ganze wird sich bereits in den kommenden Tagen weiter zuspitzen! Wir können uns nicht dummstellen. Es zwingt uns zum Handeln! Wenn ich es recht betrachte, sind drei für Luther und zwei haben Bedenken angemeldet. Das hieße, wir stellen uns auf die Seite Luthers!

Den Ratschlag nach Verbündeten zu suchen, finde ich lobenswert. Ich werde sicher den Landgraf v. Hessen mit ins Boot ziehen können. Auf diese Weise zeigte sich die Mitte des Reiches sicher als beachtliches Gewicht. Das könnten Kaiser und Papst nicht so ohne weiteres übersehen."

Der Kurfürst verabschiedete alle bis auf Hans. Ehe er ihn entließ, sagte er noch zu ihm:*„Die Linie unseres Vorgehens liegt fest. Doch wir wollen diplomatisch vorgehen. Ich will nichts überstürzen. Kleine Schritte führen auch zum Ziel."*

Bereits am Folgetag zeigte sich eine Anzahl Menschen in Wittenberg. Die wollten alle Luther predigen hören. In der Stadtkirche St. Marien drängten sich die Menschen, um Luthers Worte zu vernehmen. Sie standen sogar dichtgedrängt in den Gängen. Man verteilte Flugblätter. Darauf fand sich, dass die Engel selbst die Botenläufer von Luthers Ideen seien.

Wie ein Lauffeuer verbreiteten sich in den folgenden Tagen Luthers Forderungen. Alle zeigten sich begeistert davon, dass Luther die Freiheit der Christenmenschen einfordere. Es bahnte sich wohl das Ende des Mittelalters an. Die Stadtbürger hatten ein neues, ein verändertes Menschenbild geschaffen. Zahlreiche Menschen hatten ihren Eigenwert erkannt. Das hatte mit zum Wandel des bisherigen sozialen und wirtschaftlichen Gefüges beigetragen. Bisher war ihnen das durch die von der Kirche auferlegten Regeln jedoch abgesprochen worden. Die Menschen redeten davon, dass Luther dem Volk aufs Maul geschaut habe. Die Kirche sah aber in Luthers Thesen eine Riesengefahr, einen Angriff auf ihre eigene Unfehlbarkeit. Trotz der Sympathien, die der Kurfürst Luther entgegenbrachte, ließ Friedrich der Weise verlauten, dass er weiterhin ein frommer Anhänger seiner Kirche sei. Hans sah darin die Schläue des Fürsten. Keiner wusste so recht, ob das seine wirkliche Überzeugung ausdrücke oder ob es nur ein diplomatischer Schachzug sei.

Die sich immer mehr zuspitzenden Geschehnisse zwangen den Kurfürsten, schnellstens nach einem Verbündeten zu suchen. Es war doch zu befürchten, dass der Papst zusammen mit dem katholischen Kaiser gegen Lutheranhänger vorgehen werde.

Der Kurfürst lud aus diesem Grund den noch sehr jungen Landgraf Philipp v. Hessen zu sich ein. Der einflussreiche Sächsische Kurfürst musste keine Mühe aufbringen, ihn auf seine Seite zu ziehen. Philipp zeigte sich von Luthers Forderungen begeistert. Auch aus machtpolitischer Sicht kam es zwischen beiden Regenten schnell zu einem engen Bündnis.

Hans war künftig fast ausschließlich mit den Geschehnissen um Luther beschäftigt. Am kurfürstlichen Hof erschienen immer wieder Kirchenvertreter. Sie drohten mit Maßnahmen, die der Papst gegen Luther verhängen würde. Doch die Kirche ging ganz offensichtlich nicht mit ihrer geballten Macht gegen Luther an. Seine Förderer und die Masse der Gläubigen, die hinter ihm stand, ließ sie mit Bedacht handeln.

Der Kurfürst wurde mit Schreiben und allerhand Aussprachen zahlreicher Beauftragter bedrängt. Man forderte ihn dazu auf, gegen den Professor der Wittenberger Universität vorzugehen. Im weiteren Wirken Luthers an der Universität sah man bereits eine Mitschuld des Kurfürsten.

Weder der Kurfürst, noch Luther ließen sich jedoch beirren. Luther durfte weiterhin lehren. Auch seine Tätigkeit als Prediger wahrte er weiterhin. Jeden Sonntag predigte er in der Wittenberger Stadtkirche und prangerte die überholungsbedürftigen Ansichten und Praktiken der Papstkirche an.

Luther war der Meinung, dass die Geister aufeinanderplatzen sollten. Doch die Fäuste sollten sie stillhalten. Damit hatte er seinen friedlichen Kampfeswillen offenbart.

Hans hatte zunehmend mit kirchlichen oder weltlichen Anklagen, die sich gegen Luther richteten, zu tun. Seine Kanzleischreiber, denen er Antworschreiben diktierte, hatten Arbeit wie nie zuvor. Hans war dermaßen mit Arbeit überhäuft, dass er über eine lange Zeit keine Gelegenheit fand, sich um seine Abgehörigen zu kümmern. Das Geschehen forderte seine Gegenwart in Wittenberg. An eine Fahrt nach Auerbach war nicht zu denken. Wenn er am Abend allein in seinem Zimmer saß, verfluchte er den Entschluss, der kurfürstlichen Anstellung gefolgt zu sein. Hans füllte sogar seine Abende nur noch mit Aktenstudien aus. Die Akten hatten sich in seinem Amtszimmer so gehäuft, dass ihm angst und bange wurde. Am Morgen fuhr man ihn mit Aktenbündeln zur Kanzlei und am Abend brachte er neue wieder mit zurück. Eines morgens sagte er zu sich selbst: *„ Das ist nicht das Leben, das ich mir vorgestellt habe. Die Arbeit erdrückt mich. Meine Familie vernachlässige ich und der Ärger frisst mich auf. Ich muß das ändern. "*

Am nächsten Tag bat er den Kurfürst um Urlaub, um endlich wieder einmal zu seiner Familie zu kommen. Der zeigte Einsehen, forderte jedoch seine baldige Rückkehr. *„Die Dinge spitzen sich mehr und mehr zu."* sagte der Kurfürst. *„v.d. Planitz Sie sind hier vonnöten. Holen Sie Ihre Familie nach Wittenberg, damit die Trennung endet. Das ist sicher auch befruchtend für Ihr Denken."* Damit entließ er Hans.

Bereits am folgenden Morgen fuhr die Planitz'sche Kutsche in Richtung Auerbach. Hans zeigte sich voller Ungeduld. Der Kutscher konnte gar nicht schell genug fahren. Für seine Frau hatte er einen wunderschönen Brokatstoff erworben. Der sollte sie für das lange Getrenntsein von ihrem Mann entschädigen. Je weiter er der Heimat kam, umso mehr stieg die Erregung in Hans. *„Hoffentlich ist zuhause alles in Ordnung."* dachte er. Schließlich siegte seine Freude über seine Heimkehr. Er betrachtete sie als ein unbezahlbares Geschenk.

Am späten Abend stand die Kutsche vor dem Gutshof in Auerbach. Das Tor war verschlossen. Erst nach dem Läuten wurde es göffnet. Freudig und voller Ehrerbietung wurde Hans begrüßt. Der eilte unverzüglich zu seiner Familie auf die Burg. Der Leibdiener begrüßte ihn laut mit der Anrede: *„Herr v.d. Planitz, das ist aber schön, Sie wieder hier begrüßen zu dürfen."* Hans legte den Zeigefinger über den Mund und deutete Ruhe an. Er wollte sein Eheweib überraschen. Hans ließ den Diener um Einlass bitten, um dann an dessen Stelle in die Kemenate einzutreten.

Er stand freudestrahlend vor Barbara. Die schreckte auf, rannte ihrem Mann entgegen und umschlang ihn überglücklich. Es war ein stürmischer Empfang. Hans spürte deutlich, wie sehr sie ihn vermisst hatte. Auch sein Geschenk verfehlte die erhoffte Wirkung nicht. Sie machten es sich gemütlich am Kamin. Nachdem sie sich zärtlich ihre Liebe gezeigt hatten, fand das Erzählen kein Ende. Barbara fragte Hans bis aufs Letzte aus. Als sie merkte, dass er ebenfalls stark unter dem Alleinsein litt, munterte sie ihn mit den Worten auf: *"Wir packen unsere sieben Sachen und fahren einfach gemeinsam nach Wittenberg. Wir lassen uns nicht mehr auseinander reißen. Ich habe das Alleinsein auch satt."* Hans umarmte sie liebevoll uns küsste sie. Danach sagte er: *„Was habe ich für ein Eheweib. Meine liebe Barbara ich danke dir für alles. Doch, es wird wohl höchste Zeit zu erfragen, wie es unserem Söhnlein Georg geht? Ist er ein gesundes und munteres Kind?"* Barbara strahlte und sprudelte es förmlich heraus: *"Der ist ganz nach dir geraten. Ich glaube, er ist dein ganzes Ebenbild. Wenn er wütend ist, kann er schreien wie du."* Dabei lachte sie über das ganze Gesicht. „*Morgen hast du Zeit, ihn in Augenschein zu nehmen. Warte bis morgen. Heute ist es schon zu spät dazu.*" Hans überkam ein sattes Glücksgefühl, das ihn dazu veranlasste, seiner Frau zu sagen: "*Bei allem, was mich belastet, ich danke Gott dafür, was er mir Gutes zugeschrieben hat.*"

Erst sehr spät gingen sie in ihr Schlafgemach. Nach seiner Abwesenheit genossen sie ihre Zweisamkeit besonders. Eng lagen sie beieinander und zeigten sich ihre Liebe.

Hans nahm am Folgetag seinen Sohn auf den Arm und sagte zu ihm: „*Du bist mein ganzer Stolz. Georg, dein Namenspatron war der Drachentöter, einer der 14 Nothelfer, du musst groß und stark werden, so wie der.*" Erst als die Kinderfrau ihn abholte, gab er ihn wieder frei.

Dann sah Hans nach seinem Töchterchen. Er nahm sie hoch und drehte sich mit ihr im Kreis. Beide lachten fröhlich. Danach nahm er sie mit hinunter ins Gut. Dort gingen sie in die Pferdeställe. Hans hatte vor, endlich wieder einmal einen Ausritt zu unternehmen. Er bestellte ein gesatteltes Pferd auf die Zeit nach Mittag. Danach ging er mit seinem Kind wieder hinüber zur Burg.

Anschließend begab sich das Paar zum Kirchenbesuch hinunter zur NikolaiKirche. Vor dem Hochaltar betete jeder einen Rosenkranz. Barbara wollte, dass sie beide zur Beichte gehen. Doch Hans verweigerte sich mit den Worten: "*Nein, das tue ich nicht. Den Grund erkläre ich dir später.*" Als sie wieder zur Burg hinauf schritten, erklärte sich Hans. Er sagte: „*Ich werde wohl nie mehr zur Beichte gehen. Luther sieht darin einen Mißbrauch und ich stehe auf seiner Seite. Ich verteidige Luther ja auch. Das ist nicht mit ein paar Sätzen zu erklären. Darüber muß ich mit dir in Ruhe sprechen.*"

Seinen nachmittäglichen Ausritt genoss Hans in vollen Zügen. Er jagte an der Göltzsch hinunter zum Rittersitz Göltzsch. Zum ersten Mal konnte er sich dort gründlich umsehen. Dort wurde er sehr würdevoll empfangen. Überall wurde er herumgeführt. Erstaut zeigte sich Hans über den überaus reichen Viehbestand. Nur im Pferdestall sah es dürftig aus. Es gab zwar etliche Arbeitspferde, doch ein Reitpferd war nicht zu entdecken. Der Hermannsgrüner hatte bei seinem Weggang alle Reitpferde mitgenommen. Als der Verwalter ihn als Verteidiger Luthers ansprach, zeigte sich Hans verwundert. Er erfuhr, dass es sich herumgesprochen habe, dass der Kurfürst die Hand über den halte. „*Da müssen Sie Herr v.d. Plamitz als sein Berater doch mitbeteiligt sein.*" sagte der.

Hans gab keine Antwort darauf. Er wies lediglich an, sich um zwei gute Reitpferde zu kümmern. Dann schwang er sich wieder in den Sattel und ritt weiter zum Hammerwerk Niederauerbach. Dessen dröhnende Geräusche vernahm er bereits von weitem. Mit dem Hüttenprotektor[12] sprach er lange Zeit. Hansens Interesse galt der Geschäftslage des Werkes. Er kündigte an, sich sobald ihm die Zeit verbliebe, genauer um das Werk zu kümmern. Hans interessierte sich so ausgiebig über die dortigen Arbeitsabläufe, dass er den Protektor ins Erstaunen versetzte.

Danach jagte Hans bis die Sonne unterging über Wiesen und Felder. *„In mir muß doch Ritterblut wallen"* sagte er sich *„sonst fände ich kein so großes Vergnügen an der Reiterei."*

Als er wieder zuhause ankam, fing ihn sein Ehewein ab. Sie stellte ihm ganz unvermittelt die Frage: *„Was hast du plötzlich gegen die Beichte?"* Hans ging mit ihr in die Kemenate. Dort sagte er: *„Mir ist der Luther ans Herz gewachsen. Er hat Mut bewiesen. Er hat sich gegen die alten Zöpfe, der als unantastbar geltenden Mutter Kirche, aufgelehnt. Was er fordert ist legitim. Wie kann der Klerus Sünden abkaufen? Woher nimmt er sich das Recht? Gab ihm das etwa Gott? Steht das in der Bibel? Wer außer dem Papst sagt das? Das ist frefelhaft und eher dem Satan zuzuschreiben. Luther kennt sich in der Bibel gut aus. Er zitiert sie wörtlich. Die Kirche legt die nur zu ihren Gunsten aus. Das Volk beherrscht die lateinische Sprache nicht, also kann es sie nicht lesen. Luther sieht in ihr die einzig wahre heilige Schrift. Wer wohl ist auf dem rechten Weg? Und die Beichte stört mich selbst schon lange. Ich sehe sie als Mittel über alles Bescheid zu wissen."*

Barbara saß hochrot und mit offenem Mund vor ihrem Mann. Sie staunte über seine Rede. Entsetzt rief sie: *„Hans du machst dich schuldig. Du machst dich genau so schuldig, wie der Luther selbst. Das Wittenberg bekommt dir offensichtlich schlecht."*

Hans versuchte seine Frau zu beruhigen. Er sagte: *„Liebe Barbara, das ist beileibe keine Ketzerei. Luther will nur den rechten Glauben wahren. Er beruft sich auf das, was wirklich in der Bibel steht. Da ist nichts vom >Sündenverkauf< zu finden. Jesus hat die Händler und Geldwechsler auch vom Tempel gejagt. Nein, Luther ist beileibe kein Ketzer. Das weiß auch der Kurfürst, sonst stünde er ihm nicht bei. Er begibt sich für ihn sogar in Gefahr. Und der Fall Luther ist längst nicht mehr nur eine Kirchenangelegenheit.*

---

[12] Verantwortlicher

Das Geschehen hat Eingang in die hohe Politik gefunden. " Barbara beruhigte sich zwar, doch sie glaubte weiterhin, dass Luther den Glauben erschüttere. Hans versuchte ihr hingegen mehrfach klarzumachen, dass Luther den Glauben nicht anfechte.

„Er will das Gegenteil. Luther ist um den wahren Glauben bemüht", sagte er. *„Er pocht auf die Bibel und sieht nur sie als richtungsweisend. Wer will das wohl anzweifeln?"* Hans musste einsehen, dass sein Weib nicht so leicht zu überzeugen war.

Eine andere Schwierigkeit tat sich auf. Ihre Amme widersetzte sich, mit nach Wittenberg zu gehen. Sogar ein kurzzeitiges Mitgehen lehnte sie ab, da sie ihr eigenes Kind den Belastungen nicht aussetzen wollte. Schließlich bewirkte Barbaras inständiges bitten, dass sie ihre Beharrlichkeit doch aufgab. Sie wollte jedoch nur kurzzeitig diese Aufgabe wahren. In Wittenberg sollte schnellstens ein Ersatz für sie beschafft werden.

Nur vier Tage verweilte Hans auf seiner Auerbacher Burg. Dann reiste die Familie Planitz mit zwei Wagen nach Wittenberg. In einer Kutsche fand die Familie mit den Kindern sowie der Amme und deren Kind Platz. Eine Menge Dinge für das dortige Leben transportierte ein Planwagen. Auf ihm fuhr auch die Kinderfrau mit, da sich sonst kein Platz fand. Hans ritt neben der Kutsche her.

Barbara zeigte sich von ihrem Unterkommen in Wittenberg begeistert. Das erfreute Hans außerordentlich. Doch kaum waren sie hier angekommen, bat ein Bote Hans bereits zum Kurfürsten. Dieser zeigte sich in hellster Aufregung. Der sonst so bedächtig wirkende Mann sprudelte seine Worte förmlich heraus. *„Planitzer, während Ihrer Abwesenheit hat sich viel getan. Da hat sich doch der Dominikaner-Orden wegen Luther an den Papst gewandt. Der hat sofort einen Prozess in Gang gesetzt und auch den Kaiser auf seine Seite gezogen. Der Papst hat Kardinal Cajetanus als Abgesandten geschickt. Vor dem soll nun der Luther widerrufen, sonst belegt man ihn mit einer Bannbulle[13].*

In mir sieht die Kirche den Reliquienjäger. Mir wurde die >Goldene Rose<[14] zugesichert, um mich damit auf ihre Seite zu ziehen. Diese Bande. Die Kurie versucht mich damit zu ködern. Nun stehe ich erst recht auf Luthers Seite. Doch wir müssen gewaltig auf der Hut sein, Planitzer."

---

[13] päpstliche Verordnung
[14] hohe kirchliche Auszeichnung

„Ja." entgegnete Hans. „*Wie es aussieht hat sich nun nicht nur die Kurie, son-dern auch der Kaiser gegen uns gestellt. Das erfordert ein besonders ge-schicktes Vorgehen. Ich schlage vor, nur zu reagieren, wenn man uns direkt angeht. Der Kaiser wird schwerlich gegen Kursachsen ziehen. Es steht doch eine Kaiserwahl an. Hoheit, Sie sind ein Wahlmann. Das wird ihn sicher ab-halten. Vielleicht wäre es auch gut, wenn Sie Luther keinerlei Audienz ge-währen. Man darf Sie nicht mit ihm zusammen sehen.*"*

„*Das ist wohl richtig*", sagte der Kurfürst. „*Und um weitere Verwicklungen zu vermeiden, ist es auch diplomatisch, erst einmal abzuwarten, was sich tut. Wenn man nicht viel sagt, kann man uns nicht viel ans Bein hängen.*"

Bereits am Folgetag forderte der Kardinal über den Orden von Luther einen Widerruf. Er drohte bei Nichtbefolgung mit seiner Verhaftung, mit Fesselung und Überführung nach Rom.

Das brachte den Kurfürsten, entgegen seiner bisherigen Diplomatie, auf den Plan. Hans wurde unverzüglich eingeschaltet. Der forderte ein unparteiisches und vor allem sachverständiges Schiedsgericht. Hans schlug vor Luther vor den Augsburger Reichstag zu stellen. Hierfür drang Hans v.d. Planitz wohl-weislich auf die Ausstellung eines kaiserlichen Geleitbriefes. Das verzögerte das Geschehen. Erst nach Zusicherung des Geleites trat Luther vor den Kar-dinal. An dieser Audienz nahm Hans v.d. Planitz als Beobachter teil.

Der Kardinal verlangte von Luther in scharfem Ton abzuschwören. Er for-derte in Zukunft keine weitere Verwirrung anzustiften. Klug bat Luther um Bedenkzeit. Damit zögerte er das Ganze weiter hinaus. Er hoffte auf eine neue Beratung.

Am Folgetag wollte Luther in Gegenwart von vier kaiserlichen Räten und dem Kardinal diskutieren. Das verneinte der Kardinal strikt. Da gab Luther kund, sich unter den Gehorsam der heiligen römischen Kirche zu stellen. Das würde er jedoch nur, wenn er vor ein öffentliches Schiedsgericht des Papstes, sowie von vier Universitätsrektoren gestellt würde. Wütend schrie ihn der Kardinal an: „*Geh revoziere*[15]. *Sonst komm' mir nicht mehr unter die Augen.*"
Luther ging und sagte: „*Mein Entschluss steht fest. Ich widerrufe nicht.*"

---

[15] widerrufe

11. KAPITEL
ZUSAMMENTREFFEN
MIT MARTIN LUTHER

Hans vereinbarte im Auftrag des Kurfürsten eine Zusammenkunft mit Luther. Die fand aus diplomatischen Gründen nicht in der kurfürstlichen Kanzlei statt. Luther und der Planitzer trafen in der Sakristei der Wittenberger Stadtkirche zusammen. Dabei offenbarte Luther dem Planitzer seinen Standpunkt mit folgenden Worten: *„Hoher Herr v.d. Planitz, ich habe lange mit mir selbst gerungen, ehe ich mich äußerte. Mein gründliches Bibelstudium hat mich stark gemacht. Aus der Bibel habe ich die Erkenntnis gewonnen, dass sie für Christen die einzige göttliche Offenbarung ist. Sie, und nichts Anderes, ist uns Richtschnur für den christlichen Glauben. Alles, was entgegenwirkt, ist Teufelsspuk. Der Klerus hält sich nicht an die christlichen Gebote. Er ist der weltlichen Macht verfallen und vernachlässigt seine eigentliche Bestimmung. Den Glauben benutzen sie nur noch als einen dienlichen Zweck. Ich sehe mich außerstande abzuschwören. Die Bibel ist mein Lehrbuch.“*

Hans hatte Luthers Worte hellwach aufgenommen. Als er geendet hatte, verging eine ganze Weile, ehe Hans etwas darauf entgegnete. Erwartungsvoll schaute ihn Luther an. Hans saß lange überlegend auf seinem Stuhl. Es schien so, als ob er seine Umwelt nicht recht wahrnahm, als er sagte: *"Auch ich selbst befinde mich seit langem in einem Zwiespalt. Mein Glauben ist ungebrochen. Ich suchte ihn auf meinen Pilgerreisen zu festign. Doch ich fand viele Widersprüchlichkeiten, die von der kirchlichen Praxis ausgingen. Aus diesen Gründen sah ich mich mitunter schon als Ketzer. Gedanklich liegen wir gar nicht so weit auseinander. Die heilige Kirche benimmt sich, wie ich glaube, oftmals nicht sehr gottgefällig."*

„Hoher Herr“, sagte Luther, *„ mir fällt ein Stein vom Herzen. Jetzt, wo ich weiß, dass nicht nur der Kurfürst, sondern auch Sie auf meiner Seite sind, ist es mir leichter ums Herz. Zustimmung erhalte ich doch von vielen Seiten. Da kann mein Denken nicht grundlegend in die Irre gehen. Wahrlich, ich bete täglich zu Gott, dass mich nicht der Teufel reitet.“*

Hans lachte und sagte:*„Wir müssen ein gemeinsames Vorgehen besprechen. Sie wissen doch, dass Sie nicht nur Befürworter haben. Die sind so mächtig, dass sie alles zunichte machen können. Noch ist der Sieg nicht errungen. Es ist nötig, gewaltig auf der Hut sein. Das sagte auch der Kurfürst. Sollte es doch zu einer gerichtlichen Auseinandersetzung kommen, übernehme ich in dessen Auftrag ihre persönliche Verteidigung. Ihnen raten wir, sparsam mit Worten umzugehen. Wir werden nur arg abwägend reden und nur wenn wir direkt angegangen werden.“*

Luther bedankte sich und versprach, den kurfürstlichen Rat zu beachten. Wie alte Freunde gingen die beiden Männer wieder auseinander.

Noch am gleichen Tag erhielt Hans eine Einladung vom Krurfürsten. Er glaubte, dass er einen Bericht über die Aussprache mit Luther geben solle. Doch er hatte sich geirrt.

Als er dem Kurfürst gegenüber saß, sagte der: *„Planitz, Sie haben heute Nachmittag etwas verpasst. Eine Delegation der hohen Ritterschaft war bei uns zu Besuch. Sie überreichten mir ein Schriftstück. Da, lese Er selbst."* Damit übergab er Hans ein Pergament das mit zahlreichen Siegeln versehen war. Darin wurde dem Sächsischen Kurfürsten Friedrich III. die deutsche Kaiserkrone angeboten. Von den sieben Kurfürsten, die als Wahlmänner (*Königsmacher)* galten, hatten fünf das Dokument unterzeichnet.

Der Kurfürst rief:*„Mir legt man die Kaiserkrone zu Füßen. Der Tod von Kaiser Maximilian kam unerwartet. Deshalb steht bald eine Kaiserwahl an. Maxilmians Enkel, Karl v. Burgund, steht als Nachfolger im Blickfeld. Doch der Papst will dessen Wahl verhindern. Karl ist doch erst seit kurzem König von Spanien. Wollen mich die katholischen Kaisertreuen damit etwa streng an sich binden? Oder kann es sein, dass die Reformer von mir als Kaiser ihre Stärkung erhoffen? Nach welcher Seite will man mich ziehen, Planitzer? Wohin soll ich mich dehnen? Hierhin oder dorthin? Die eine Seite paßt mir so wenig, wie die andere. Eigentlich möchte ich verzichten. Das stünde mir doch gut zu Gesicht. Mein Kampfgeist bekommt langsam lahme Flügel. Müßten dieses undankbare Amt nicht kampfstarke Jüngere übernehmen? Wäre aus diesen Gründen nicht Karl der Geeignetere? Der ist aber kein Freund der Lutheranhänger, der ist ein Erzkatholik. Was haben Sie dazu für eine Meinung Planitzer? Was raten Sie mir?"*

Hans überlegte nicht lange. *„Wie alles im Leben, zeigt auch diese Sache zwei Seiten. Rein rechtlich wäre es von Vorteil, wenn Hoheit Kaiser würden. Sie wären eine Säule, die Papst Leo X. nicht so leicht umstoßen könnte. Jedoch würden Sie sich einem Kampf aussetzen, der viel Kraft und wohl auch Zeit erfordert und viel Ärger einbringt. Sie, Hoheit, müssen selbst einschätzen, ob Sie sich dem gewachsen fühlen."*

Der Kurfürst entgegnete:*„Noch muss ich mich nicht entscheiden. Etliche Tage werde ich den Gedanken noch mit mir herumtragen. Ja, ich bin nicht mehr der Jüngste. Deshalb werde ich sicherlich die Krone samt der Würde ablehnen. Ich glaube auch nicht, dass der Papst die mir aufsetzen würde. Dem Maximilian hat er sie ja schon nicht aufs Haupt gepflanzt. Da bleiben* *wir eben mit dem zufrieden, was wir sind. Planitzer da bleiben auch Sie nur der Rat des Sächsischen Kurfürsten und nicht der des Kaisers."* sagte er lachend.

Erst dann erkundigte sich der Kurfürst nach dem Ausgang der Absprache mit Luther. Als Hans ihm mitteilte, dass der keinesfalls abschwören wolle, sagte der Kurfürst: *„Donnerwetter, der Kerl hat Mut. Schon deshalb bin ich auf seiner Seite. Wer es wagt, der gewaltigen Kirchenmacht ihre Fehler unter die Augen zu halten, ist ein starker Mann. Dass das auch noch ein Mönch tut, verdient meine besondere Beachtung. Er zeigt mit seiem Mut ritterliches Gebaren, schade, dass er kein Ritter ist."*

„Halt," fügte er noch an, *„dass ich es nicht vergesse. Eine unangenehme Sache steht uns ganz sicher bevor. Nun müssen wir wohl öffentlich Farbe bekennen. Nachdem der Kardinal Cajetan keinesfalls das erreichte, was die Kurie sich erhoffte, soll der Luther ein weiteres Mal examiniert werden. Noch ist das nicht offiziell, doch mir wurde zu Ohren gebracht, dass diese Disputation[1] in Leipzig stattfinden soll. Die wird wohl von dem katholischen Rhetoriker Dr. Eck gegen den Scholastiker Karlstadt und Luther ausgefochten werden. Da die Disputation in Leipzig stattfinden soll, muß Luther dahin fahren. Da müssen wir für ein sicheres Geleit sorgen. Der Rektor unserer Universität, einige Dozenten und zahlreiche Studenten wollen Luther, mit Spießen und Hellebarden bewaffnet, begleiten. Planitz, da wären Sie wohl auch gefragt. Wir müssen dafür sorgen, dass nichts daneben geht. Luther muss gesichert reisen können."*

Hans entgegnete darauf: *„Majestät, mir ist zu Ohren gekommen, dass sich eine Dozentengruppe der Wittenberger Universität an den Papst wenden wolle. Sie zweifeln, wie Luther auch, dessen Priorität[2] an. Der bezeichnet sich doch als Stellvertreter Gottes auf Erden. Warum kaufe er dann die Sünden der Verstorbenen ab und stoppe nicht das Leiden auf Erden? Die Pest sei eine Geißel der Menschheit. Nun käme gar noch eine neue, die man Cholera nenne, hinzu. Wenn die Dozenten das zuwege bringen, wird uns auch das eine Menge Ärger einbringen. Außerdem munkelt man, die Juden, die schon unseren Herrn Jesus Christus ans Kreuz schlugen, trügen an allen Geißeln die Schuld. Sogar der Papst soll das schon ausgesprochen haben. Nun glaube er, Gott strafe die Menschheit, weil sie sich immer weiter von seiner Schöpfung entferne. Die Stadtbürger lebten in Häusern aus Stein. Sie würden*

---

[1] öffentliches Streitgespräch
[2] Vorzugsrecht

zwar noch den Himmel über sich sehen, doch sie schauten nach unten um ihre Schritte über die Pflastersteine zu lenken. Ich glaube, die Welt gerät langsam aus allen Fugen. " fügte Hans noch hinzu. Friedrich lachte und sagte: *Ja, Planitzer. Da könnte wohl etwas Wahres daran sein. Noch etwas, Planitzer, der bisherige Amtshauptmann von Grimma hat das Zeitliche gesegnet. Mir wäre es recht und auch wichtig, wenn Sie dieses Amt noch mit übernehmen würden. Planitzer, Sie verfügen doch über die nötigen Kenntnisse des Rechts. Da wäre dort nur die Oberaufsicht von Ihnen zu führen. Deshalb käme nur wenig zusätzliche Belastung auf Sie zu. Kann ich mit Ihnen rechnen?* "

Hans fühlte sich vom Kurfürsten überrannt. Deshalb sagte er: „*Durchlaucht, aus dem Stand kann ich weder zu- noch absagen. Das kommt mir zu überraschend. Ich bitte Sie um Bedenkzeit. Da möchte ich auch erst Klarheit über die Aufgaben eines Amtshauptmannes einholen.*"

Hans ging wieder in seine Kanzlei zurück. Dort suchte er nach einem alten Aktenbündel. Er hoffte in ihm die Abgabenhöhe an die vatikanische Kanzlei zu finden. Da flatterte ihm doch eine Straf- und Gebührenliste entgegen. Hans schauderte es, als er daraus die verhängten Strafen und die dafür sogar noch zu zahlenden Gebühren entdeckte. Das Enthaupten mit dem Schwert brachte dem Scharfrichter 10 Thaler ein. Tat er das mit dem Beil, erhielt er nur 8. Für eine Hand oder einen Finger abschlagen erhielt er 4 Thaler. Das Haupt oder die Hand zur Abschreckung auf den Pfahl stecken brachte ihm ebenfalls 4 Thaler ein. Das Hängen an den Galgen ließ ihn 10, das Abnehmen 4 Thahler verdienen. Einen toten Delinquenten auf das Rad legen brachte 7 Thaler. Schlug er Arme und Beine in Stücke verdiente er daran 14. Begrub er einen zu Tode gebrachten Verurteilten unter dem Galgen oder fuhr er den Leichnam aus der Stadt, erlangte er 2 Thaler. Am meisten Geld bekam er, wenn er einen Verurteilten vierteilte und aufs Rad legte. Das machte ihn um 12 Thaler reicher. Bei Folterungen brachte ihm jeder Griff mit der eisernen Zange und auch eine Brandmarkung 2 Thaler. Für das Stäuben[3] am Pranger bekam er 5 Thaler. Das Verbrennen eines Körpers brachte ihm 10 Thaler ein. Mit dem Erstellen von Pasquillen[4] verdiente er 3 Thaler.

Hans kam dabei ins Bewusstsein, dass Henker doch verabscheuungswürdige Personen seien. Aber von ihrem Einkommen her, waren sie reiche Leute. Vor sich hin sagte er: „*Herrgott, ich war bisher froh, kein Strafrichter zu sein.*

---

[3] auspeitschen
[4] Schmähschriften

Werde ich Amtshauptmann, unterstehen mir solche Personen. Ihre Urteile werden mir unter die Augen kommen und mich mitschuldig machen, wenn ich sie billige."

Hans schüttelte nur den Kopf. Dann sprudelte es förmlich aus ihm heraus:*"Wahrlich, sollte ich das Amt übernehmen, werde ich streng darauf sehen, dass das verhindert wird."*

Als er das Schreiben wieder einordnen wollte, entdeckte er ein Schriftstück Darauf fand er:*"Seine Zung' gleicht einer Wage. Wer am meisten leist', dahin neigt sich das Züngle, wer allermeist gibt, der hat allermeist recht, und wann sie meinen, es sei kein Geld mehr da, so ist die Sach' uß."*

Sehr nachdenklich ging er an diesem Abend nach Hause. Barbara bemerkte seine gedrückte Stimmung. Sie brachte es jedoch nicht zustande, ihn zum Reden zu bringen. Erst spät am Abend, als sie sich am Kamin zusammenfanden, hatte sich Hansens Gemütszustand wieder etwas gebessert. Auf das wiederholte Drängen seines Weibes sagte er: *"Weißt du, liebe Barbara, mich beschäftigt, dass ausgerechnet wir Menschen von Gott aus seiner Schöpfung herausgehoben wurden. Warum nur gab er dieses Privileg uns Menschen? Wir benehmen uns doch untereinander wie die Teufel. Zu was sind Menschen in der Lage. Was können sie sich untereinander alles antun. Ich bin heute auf Akten gestoßen, die das belegen. Das Geschehen bedrückt mich sehr."*

Barbara entgegnete darauf:„*Das mag wohl alles so sein. Unsere Welt zeigt sich leider nicht als Paradies. Doch du, mein lieber Mann, hast allen Grund dankbar und froh zu sein. Ich trage unter meinem Herzen wieder ein Kind von dir. Bald werden wir eine richtig große Familie sein."*

Hans schnellte hoch. Er umarmte sein Eheweib, und sagte:*"Barbara, was soll uns die schnöde Welt schon anhaben? Das rechte Erdenglück bescherst du mir. Du gibst mir den Halt und die Stärke, die ich für die Aufgaben, die ich zu vertreten habe, brauche. Barbara, du verscheuchst meine Zweifel und gibst mir oft den Glauben an mich selbst zurück."*

Barbara löste sich aus Hansens Umarmung, schaute ihm voll ins Gesicht und sagte:„*Hans, ich weiß, dass du alles gut überdenkst. Hast du dich entschieden, lasse dich nicht beirren. Du bist nicht umsonst der Berater des Kurfürsten geworden. Der hat dich nicht deiner Herkunft wegen auserkoren. Mittlerweile weiß er sicher auch, was er an dir hat. Du bist ein erfahrener Mann. Dein Studium in Bologna gilt als etwas Herausragendes. Dein Wissen ist gefragt."*

„Na, na", sagte Hans. „*Lasse die Kirche im Dorf. Das sehen nicht alle wie du. Es gibt auch Menschen, die sich gegen Juristen aussprechen. Sie pochen noch immer auf Rechtssprechungen, die nach jahrhundertealten Volks- und Gewohnheitsrechten gesprochen werden. Das neuerdings immer verstärkt angewandte >Römische Recht< verneinen sie. Festgeschriebene Gesetzestexte sind ihnen, wie auch die Rechtsgelehrten selbst, zuwider.*

Doch was mich wirklich belastet ist die Tortur[5]. Nur um die Schmerzen einer Folter zu stoppen, geben Menschen alles zu. Deshalb ist die Folterung nicht nur eine unmenschliche Sache. Sie bringt die Wahrheit nicht ans Licht. Die Bibel redet von der Liebe untereinander. Wie kann man dann Menschen quälen, nur um das Geständnis aus den Menschen zu holen, das man erwartet?"

Barbara sagte darauf: "*Das beste Beispiel ist doch unser Herr Jesus Christus. Auch der wurde verspottet, lustvoll gequält und furchtbar zu Tode gebracht. Mord und Totschlag ist doch nichts Ungewöhnliches auf Erden. Und was tut die Kirche? Sie lässt Abtrünnige bei lebendigem Leib verbrennen. Ihre Vertreter glauben, das >Höllenfeuer< bereits auf die Erde bringen zu müssen. Sie haben sich das >Jüngste Gericht< in ihre Hände geholt.*"

„*Was habe ich doch für ein kluges Weib*", sagte der Planitzer „*Du redest doch bereits ganz im Sinne von Luther. Mach nur so weiter, dann wirst du bald eine gute Anhängerin von ihm sein.*"

Ehe sie sich zum Schlafen legten, fragte Hans unvermittelt sein Weib: „*Was ich noch von dir wissen will, Barbara, hast du auch Sehnsucht nach unserem Zuhause in Auerbach? Wollen wir wieder einmal ein paar Tage dort verbringen, um dort nach dem Rechten sehen? Ich würde mich so gerne zu Pferde wieder einmal richtig austoben. Hier kann ich das doch leider nicht. Wie fühlst du dich? Traust du dir eine solche Reise zu?*"

Barbara lacht lauthals und sagte:„*Glaubst du, ich bin so zerbrechlich, dass ich in ein Wollpolster gepackt werden muß, nur weil ich ein Kind trage? Natürlich würde auch ich gerne nach Auerbach fahren. Dort befindet sich doch unser richtiges Zuhause.*"

„*Wenn nichts Ungewöhnliches anliegt, werde ich den Kurfürst um ein paar Tage Urlaub bitten. Dann galoppieren wir nach Auerbach, sonst erkennen die uns dort nicht mehr.*", sagte Hans lachend.

---

[5] Folter

Als Hans am Folgetag den Kurfürsten bat, sich wieder einmal zuhause umsehen wolle, hatte der nichts einzuwenden. Er sagte nur noch: *„Planitzer, komm er baldigst wieder zurück. Hier ist er von Nöten. Und zu vermelden ist, dass Dürer und Cranach auch auf unsere Seite gefunden haben. Beide werden mir in Zukunft sakrale Werke schaffen.*

Fahren Sie in Gottes Namen, Planitzer. Doch lassen Sie mich mit meinen Sorgen nicht zu lange allein. Und, vergessen Sie mein Angebot nicht. Vergewissern Sie sich. Werden Sie mein Amtshautmann in Grimma. "

Am fogenden Morgen ließ Hans die Kutsche anspannen. *„Das Ziel ist unsere Burg in Auerbach. "* rief er. *„In ein paar Tagen werden wir wieder zurück sein. Auf, die Heimat ruft. "* sagte er zum Kutscher.

Nur das Ehepaar Planitz mit den Kindern nahmen Platz im Gefährt. Barbara wollte sich über die Zeit in Auerbach selbst um ihre Kinder kümmern.

Der Kutscher schwang die Peitsche. Bald rollten sie aus der Stadt hinaus. Mehrfach ließ der Kutscher seine Pferde traben, um seinem Herrn zudiensten zu sein. Der wollte so schnell wie nur möglich nach Auerbach kommen. In der Kutsche ging es lustig zu. Barbara zeigte sich überglücklich. Sie sang mit den Kindern und erzählte ihnen lustige Geschichten. Es wurde spät, bis sie das Vogtland erreichten. Als sie dicht an Plauen vorüberfuhren, waren die Kinder bereits eingeschlafen. Die Nacht war herein gebrochen, als sie die Burg in Auerbach erreichten.

Barbara hatte mit den Kindern zu tun. Hans fuhr mit bis in den Gutshof. Dort besprach er mit dem Kutscher noch, was mit dem Gepäck geschehen sollte. Danach kletterte er über die Treppe zur Burg hinauf. Barbara war damit beschäftigt, die Kinder ins Bett zu bringen. Dann setzten sie sich mit einem Glas Wein noch eine Weile in die Kemenate. Kaum, dass sie sich hingelegt hatten, nahm ihnen der Schlaf bereits die Gedanken.

Als Hans am Morgen erwachte, schlief Barbara noch immer. Er betrachtete sie eine ganze Zeit lang liebevoll. Dann verließ er leise das Ehebett. Dabei erwachte Barbara. *„Ach, komm doch noch eine Weile zu mir. "* bat sie ihn. Hans legte sich zu ihr und nahm sie in den Arm. *„Weißt du"*, sagte er, *„hier bin ich ein ganz anderer Mensch. Hier kann ich den ganzen Hader weit von mir rücken. Es hat eben alles mehrere Seiten. Ich sehnte mich in ein Amt. Nun halte ich es in meinen Händen, doch ich vermisse das wahre Glück, das ich mir damit erhofft habe. "*

Barbara sah ihn bestützt an. *„Ich glaubte, deine Tätigkeit ist das, was dir die erstrebte Bestätigung gibt? Fühlst du dich unglücklich? Wenn das so sein sollte, müssen wir Wittenberg schnell wieder verlassen. Da muss sich der Kurfürst einen anderen Rat suchen. Hans überlege dir das genau. Meinetwegen musst du weder Rang noch hohe Würden besitzen. Mir genügt auch der Besitzer der kleinen Herrschaft Auerbach/Göltzsch. "*

Hans zeigte sich belustig über Barbaras Rede. So als spräche er nur zu sich selbst, entgegnete er leise: *„Wozu habe ich denn dann jahrelang studiert? "* *„Das stimmt zwar "*, sagte Barbara, *„doch du sollst Freude an deiner Arbeit haben. Geht es dir ans Gemüt, wirst du krank. Dann wird es auch für uns alle zu einer Gefahr. "*

Sollte er seinem Weib jetzt auch noch berichten, dass der Kurfürst ihn zum Amtshauptmann von Grimma machen wollte? Er versuchte sein Weib erst einmal zu beschwichtigten: *„Na aber, so schlimm trifft mich das Geschehen denn doch nicht. "* Dann fügte er noch hinzu: *„Der Kurfürst sieht mich auch als künftigen Amtshauptmann von Grimma. Er will mir dieses Amt auch noch geben. "*

Barbara schien zur Salzsäule erstarrt. *„Was?"*, sagte sie, *„hast du nicht bereits genug Arbeit und Sorgen an dir hängen? Hans, überlege dir das genau. Lade dir nicht zuviel auf die Schultern. Denke daran, was ich dir eben gesagt habe. Deine Arbeit soll uns nicht zur Gefahr werden. "*

Hans sagte: *„ Noch ist das Süpplein nicht am Kochen. Doch, wenn ich es mir recht überlege, wäre es ein Amt in der Hinterhand. Wird mir die Arbeit beim Kurfürsten zuviel, hätte ich trotzdem noch eine Beschäftigung. "*

Barbara schlug die Hände über dem Kopf zusammen und sagte dazu: *„ Soll einer die Männer verstehen. Du klagst und zeigst dich verzagt, doch du lädst dir weiteres Ungemach auf. Ich kann dich wirklich nicht verstehen. "*

Nur fünf Tage litt es Hans in Auerbach. Die nutzte er dazu, täglich mit seinem Pferd auszureiten. Er jagte über Stock und Stein. Dabei besuchte er wiederum das Hammerwerk in Niederauerbach. Doch des dort herrschenden Gedröhnes wegen, litt es ihn nicht lange in dessen Nähe. Dafür beschäftigte er sich ausgiebiger mit dem in seinem Auerbacher Gebiet befindlichen Bergbau. Er hoffte darauf, dass auch hier Silber aus dem Berg zu schlagen sei. Dann hätte er auf das Schneeberger Gebiet verzichten können. Bisher wurde jedoch nur Eisen und Zinnerz gewonnen.

Hans fühlte sich auf seinem Besitz sehr wohl. Er genoss diese Tage außerordentlich. Doch die anstehenden Probleme lasteten trotzdem weiterhin auf ihm. Aus diesem Grund hielt es ihn nicht lange in Auerbach. Nach fünf Tagen teilte er Barbara mit, dass es Zeit würde, wieder zurückzukehren. Die schmunzelte und sagte: *„Das bestätigt, dass du sehr stark an deinem dortigen Geschehen hängst. Selbst hier ist es dir nicht möglich, einmal abzuschalten. Na gut, dann fahren wir halt wieder. Übernehme dich nur nicht. Denke auch an uns.*

Am fogenden Tag, bereits in der Frühe, zogen die Pferde die Kutsche wieder in Richtung Wittenberg. Hans erfuhr, dass der Kurfürst nicht ortsanwesend sei. Ein Bote bat ihn jedoch dringend in seine Kanzlei. Man überreichte ihm ein persönliches Schreiben des Kurfürsten. Er teilte mit, dass er die Kaiserwürde endgültig abgelehnt hätte. Dass aber ein viel wichtigeres Ereignis stattgefunden hätte. Luther habe die schriftliche Androhung des päpstlichen Bannes vor einem Wittenberger Stadttor öffentlich verbrannt. Das würde ganz sicher den nächsten Ärger mit dem Klerus, vielleicht sogar mit der weltlichen Obrigkeit, einbringen. Er solle sich gut auf eine Verteidigung von Luther vorbereiten. Positiv sehe er jedoch die anstehende Kaiserwahl. Das Amt habe man nun doch Karl angeboten. Der wird sich zunächst mit dem starken Osmanenheer von Suliman II. auseinander zu setzen haben. Die hätten das Ungarland im Blick. Doch sie werden sicher weiter vorrücken. Dann gerät auch das Reich in große Gefahr. Bis nach Wien sei es da ja nicht mehr weit.

Am Folgetag erfuhr Hans von einem Boten, dass Karl V. die Stimmen der sieben Kurfürsten für das Königs- und Kaiseramt teuer bezahlt habe. Allein der Sächsische Kurfürst habe für seine Ja-Stimme 70.000 Gulden erhalten. Das Bankhaus Fugger habe dem zukünftigen Kaiser dafür 1 Million geliehen, die er als Bestechungsgelder benötigt habe.

Noch am gleichen Tag setzte sich Hans mit Luther in Verbindung. In der herbeigeführten Aussprache betonte Luther, dass er das bestehende Kirchenrecht nicht mehr anerkennen würde. Aus diesen Gründen habe er die Bannandrohung samt der Dekretalen[6] verbrannt. Er sähe die Kirche nur noch als eine „Gemeinschaft der Gläubigen". Es sei ihm zugetragen worden, dass die Kurie vom eben erwählten Kaiser Karl V. seine Ächtung fordere. *„Falle ich wirklich in die Reichsacht, dann gute Nacht. Dann könnte es mir wie dem Hus ergehen. Der Papst sieht in mir einen Ketzer, der auf den Scheiterhaufen*

---

[6] päpstliche Kirchenrechtsbestimmungen

gehört. Nun reden sie gar davon, die >schwarze Kunst<[7] sei ein Werk des Teufels. Und gerate die gerade mir zum Nutzen." sagte er

Hans beruhigte Luther und sicherte ihm seine Hilfe zu. Auch der Kurfürst würde alles nur Mögliche für seine Stützung unternehmen, versicherte er Luther. Hans gab kund, dass der Kurfürst sich im Moment auf dem Reichstag in Worms befinden würde.

Kurz nach Hansens Heimkehr meldete man ihm einen Gast. Als er nach seinem Namen fragte, erfuhr er, dass der Besucher seinen Namen verweigere. Doch sein Besuch wäre für den Hausherrn eine sichere Überraschung. Das machte Hans neugierig. Er begab sich aus diesem Grund selbst ins Vestibül. Hans glaubte seinen Augen nicht zu trauen. Vor ihm stand sein einstiger Kollege und Pilgerbruder Karel aus Böhmen.

Beide fielen sich in Wiedersehensfreude um den Hals. Dann stiegen sie gemeinsam hinauf in die Wohnräume. Karel berichtete, dass er seit einem Jahr Dozent an der juristischen Fakultät der Universität in Leipzig sei. Er habe seinen berühmten Freund schon lange besuchen wollen. Doch es hat immer wieder nicht geklappt. Nun sei es endlich geglückt, sagte er. Er habe viel über Hans gehört. Glücklich sei er darüber, dass Hans auf der rechten Seite stünde. Wenn man dem Sächsischen Kurfürsten so nahe steht, sei das wohl auch kein Wunder. *„Hans, der Kurfürst kann aber auch von Glück reden, dass er dich, gefunden hat."*, sagte er strahlend.

Als ihm die Ehefrau und die Kinder vorgestellt wurden, sagte sein Gast: *„Da bist du mir weit voraus. Ich habe weder ein Weib, noch habe ich Kinder. Nicht einmal sesshaft bin ich geworden. Ich habe mich in Spanien, in Frankreich und in deutschen Landen herumgetrieben. Es wird wohl Zeit, dass ich endlich auch eine Familie gründe. Übrigens nach unserem spanischen Pilgerbruder habe ich vergebens gesucht. Er war nicht aufzufinden. Doch, dass ich dich aufgespürt habe, freut mich aus diesen Gründen umso mehr."*

Hans und Barbara luden ihren Gast zum Bleiben ein. Karel bedankte sich, entschuldigte sich jedoch, das nicht annehmen zu können. Am morgigen Tag müsse er zurückkehren. *„Ich muss meine Pflicht an der Universität erfüllen. Doch gerne komme ich einmal wieder. Ihr habt es ganz toll hier."* Hans entgegnete darauf: *„Unser nächstes Treffen findet dann auf unserer Burg in Auerbach statt. Dort kann ich dir mehr bieten als hier. Aber zunächst ist es erst einmal schön, dich überhaupt bei uns zu haben."*

---

[7] Buchdruck

Nach dem Abendessen fanden sie sich am Kamin zusammen. Bei Wein und Naschereien ließen sie es sich gut gehen. Sie redeten über Gott und die Welt. Dabei bekannte Karel auch, ein überzeugter Lutheranhänger zu sein. Ganz beiläufig sagte er:*„Bei uns in Leipzig ist die Rede, der neue Kaiser habe die Absicht, Spanien und das Reich miteinander zu verbinden. Er steuere aus diesen Gründen den königlichen Absolutismus an.*

Damit wolle er vor allem die Fürsten, aber auch die Reichsritterschaft, unter seine Fuchtel bringen. Seine Bestrebungen verhindere im Moment nur der Krieg gegen Frankreich und das Heranrücken der Türken. Das verdränge sicher die anliegenden religiösen Auseinandersetzungen etwas aus dem Vordergrund. Er muss wohl erst die äußeren Gefahren im Auge behalten. Wir werden ja sehen, was uns der Reichstag in Worms bringen wird."

Nach einer Weile fügte er noch hinzu:*"Hans, bei uns in Leipzig geht ein Pamphlet[8] um. Das gemeine Volk tut auf einmal dem Mund auf. In ihm findet sich, dass es einen ewigen Hader und Kampf zwischen den Juristen und den Theologen gebe. Jeder von ihnen wolle höher sein als der andere. Nun, da man den Domherren und Dekanen dreinredet, zeigten die sich beleidigt. Sie wollten in der Kirche das Regiment führen und auch das gesamte weltliche Geschehen bestimmen. Das wolle das Volk jedoch nicht mehr leiden. "*

Hans lachte und sagte. *„Das war wohl schon immer so. Nur wagt man sich heute es aufzuspießen. "*

Nach einer herzlichen Verabschiedung setzte sich Karel am frühen Morgen wieder in sein Wägelchen und fuhr davon.

Bereits unmittelbar nach dessen Abfahrt meldete sich ein Kurier bei Hans mit einer Botschaft vom Kurfürsten.

---

[8] Flugblatt

12. Kapitel
Luther bleibt standhaft

Der Kurfürst teilte mit, dass auf sein Drängen hin, die Durchführung des Bannes gegen Luther ausgestzt würde. Der Kaiser verlange aber, dass Luther vor den in Worms versammelten Fürsten, Bischöfen und Reichsständen Rede und Antwort geben müsse. Der Kaiser habe sich verpflichtet, Luther dafür ein freies Geleit zuzusichern. Der Kurfürst bat den Planitzer, mit Luther diesbezüglich alles zu besprechen und zu veranlassen, dass er in Worms auch erscheine. Am Ende des Schreibens sprach er die Bitte aus, Hans solle es ermöglichen, Luther doch nach hier zu begleiten.

Ein zweites Schreiben, das er ausgehändigt bekam, enthielt den Geleitbrief, den der Kaiser unterschrieben und gesiegelt hatte.

Noch am gleichen Tag setzte sich Hans mit Luther in Verbindung. Er bat ihn zu einer dringenden Beratung, zu der er in die Kanzlei kommen solle. Nach kaum einer Stunde traf Luther bei Hans ein. Hans las zunächst die Botschaft des Kurfürsten vor. Dann teilte er Luther mit, dass es kaum eine Möglichkeit gäbe, dem zu entgehen. „Ich werde ebenfalls mitreisen, um bei vielleicht auftretenden Streitereien unterstützende Hilfe zukommenen zu lassen", sagt Hans.

Danach wurde er sehr ernst: „Es ist zu hoffen, dass der neue Kaiser diesmal sein Wort hält. Das hatte König Sigismund vor hundert Jahren dem Hus ja auch zugesichert. Steht Karl V. zu seinem gegebenen Wort? Er braucht den Klerus, hat der doch ein Drittel des Reiches in seinem Besitz. Deshalb steht der Kaiser ihm sehr nahe. Aus diesen Gründen müssen wir sehr vorsichtig sein. Wir dürfen kein großes Aufsehen von dieser Reise machen Ich fahre mit einer Kutsche voraus. In einer zweiten fahren Sie, Luther, zusammen mit den Begleitern, die der Kurfürst für Sie erwählt hat. Niemand soll erfahren wer in den Kutschen unterwegs ist. Die Fahrt nach Worms ist für morgen angesetzt. Wir müssen noch vor Sonnenaufgang abfahren."

Bleich und stumm saß Luther Hans gegenüber. Man sah ihm an, dass er überlegte. Dann sagte er: „Hoher Herr, Sie sagten es bereits, ich kann mich dem kaum widersetzen. Vielleicht ist nur auf diese Weise eine endgültige Lösung zu schaffen. Ich vertraue auf Gott, der uns sicher beschützend lenken wird. Unser Kurfürst kennt kein Fehl, der wird wissen, was zu tun ist. Ich werde auch für ihn beten. Gut, dann laßt uns mit Gott reisen."

Hans weihte sein Weib am Abend in die Aktion ein, bat sie aber um größtes Stillschweigen. Barbaras Augen verrieten ihre Ängste, als sie erfuhr, dass Hans zusammen mit Luther nach Worms reisen müsse.

Doch der schlang die Arme um sie und sagte:*"Liebe Barbara, das zu tun ist meine Pflicht. Ich tue es aber auch aus Überzeugung. Es zeigt sich überdeutlich, wie die Kurie die politisch Verantwortlichen in den Griff nimmt. Hinter dem Papst halten die Kardinäle Cajetan und Aleander keine Ruhe. Dabei geht es der Kurie beileibe nicht mehr nur um Luther. Es geht ihr weitaus mehr um ihren sichtbar werdenden Machtverlust."*

Zeitig am Morgen trafen sich die Wagen vor der Stadtmauer. Alles verlief wie geplant. Vorsichtig, ohne Schwierigkeiten, gelangten sie am ersten Reisetag ganz dicht an Weimar heran. In einem entlegenen Dorfgasthaus übernachteten sie. Luther trug keine Mönchskleidung. Eine tief herunter gezogene Kappe ließ wenig von seinem Gesicht erkennen.

Der nächste Tag brachte sie bis in ein Dörflein bei Meiningen. Die nächste Station sollte Frankfurt sein. Um kurz vor ihrem Ziel nicht doch noch erkannt zu werden, machten sie wiederum Halt in einer einzeln stehenden Raststätte an der Handelsstraße. Die Stadt Worms schien ihnen zu gefährlich. Am darauf folgenden Tag erreichten sie den Rhein. Worms, das Zentrum des einstigen Burgunderreiches, lag vor ihnen.

Sie standen an dem Ort, in dem die deutschen Heldensagen angesiedelt waren. Auch eine Reihe von Reichstagen wurden hier bereits durchgeführt. Der Kaiser und die Reichsritterschaft erwarten von Luther den Widerruf. Hans wurde es schwer ums Herz. *„Welchen Weg wird dieses Unternehmen wohl nehmen?"* fragte er sich. Er wußte doch, dass Luther das bestimmt nicht vorhatte. An ausgemachter Stelle überreichte ein Bote des Kurfürsten ein erneutes Schreiben. Sie wurden darin unterrichtet, ihr Quartier bei einem wohlgesonnenen Patrizier am Markt zu beziehen.

Die Stadt in die sie einfuhren glich einem Ameisenhaufen. Sie war aus Gründen des Reichstages von einer großen Anzahl der Ritterschaft bevölkert. Mit äußerster Vorsichtig näherten sich die beiden Kutschen dem angegebenen Quartier. Durch ein geöffnetes Tor fuhren sie in einen geräumigen Hinterhof hinein. Bereits beim Aussteigen bekam Hans wiederum eine Botschaft des Kurfürsten überrreicht. Er bat ihn für den Abend zu einer Aussprache in den Wormser Dom St. Peter.

Als Hans zur verabredeten Zeit den Dom betrat, staunte er. Er schäzte die Länge des Kirchschiffes an die hundert Meter. Alles lag in tiefem Dunkel. Nur der goldverzierte Hochaltar glänzte im Widerschein zahlloser Kerzen. Hans war so beeindruckt, dass er sich im stillen Gebet niederkniete. Dabei bat er Gott um einen guten Ausgang des bevorstehenden Geschehens. Hans musste nicht lange warten, bis der Kurfürst mit seinem Gefolge in den Dom einzog. Allein setzte der sich kurze Zeit danach neben Hans. Leise sagte er:„*Panitzer, ich habe in Erfahrung gebracht, wenn Luther nicht widerruft, ginge es ihm von Kirche und Kaiser aus an den Kragen. Da ich fest annehme, er widerruft nicht, müssen wir die Zügel in die Hände nehmen. Luther fällt sonst unaufhaltsam in die Reichsacht. Auf seinem Rückweg würde er von Reisigen*[1] *hernach in Ketten gelegt und in die Gewalt der Kirche überführt. Das werden wir verhindern. Wir selbst werden ihn kapern, um ihn in unserer Gewalt zu behalten. Das sollte Luther wissen und darauf vertrauen. Veranlassen Sie das Planitz. Sie verlassen unverzüglich, nachdem er sich dem Kaiser zeigte, mit Luther zusammen Worms. Noch vor dem Stadttor wird Ihre Kutsche überfallen und Luther von unseren Leuten übernommen. Sie reisen anschließend, so als wäre nichts geschehen, zurück nach Wittenberg. Ich werde alles Nötige für diesen Vorgang in die Wege leiten.*

Panitzer, sorgen Sie vor allem dafür, dass Luther nicht seine eigenen Ideen verwirklicht und gar eigene Wege geht.„Überaus leise fügte er hinzu:„*Im Übrigen, der Reichstag machte es offensichtlich, dass sich der junge Kaiser voll auf die Seite des Papstes gestellt hat. Seine Absicht gilt dem Erhalt des katholischen Machtgefüges. Der Kaiser sieht in Luthers Lehre auch die Gefahr seiner eigenen Schwächung. Deshalb geht es ihm darum, Luther auszuschalten. Der schrieb doch über die Freiheit eines Christenmenschen. Die überall im Reich aufkeimenden Unruhen schreibt man deshalb ihm zu. Es geht nicht mehr um den Glauben. Die Leibeigenschaft und die geforderten Steuern bringen nun auch die Bauern zum Aufbegehren. Auf dem Reichstag wurde der Text eines Flugblattes verlesen. Drauf fragen die unteren Stände und die Bauern, wo die Pfaffen und die Herren waren, als der Herrgott Adam und Eva erschuf. Da habe es keinen Papst und keinen Kaiser gegeben. Es sei eine Schande nun mit Leib und Seel' denen zu gehören.*

Planitzer, die Zeiten sind im Wandel. Alles, nicht nur die Kirche, befindet sich im Umbruch. Es zeigen sich auch große äußere Gefahren. Die fordern vom Kaiser noch dringendere Lösungen. Auf die muss er sein ganzes Augenmerk richten. Das bringt uns vielleich den erhofften Nutzen."

Damit rückte der Kurfürst von Hans weg. In Hans überschlugen sich die Gedanken. Am Ende blieb ihm nur die Frage:"*Wird uns das alles so gelingen wie es der Kurfürst geplant hat? Hoffentlich stellt sich Luther nicht in die Quere.*" Dann sagte er sich ernüchtert:„*Was soll das Bangen. Nun heißt es,*

---

[1]   schwerbewaffnete Reiter

einen kühlen Kopf zu wahren. Der nächste Tag wird uns zeigen, ob alles glückt. "

Hans verließ den Dom unter großer Vorsicht noch vor dem Kurfürsten . Dabei vergaß er sogar, sich zu bekreuzigen. Unverzüglich begab er sich zu Luther und trug ihm die vom Kurfürst geplante Aktion vor. Gegen seine Erwartung zeigte sich Luther sofort mit Allem einverstanden. Er sagte lediglich:*„Ich kann nur hoffen, dass des Kaisers Reisige nicht schneller sind, als die des Kurfürsten. "*

Am Abend setzten sich Hans, Luther und seine vom Kurfürst bestimmten Beschützer noch einmal zusammen. Hans besprach mit ihnen das morgige Vorgehen. Als sie noch damit beschäftigt waren, erschien wieder ein Bote. Auf dem kurfürstlichen Schriftstück war das Geplante noch einmal festgehalten. Jeder legte sich an diesem Abend mit bangem Herzen nieder. Luther konnte vor Aufregung nicht schlafen. Hans sah in dem Unternehmen einen zu Lande geführten Korsarenastreich[2]. Er fühlte aus dem bevorstehenden Unternehmen auch eine gewisse Abenteuerfreude keimen. Das rückte nach und nach seine sorgenvollen Gedanken hinweg. An Schlaf war jedoch auch bei ihm lange Zeit nicht zu denken.

Im Laufe des Vormittages fuhr eine Kutsche mit kursächsischem Wappen vor. Luther und seine drei Begleiter wurden darin zum Tagungsgebäude abgeholt. Das war ein großer Saalbau dicht neben dem Dom.

Etliche Personen hasteten bereits geschäftig hin und her. Erst wenige Stühle im Saal waren besetzt. Der Eintritt dorthinein wurde ihnen von zwei Herolden verwehrt. Durch die weit offen stehende Tür konnten sie den von einem Katheder erhöhten Thronstuhl des Kaisers erspähen. Der Kaiser selbst war nicht auszumachen.

Nur weinge Personen, denen man ihre hohe Stellung an der Kleidung ansah, diskutierten miteinander. Auch der Kurfürst war noch nirgendwo zu entdecken. Auf dem Flur wies man ihnen einen Platz an. Luthers Bewegungen waren fahrig. Man konnte deutlich seine ungeheure Erregung erkennen. Die Hände des sonst gefestigt erscheinenden Mannes zitterten. Das bewog Hans, beruhigend auf ihn einzuwirken. Ein bitteres Lächeln zog über Luthers Antlitz, als er sagte:*"Jetzt hängt mein Leben nur noch an einem Faden. Wie dünn der ist und ob er gar reißt, hängt von den hier versammelten Reichs- und Kirchenvertretern ab. Diese Erkenntnis lässt mich erzittern."* Hans antwortete

---

[2] Seeräuberstreich

282

darauf: *"Das ist schon wahr. Doch mit Gottes Hilfe gelingt unser Plan. Vertrauen wir darauf, dass er uns hilft und dass die Ideen des Kurfürsten gottgewollt und klug eingefädelt sind. Luther, liegt ihnen vielleicht doch noch am Herzen, aufzugeben? Dafür ist noch Zeit."*

Jedes einzelne Wort das Luther darauf entgegnete glich einem Schwerthieb:*"Gott legte diese Aufgabe in meine Hände. Ich muss gegen die angehen, die die Bibel weit von sich gerückt haben. Dass das ausgerechnet bei der Kurie zutrifft, finde ich besonders schlimm. Nein. Ich werde bei allem Ungemach, das ich erleiden muss, bestimmt nicht widerrufen."*

Sie saßen lange wartend auf dem Flur auf der harten Bank. Jeder hing in seinen eigenen Gedanken gefangen. Weit nach Mittag öffnete sich endlich die Tür. Die beiden Herolde kamen auf sie zu, nahmen Luther in ihre Mitte und holten ihn in den Saal. Die Anderen folgten hinter ihm einhergehend. Luther wurde angewiesen, bis zu einer Schranke vorzutreten. Damit stand er dem Kaiser genau gegenüber. Im Halbrund saßen Reichsfürsten und Bischöfe um ihn herum.

Der Kaiser selbst richtete sich an Luther mit folgenden Worten: *"Alle meine Vorfahren waren bis zu ihrem Tod Verteidiger des katholischen Glaubens. Sie wirkten zur Ehre Gottes für die Mehrung des Glaubens und zum Heil der ihnen anvertrauten Seelen. Ein einzelner Ordensbruder wie du, muss sich irren, wenn seine Meinung gegen die gesamte Christenheit steht. Wir sind Schutzherren und Verteidiger des katholischen Glaubens. Es wäre eine Schande, wenn eine Irrlehre nach uns verbliebe. Schwöre er deshalb ab und bekenne er sich zum rechten, zum einzig wahren und althergebrachten katholischen Glauben."*

Luther stand hoch aufgerichtet. In seinen Händen hielt er die Bibel. Deutlich vernehmbar entgegnete er:*"Weil Eure geheiligte Majestät und Eure Fürstlichkeiten es verlangen, will ich eine schlichte Antwort geben.*

Wenn ich nicht durch das Zeugnis der Heiligen Schrift oder vernünftige Gründe überzeugt werde, so halte ich fest an der Heiligen Schrift, auf die ich mich stütze. Mein Gewissen ist in Gott gefangen und darum kann ich nicht widerrufen. Ich kann nicht anders, hier stehe ich, Gott helfe mir. Amen."

So, wie sich Luther bereits dem Papst widersertzt hatte, so beharrlich vertrat er das nun auch dem Kaiser gegenüber. Der saß mit hochrotem Gesicht auf seinem Thron. Hatte er doch geglaubt, dass Luther seinen Starrsinn vor ihm aufgeben würde. In Überschätzung seiner eben erworbenen Macht, hatte er vermutet, Luther würde wankelmütig, wenn er ihm gegenüber stünde. Er hatte sich geirrt.

Hart klangen seine Worte:" *Da er keine sichtbare Reue zeigt, verhängen wir gegen den widerspenstigen Mönch Marin Luther die Reichsacht. Er kommt in Haft und wird mir übergeben.* "

Im selben Moment öffnete sich die Tür, vier bewaffnete Reißige nahmen Luther in ihre Mitte und verließen mit ihm den Saal. Hans und seine zwei Begleiter starrten sich entsetzt an. Ihr so gut ausgeklügelter Plan war geplatzt. Der Kaiser hatte Luther in seine Gewalt überführen lassen. Niedergeschlagen verließen sie den Saal. Beim Hinausgehen traf Hansens Blick den des Kurfürsten. Der lächelte ihm zu, worüber sich Hans arg wunderte. Draußen fand er an verabredeter Stelle seine Kutsche. Luther war nirgenwo zu entdecken. Traurig setzte sich Hans in sein Gefährt und fuhr in sein Quartier zurück. Auch die übrigen Begleiter trafen bald danach dort ein. Allen hingen die Köpfe wegen der missglückten Befreiung.

Spät am Abend erschien bei ihnen ein Bote des Kurfürsten. Seine mündlich überbrachte Botschaft lautete:"*Es sei alles wie geplant geglückt. Sie sollten die Heimreise antreten.*" Genaueres erfuhren sie nicht. Erst als Hans wieder in Wittenberg angekommen war, erfolgte die Aufklärung.

Die Reißige, die Luther aus dem Saal geführt hatten, waren nicht die des Kaisers. Es waren kursächsische, die im Auftrag des Kurfürsten die Verhaftung Luthers vorgetäuscht hatten. Luther war auf diese Weise in kursächsische Gewalt gebracht worden. Der Kurfürst hatte den Zusicherungen des Kaisers zu stark misstraut. Hans war sprachlos. So viel Wagemut und Schläue hatte er dem eher behäbig wirkenden Kurfürsten nicht zugetraut. Wohin er Luther bringen ließ, blieb Hans weiterhin ein Rätsel.

In Wittenberg ging die Rede um, der Kaiser habe Luther festgesetzt. Luthers Anhänger, nicht nur aus Wittenberg, zogen durch die Stadt und forderten seine Freilassung. Am Folgesonntag hielt der 2. Pfarrer der Predigerkirche St. Marien eine zündende Rede gegen den Klerus. Er stellte fest, dass der sich der Bibel völlig entrückt habe.

Es kam zu tumultähnlichen Auseinandersetzungen. Hans war sich im Unklaren, was zu tun sei. Sollte er Klarheit schaffen? Dann sagte er sich, dass er das nicht ohne den Zuspruch des Kurfürsten tun könne. Der weilte jedoch noch immer in Worms.

Erst eine volle Woche danach zog der Kurfürst wieder in Wittenberg ein.

„*Wo ist Luther geblieben? Schande über den Kaiser und die katholischen Pfaffen.*" war bei seinem Einzug zu hören. Der Kurfürst tat jedoch, als höre er das alles nicht.

Einen Tag darauf wurde Hans zum Kurfürst gerufen. Dort schlug sich Friedrich der Weise auf die Schenkel und rief wie ein übermütiger Junge:„*Planitzer, denen haben wir's gezeigt. Schlau wie ein Fuchs haben wir gehandelt. Der Kaiser, die Bischöfe und die ganze Ritterschaft erfuhr erst einen Tag danach, dass Luther sich nicht in ihren Händen befände. Weiterhin sind sie im Unklaren darüber, wer Luther so gekonnt entführt hat. Kein Mensch weiß, wo der steckt.*

Das soll auch vorläufig so bleiben. Sonst klauen die uns den doch noch. Planitzer, ich könnte vor Wonne wiehern, wie ein Pferd. Planitzer, früher schlugen die Ritter auf ihr Schild. Ich kann mir nur wonniglich auf die Schenkel klopfen. So ändern sich halt die Zeiten."

So voller Freude hatte Hans den Kurfürst noch nie erlebt. Übermütig hüpfte der beleibte Mann hin und her und rief dabei:„*Das Schönste ist, dass mir das kein Einziger aus der Ritterschaft wirklich zutraut. Wir haben alle an der Nase herumgeführt. Sie glaubten, meine Reißige wären die des Kaisers. Ha, das hast du gut gemacht, Friedrich.*", sagte er zu sich selbst. „*Wir beharren in tiefstem Schweigen. Planitzer. Das erwarte ich von Ihnen. Keiner soll merken, wer hinter der Sache steht. Niemand darf erfahren, wo sich Luther befindet, sonst würden wir nicht nur Ärger bekommen. Sie, Planitzer, sollen es aber erfahren. Luther wechselte an unserer Grenze, in der Nähe des Schlosses Altenstein, die Kutsche. Die brachte ihn auf die Wartburg bei Eisenach. Dort lebt er nun als Junker Georg. Auf der Burg ist er vor der päpstlichen Bannbulle und auch vor der vom Kaiser verhängten Reichsacht sicher. Die Zeit wird alles glätten. Hoffentlich zieht Luther am gleichen Strang. Sonst setzt er sich, und wohl auch uns, großen Gefahren aus. Niemand darf davon erfahren. Planitzer, wir wissen von nichts. Wir sind, wie die Anderen alle auch, nach ihm Suchende.*"

Hans staunte. Der Kurfürst hatte die Sache nicht nur gut geplant, er hatte auch großen Mut bewiesen. Welche Interessen steckten wohl hinter den Dingen, fragte er sich. Nur aus Symphathie zu Luther legt sich der Kurfürst bestimmt nicht so ins Zeug. Es war ihm klar, dass der sich um dessentwillen bestimmt keinen Gefahren aussetzte. Den ganzen Tag lang suchte Hans immer erneut nach einer Klärung der wirklichen Hintergründe des kurfürstlichen Verhaltens. Er kam zu keinem Ergebnis.

Als er am Abend mit Barbara zusammensaß, rückte diese Frage wiederum in den Mittelpunkt ihres Denkens. Sie erörterten mehrere Möglichkeiten. Barbara glaubte, der betagte Fürst wolle sich auf diese Weise eine Treppe in den Himmel bauen. Dem widersprach Hans energisch. Seine Überlegungen gingen von dem bestehenden Machtgefüge aus. Er vermutete eher, dass der Kurfürst das Ideengut Luthers nur annehme, um sich damit selbst aus der Umklammerung der Kurie zu lösen. *„Vielleicht strebt er zusätzlich sogar eine eigene Stabilität gegen den Kaiser an. Dem erfahrenen Fuchs traue ich alles zu. Zumal es dabei gegen den jungen, unerfahrenen Kaiser geht. Er könnte so dessen Machtposition löchern, um die eigene zu stärken."*

Als sie sich zum Schlafen legten, sagte Barbara zu ihrem Ehemann:*„Eine überaus hohe Meinung hast du ja von deinen Kurfürsten gerade nicht. Du siehst hinter allen Dingen, die er tut, eine versteckte Absicht. Das kann doch nicht sein."* Hans entgegnete darauf: *„Die Macht in den Händen zu haben, ist die eine Sache. Sie zu erhalten oder sie gar zu mehren, ist eine ganz andere. Da geht es nicht immer so sauber zu, wie du dir das vorstellst, meine liebe Barbara. Da heißt es oft, der Zweck heiligt die Mittel. Und die Mittel sind oftmals nicht die heiligsten."*

Am nächsten Tag erhielt Hans vom Kurfürsten noch eine Weisung. *„Wir kümmern uns vorläufig nicht um Luther. Sonst könnten wir ihn gar noch verraten. Er wird dort droben gut versorg und vor allem beschützt."*

Zunehmend hatte der Kaiser mit der Erhaltung seiner Macht zu tun. Er führte Krieg gegen Franz I. von Frankreich. Und immer deutlicher ging goße Gefahr von den Osmanen[3] aus. Sie rückten bedrohlich auf die Reichsgrenze zu. Das ließ den Kaiser die nötigen Pflichten innerhalb des Reiches vernachlässigen. Diesen Zustand nutzen die Fürsten zunehmend zur Stärkung ihrer eigenen Machtverhältnisse. Den von Kaiser angestrebten Absolutismus nahmen sie für sich selbst in Anspruch. Kurfürst Friedrich der Weise war auf dem Gipfel seiner Macht angelangt. Er galt nicht nur als mächtigster Kurfürst, sondern auch als die tragende Säule der neuerlichen Religionsbewegung.

Der Lateran[4] beschloss einen neuen Kirchenzehnt einzuführen. Damit sollte angeblich der Türkenfeldzug finanziert werden. Im Reich wurde mit dem gleichen Hintergrund eine „Türkensteuer" erhoben.

---

[3] Türken
[4] päpstlicher Regierungssitz

Ablasshändler waren wieder verstärkt unterwegs, um Geld zu erlangen. Die Lasten hatten besonders die Bauern zu tragen. Trotzdem waren sie Unfreie. Viele waren Leibeigene der weltlichen oder auch der geistlichen Obrigkeit.

Nach Verlauf etlicher Wochen erhielt Hans die Meldung vom Kurfürsten, dass Luther ihn zu sprechen begehre. Dazu müsse er nach Eisenach fahren. Doch um sich nicht verdächtig zu machen, wäre anzuraten, nicht mit seiner Kutsche bis zur Burg zu fahren. Sein Wappen könnte ihn verraten. Er möge das letzte Stück hinaufreiten.

Schon am nächsten Tag stand Hans dem Luther gegenüber. Er staunte vor allem über dessen verändertes Aussehen. Der trug volles Haar und einen Bart. Zusammen mit dem Wams, das er trug, verlieh ihm das das Aussehen eines Junkers. In diesem Aussehen hätte niemand Luther vermutet.

Die Begrüßung erfolgte außerordentlich herzlich. Luther bedankte sich noch einmal ganz artig bei Hans für die Unterstützung, die er durch ihn erfahren hatte. Hans hatte nicht nur das Einspruchsrecht bei der Disputation mit dem katholischen Dr. Eck erkämpft. Er war stets auch der Mittler zwischen dem Kurfürst und Luther. Seinen Dank hatte Luther bereits in einem Brief an den Kurfürsten mitgeteilt. Später erfuhr Hans, dass Luther darin geschrieben hatte:"*Wäre Hans v.d. Planitz, Eurer kurfürstlichen Hoheit Hauptmann und Berater, nicht gewesen, so wäre ich sicher ganz dahinten gewesen.*"

Luther erklärte Hans v.d. Planitz, dass er dringend seinen Rat brauche. Er sagte:"*Während meines Hierseins habe ich mich um das Studium der griechischen und der hebräischen Sprache bemüht. Nun will ich den Menschen eine Bibel in deutscher Sprache in die Hände geben. Es wird Zeit, dass die von allen gelesen werden kann. Doch da habe ich eben ein großes Problem. Überall spricht man unsere Muttersprache in der Art des jeweiligen Heimatgebietes. Welche ist nun die rechte, in die ich die Bibel aus dem Lateinischen holen soll? Hoher Herr, Sie standen mir schon mehrfach zu Diensten, raten Sie mir, es recht zu tun.*"

Hans entgegnete:"*Wir leben in Kursachsen. Das umfasst ein recht großes Gebiet des Reiches. Ich schlage die >sächsische Amtssprache< vor. Die unterscheidet sich von den Mundarten, deshalb könnte sie dabei recht dienlich sein.*"

Luther zeigte sich sofort begeistert. „*Ja, hoher Herr v.d. Planitz, ich werde hier auf der Burg das Neue Testament der Bibel aus dem Lateinischen in unsere Amtssprache bringen.*" Anschließend sagte er:"*Mir ist zu Ohren gekom-*

men, die Bauern würden sich aufrührerisch benehmen. Dabei würden sie sich auf meine Veröffentlichung >Freiheit eines Christenmenschen< stützen. Sie beziehen mich so in ihre Sache ein. Ich habe damit nichts zu tun. Ich hatte dabei die religiöse und nicht die weltliche Freiheit im Auge. Aufrührerische Erhebungen sind mir zuwider! Damit will ich nichts zu tun haben! Mir geht es nur um die reine Lehre des Evangeliums!"

Hans entgegnete: *„Die Bauern nutzen den Begriff >Freiheit eines Chisten-menschen<, um auch über ihr weltliches Schicksal selbst bestimmen zu können. Sie haben stark an ihren Lasten zu tragen. Sogar der Kurfürst glaubt, dass sich alles im Umbruch befindet. Doch Mord, Totschag und Brandschatzungen sind eben unchristliche, und deshalb auch sehr fragliche Mittel. Die Bauern machen halt so auf ihre Not aufmerksam."*

Trotz Luthers Abgeschiedenheit verbreitete sich sein Ideengut immer weiter. Während seiner Abwesenheit wirkte sein Mitstreiter Melanchthon weiterhin. Auch unter der Reichsritterschaft nahm der Zuspruch zu. Etliche Vertreter waren ebenfalls zu Mitstreitern geworden. Schließlich bekannten sich 28 evangelische Reichsfürsten zur Lutherischen Lehre.

Seit dem Verweilen Luthers auf der Wartburg hatte sich auch das Leben von Hans verändert. In der kurfürstlichen Kanzlei ging es bedeutend ruhiger zu. Der Kurfürst forderte Hansens Ratschlag seltener ein. Der Fürst hatte mehr mit sich selbst zu tun. Ständig kränkelte er. Seine Gesundheit war nicht mehr die beste.

Luthers Zwangsaufenthalt auf der Wartburg war für die deutsche Christenheit ein Segen. Er übersetzte die in lateinisch/griechischer Sprache geschriebenen Bibeltexte des Erasmus v. Rotterdam in die sächsische Amtssprache. Damit war jeder der lesen konnte befähigt, das Neue Testament auch zu verstehen. Luther betrachtete das als seine schärfste Waffe gegen die Kurie. Kurze Zeit nach seiner Rückkehr von der Wartburg erschien im Jahre 1522 das so genannte >September Testament< in einer Auflage von 3.000 Stück zum Preis von einem halben Gulden. Es trug den Namen >Biblia/ das ist /die gantze Heilige Schrifft Deudsch. Mart. Luth. Wittemberg. Begnadet mit Kürfürstlicher zu Sachsen Freiheit<.

In der Folgezeit übersetzte er das Alte Testament. Seine gesamte Bibelübersetzung erschien aber erst im Jahre 1534, wenige Jahre bevor Luther starb.

Seit dem Jahre 1513 versah Hans nun auch das Amt des Amtshauptmannes von Grimma. Diese Aufgabe erforderte oft auch seine Anwesenheit in dieser

Stadt. Sein Eheweib war stolz auf ihren Gemahl. Für alle familiären Belange fand er aber nur noch wenig Zeit. Der Kurfürst zog ihn nun auch zu diplomatischen Diensten heran. Hans war in seinem Auftrag sogar am Hof des Dänenkönigs Johann I. unterwegs.

Barbara hingegen hoffte zunehmend darauf, dass sich Hans langsam aus den Diensten des Kurfürsten lösen würde. Sie selbst hatte alle Hände voll zu tun mit ihren Kindern. Mehrfach fuhr sie mit ihnen nach Auerbach, weil die sich dort austoben konnten. Die Enge der Stadt Wittenberg konnte ihnen das nicht bieten. Ihre Kinder hätten am Liebsten ihr Leben nur noch auf der Auerbacher Burg verbracht.

Barbara zeigte sich immer mehr um ihren Mann besorgt. Sie hatte bemerkt, dass er sich mehrfach völlig erschöpft niederlegte. Dann benötigte er eine immer längere Zeit, um sich wieder zu erholen. Doch Hans wollte das selbst nicht wahrhaben. Im Gegenteil, er übernahm im Auftrag des Kurfürsten immer neue Verpflichtungen. Im Jahre 1521 wurde Hans von seinem Fürsten sogar zum kursächsischen Vertreter im Reichsregiment in Nürnberg ernannt. Das war die oberste Regierungsgewalt im Heiligen Römischen Reich. Die war eben erst wieder von Kaiser Karl V. als kaiserliche Behörde errichtet worden. Alle inneren und äußeren Reichsangelegenheiten wurden dort beraten und überwacht. Unter dem Vorsitz des Kaisers oder seines Stellvertreters wirkten darin 20 Mitglieder.

Dabei traf Hans auch mehrfach mit dem Kaiser zusammen. Hansens tiefgründige Argumentationen bestachen. Damit zog er auch die Aufmerksamkeit des Kaisers auf sich. Für seinen Einsatz verlieh ihm der Kaiser deshalb im Jahre 1522 auf dem Reichstag zu Nürnberg eine Standeserhöhung. Seiner Verdienste, vor allem auf dem Gebiet der Rechtswissenschaften wegen, durfte er hinfort das Adelsprädikat >EDLER< (nobiliores) tragen. Auch mit rotem Wachs durfte er daraufhin siegeln. Die sogenannte >Rotwachsfreiheit< stand nur dem hohen Adel zu. Das diesbezügliche Diplom von Kaiser Karl V. galt für Hans v.d. Planitz, seinen Bruder Rudolf, seine Vettern und alle männlichen und weiblichen Nachkommen. Man stand ihnen damit mehr Gnaden, Zier und Gaben zu.

Als Hans das Ernennenungsschreiben in den Händen hielt, las er es laut. Dann fügte er nach einer Weile hinzu: >*Hans, Edler v.d. Planitz<. Wie das klingt. Hans, Edler v.d. Planitz, da muss ich mich erst daran gewöhnen.* "

Barbara und ihre gemeinsame Kinderschar feierten die Adelserhöhung erst einmal gebührlich in Wittenberg. Barbara sagte dabei: *„Ich bin nicht darauf* *erpicht, diesen Titel zu führen. Er ist mir auch so ungeläufig. Mein lieber Ehemann, viel lieber wäre mir gewesen, du hättest dich von all' dem Kram, der dich belastet, zurückgezogen."* Hans lächelte nur.

Die Bauern lehnten sich seit etwa einem Jahr unter der Last der Fron und der hohen Steuerabgaben gegen die bestehende Ordnung zunehmend auf. Überall im Reich brodelte es. Auch im Machtbereich des Kurfürsten wurde ihr Aufbegehren deutlicher.*"Man hält uns als Leibeigne und schindet uns wie das Vieh. Das ist zum Erbarmen."* schrieben ihre Führer erbittert.

Zuerst erhoben sie sich im süddeutschen Raum. Dann übertrugen sich die Auftände auch auf Thüringen. Mit Sensen, Gabeln, Knüppeln und Spießen bewaffnete Bauern rückten gegen ihre weltlichen und geistlichen Unterdrücker an. Viele beriefen sich auf das ihnen nun zugängig gemachte Evangelium. Die Erkenntnis, dass alle Menschen vor Gott gleich seien, machte sie stark.

Thomas Müntzer war seit 1520 Prediger in Zwickau. Zunächst war er ein Mitstreiter Luthers. Nun forderte er das Reich Gottes bereits auf Erden zu schaffen. Mit Nachdruck verwies er darauf, dass es dann keine Armen und Reichen mehr gebe dürfe. Müntzer nahm sich besonders der unterdrückten Bauern an. Damit löste er sich zunehmend von Luther, der sich von weltlichen Auseinandersetzungen strikt distanzierte. Müntzer musste von Zwickau nach Thüringen fliehen. Im Mannsfeldischen Raum wurde er zum Mittelpunkt des Bauernaufstandes. Luther sah im Müntzer eine Quelle des Aufruhrs und der Empörung. Er rief die Fürsten sogar zum Kampf gegen Müntzer auf, der sich gegen die göttliche Ordnung stelle.

Hans wurde vom Kurfürsten gebeten, in einer diplomatischen Mission als Vermittler zwischen dem Kurfürsten und dem thüringischen Bauernführer Thomas Müntzer wirksam zu werden. Der ermunterte die unterdrückten Bauern immer wieder dazu, Forderungen an ihre Herren zu stellen. Er bestärkte sie, gemeinsam in einem Christlichen Bund für ihre Rechte zu kämpfen.

Hans wollte Müntzer besuchen, der in Allenstedt als Geistlicher wirkte. Doch Müntzer zeigte sich an einem Zusammentreffen mit einem Vermittler der Mächtigen nicht interessiert. Hans sah seine Aufgabe als eine sehr ernsthafte Sache. Deshalb ließ er sich von einem Gespräch nicht abhalten und drängte auf dieses Treffen, in welches Müntzer auch bald einwilligte.

Müntzer riss sofort die Rede an sich und sagte. *„Hoher Herr, ich kämpfe gegen die unchristlichste Sache der Welt. Die Bibel kennt weder Mächtige noch*

Unterdrückte. Die Bauernschaft wird jedoch von den weltlichen, und was noch viel schlimmer ist, auch von den geistlichen Herren unterdrückt. Deshalb stehe ich auf deren Seite. Ich sehe das als meine gottgewollte Aufgabe an. Davon bringt mich auch das vom Kurfürsten gewollte Gespräch, nicht ab."

Müntzer blieb unnachgiebig. Er verharrte weiterhin in seinem Wollen. Bekräftigend sagte er zum Schluss:*"Edler Herr, ich verrate meine Mitstreiter nicht. Gott wird uns seine Unterstützung zukommen lassen. Wir kämpfen um eine sicher von Gott gewollte Gerechtigkeit."* Müntzer ließ sich auf keinerlei weitere Diskussionen mit dem Planitzer ein.

Hans sah ein, dasss sich seine Mission nicht von einem Erfolg krönen ließ. Als Hans wieder nach Wittenberg zurückkam, zeigte der Kurfürst wenig Interesse am Ausgang des Gesprächs mit Müntzer. Er sagte nur:*"Na, die Bauern wollen dann wohl die künftigen Herren sein."* Mit seiner Gesundheit war es sehr schlecht bestellt. Er lud Hans zwar weiterhin zu sich ein, doch diese Zusammenkünfte unterschieden sich deutlich von den früheren. Hans wurde kaum noch um einen Rat gebeten.

Der Kurfürst führte nur noch alle möglichen Gespräche um Gott und die verruchte Welt. Auffallend war, dass er die Rede immer öfter auf den Tod und das Sterben lenkte. Dabei traten seine Ängste deutlich hervor. Immer wieder ging die Sprache hin zum höllischen Fegefeuer. Dabei sagte er immer erneut:*„Mein weltliches Amt veranlasste mich oft auch Dinge durchzusetzen oder ihnen zuzustimmen, die ganz sicher nicht gottgefällig waren. Planitz, verzeihen Sie, Edler v.d. Planitz, beten Sie für mich, dass mich nicht der Teufel traktieren möge. Ich glaube, mit mir geht es bald zu Ende."*

Hans versicherte ihm dann mehrfach, dass ihm die Unterstützung, die er Luther zukommen ließ, ganz sicher beim Jüngsten Gericht zum Vorteil gereichen würden. Doch den Kurfürst tröstete das Argument immer nur kurzzeitlich. Er war sich nicht sicher, ob das die begangenen unrechten Dinge seines Lebens aufwiegen würde.

Die Zusammenkünfte mit dem Kurfürsten währten immer kürzere Zeit. Er war nicht mehr in der Lage, seine Konzentration längere Zeit aufrecht zu erhalten. Dann versank er mit geschlossenen Augen in den Kissen seines mächtigen Ohrensessels. Das war für Hans das Zeichen, sich leise zurückzuziehen. Es wurde ihm immer klarer, dass der Kurfürst dem Tod bereits näher stand als dem Leben.

Als er an einem Morgen des Jahres 1525 vom Tod des Kurfürsten Friedrich III., dem Weisen, erfuhr, zeigte er sich nicht überrascht.

Es herrschte große Trauer am Hof und im gesamten Kurfürstentum. Allen war klar, dass er Luther den nötigen Rückhalt gegeben hatte. Viele waren der Meinung, dass er auch in der Lage gewesen wäre, noch weltliche Veränderungen herbeizuführen. Zahlreiche ihm Untergebene sahen in Friedrich dem Weisen einen dem Volke zugetanen Regenten. Alle betrauerten seinen Tod aufrichtig.

Am Hofe hatte man mit den Beisetzungsfeierlichkeiten zu tun. Diese, aber auch die Nachfolge eines neuen Kurfürsten, bestimmten die Folgezeit. Hans hatte in seiner Kanzlei alle Hände voll zu tun. Er kam immer erst sehr spät nach Hause.

Barbara und ihre Kinder betrauerten den Tod des Kurfürsten weniger. Sie trauerten eher ihren, durch dessen Tod verpatzten, Reiseplänen nach. Hans hatte ihnen einen längeren Aufenthalt in Auerbach in Aussicht gestellt. Das war durch die große Inanspruchahahme ihres Vaters in Wittenberg nun unmöglich gworden.

Ihre Mutter hoffte darauf, dass der Tod des Kurfürsten ihrem Familienleben bald wieder eine neue Richtung geben und ihr Ehemann das Berateramt aufgeben würde. Barbara rechnete damit, dass ein neuer Kurfürst auch einen neuen Rat erwählen würde. Deshalb bat sie ihren Mann, von einer weiteren Tätigkeit in Wittenberg Abstand zu nehmen. Sie legte ihm dringend ans Herz, Möglichkeiten zu schaffen, sich hier zu lösen. *„Denke an unsere Kinder"*, sagte sie *„denen steht Auerbach viel näher als Wittenberg. Sie sehnen sich nach Auerbach zurück. Ich verstehe ihre Wünsche. Mir geht es ja ähnlich, dort lässt es sich freier atmen. Ich wünschte mir so sehr, dass wir, nun da der Kurfürst gestorben ist, wieder auf unsere Burg in Auerbach zurückkehren. Hans, bitte. In Auerbach ist unser Zuhause. "*

Hans zeigte sich betroffen. Zum ersten Mal gingen ihm die diesbezüglichen Worte seines Weibes ernsthaft ans Herz. Er umfing sie und sagte: *„Im Moment kann ich mich wirklich nicht von meinem Amt lösen. Ich muss wenigstens bleiben, bis die Erbfolge geklärt ist. Friedrich III. hinterließ ja keine direkten Nachkommen1 Auch die sich mehrenden Bauernaufstände werden, wenn kein Wunder geschieht, einen erfahrenen Berater nötig machen. Ich bin es zwar müde, immer erneute Hader und Zwistigkeiten zu schlichten. Doch vielleicht ändert sich hier auch alles. Dann verlassen wir Wittenberg. "*

Der zuletzt gesagte Satz von Hans machte Barbara klar, noch war ihr Hans nicht bereit nach Auerbach zurückzukehren. Er hatte seiner Familie immer wieder ein längeres Verweilen in Auerbach versprochen. Immer wieder kam etwas darzwischen. Nun verhinderte der Tod seines Herren, dass er sich lösen konnte. Hansens Anwesenheit am kurfürstlichen Hof war im Moment wirklich arg von Nöten.

Die wehrhaften Auseinandersetzungen der Bauern nahmen größere Ausmaße an und bis zum Jahre 1525 an Breite stetig zu. Oft griffen die Bauern zu den Waffen. Nur darin sahen sie das Mittel ihres Erfolges. Schließlich zogen ganze Bauernheere gegen ihre Burg- und Klosterherren los. Diese befanden sich im ernestinischen Kurfürstentum. In Thüringen brannten die Rittersitze. Da die Bauernschaft jedoch nicht zu einer Einheit zusammenfand, waren ihre Erfolgsaussichten gering.

Als Luther von den Aufständen erfuhr, stellte er sich zum wiederholten Mal gegen das Aufbegehren gegen eine gottgewollte weltliche Ordnung.

Das veranlasste Barbara ihren Mann inständig darum zu bitten, nach Auerbach umzusiedeln. Sie befürchtete, samt ihrer Familie unmittelbar in das Geschehen mit einbezogen zu werdem. In Thüringen hatten sich etliche Bauernhaufen um Frankenhausen zusammengezogen. Eine Meldung, die Wittenberg erreichte, sprach davon, dass es sich um 8.000 Bauern handele. Barbara konnte vor Angst nicht mehr schlafen. Da entschied sich Hans, seine Familie allein nach Auerbach zurückzuschicken.

Am Abend ließ Hans, nach Absprache mit Barbara, alles reisefertig machen. Schweren Herzens trennte sich die Familie voneinander. Es flossen etliche Tränen, als Hans sich dazu entschied, auf jeden Fall hier zu bleiben. Für ihn war es wichtig, wenigstens die Familie in Sicherheit zu wissen.

Bisher waren zahlreiche Ritter zusammen mit dem Kaiser am Krieg gegen Frankreich beteiligt. Die Auseinandersetzungen im Reich hatten jedoch Ausmaße angenommen, die in der Folgezeit zu einem Einsatz im Reich führten. Die Ritterschaft war zur geballten Gegenwehrt angetreten. Als die Bauern um Frankenhausen davon hörten, dass etliche Landesherren mit einem Ritterheer anrückten, bildeten sie eine Wagenburg, um sich verteidigen zu können. Auch Müntzer befand sich unter ihnen. Der prach den Bauern in einer Predigt Mut zus. Die richteten ihre ganzen Hoffnungen auf den Kaiser und auf Luther. Sie hofften darauf, dass die sich gegen die Drangsale ihrer Landesfürsten stellten.

Der Landgraf Philipp v. Hessen und andere Landesfürsten befehligten das Ritterheer. Noch während Müntzer predigte, schlugen die ersten Geschützkugeln in die Wagenburg ein. Schwerbewaffnete Reißige hatten schnell alles umzingelt. Es folgte ein unsagbares Gemetzel. Die Mehrzahl der Bauern wurde regelrecht abgeschlachtet. Das erprobte, gut ausgerüstete Ritterheer statuierte ein Exempel[5]. Die Anführer wurden gefangengenommen, verhört, gefoltert und enthauptet. Auch Müntzer war unter ihnen.

Zu aller Abschreckung spießte man ihre Häupter auf Stangen. Diese wurden vor den Mauern von Mühlhausen aufgerichtet. Die Fürsten hatten die Macht wieder uneingeschränkt in ihren Händen. Als Hans vom Ausgang der Auseinandersetzung erfuhr, und hörte, welch unbarmherziges Vorgehen das Ritterheer dabei gezeigt hatte, sagte er:*"Ja, so ist das wohl. Wer die Macht in seinen Händen hält, der darf sich eben auch ungestraft austoben."*

Doch er stellte sich auch die Frage:*„Warum schaltete sich da Gott nicht ein? Warum lässt er derartig gottloses Gebaren zu? Besitzt der Teufel solch' eine Übermacht? Geht es Gott etwa wie den machtlosen Bauern? Muss am Ende nur das Böse siegen?"* Nach einer Weile sagte er an sich selbst gerichtet: *„Halt ein Hans. Das sind die Gedanken eines Ketzers. Wenn du so weiter machst, wirst du sicher noch einmal im irdischen Fegefeuer landen."*

In Wittenberg lief die Vorbereitung zur Einführung des neuen Kurfürsten. Der verstorbene Friedrich III., den man den Weisen nannte, besaß keine direkten Nachkommen. In der Hierarchie[6] rückte aus diesen Gründen dessen Bruder Johann, den man bald den Beständigen nannte, nach.

In der Schlosskirche zu Wittenberg liefen die Feierlichkeiten ab. Zahlreiche Landesfürsten und Prälaten[7], sogar eine große Anzahl katholischen Glaubens, nahmen an dem Zeremoniell teil. Der am dänischen Hof weilende Kaiser hatte einen Vertreter entsandt. Johann war als nachrückender, neuer Kurfürst, auch zum Angehörigen des Wahlgremiums geworden. Das aus sieben Kurfürsten betehende Kurfürstenkollegium bestritt weiterhin die Wahl des Königs.

Hans glaubte mit dem Tod des Kurfürsten Friedrich III. sei er am Ende seiner kurfürstlichen Anstellung angekommen. Er erwartete, nach der Erhebeung Johanns zum Kurfürsten, die Verabschiedung aus seinen bisherigen Dien-

---

[5] beispielhafte Tatsachen schaffen
[6] Rangordnung
[7] hoher Geistlicher

sten. Auch Barbara hoffte stark darauf. Doch auch Johann drängte auf Hansens Dienste. Er bat Hans, mit ihm zusammen das Werk seines Bruders fortsetzen zu können. Johann versprach auch der Durchsetzung der Lehre Luthers nachzugehen.

Hans zeigte sich nicht abgeneigt, ihm weiterhin zu dienen. Dafür erbat er sich nur eine Bedenkzeit. Als Barbara davon erfuhr, schrieb sie ihrem Gemahl einen Brief. Darin teilte sie ihm mit, dass ihm nicht zu helfen sei. Es hätte sich die einmalige Gelegenheit ergeben, aus den bisherigen Diensten auszuscheiden. Seine Gesundheit wäre wohl auch nicht mehr die stabilste. Die Herrschaft Auerbach/Göltzsch böte ihnen allen ein weit geruhsameres Leben.

Als Barbaras Botschaft in Wittenberg ankam, hatte Hans bereits zugesagt, weiterhin in den Diensten des neuen Kurfürsten Johann zu verbleiben. Seine Dienste hatte er jedoch nur auf eine befristete Zeit ausgelegt und um weitgehende Schonung gebeten. Er hatte selbst eingesehen, dass er nicht mehr über so viel Spannkraft verfüge. Sein Herz machte ihm immer öfter Schwierigkeiten.

Die erste Aufgabe seitens des Kurfürsten Johann war, Hans auf eine Reise nach Prag zu schicken. Er sollte dem König von Böhmen eine Friedensbotschaft überbringen. Damit erhoffte er sich, dass diese zu einer Versöhnung mit dem katholisch gesonnenen Herrscher beitragen könne. Hans hatte diese Aufgabe seiner immer wieder bewunderten Rhetorik[8] zu verdanken. Die lutherisch ausgerichteten Fürsten des Reiches sahen in Hans den perfekten Vermittler.

Der Böhmenkönig Ferdinand war in den Besitz der habsburgischen Erbbänder gekommen. Er war der jüngere Bruder von Kaiser Karl V. Man vermutete in ihm bereits den künftigen deutschen Kaiser. Wegigstens den zu einer fiedlichen Gesinnug zu bringen, war eine gut durchdachte diplomatische Vorstellung. Man hoffte auch darauf, dass der auf seinen Bruder günstig einwirken könne.

Hans war sich der großen Bedeutung seiner Mission bewusst. Nach dem Gespräch mit Ferdinant sah er den böhmischen Regenten nicht als Feird der Lutheraner. Der unterzeichnete sogar ein Neutralitätsabkommen. Hans vermutete, dass ihm die religiösen Belange zweitrangig erschienen. Er zeigte größeres Interesse am weltlichen Geschehen. Mit dem Gefühl erfolgreich gewesen zu sein, verließ Hans die Prager Burg.

---

[8]   Rede- und Überzeugungskunst

Auf seinem Rückweg kam ihm in den Sinn, seinem Bruder einen Kurzbesuch abzustatten. Wiesenburg lag doch nur unweit seiner eigentlich geplanten Reisestrecke. *„Mit einem geringen Umweg über Zwickau ist das zu schaffen. Bist du dem einmal so nahe, kannst du doch nicht einfach vorbeifahren."* sagte er sich. Kurz entschlossen befahl er seinem Kutscher, nach Wiesenburg zu fahren.

Als er am späten Nachmittag vor dem Tor von Wiesenburg anlangte, stiegen seine Kindertage wieder in ihm auf. Dabei fiel ihm ein, dass seine Kinder weit unbeschwerter aufwuchsen als er. Ganz plötzlich wurde sich Hans auch seiner Verantwortung bewußt. Seinen Söhnen musste er dringend eine ritterliche Erziehung angedeihen lassen. Das war ihm in Wittenberg ganz aus dem Sinn geraten.

Hans ließ die Kutshe in den weiten Gutshof einbiegen. Dort erkannte man das Planitz'sche Wappen am Gefährt. Man war sich jedoch nicht darüber im Klaren, wer das sein könnte. Als Hans ausstieg, dauerte es nicht lange und ein betagter Mann stand vor ihm. Hans erkannte in ihm den einstigen Verwalter.

Der Alte begrüßte Hans untertänigst mit den Worten:" *Hoher Herr, sind Sie es wirklich?* " Hans ging auf ihn zu und reichte ihm die Hand. In der Verbeugung verharrend sagte der alte Mann:"*Ach, hätten doch Ihre Eltern es erleben können, was für ein berühmter Mann ihr Sohn wurde. Sie haben Ihrem Geschlecht zu Glanz verholfen. Alle Ihre Verwandten dürfen sich aus diesen Gründen >Edle< nennen. Sie sind schon ein >Hoher Herr<. Sie stehen doch als Berater in den Diensten des Kurfürsten. Und wenn es stimmt, was man so hört, haben Sie ja auch Luther arg unterstützt.* "

Hans entgegnete:"*Bei alledem hatte ich auch großes Glück. Ich denke, unser Herrgott hat viel dazu beigetragen.* "

Dann bat er den Alten, ihm zu helfen. "*Die Pferde müssen versorgt werden, und mich selbst muss man meinem Bruder melden.* "

Der Alte pfiff einen Pferdejungen heran, den er losschickte.

Kurze Zeit darauf stand sein Bruder Rudolph vor ihm. Mit weit ausgebreiteten Armen rief er schon von weitem:*„Das kann doch nicht wahr sein. Mein Bruder, der Edelste v.d. Planitzsippe, findet wieder einmal nach Hause zurück. Wie lange schon sind wir uns aus den Augen geraten."*

Dann lagen sich die Brüder in den Armen. Nach einer Weile löste sich Hans aus der Umarmung und sagte:"*Na, Edler Rudolph v.d. Planitz, wie geht es dir?*" Dabei grinste er über das ganze Gesicht. Noch ehe sein Bruder eine Antwort geben konnte, sagte er weiter:*„Wer hätte so etwas für möglich ge-*

halten, was?" Rudolph entgegnete darauf:*"Mein lieber Bruder! Wir alle wissen, was uns deine Verdienste erbrachten! Dafür sind wir dir alle sehr dankbar! Komm, das müssen wir gebührend feiern!"* Hans nahm seine Reisetasche an sich, um mit seinem Bruder zum Schloss hinüber zu gehen. Rudolph befahl dem Pferdejungen die Tasche zu tragen. Hans wehrte das ab und sagte: *„Die Tasche kann ich nicht aus den Händen geben. Sie enthält ein Dokument, das uns vielleicht den Frieden wahrt! Ich komme gerade aus Prag. Ich habe mit dem König der Böhmen verhandelt. Im Auftrag des Kurfürsten Johann habe ich dort mit Ferdinand gesprochen. Deshalb muß ich dir eine Enttäuschung bereiten! Mit feiern wird leider nichts. Ich muss noch heute weiterziehen. Meine Lieben sehnen sich arg nach unserer Gemeinsamkeit. Und in Wittenberg wartet man auf das Ergebnis meiner Mission."*

„Was soll ich da noch betteln?" sagte Rudolph. *„Du bist eben ein gefragter Mann. Es ist aber schön, dass du wenigstens deine Reise unterbrochen hast, um wieder einmal einzuschauen. Es wäre an der Zeit, dass wir wieder einmal richtig zusammenkommen."*

Rodulph brachte seinen Bruder in sein Amtszimmer. Dort wurde Wein aufgetischt und über alle nur möglichen Vorkommnisse gesprochen.

Hans war es wichtig, ob sein Bruder immer noch allein durch die Welt gehe. Er stellte ihm deshalb die Frage:*"Wie steht es denn um dein Familienglück? Man sieht doch nirgendwo eine Frau. Verbirgst du sie mir etwa?"* Rudolph informierte seinen Bruder darüber, dass er zum kommenden Osterfest ebenfalls heiraten wolle. *„Ich hoffe stark darauf, dass deine Familie wenigstens dann hierher findet. Dazu lade ich euch natürlich herzlich ein."* Hans nahm die Einladung dankend an. Dann sagte er:*"Bis dahin vergeht ja noch eine ganze Ewigkeit. Warte nur nicht zu lange."*

Noch am Spätnachmittag rollte Hansens Kutsche wieder von Rittergutshof in Wiesenburg. Sie fuhren durch Zwickau. Mitten in der Nacht langte die Kutsche in Auerbach an. Hans musste gewaltig klopfen, bis man ihm endlich Einass gewährte.

Seine gesamten Familienmitglieder krochen aus den Betten und umringten ihn. Vor allem die Kinder zeigten ihre überaus große Freude, dem Vater wieder nahe zu sein. Als sich die Wiedersehnsfreude bei allen etwas gelegt hatte, sagte Barbara zu Hans:*"Hast du gesehen, wie die Kinder an dir hängen. Ich rede gar nicht von mir. Es ist wirklich höchste Zeit, dass du endlich ein Familienmensch wirst. Du denkst mehr an alle anderen, als an die Deinen."*

Hans überkroch ein peinliches Gefühl. Wußte er doch, dass Barbra Recht hatte. Er nahm sie in die Arme und sagte:*„Du kannst dem trauen, was ich jetzt sage. Ich weiß, du hast Recht. Deshalb verspreche ich dir bei Gott, in Kürze werde ich aus meinen Diesten scheiden. Ich selbst fühle mich überfordert. Auch aus diesen Gründen will ich ein geruhsameres Leben führen. Schon bald werden wir gemeinsam nur noch hier in Auerbach wohnen. Dafür scheint mir wichtig zu sein, dass ich Sorge dafür tragen muss, auch den nötigen Platz für unsere angewachsene Familie schaffen. Der Raum auf der Burg reicht nicht mehr aus. In Wittenberg sind wir damit verwöhnt worden. Wenn wir Wittenberg endgültig verlassen, wird uns das mehr als deutlich. Ich werde dafür Sorge tragen, dass unterhalb der Burg ein neues Haus angelegt wird. Das soll unseren zahlreichen Familiengliedern den nötigen Platz bieten. Ich werde darauf dringen, dass das Haus fertig sein wird, bis ich meinen Dienst aufgeben werde."*

Barbara griff sich mit beiden Händen an die Schläfe und jammerte: *„Da kannst du ja noch lange in kurfürstlichen Diensten verbleiben. Wie lange dauert es, bis ein Haus aufgerichtet ist? Nur wenige Wochen? Nein. Es wird Jahre dauern. Das hast du dir wieder einmal gut ausgedacht. Du wirst in der Kanzlei des Kurfürsten sterben. Hans, ich bin zu Tode betrübt. Du lässt mich mit den Kindern, die dich begehren und auch brauchen, ganz allein. Sieh das endlich ein, ehe es zuspät ist."*

Frohen Herzens ging Hans nicht auf die Reise nach Wittenberg. Die Verabschiedung von Barbara verlief in gedrückter Stimmung. Sie konnte ihre Tränen nicht verbergen.

Zum Abschied sagte sie: *„Hans, ich will meinen Mann in meiner Nähe wissen. Doch du lässt mich und die Kinder allein. Wen liebst du nun mehr? Liebst du deinen Kurfürsten? Besitze ich deine Liebe noch? Hans, verändere unser Leben zum Guten hin, sonst nimmt es noch ein böses Ende. Du machst uns beide krank. Du bist schon nicht mehr der Gesündeste."*

Ehe Hans Auerbach wieder verließ, sprach er mit seinem Büttel. Er gab ihm den Auftrag dafür Sorge zu tragen, dass er einen tüchtiger Steinmetz beschaffe. Der muss in der Lage sein am Fuße der Burg ein Haus zu errichten, das uns mehr Wohnraum beschafft. *„Ich werde bald zurückkommen, um dann alles was das anbelangt, zu besprechen"*, sagte er im Anrollen seinsWagens.

Hans saß betrübt in seiner Kutsche. Er nahm deshalb die wunderschöne Umgebung seiner Heimat nicht wahr. Deutlich stand ihm vor Augen, so wie bisher, konnte es nicht weitergehen. Barbara hatte Recht. Ihre gegenseitige

Nähe war ihnen verloren gegangen. Das hatte Barbara todunglücklich gemacht. Schlimm, dass er das nicht bemerkt hatte. Hans nahm sich fest vor, sein bisheriges Leben schnellstens zu verändern.

Kaum war er in Wittenberg angekommen, geleitete man ihn schon zum Kurfürsten. Dessen Bestreben galt der Fortführung des Werkes seines Bruders. Aus diesem Grund sprach man ihm auch den Beinamen „der Beständige" zu.

Kaum war Hans bei ihm eingetreten, überfiel ihn Kurfürst Johann mit der Frage:*„Na, Edler v.d. Planitz, was können Sie mir berichten?"*

Hans unterrichtete ihn über den Hergang seiner Mission, die wohl zu einem vermeindlichen Erfolg geführt habe. Er sagte:*"Der Böhmenkönig ist ein recht zugängiger Mann. Wir sprachen lange Zeit miteinander, allerdings weniger über das Religionsgeplänkel. Mein Eindruck war, dass er seine Interessen viel mehr auf das weltliche Geschehen richtet. Das fortwährende Einmischen des Klerus in das weltliche Geschehen scheint auch ihm zuwider zu sein."*

Hans übergab dem Kurfürst das von Ferdinand unterzeichnete und gesiegelte Schreiben mit den Worten:*"Das sehe ich als krönenden Beweis seiner friedlichen Absichten. Ferdinand wird wohl kaum gegen die reformerischen Lutheranhänger vorgehen. Die Aussprache mit ihm verlief in wohlwollendem Sinne. Er schickt Ihnen auch die herzlichsten Grüße."*

Kurfürst Johann, der Beständige, sprang auf. Mit weit von sich gestreckten Armen kam er auf Hans zu und sagte:*"Edler v.d. Planitz, ich danke Ihnen für ihren Einsatz und ihr Geschick, dass Sie das zustande gebracht haben."*

Dann wagte Hans einen Vorstoß, sein Anstellungsverhältnis beim Kurfürsten wenigstens zu lockern. Er sagte: *"Hoher Herr, ich bitte Sie, mich aus Ihren Diensten zu entlassen. Ich muss Ihnen mitteilen, dass meine Gesundheit nicht mehr die beste ist. Die Aufregungen, die meine Tätigkeit mit sich bringen, schaffen mir zunehmend Probleme. Auch Zuhause gibt es Ärger. Mein Eheweib ist um mich besorgt. Zudem erträgt sie das Alleinsein mit den Kindern nicht mehr.*

Wir möchten in meine Herrschaft Auerbach/Göltzsch zurück. Ich bitte Sie darum, mich nicht mehr so stark zu belasten. Bitte tragen sie Sorge dafür, nach einem Nachfolger für mich zu suchen."

Erschrocken schaute der Kurfürst auf Hans. Man spürte seine Betroffenheit. Nach einer Weile sagte er:*„Edler v.d. Planitz, ich brauche Sie doch. Das ha-*

ben Sie ja eben erst bewiesen. Sie sind im Besitz von guten Ideen. Außerdem sind Sie der Mann mit den größten Erfahrungen."

Betroffenes Schweigen herrschte. Dann sagte der Kurfürst:*"Wenn es um die Gesundheit geht, muss ich ein Einsehen haben. Da muss ich wohl oder übel reagieren. Aber Planitzer, ganz und gar muss ich wohl nicht auf Sie verzichten? Sie stehen mir doch weiterhin zu Diensten?"*

Hans antwortete darauf:*"Wenn ich in Ihren Diensten verbleibe, dann nur, wenn Sie mich weitgehend entlasten. Mein Weib und ich möchten auf jeden Fall unseren Wittenberger Wohnsitz aufgeben. Wir wollen mit unseren Kindern wieder auf unserer Burg in Auerbach leben. Ich bin dabei, dort mehr Wohnraum für die Familie zu schaffen. Unser künftiges Leben wird da ruhiger verlaufen."*

„V.d. Planitz, Sie machen mir Sorgen", sagte der Kurfürst. *„Sie zeigen mir, dass meine Aussichten weiterhin gute Ratschläge von Ihnen zu erhalten, schwinden. Es fällt mir schwer, das einzusehen. Doch ich hoffe trotzdem darauf, auf Sie nicht ganz verzichten zu müssen. Wenn es drängt, benötige ich schon ihr Mitwirken."*

Hans entgegnete darauf:*"Es bleibt mir keine Wahl. Ich muss eine diesbezügliche Veränderung schaffen, und das muss baldigst geschehen."*

Der Kurfürst wiegte den Kopf und sagte ganz gegen Hansens gehegten Befürchtungen:*"Edler v.d. Planitz, ich verspreche Ihnen bald eine Lösung zu Ihren Gunsten zu schaffen."*

Hans stand die Freude ins Gesicht geschrieben. *„Auf diese Weise ist wohl beiden gedient."* sagte er sich. *„Ich gehe dem Kurfürst nicht gänzlich verloren. Das nützt dem. Mir gereicht zum Nutzen, dass ich mehr Zeit für meine Familie zur Verfügung haben werde."*

Nach Beendigung des Gespräches machte sich Hans Vorwürfe. Er fragte sich, warum er sich nicht für eine gänzliche Aufgabe der Dienste entschieden habe. Der Kurfürst hätte wohl auch dem zugestimmt. Am nächsten Tag schickte Hans einen Boten zur Burg nach Auerbach. Der überbrachte Barbara die Nachricht, dass ihr Ehemann nach Absprache mit dem Kurfürsaten weitgehend entlastet wäre. Er stehe ihm nur noch zur Verfügung, wenn es drückende Ereignisse zu lösen gälte. Der letzte Satz lautete:*"Ich gebe Wittenberg bald auf."*

Als Barbara die Botschaft las, sagte sie laut vor sich hin: *„Hans, du machst wieder nur halbe Sachen. Eher bricht der Himmel auseinander, als dass er sich löst. Er wird weiter an seinem Kurfürsten hängen bleiben."*

Sie ließ ihrem Hans mitteilen, dass sie erst daran glaube, wenn er sein Wollen in die Tat umsetze und alles offenbar würde.

Eine Woch später fuhr Hansens Kutsche in den Rittergutshof in Auerbach ein. Der Kurfürst hatte ihm eine Woche Urlaub gegeben, um zuhause alles ins Rechte zu bringen. Barbara glaubte ihren Augen nicht trauen zu können, als ihr Mann plötzlich vor ihr stand. Wollte ihr Ehemann wirklich kürzer treten?

Barbara verhielt sich abwartend. Wäre Hans völlig aus seinen kurfürstlichen Diensten ausgeschieden, wäre ihr das viel lieber gewesen. *„Noch ist Hans nicht völlig auf die Burg in Auerbach zurückgekommen"*, sagte sie sich.

Hans kümmerte sich während seines Aufenthaltes in Auerbach um die geplanten Bautätigkeiten. Der Büttel hatte einen Steinmetz aus einer Bauhütte in Eger daraufhin angesprochen. Der hatte nach einer Besichtigung zugesagt, unterhalb der Auerbacher Burg ein Schlossgebäude errichten zu können.

Der wurde nun schleunigst per Boten herbeigeholt. Er brachte sogar einen fertigten Bauplan mit. Hans hatte kaum etwas dagegen einzuwenden. Schnell wurden sie handelseinig und Hans bat um einen zügigen Baubeginn. Am Abend, als Barbara davon erfuhr, sagte sie: *"Nun glaube ich bald, dass du dein Versprechen hältst. Lasse dich ja nicht wieder davon abbringen. Es wäre zu schön, wenn mein größter Wunsch in Erfüllung ginge."*

Als Hans wieder in Wittenberg eintraf, erfuhr er vom Kurfürsten, dass Kaiser Karl V. einen Reichstag einberufe. Der Hauptgrund bestünde darin, dass ihm die evangelischen Reichsstände eine Bekenntnisschrift der Protestanten vorgelegt hätten. Damit wolle man die Differenzen zwischen den Katholiken und den Protestanten verringern und die Einheit des Glaubens wahren. Es ginge dabei immer noch um die anhaltenden Missstände innerhalb der katholischen Kirche. Eine Forderung wäre, dass die Bibel zukünftig die alleinige Richtschnur der Gläubigen sein solle.

Dann sagte der Kurfürst ganz unvermittelt:*„Edler v.d. Planitz, damit ist wohl klar, mein Wollen Sie zu entlasten, wird zwangsläufig hinfällig. Doch aufgeschoben ist ja nicht aufgehoben, das verstehen Sie doch."* Hans entgegnete kein Wort darauf. Es schoss ihm nur durch den Kopf: *„Ich muss gehörig aufpassen, dass Barbara nicht doch noch Recht behält. Kurztreten ist angesagt. Nun liegt es wirklich nur an mir."*

Am nächsten Tag bat ihn der Kurfürst darum, dass Hans die Übergabe der Bekenntnisschrift an den Reichstag vollziehen möge. Das würde ganz sicher eine anschließende Diskussion zur Folge haben. *„Ich bitte Sie, v.d. Planitz, dass Sie dort ebenfalls Rede und Antwort stehen.“*

Hans entgegnete nun doch: *„Hoher Herr, entgegen unserer kürzlichen Abmachungen, mich zu entlasten, bringt mir das wiederum neue Belastungen. Sehen Sie bitte darauf, einen kampffähigen jungen Rat zu beschaffen. Ich möchte nicht bei derartigen Auseinandersetzungen mein Leben aushauchen. Das sage ich ganz ernsthaft.“*

Als Hans am Abend wieder allein in seinem Zimmer saß, ging ihm durch den Kopf: *„Der Kürfürst Friedrich, der Weise, stand Luther nun so nahe. Er mühte sich um die Durchsetzung von dessen Ideen. Den Sieg erlebte er jedoch nicht mehr. Wer spricht noch von ihm, wer lobt ihn noch? Wer kann ihm gar noch die Hand dankend schütteln? Wie vergänglich ist doch alles auf unserer Welt. Nicht nur wir selbst, nein, alles um uns herum ist Veränderungen unterworfen. Was bringt die Gier nach Ruhm und Macht? Die Vergänglichkeit breitet über alles ihre Flügel aus und löscht wichtig Geglaubtes einfach unwiderruflich aus.“*

Plötzlich schreckte er aus seinen Gedanken auf. *„Hans, was ist nur aus dir geworden? Wohin ziehen mich meine Gedanken? Wo ist mein Kampfgeist, wo mein Drängen und Streben geblieben?“*, fragte er sich. Zerknirscht bemerkte er, dass er an einem Tiefpunkt seines Lebens angekommen war.

Unwillig folgte Hans dem Wunsch seines Kurfürsten. Er fuhr mit ihm zusammen zum Reichstag nach Augsburg. Dort überreichte er dem Kaiser die >Augsburger Konfession<. Das war die eben aufgestellte Bekenntnisschrift der Protestanten. Damit sollte eine Verständigung zwischen Katholiken und Protestanten geschaffen werden. Vor allem sollte sie die Einheit des Glaubens wahren. Die katholischen Vertreter verweigerten jedoch ihr Einverständnis.

Der Kaiser hatte andere Sorgen, als sich weiterhin damit abzugeben. Das Heer der Türken stand vor Wien. Aus diesen Gründen zeigte er sich unentschlossen und rang sich nicht zu einer endgültigen Meinung durch. Nach der Rückkehr nach Wittenberg berichtete der Kurfürst, dass sein Rat v.d. Planitz diese Aufgabe trotzdem auf eine sehr geschickte Art und Weise zu einem Teilsieg gebracht habe.

Als Hans danach wieder nach Auerbach fuhr, hatte er erst einmal sein Weib zu beruhigen. Barbara hielt ihm vor, immer wieder nachzugeben, wenn der Kurfürst nur pfeifen würde. Es half ihm wenig, ihr klar zu machen, dass er noch in dessen Diensten stünde. *„Dann zieh endlich einen Schlußstrich"*, sagte sie erregt. *„Wenn du zu Schaden kommst, wird er dir nicht wieder auf die Beine helfen. Er rechnet mit dir, weil er weiß, dass du immer wieder tust, worum er dich bittert. Wir brauchen dich auch und stehen dir viel näher."*

Kleinlaut sagte Hans: *"Barbara, du hast ja Recht. Ich habe mich in den Jahren an mein Amt gebunden. Es fällt mir schwer, mich ganz zu lösen. Das wird mir zum Verhängnis. Glaube mir, bald wird sich das ändern. Ich habe bereits deutlich mit dem Kurfürt gesprochen und um Entlastung gebeten. Barbara, ich erkenne in deiner Erregung die Sorge um mich. Bitte, beruhige dich. In kurzer Zeit wird sich alles ändern."*

13. Kapitel

Auerbach wird zum Ankerplatz

Nach dem Reichstag wurde Hans endlich kaum noch von seinem Herrn geordert. Hans atmete auf. Der Kurfürt gewährte ihm einen regelmäßigen Wechsel zwischen Wittenberg und Auerbach. Von nun an brachte er nur noch eine Woche in Wittenberg zu. Die Folgewoche verbrachte er in Auerbach. Das Zusammensein mit der Familie in Auerbach genoss Hans außerordentlich. Hans räumte sogar die Bücher aus seiner Sichtweite. So wollte er einem eventuellen Rückfall vorbeugen.

Seine Hauptaufgabe sah Hans zunächst in der Überwachung des Baugeschehens in Auerbach. Er organisierte vor allem den rechtzeitigen Antransport der nötigen Baustoffe. Etliche Gespanne karrten mit ihren Wagen vor allem Steine, Sand und Kalk für das Mauerwerk zum Bauplatz.

Hocherfreut zeigte sich Hans darüber, dass der Bau recht zügig voranschritt. Das lag ihm besonders am Herzen, um noch vor Einbruch des Winters den Rohbau fertigzustellen.

Der Bauherr hatte eine stattliche Anzahl Bauleute aus Böhmen mitgebracht. Auf dem Kellergewölbe konnte schon bald das Erdgeschoss hochgezogen werden. Kanthölzer und Bretter wurden angefahren und gestapelt. Die Zimmerleute traten an. Sie stellten das Balkenwerk des Obergesosses auf die fertigen Steinmauern. Bald schon waren die Ständer, Riegel und Streben aufgerichtet.

In der Folgezeit schien es Hans nur noch im Schneckengang voranzugehen.

Das lag daran, dass in die Fächer Flechtwerk eingebracht werden musste. Jede Menge junge Birken wurden dazu herbeigebracht. Die Birkenruten flocht man dort hinein. Danach überzog man das Flechtwerk beiderseitig mit Lehmbrei, so dass danach nur noch die Balken als Fachwerk hervortraten.

Der Lehm musste vor der Weiterbearbeitung erst trocknen. Die Fensteröffnungen wurden angelegt. Das alles kostete viel Zeit. Noch vor dem Kälteeinbruch hatten die Bauleute aber das Dach aufgesetzt. Es ging auf den Winter zu. Das Wetter zeigte sich immer wechselhafter. Bald überzog der erste Reif die Wiesen. Nun galt es, das Haus schleunigst winterfest zu machen. Schnell versah man die Fensteröffnungen noch mit Fensterläden, um Regen und Schnee von den Räumen fernzuhalten.

Alle Familienglieder bedauerten das Einstellen der Bautätigkeiten. Nun mussten sie auf das Frühjahr warten, um der Enge der Burg entfliehen zu können. Nicht nur der Planitzer fieberte dem Umzug entgegen. Vor allem die umfangreiche Kinderschar der Familie konnte es kaum erwarten, bald mehr Platz zu erhalten. Die Einzige, die nicht drängte, war Barbara.

Sie hielt an der Meinung fest, dass über den Winter die Wärme in den keinen Räumen besser zu halten wäre. Doch sie dachte auch oftmals sehnsüchtig an die großen Räume in Wittenberg zurück. *„Diese Weitläufigkeit haben wir wohl für immer verloren"*, dachte sie. Dann lachte sie über sich selbst und sagte: *„Wir sind schon sonderliche Wesen. Auf das, was wir in den Händebn halten, achten wir kaum. Haben wir es dann verloren, trauern wir ihm nach."*

Barbaras Verhalten hatte sich in der letzten Zeit stark verändert. Sie war wieder zu einer glücklichen Frau geworden. Sie strahlte Selbstsicherheit aus und hatte ihr Lachen wiedergefunden. Ihren Mann wieder um sich zu haben machte sie glücklich. Wenn er auch immer wieder für eine Woche nach Wittenberg zurückfuhr. Sie war sich gewiss, bald ist er uns wieder nah.

Auch Hans genoss die sich ihm in Auerbach bietenden Möglichkeiten. Er brauchte nicht mehr auf das Reiten zu verzichten. Wenn er in Auerbach weilte, stand ihm immer ein gesatteltes Pferd zur Verfügung. Er zog bei seinen Ausritten immer weitere Kreise. Bis ins Böhmische hinein jagte er durch die tiefen Gebirgswälder. Die breitenden sich zu beiden Seiten seines Weges bis nach Eger aus. Oftmals kam er erst am späten Abend wieder zurück. Dann machte ihm seine Barbara Vorwürfe, weil er ihr damit Ängst bereitete. Sie bat ihn, wenigstens nicht allein zu reiten. Das veranlasste Hans des Öfteren mit seinem ältesten Sohn Georg auszureiten. Der war bereits fast 21 Jahre alt. Er war Knappe beim Ritter Urbar v. Feilitzsch auf Kürbitz. Auf dem Pferd zeigte er bereits wahre Ritterschaft. Wenn ihn sein Vater nicht zügelte, jagte er wie der Teufel auf und davon. Hans schmunzelte dann immer und dachte an das Ungestüm seiner Jugendjahre.

Seine weiteren Söhne hießen Balthasar, Sebald und Hans Friedrich. Sie waren alle noch unmündig. Hans war auch Vater von sechs Töchtern. Sie ähnelten ihrer Mutter sehr stark und gingen ihr auch tüchtig zur Hand.

Sie alle genossen das Familienleben auf der Auerbacher Burg in vollen Zügen. Der beengte Platz auf der Burg hatte auch seine Vorteile. Die Familienglieder waren sich immer irgendwie nahe. Die Weite ihrer Umgebung hingegen bot ihnen dafür eine Vielzahl von Möglichkeiten. Die hatten ihnen in Wittenberg gefehlt. Rundum gab es ausreichend Platz, sich auszutoben oder auch sinnvollen Betätigungen nachzugehen.

Angst zeigte Barbara nur über die Wildheit ihrer Zweitältesten. *„An der ist ein Junge verlorengegangen."*, sagte Barbara. Suchte man sie, fand man sie bestimmt im Rittergut, meist bei den Pferden.

Trotz aller Verbote schlich sie sich immer wieder in ein Gatter und schwang sich auf ein Pferd. Mit großem Geschick ritt sie dann ohne Zaumzeug und Sattel wie eine Wilde herum. Entdeckte Barabara Pferdegeruch an ihr schimpfte sie tüchtig mit ihr. Doch schnell hatte Magdalena alle Vorwürfe der Mutter auch wieder vergessen.

In Wittenberg waren Barbara Aufzeichnungen von Hildegard v. Bingen in die Hände geraten. Gutenberg hatte ihre naturheilkundlichen Niederschriften abgedruckt. An den langen Abenden ihres Alleinseins hatte sie sich immer wieder darin vertieft. Die Aufzeichnungen der katholischen Äbtissin hatte Barbara sich zunutze gemacht. Das Wissen daraus wendete sie seitdem selbst an. Im vergangenen Sommer war Barbara wieder mit ihren Töchtern durch die Wiesen gestreift und hatte Kräuter gesammelt.

Die heilenden Kräuter wurden locker zusammen gebunden und zum Trocknen auf den Dachboden der Burg gehängt. Wie bereits etliche Jahre schon, hatten sie auch Beeren, Früchte und Büten gesammelt. Barbara hatte sich sogar daran gewagt, sie mit Branntwein aufzusetzen. So waren die Heilkräfte der Natur auch als Einreibung zu verwenden.

Hans beschäftigte sich neuerdings besonders mit dem Bergbaugeschehen in seinem Herrschaftsgebiet. Immer wieder ritt er unmittelbar an der Göltzsch entlang, bis zum Hammerwerk hinunter. Wenn er dann wieder zu Barbara zurückkam, sagte er immer: *„Ich war wieder einmal in der >Hölle<. Schlimmer kann der Spektakel und die Hitze dort auch nicht sein. Lange halte ich es dort nicht aus. Doch es ist immer wieder etwas Neues zu entdecken."*

Auch die noch tiefer gelegene Glashütte war oftmals sein Ziel. Nach kurzem Aufenthalt floh er auch von dort bald wieder. Hier glaubte er ebenfalls, der ungeheuren Hitze wegen, der Hölle nahe zu sein. Es ging zwar viel leiser und geruhsamer als im Hammer zu, doch die übergroße Hitze belastete schon sehr. Die Schmelzöfen des Hammerwerkes und ebenfalls die Öfen der Glashütte empfand Hans als magische Orte. Die Gluthitze die von ihnen ausging, ließ ihn immer wieder an die Hölle denken.

Hans zeigte sich beglückt und redete bereits nach kurzer Zeit von seinem neuen Leben. Barbara dankte dem Herrgott immer erneut, dass er ihre Gebete erhört hatte. Doch, wie es sich so oft im Leben ergibt, bereits nach kurzer Zeit sollte sich dieser beglückende Zustand erneut ändern.

Als der Kurfürst Hans dringend nach Wittenberg lud, sah Hans darin sofort ein böses Zeichen. Er sollte Recht behalten.

„Ich sehe Gefahr auf uns zukommen.", sagte der Fürst. *„In den evangelischen Ländern sind doch gegen den Widerstand des Kaisers Landeskirchen entstanden. Die Fürsten sind an die Stelle der Bischöfe getreten und zahlreiche Kirchengüter wurden eingezogen. Das forderte die katholische Mehrheit zum Protest heraus. Edler v.d. Planitz, ich brauche Sie ganz sicher als Vermittler. Auch Ihr Rat wird nötig sein."*

Der Kaiser Karl V. hatte Frankreich und die Türken besiegt. Gegen die Augsburger Bekenntnisschrift hatte er sich bisher nicht gestellt. Nun hatte er sie abgelehnt. Er forderte die protestantischen Fürsten und Stände sogar dazu auf, zur katholischen Kirche zurückzukehren. Das hatte die Protestanten im Jahr 1531 zu einem Zusammenschluss bewogen. So konnten sie in Gemeinsamkeit gegen den katholischen Kaiser auftreten. Dieses Bündnis bezeichneten sie als >Schmalkaldischen Bund<.

Ein neuer Türkenvorstoß und der erneute Kampf gegen Frankreich hielten den Kaiser wiederum von einem sofortigen Eingreifen ab.

Verärgert darüber, dass der Fürst ihn wieder mehr beanspruche, fuhr Hans noch einmal nach Auerbach zurück. Gegenüber Barbara trat Hans äußerst kleinlaut auf. Er sagte: *„Kaum glaubt man das Gück in den Händen zu halten, fliegt es auch wieder davon. Meine liebe Barbara, ich habe Order in nächster Zeit den Kurfürst in Wittenberg zu unterstützen. Da kann ich nicht nein sagen. Ich bin selbst zu Tode betrübt, wieder von dannen ziehen zu müssen. Alles in meiner Macht stehende werde ich dazu benutzen, mich schnell wieder von Wittenberg zu lösen. Es gibt dort wieder Besorgnisse. Deshalb glaubt der Kurfürst, nicht auf mich verzichten zu können. Auch der Kaiser selbst wird mich wieder mehr in Anspruch nehmen. Er will mich als Berater zu einem Konvent[1] nach Frankfurt schicken. Hier soll ich bei einer Annäherung zwischen den katholischen und den evangelischen Glaubensansichten mitwirken."*

Die Inanspruchnahme von Hans v.d. Planitz fand kein Ende. Immer wieder wurde er vom Kurfürsten um seinen Einsatz gebeten. Hans sah sich dabei immer erneut in der Pflicht. Selbst der Kaiser, der auf ihn aufmerksam geworden war, erbat sich seinen juristischen Rat.

Im Jahre 1532 starb Kurfürst Johann der Beständige völlig unerwartet. Nach dessen Ableben wurde sein Sohn Johann Friedrich der nachfolgende Kurfürst. Bald erhielt er den Beinamen der Großmütige.

---

[1] Zusammenkunft

Noch im gleichen Jahr, nun in den Diensten des neuen Kurfürsten, ernannte dieser Hans zum kursächsischen Beisitzer beim Reichskammergericht. Das war das oberste Gericht des Heiligen Römischen Reiches. Hans war damit zu einem der dort wirksamen 50 Beisitzer geworden. Er sollte vor allem die Interessen der Protestanten im Schmalkaldischen Bund gegen die des Kaisers vertreten.

Hans nutzte jede Möglichkeit, Wittenberg zu entfliehen, um sich nach Auerbach begeben zu können. Doch immer neues Ungemach erforderte immer wieder seine Anwesenheit in Wittenberg.

Das einst mächtige Kurfürstentum Sachsen hatte 1485 durch die Teilung in eine ernestinische und ein albertinische Linie seine herausragende politische Rolle verloren. Nun war es gar zwischen den beiden zu einem ernsthaften Zerwürfnis gekommen.

Im Herzogtum Sachsen war Herzog Albert im Jahre 1500 verstorben. Seither hatte dessen Sohn Herzog Georg der Bärtige die Fortführung der Regierungsgeschäfte in Händen. Der stellte sich jedoch gegen Luthers Ansichten und widersetzte sich jeglichem reformatorischem Gedankengut. Das führte dazu, dass es zu harten Auseinandersetzungen mit dem ernestinischen Kurfürstentum Sachsen kam. Der Kurfürst Johann Friedrich, der Großmütige, war ein überzeugter Lutheranhänger.

Herzog Georg, der Bärtige, von Sachsen hatte Luther und Melanchthon sogar zu einem Mittagessen geladen. Dabei unterhielt er sich interessiert mit Luther. Doch er verharrte in seiner Meinung, ein überzeugter Katholik zu sein und zu bleiben.

Luther schrieb hernach: *„Herzog Georg hat uns alle zu Gast gehabt; auch hat er mich allein zu sich gefordert und in die Länge von meinen Büchern mit mir geredet. Ich bin aber überzeugt, es gäbe keinen Unterschied, wenn sich der fromme Fürst nicht leiten und führen ließ und seine eigene Meinung sagte."*

Nun lebten beide Seiten in offener Feindschaft. Das schwächte die Stärke, den hohen Stand und auch den Einfluss Sachsens erneut. Immer wieder kam es untereinander zu erbitterten und leider auch offen ausgetragenen Meinungsverschiedenheiten der beiden Parteien. Hans hatte immer wieder mit diesen Zänkereien zu tun.

Statt sich von seinen Aufgaben zu lösen, hatte Hans sich im Jahre 1533 von seinem Kurfürsten Johann Friedrich sogar noch zum Oberhofrichter von Altenburg verpflichten lassen.

Barbara machte ihrem Mann keine Vorwürfe mehr. Sie hatte eingesehen, dass ihm nicht zu raten und gleich gar nicht zu helfen war. Barbara hatte sich lethargisch in das Geschehen gefügt. *„Hans ist und bleibt unbelehrbar. Er wird eines Tages sein Leben auf einem Aktentisch oder an einem Rednerpult aushauchen."*, sagte sie.

Hans hingegen verteidigte sich immer mit der Rede: *„Was bleibt mir denn anderes übrig? Ich stehe nun mal in den Diensten des Kurfürsten."*

Dass es Zeit würde sich davon zu lösen, wie Barbara sagte, brachte er trotz zeitweiligem Einsehens, einfach nicht fertig.

Auch Papst Klemens VII. bereitete neuerlich wieder Sorgen. Das reformatorische Geschehen veranlaßte ihn, die Ketzerverfolgung gegen Abtrünnige wieder zu einem wichtigen Programm zu erheben. Er sah in ihr eine kirchliche Waffe gegen die Abtrünnigen im Glauben. Konnte oder wollte die Kurie nicht einsehen, dass es den Abtrünnigen nicht um den Glauben ging? Ihr Aufbegehren richtete sich doch nur gegen die festgefahrenen Dogmen, die einzig und allein von der Kirche ausgingen. Um weiterhin die Macht in ihren Händen zu behalten, setzte die Kurie nun sogar Ketzerspezialisten aus dem Dominikanerorden ein. Damit wurde die Inquisition, als strenge Untersuchung wiederum zu einem Begriff. Der Einsatz der Folter bekam zunehmend größere Bedeutung. Die Verurteilung übernahmen Kirchenvertreter, die Vollstreckung übertrugen sie hernach der weltlichen Gerichtsbarkeit.

Diese gab kund: *„Zur Ausrottung ketzerischer Schlechtigkeit ziehen wir getrennt vom Priestertum das weltliche Schwert gegen die Feinde des Glaubens. Wer von der Kirche verdammt und dem weltlichen Gericht übergeben ist, wird mit der gebührenden Strafe belegt. Wenn aber die Genannten nach ihrer Ergreifung zur Glaubensreinheit zurückkehren wollen, sollen sie zu lebenslanger Haft weggeschlossen sein. Diejenigen, die von den vom apostolischen Stuhl bestellten Inquisitoren aufgegriffen und verurteilt wurden, weil sie die Sakramente des Glaubens verwarfen, sind Ketzer. Wir ziehen von ihnen unsere Hand zurück. Die Richter sind genötigt, dieselben zu verbrennen!"* [2]

Hans fühlte sich glücklich, dass der Einfluss der Inquisitoren im Gebiet von Kursachsen keine Wirkung mehr hatte. Derartiges Geschehen, bei denen auch die Folter zum Einsatz kam, sah Hans als satanisches Menschenwerk. Das konnte keinesfalls gottgewollt sein.

---

[2] Ein Jahrtausend deutsche Kultur, Klinkhardt Verlag, Leipzig 1922

Zum Zweck des Glaubenserhaltes und seiner Verbreitung wurde 1534 der Jesuitenorden gegründet. Er wurde als schlagkräftiger Orden gegen reformatorische Bestrebungen gesehen. Die Jesuiten bezeichneten sich als >Soldaten Gottes<. Sie waren straff organisiert und unterstanden sogar einem >Ordensgeneral<.

Auf den Märkten sangen die Bänkelsänger[3]

> *„Nu tretet herzu, wer büßen wölle.*
> *Fliehen wir der heißen Hölle.*
> *Luzifer[4] ist ein böser Geselle,*
> *sein Sinn ist, wie er uns vervelle[5]*
> *Jesus ward gelabet mit Gallen,*
> *des woll'n wir all an ein Kreuze fallen. "*

Als gar die Pest erneut ausbrach, stellte die Kirche das als Strafe Gottes dar. Kirchenvertreter verbreiteten: *„Gott setzt der abtrünnigen Menschheit damit ein Zeichen."* Doch in der Stiftungsurkunde der Universität Basel äußerte sich Papst Pius II ganz anders. Er sagte:" *Unter den verschiedenen Glückseligkeiten, die der sterbliche Mensch in diesem hinfälligen Leben durch Gottes Gnade erlangen kann, verdient nicht zu den letzten gezählt zu werden, dass er durch beharrliches Studium die Perle der Wisenschaft zu erringen vermag, die den Weg zu einem guten und glücklichen Leben weist. "*

Und im grassen Widerspruch dazu standen die von den Inquisatoren angestrengten Gerichtsprozesse, in denen man Menschen quälte, um das zu hören, was man hören wollte.

Aus dem Bamberger Trudenhaus[6] ist überliefert: *„Im abscheulichen Hexenhaus sizten außer 100 Hingerichteter noch etliche Personen, die der Disignation[7] bezichtigt sind. Nachfolgende (33 Namen) sind noch jämmerlich gefangen gehalten. Sie werden durch unerhörte Speise, wie Hering mit lauter Salz und Pfeffer zu einem Brei gesotten, so sie essen müssen, ohne etwas zu trinken, item durch ein Wannenbad von siedendheißem Wasser, mit Kalk,*

---

[3] fahrende Sänger
[4] Teufel
[5] zu Fall bringen
[6] Hexengefängnis
[7] Zauberei

Salz, Pfeffer und anderer scharfer Materie elendiglich zugerichtet ... ohne christlichen Trost, Urteil oder Rath, neben neuerfundenen Torturen[8]*."*

Hans musste seines Amtes wegen bei einigen Gerichtsprozessen anwesend sein. Er war immer froh, an der Vollstreckung nicht teilnehmen zu müssen. In Italien hatte er von derartigen harten Vorgehensweisen nie etwas gehört. Die zum Feuertod Verurteilten hatten diese Strafe nicht lebend zu ertragen. Sie wurden vorher getötet und erst danach wurde ihr Leichnam verbrannt.

Hans schätzte sich glücklich, endlich Zeit zu finden, nach Auerbach zu fahren. Dabei plagte ihn immer seltener das schlechte Gewissen, da sein zu müssen und nach dorthin zu wollen. Er hatte sich an diesen Zustand gewöhnt. Die Last seiner bisherigen Arbeit war von ihm abgefallen. Erst jetzt wurde ihm gewahr, dass er sich dienstbeflissen immer wieder selbst gefordert hatte. Nun tat Hans auf einmal wieder Dinge, die weit zurücklagen. Er ritt mit seinem Pferd weit hinaus. Dabei kam ihm in den Sinn, sich in eine Wiese zu legen um in den Wolkenbergen Gegenstände zu entdecken. Als Kind hatte er schon voller Lust in den Wolken nach versteckten Gesichtern gesucht. Wenn Hans danach wieder nach Hause kam, stellte Barbara fest, dass er sich locker und aufgeschlossen zeigte. Erzählte er dann von seinem Tageserleben, sah sie beglückt in ihm >ihr großes Kind<.

Der Kurfürst hielt sich daran, Hans zu entlasten. Er hatte einen seiner bisherigen Räte näher an sich gezogen. Der sollte den Planitzer künftig ersetzen. Das hatte Hans zunehmend mehr Freiraum geschaffen.

Mittlerweile war Hans von einer Kommisson unter der Führung von Melanchthon als Visitator der Kirchen und Schulen zur Einführung der Reformation eingesetzt worden. Glücklich war Hans auch darüber, dass es ihm gelungen war, die umliegenden Herrschaftsbesitzer mit dazu heranzuziehen. Die Herrschaften von v. Trützschler (Falkenstein), v. Feilitzsch (Treuen) und v. Metzsch (Mylau) waren in den Jahren 1527/28 auch zum Protestantismus übergetreten.

Die ersten großen Visitationen[9] fanden in den Ämtern Voigtsberg und Plauen 1529 und 1533 statt. Die meisten wurden als befriedigend dokumentiert. Dabei kam es vor allem darauf an, wie die Geistlichen den >Neuen Glauben< handhabten.

Hans nahm mehrfach an derartigen Überprüfungen teil. Schon eine ganze Zeit lebte die Familie der Edlen v.d. Planitz hauptsächlich im neu errichteten

---

[8] Folterqualen
[9] Überprüfungen

Haus unterhalb des Burgberges. In den Räumen der Burg hatten vor allem die Söhne ihren Wohnraum beibehalten. Die alten Gemäuer waren ihnen mehr ans Herz gewachsen. Die Übrigen waren der bisher herrschenden Enge der Burg entflohen. Auch die Kinder, die auf der Burg verblieben waren, fanden dort Raum genug, wohnte doch ein Großteil der Familie nun im >Schloss<.

Fast jeden Tag ritt Hans über Stock und Stein, meist bis an die Grenzen seiner Herrschaft. Barbara sah darin aber auch Gefahren auf Hans zukommen. In der Regel war Hans bei seinen Ausritten nur allein unterwegs. *„Hans, reite über weite Strecken nicht mehr allein. "*, bat sie ihn.

„Du bist nicht mehr der Jüngste. Passiert dir ein Missgeschick, was ich nicht hoffe, bist du allein. Das muß nicht sein. Mir fiel ein Stein vom Herzen, wenn du das mindestens abwegen würdest. "

Hans gab Barbara Recht. In den vergangenen Wochen hatte sich Hans schon mehrfach an die Brust gegriffen, nachdem ihn ein stechender Schmerz in der Herzgegend durchzuckte. Um Barbara nicht zu ängstigen, schwieg er. Doch er erkannte darin ein Signal. Es wurde ihm bewusst, dass er sich über viele Jahre nicht geschont hatte. Sein immerwährender Einsatz machte sich bemerkbar. Hans nahm sich ernsthaft vor, sich völlig aus den Diensten des Kurfürsten zu lösen

Als er eines Abends nicht einschlafen konnte, zogen ihm die verschiedensten Gedanken durch den Kopf. *„Was geschieht, wenn ich vor Barbara unsere Erde verlassen muss?"*, fragte er sich, Dieser Gedanke ließ ihn nicht mehr los. Das bewog ihn, dem schleunigst vorzubeugen. Dann sollte Barbara gut versorgt sein.

Am Folgetag verschrieb er ihr das Schlösschen auf dem Rittersitz Göltzsch als Eigentum. *„Sollte ich igendwie zu Tode kommen, ist das dein Witwensitz. "* sagte er lachend. Barbara fuhr auf und entgegnete:*"Damit macht man keine Späße. Ich hoffe, der Herrgott gibt uns noch etliche gemeinsame Jahre. Und vor allem erhoffe ich mir mehr Vernunft von meinem Mann. Höre endlich auf, anderen Rat zu erteilen. Nimm du endlich meinen Rat an. Bleibe bei uns in Auerbach, bleibe dort, wo dein Zuhause ist. Und das ist nur bei uns. "*

Ein paar Tage herrschte friedliche Übereinkunft. Dann überbrachte ein reitender Bote vom Kurfürst eine Botschaft aus Wittenberg. Voller Spannung erbrach Hans das Siegel. Ohne Angabe von Gründen bat ihn der Fürst dringend nach Wittenberg zu kommen. Der letzte Satz lautete:*"Ich kann diesmal unmöglich auf Ihren Dienst verzichten."*

Absolut nicht frohen Mutes fuhr Hans am folgenden Morgen nach Wittenberg. Als sich Hans von Barbara verabschiedete, sagte er:„*Meine Liebe, ich halte mich nicht lange in Wittenberg auf. Hier in Auerbach gefällt es mir weitaus besser. Hier ist wirklich mein Zuhause. Ich komme bald zurück.*"

Barbara sagte: „*Bitte bedenke, was du hier aufgibst. Hier ist unser Hort, der Platz der Geborgenheit und unseres Glückes. Hans, löse dich endlich ganz und gar aus den Diensten des Kurfürsten. Komme bald als freier Mann nach Hause zurück.*"

Kaum war Hans in Wittenberg angelangt, ließ ihn der Kurfürst zu sich rufen. Dort offenbarte sich Johann Friedrich: „*Edler, ich wollte lieber in einem Gespräch mit ihnen die Gründe darlegen, weshalb ich Sie so dringend nach hier gebeten habe. Zu meinem Leidwesen zerstreiten wir uns mit dem Herzog Georg von Sachsen immer mehr. Unser neuer Glauben liegt diesem Streit zugrunde. Der Herzog will mit allen Mitteln eine Spaltung der Kirche verhindern. Georg sieht in der Gründung der Landeskirchen eine Todsünde. Ich habe bereits mehrfach versucht, mich mit ihm gütlich zu einigen. Würde er doch wenigstens ein öffentliches Stillschweigen wahren. Ich weiß nicht, wie ich ein völliges Zerwürfnis verhindern kann.*

Es handelt sich doch um die beiden so nahestehenden Teile Sachsens. Ist dieser Zustand nicht furchtbar? Ich setze auf ihre Erfahrungen, lieber Planitz und nicht zuletzt auf ihr Geschick,. Bitte unternehmen Sie einen Vermittlungsversuch. Vielleich gelingt Ihnen, was ich nicht zustandebringen konnte."

Hans war seine innere Spannung anzusehen. Als er die bittenden Blicke des Kurfürsten auf sich gerichtet sah, fragte Hans:"*Hoher Herr, haben Sie sich Vorstellungen darüber gemacht, wie wir da vorgehen wollen?*"

Der Kurfürst schaute erschrocken auf. Man sah ihm seine Ratlosigkeit an. Seine Stimme klang verändert, als ihm entfuhr:„*Nein. wie sollte ich auch? Bisher ging doch alles, was ich unternahm daneben.*"

Hans war sich der hohen Verantwortung bewusst, die ihm die Erwartungen des Kurfürsten auferlegten. „*Gut.*", sagte er. „*Das lässt sich wohl nur in persönlicher Nähe ausfechten. Hoheit, Sie und der Herzog müssen miteinander sprechen, um eine Lösung zu finden. Ich muß einen Weg finden, Sie und den Herzog an einen Tisch zu bringen. Darf ich versuchen, den Herzog nach Weimar einzuladen? Dort findet sich weder Ihr Regierungssitz noch der des Herzogs. Das wäre sicher gut. Ich wäre bereit, nach Dresden zu fahren, um den Herzog zu diesem Gespräch nach hier einzuladen. Hoher Herr, was halten Sie davon?"*

Johann Friedrich strahlte über das ganze Gesicht. *„Natürlich v.d. Planitz."* Seine Worte überschlugen sich fast, als er sagte: *„Habe ich mir's doch gedacht. Sie sind der rechte Mann. Sie sind in der Lage, eine hoffentlich vernünftige Lösung zustande zu bringen."*

Beide wurden sich darüber einig, dass Hans die Reise mit einer der kursächsischen Reisekutschen nach Dreden antreten solle.

Am Folgetag setzte sich Hans in die Kutsche. Die Reise führte ihn zuerst nach Auerbach, damit er seiner Ehefrau Kenntnis von seiner Fahrt nach Dresden geben konnte.

Hans wusste, dass er Barbara wieder Gründe gab, ihm zu zürnen. Warum nur hatte er sich wieder breit schlagen lassen? Was hätte er nun dafür gegeben, wenn er sich diesem Dienst geschickt entzogen hätte.

Je näher er an Auerbach herankam, umso beklommener wurde es ihm ums Herz. Als er endlich vor Barbara stand, fragte sie ihren Mann:*"Na, was hast du dir jetzt wieder aufgebürdet? Es sollte mich wundern, wenn du nicht wieder der lange Arm deines heißgeliebten Kurfürsten bist. Ich sehe dir doch an, dass du ihm wieder zu Diensten stehst."*

Hans nickte mit dem Kopf. *„Du hast ja Recht. Doch diesmal stehe ich dem Kurfürst letzmalig zur Verfügung. Es wird der letzte Dienst sein. Ich will ja selbst nicht mehr."*

Barbara schüttelte nur den Kopf und sagte: *"Du Armer. Du bist wirklich zu bedauern."*

Bereits eine Stunde danach saß Hans wieder in der Kutsche auf dem Weg nach Dresden. Erst am Morgen des neuen Tages kamen sie in Dresden an. Hans war in der Kutsche eingeschlafen. Völlig zerschlagen und noch ganz benommen von der langen Fahrt, stieg er aus dem Gefährt. Hans meldete sich in der Dresdener Kanzlei. Hier erfuhr er, dass Graf v. Schwarzburg kürzlich, lange schon von Krankheit gezeichnet, verstorben sei. Seine Ehefrau sei bereits zwei Jahre zuvor verstorben.

Hans begriff in diesem Augenblick, wie zerbrechlich ein Leben ist. Was war der Graf für ein selbstbewusster, starker Mann. Der Tod hatte ihn ins Jenseits gebracht, ohne dass sie es bemerkt hatten. Ein neuer Rat war an seine Stelle gerückt. Der nahm nun seinen Platz ein. *„Keiner ist unabkömmlich."* zog ihm durchs Hirn. „*Überbringe ich Barbara die Nachricht vom Tod der Beiden, wird sie sehr traurig sein. Es wird mir sicher vor Augen geführt, dass ich das bedenken soll.*"

Dann nahm ihn seine Aufgabe wieder voll in Anspruch. Hans gab sich zu erkennen und bat um eine dringende Aussprache mit dem Herzog. Die wurde ihm für den Folgetag in Aussicht gestellt. Doch bereits am Abend erhielt er die Botschaft, dass der Termin nicht einzuhalten sei. Der Herzog sei unpässlich. Er erhielte eine erneute Ladung, wenn der Herzog wieder genesen sei.

Hans fragte sich, ob das gar eine bewusste Verzögerungstaktik sein könne. Doch dann sagte er sich: „*Der Herzog hat den Termin doch nur verschoben. Er hat ihn nicht abgelehnt. Vielleicht wird er erst den nötigen Rat einholen, um genügend gewappnet zu sein.*"

Bereits am Folgetag erhielt Hans die Einladung zur gewünschten Aussprache. Als er Herzog Georg gegenüber stand, fragte der:"*Edler v.d. Planiz, Sie reisen doch im Auftrag des Sächsischen Kurfürsten? Mir wurde gemeldet, dass an ihrer Kutsche dessen Wappen prangt. Was gibt es denn so Dringendes zu besprechen? Warum schickt sie der Kurfürst zu mir? Ist jemand zu Tode gekommen?*"

Hans entgegnete:"*Nein, hoher Herr, es ist niemand verstorben. Doch Sie haben es erraten, ich bin im Interesse des Kurfürsten zu Ihnen gekommen. Ich bitte Sie inständig zu einem Gespräch mit Kurfürst Johann Friedrich. Natürlich weiß ich von Ihrem Zerwürfnis. Ich erkenne sogar ihre Beweggründe an. Trotzdem möchte ich darauf verweisen, dass ein totales Entfremden der beiden Machtbereiche Sachsens eine unverzeihliche Schwächung Beider bedeuten würde. Aus diesen Gründen müsste wenigstens eine gegenseitige Neutralität gewahrt werden. Öffentlich ausgetragene Auseinandersetzungen können nicht im Interesse Sachsens liegen. Hoher Herr, ich bitte Sie deshalb im Namen meines Herrn, dem Kurfürst Johann Friedrich, auf neutralem Boden zu einer gemeinsamen Aussprache. Persönliche Treffen, Auge in Auge, schaffen eine bessere Möglichkeit des sich Zusammenfindens! Der Kurfürst lädt Sie deshalb nach Weimar ein. Er lässt Sie durch mich höflichst dazu bitten!*"

Der Herzog saß, ohne irgendwelche Gefühle zu zeigen, in seinem Sessel.

Nach einer schier endlos erscheinenden Zeit sagte er:„*Es mag wohl etwas Wahres daran sein, sich besser zu verstehen, wenn man sich in die Augen sehen kann. Doch die Tatsache, dass ich dem Katholizismus treu bleiben will, bleibt bestehen. Der Kurfürst sieht das anders. Er hat sich mit Luther verbunden, den die heilige Kirche als Ketzer sieht."*

Hans sagte:*"Hoher Herr, ich möchte zu bedenken geben, dass ein sachliches Gespräch doch zum beiderseitigen Nutzen geraten könnte. Bei Wahrung unserer unterschiedlichen Interesssen könnte trotzdem eine Übereinkunft zustande kommen. Die wäre ganz sicher beiden Seiten Sachsens dienlich. Eine sichtbare Zerstrittenheit hingegen mindert nicht nur deren Ansehen. Ich bitte Sie, Herzog Georg v. Sachsen aus diesen Gründen dringlichst zu einem Gespräch mit Kurfürst Johann Friedrich, dem man sicher nicht grundlos den Beinamen der Großmütige zusprach."*

Hans wurde nach diesem Gespräch freundlich, doch ohne eine Entscheidung herbeigeführt zu haben, entlassen. Er fragte sich, was er tun solle. War seine Mission gescheitert? Er fand es mehr als ungehörig, dass Herzog Georg sich absolut nicht geäußert hatte. Als er sich am Folgetag reisefertig machte, erschien ein Bote bei ihm. Er überbrachte ein Handschreiben von Herzog Georg. Missmutig faltete es Hans auf, da er sicher war, es handele sich um einen ablehnenden Bescheid. Der Herzog bat Hans jedoch um eine zweite Zusammenkunft. Hans zeigte sich zunächst hoch erfreut darüber. Nach dem Überdenken der Meldung erkannte er jedoch, dass damit noch keinerlei Entscheidung getroffen war. Hansens Stimmung sank auf einen Tiefpunkt. *„Dieses Warten, diese Ungewissheit macht mich verrückt.",* sagte er zu sich selbst. Daran schloss er noch an:*„Hans, du bist nicht mehr der, der du einmal warst. Du bist morsch und mürbe geworden."*

Um sich abzulenken lief er, ohne seine Umgebung groß wahrzunehmen, durch die herzogliche Residenzstadt Dresden.

Als endlich die Zeit der erneuten Zusammenkunft herangekommen war, saß er beklommenen Herzens wartend vor dem Amtszimmer des Herzogs. Hans saß lange. Entweder war der Herzog unpünktlich oder er wollte ihn zappeln lassen.

Endlich öffnete sich die Tür und der Herzog schritt selbst auf Hans zu. Er reichte Hans beide Hände und sagte:*„Es wäre unchristlich, wenn ich mich gänzlich verschließen würde. Nach nochmaligem Überdenken bin ich bereit, mit dem mir doch auch verwandtem Kurfürsten zu sprechen. Das sagt noch nichts über den Ausgang dieser Unterreung aus. Sie, Edler v.d. Planitz dürfen Ihrem Kurfürsten die Meldung übermitteln, dass ich mich bereit erkläre, nach Weimar zu kommen. Johann Friedrich möge mir per Boten einen Termin zukommen lassen."*

Danach wurde Hans freundlich entlassen.

Es war später Nachmittag geworden, zu spät für die Rückfahrt. Da Hans beschloss auf der Rückfahrt bei seinem Bruder in Wiesenburg eine Rast einzulegen, entschied er sich für den Folgetag. Er konnte nicht mitten in der Nacht in Wiesenburg eintreffen und alle wecken.

Sehr früh am nächsten Morgen reiste er ab. Sein Bruder hatte geheiratet, doch an seiner Hochzeit hatte er nicht teilgenommen. Die Pflicht hatte ihn an den Hof des Kurfürsten gebannt.

Als er in Wiesenburg ankam, traf er seinen Bruder nicht an. Der weilte mit seiner Frau im böhmischen Eger. Traurig setzte Hans seine Weiterfahrt nach Auerbach fort. Dort überraschte er seine Familie. Alle hatten geglaubt, seine Mission würde ihn eine längere Zeit an die Dresdener Residenz binden. Doch zum Leidwesen aller musste Hans bereits am Folgetag nach Wittenberg zurückfahren. Als er sich von allen verabschiedete sagte er: *„Ihr könnt mir alle glauben, wenn ich dem Kurfürst unter die Augen trete, melde ich ihm meinen sofortigen Rücktritt an. In wenigen Tagen komme ich endgültig nach Auerbach zurück. "*

Während er sein Weib umarmte, sagte er:*"Glaube mir, ich bin es auch satt, immerwährend nur Anderen zu dienen. Ich will endlich bei euch hier in Auerbach sein."*

Barbara entgegnete darauf:*"Es ist höchste Zeit, dass du das endlich einsiehst. Doch das reicht nicht. Du musst das auch wirklich durchsetzen."*

In Hans paarte sich das Glücksgefühl seines Erfolges beim Herzog in Dresden mit der traurigen Einsicht, dass er immer erneut seine Familie enttäuschte.

In Wittenberg wurde er bereits sehnsüchtig erwartet. Unmittelbar nach seinem Eintreffen bat ihn der Kurfürst schon zu sich. Dort machte Hans wahr, was er den Seinen versprochen hatte. Er sagte dem Kurfürst:*"Hoher Herr, ehe ich von meiner Dresdener Unterredung berichte, möchte ich Ihnen mitteilen, dass ich Ihnen zu keinerlei weiteren Diensten noch zur Verfügung stehe. Ich kann Ihnen nicht bis in den Tod dienen. Meine Familie braucht mich, wie ich sie ebenfalls sehr benötige. Das war meine letzter Dienst, den ich Ihnen geleistet habe."*

Der Kurfürst hob den Kopf und sagte:*„Edler v.d. Planitz, ich verstehe Sie ganz und gar. Es soll auch so sein. Doch was wir beide begonnen haben, das führen wir bitte auch zu zweit noch zu Ende. Wie steht es mit der an den Her-*

zog ergangenen Einladung? Hatten Sie Erfolg? Können wir uns in Weimar treffen? Wann könnte das geschehen?"

Siegessicher, über das ganze Gesicht lachend, sagte Hans dem Kurfürsten:*"Herr Kurfürst, Eile mit Weile. Auf die zahlreichen Fragen, die Sie mir stellten, kann ich nicht auf einen Hieb hin Antwort geben.*

Der Herzog zeigte sich nicht sofort, aber doch einverstanden darüber, sich mit Euch zu treffen. Es beeindruckte ihn wohl, als ich das Ansehen unserer beiden Machtbereiche ins Spiel brachte. Als ich ihm berichtete, dass unter der Streiterei auch unser Ansehen leide, lenkte er ein. Herzog Georg ist bereit, unter Berücksichtigung der bestehenden unterschiedlichen Ansichten, mit Euch zu reden. Der Termin hierfür solle ihm per Boten übermittelt werden. Das Treffen kann im Weimarer Schloss stattfinden."

Der Kurfürst erhob sich und kam auf Hans zu. Mit beiden Händen umfing er dessen rechte Hand und sagte: *„Planitzer, ich danke Ihnen von ganzem Herzen. Doch, nun bereue ich bereits wieder, dass ich Ihnen nachgab, als Sie mir Ihre Entlassung bekannt gaben.*

Was sind Sie für ein Mann. Ihr Geschick ist mehr als bewunderungswürdig. Was habe ich versucht ein gleiches Ergebnis zustande zu bringen. Welchen Erfolg habe ich erzielt? Absolut nichts ist mir gelungen. Planitzer, Sie haben sich wieder einmal meine volle Anerkennung und meinen allerherzlichsten Dank verdient."

„Mag sein." sagte Hans, *„doch es bleibt dabei. Ich kündige meine Dienste auf. Müde bin ich geworden. Sie, Kurfürst brauchen >Jüngeres Blut<."* Darauf erwiderte der Fürst. *„Aber Sie helfen mir, dass wir das Begonnene noch zu Ende bringen?* Widerwillig bejahte das Hans.

Bereits am Folgetag überbrachte ein Postreiter die Einladung nach Dresden. Der Herzog v. Sachsen wurde für die kommende Woche nach Weimar gebeten. Die daran geknüpften Erwartungen des Kurfürsten waren sehr hoch. Dabei vertraute er weiterhin auf die Überzeugungskraft seines Rates Hans v.d. Planitz.

Hansr erbat sich bis zum Zusammentreffen der beiden Regenten Urlaub. Diese Zeit wollte er unbedingt mit seiner Familie in Auerbach verbringen. Als Hans dort eintraf, glaubte Barbara, Hans hätte sich durchgerungen, seine Dienste nun endgültig aufzugeben. Als sie jedoch erfuhr, dass er für die Zeit der Unterredung noch einmal kurfürstlicher Berater sein müsse, sagte sie mit Tränen in den Augen:*„Hans, dir ist nicht zu helfen. Es wird mit dir immer so* *weitergehen. Immer wieder werden sich Gründe finden, dich einzubeziehen. Du brauchst uns nichts mehr zu erzählen. Ich glaube nicht, dass du es schaffst, dich völlig zu lösen."*

Hans sagte nichts darauf. Er wusste, dass er Barbara zu oft enttäuscht hatte. Die wenigen Tage, die Hans auf dem Schloss in Auerbach verbrachte, genossen alle sehr. Die Kinder wollten auf diese Weise ihrem Vater auch begreiflich machen, wie schön das Zusammenleben mit ihm in Auerbach sei.

Der erneute Abschied wurde Hans sehr schwer. Als er sich in die Kutsche setzte, die ihn nach Weimar bringen sollte, sagte er:*"So wahr mir Gott beisteht, das ist das allerletzte Mal, dass ich euch verlasse. Ich komme zurück und werde nie wieder von hier fortgehen."*

14. Kapitel
Tod in Weimar

Als die beiden Sachsenherrscher und Hans zum ersten Mal zusammentrafen, gestaltete sich die Aussprache fast freundschaftlich. Der Herzog zeigte sich jedoch von einer weitaus härteren Seite, als die Sprache auf die Religion kam.

Hans versuchte mehrfach, dieses Thema an den Rand zu drängen. Er baute immer erneut die Gemeinsamkeiten der beiden Regligionen in das Gespräch ein. Mal schien es ihm zu gelingen, den Herzog auf ihre Seite zu ziehen, dann wieder nicht. Es hing für alle drei Gesprächspartner immer wieder eine gespannte Atmosphäre in der Luft. Hans spürte, dass ihm dieser Zustand arg zu schaffen machte. Er wollte auch den Kurfürsten nicht enttäuschen. Der erhoffte doch einen Erfolg. Die Aufregungen, die sich aus diesem Spannungsfeld ergaben, machten das Herz von Hans erneut rebellisch. Des Öfteren griff er sich an die Brust.

Als der Tag sich endlich neigte, war Hans froh, diesen Aufregungen entronnen zu sein. Er fiel völlig entkräftet auf sein Bett. Doch zum Schlafen kam er nicht. Das Geschehen des Tages verfolgte ihn weiterhin. Er suchte immer wieder nach Wegen, die zu einem Erfolg führen könnten. Dabei verspürte er in sich eine zunehmende Leere aufkeimen. Hans war einem totalen Erschöpfungszustand nahe. Er fühlte selbst recht deutlich, dass er derartigen Aufregungen nicht mehr gewachsen war. Dennoch trieb ihn sein Pflichtgefühl an.

Erst gegen Morgen fand Hans endlich den nötigen Schlaf. Den zerfurchten wirre Träume. Völlig zerschlagen erwachte er im Laufe des frühen Vormittags. *„Gut, dass wir die nächste Aussprache erst auf eine Stunde vor Mittag angesetzt haben.*", durchfuhr es ihn.

In einer auffallend friedlichen Verfassung setzten die beiden Kontrahenten ihre Unterredung fort. Hans sah bereits den Erfolg nahen. Plötzlich stellte der Herzog dem Kurfürsten die Frage:*"Sie wissen aber, werter Kurfürst, dass Sie Verrat am althergebrachten Glauben üben? Wie kann man sich hinter einen besserwisserischen Mönch stellen, der dem Heiligen Stuhl das Recht abspricht den Glauben recht zu vertreten?"* Diese Fragestellung stand plötzlich wie eine Wand zwischen den beiden Gesprächspartnern. Jeglicher Versuch von Hans, den Auseinandersetzungen die Spitze zu nehmen, mißlang. Aus diesem Grund schlug er vor, erst einmal eine Ruhezeit einzulegen, die man mit dem Mittagessen füllen könne.

Der Vorschlag wurde gerne aufgegriffen. Es wurde aufgetafelt und beschlossen, sich erst nach einer Ruhezeit am Nachmittag wieder zu treffen.

Hans aß nur wenig. Er hatte keinen Appetit, deshalb legte er sich gleich nach dem Mahl auf sein Bett. Kaum, dass er lag, verspürte er heftige Schmerzen in seiner Brust. Das veranlasste ihn mit Hilfe des Klingelzuges Hilfe herbeizuholen. Als ein Diener das Zimmer betrat, lag Hans mit aufgerissenen Augen und geöffnetem Mund in seinen Kissen. Ein herbeigerufener Medikus stellte nur noch den Tod des Edlen v.d. Planitz fest. Er war an einem „Schlagfluss"[1] verstorben. Die Aufregung im Weimarer Schloss war riesengroß. Vor allem der Kurfürst zeigte sich tief betroffen. Er fühlte sich nicht ganz schuldlos am Tod von Hans. Er machte sich bittere Vorwürfe. Mehrfach sagte er laut vor sich hin: *„Warum habe ich nicht auf den Verstorbenen gehört, als er seinen Dienst aufgeben wollte? Warum habe ich weiter auf seinen Dienst gedrungen? Warum nur? Warum?"*.

An eine weitere Unterredung zwischen den beiden Sachsenherrschern war nun nicht mehr zu denken. Die Betroffenheit beider, über das plötzliche Ableben des bis zuletzt so ernergie- und phantasiereichen Planitzers, war zu groß.

Unverzüglich wurde ein Bote nach Auerbach geschickt. Der Kurfürst ließ eine Einladung der Familienangehörigen von Hans v.d. Planitz zu ihm nach Weimar überbringen. Der Bote sollte jedoch die Nachricht vom Tode des Planitzers nicht vermelden. Der Kurfürst wollte diese bittere Nachricht der Witwe und seinen Kindern selbst mitteilen.

Als der Bote Barbara in Auerbach die Einladung nach Weimar übergab, ahnte die gleich, dass das nicht mit rechten Dingen zuginge. In dem Schreiben war von Hans kein Wort erwähnt. Deshalb vermutete sie sofort, dass er erkrankt sei. Das versetzte sie in helle Aufregung. Dann beruhigte sie sich wieder, weil sie dachte, Hans hätte zwischen den beiden Kontrahenten eine günstige Entscheidung herbeigeführt. Das zu feiern, ergebe vielleicht den Grund ihrer Einladung. Das verwarf sie schnell wieder. Dazu wären die Kinder ganz sicher nicht mit eingeladen worden.

Es gab kein Zögern. Am Folgetag, schon bald in der Frühe, war die Familie der Edlen v.d. Planitz auf der Fahrt nach Weimar.

Als dem Kurfürst ihre Ankunft gemeldet wurde, ging er der Witwe im Hof bereits entgegen. Er geleitete sie in sein Amtszimmer, in dem sich auch der Sachsenherzog befand.

Dort angekommen, umfasste er Barbara erneut und sagte:*„Teuerste Frau Barbara v.d. Planitz, ich, ausgerechnet ich, muss Ihnen die traurige Nach-*

---

[1] Schlaganfall

*richt vom Tod ihres werten Ehemannes Hans v.d. Planitz überbringen. Der
Herrgott hat ihn zu sich genommen. Sein Herz hat versagt. Es hat wohl die
Aufregungen der letzten Tage nicht ertragen.*

*Ich fühle mich selbst arg mitschuldig an seinem plötzlichen Tod. Er war nicht
mehr so stark, wie es schien. Ich kann Sie nur um Verzeihung bitten."*

Barbara hatte bereits bei den ersten Worten des Kurfürsten gewimmert. Nun
schrie sie auf: *Hans. Mein Hans. Warum hast du meine Worte nicht beachtet.
Hans, ach Hans. Nun ist alles zu spät."* Damit brach sie zusammen.

Es entstand ein unbeschreibliches Durcheinander. Auch die Kinder schrieen
weinend durcheinander, und drängten hin zu ihrer am Boden liegenden Mutter. Es herrschte unsäglicher Jammer und großes Elend im Zimmer des Kurfürsten.

Als die Witwe wieder zu sich gekommen war, brachte man sie mit zwei ihrer
Töchter aus dem Zimmer. Niemand wusste recht, was weiter zu sagen und zu
tun sei. Es dauerte lange, ehe wieder einigermaßen Ruhe eingetreten war.
Barbara selbst strebte danach, ihren Mann zu sehen. Der lag bereits in einem
prunkvollen Sarg. Im Tod hatte es Hans das Gesicht verzerrt. Diesen Anblick
wollte man Barbara ersparen. Es half nichts, Barbara drang darauf, ihren
Mann noch einmal zu sehen, um von ihm Abschied nehmen zu können. Das
wurde ihr schließlich doch, aber nur mit dem Beistand eines Gestlichen, gewährt.

Barbara breitete sich über ihren Mann und war erst nach einer langen Zeit
wieder von ihm zu trennen. Der Geistliche versuchte das mehrmals. Es half
ihm nichts, Barbara klarzumachen, dass Hans bei Gott im Himmel wäre, dass
er ihr beistünde und liebevoll auf sie herabschaue. Barbara klammerte sich an
ihren toten Mann und nichts konnte sie trösten.

Der Kurfürst nahm sich erneut liebevoll der Witwe an. Ganz vorsichtig kam
er mit ihr über das Begräbnis ins Gespräch. Beide kamen überein, den Edlen
Hans v.d. Planitz hier in Weimar beizusetzen. Erst war im Gespräch, ihn nach
Wittenberg zu bringen, danach wurde auch Auerbach erörtert. Doch Barbara
lehnte das ab. Sie wollte ihn nicht schon wieder auf eine Reise schicken.

Mit großem Pomp auf Kosten des Kurfürsten, wurde Hans beigesetzt. An seinem Begräbnis nahmen zahlreiche weltliche und geistliche Persönlichkeiten
teil. Unter ihnen befanden sich auch Luther und Melanchthon. Auch eine Anzahl katholischer Würdenträger war angereist. Selbst der Kaiser hatte eine
Abordnung nach Weimar entsandt. Der Kurfürst sah im Zusammentreffen

beider Konfessionen aus diesem Anlass eine Chance, doch seine Hoffnungen erfüllten sich nicht.

Nach den Beisetzungsfeierlichkeiten kehrte die Familie des Edlen v.d. Planitz nach Auerbach zurück. Barbara lebte nicht mehr lange in Auerbach. Die Burg mied sie vom Tage der Rückkehr an. Sie lebte hinfort im Schlösschen auf Göltzsch und dem angrenzenden Vorwerk. Dort zu leben war ihr ein Vermächtnis ihres Mannes. Der hatte ihr das doch als Leibsitz zugeschrieben.

Hinfort verbrachte Barbara einen Großteil ihrer Tage mit dem Studium der Bibel. Sie zeigte sich als eine überzeugte lutherische Protestantin. Stetig stand ihr dabei auch der zum lutherischen Glauben umgeschwenkte Pastor der St. Laurentius-Kirche von Auerbach bei. Barbara sah nunmehr ihre Hauptaufgabe darin, vor allem ihre Töchter im Sinne des Glaubens ihres Vaters zu erziehen.

Noch im gleichen Jahr wurden die Söhne von Hans von Kurfürst Johann Friedrich von Sachsen mit dem väterlichen Erbe belehnt.

Dabei wurde das Herrschaftsgebiet geschätzt.

Nachdem die beiden Söhne Georg und Balthasar Friedrich im Jahre 1542 mündig geworden waren, teilten sie sich in die bisherige Besitzung Auerbach/Göltzsch. Sie ließen dabei das Los entscheiden. Georg v.d. Planitz erhielt Auerbach mit der Burg. Balthasar Friedrich v.d. Planitz wurde zum Besitzer von Göltzsch samt Hammer und den beiden Vorwerken Göltzsch und Niederauerbach.

Nach der damals erfolgten Schätzung besaß

	Auerbach	Göltzsch
	13 Gemeinden	8 Gemeinden
Gesamtwert der Güter	21.435 Floren	7.109 Floren[2]
Dienstgesinde	142	62

Dazu kamen noch die Wälder beider Bezirke, die bis an die böhmische Grenze hinreichten. Allein der Bodenbesitz des Rittergutes Göltzsch betrug 12.332 Hektar Acker und Waldflächen.

Am Ende ihrer Tage, die Kinder waren alle ihre eigenen Wege gegangen, stellte sich Barbara öfter die Frage nach dem Sinn des Lebens. Sie fragte sich, ob das Leben nur aus dem Eingespanntsein in Pflichten bestünde. Immer wieder von neuem stellte sie sich die Fragen:*„Was bleibt von uns, nach unserem Tod?*

---

[2] Anmerkung: Ein „Floren" war bis ins 16. Jahrhundert ein „Gold-Gulden" von hohem Wert

Welch ein Energiebündel war mein Hans. Wo ist seine Energie verblieben? Gab Gott sie einem Anderen? Ist sie wirklich nur so ganz einfach verpufft? Was ist aus seiner Leistung geworden? Hat sie genützt oder geschadet? Wer gedenkt noch seines Einsatzes, der ihm letztlich sein Leben kostete?"

Doch eine Antwort auf alle diese Fragen fand Sie nicht.

Der Witwensitz, Göltzsch

Nachwort

Leider finden sich urkundliche Belege über das Vogtland nicht zuhauf. Außerdem stimmen Zahlenangaben oft nicht exakt überein. Aus diesen Gründen ist Manches nicht vollständig belegbar.

Unklar muss bleiben, wann Hans v.d. Planitz die Pilgerreise nach Jerusalem wirklich antrat. In den Quellen finden sich dazu zwei unterschiedliche Zeitangaben. Einmal soll er sie kurz vor Beendigung seiner Tätigkeit in Bologna angetreten haben. Zum anderen finden sich Angaben, die sie in die Zeit von 1517, nach seiner Rückkehr nach Deutschand legen. Er soll zu diesem Zeitpunkt, zusammen mit sächsischen Adelsvertretern, die Reise unternommen haben. Mir erschien die erste Angabe, die von Italien ausging, als wahrscheinlicher.

Genau so unklar muss auch die Herkunft der Ehefrau von Hans v.d. Planitz bleiben. In einer Quelle findet sich ihr Name als Barbara v. Schönburg, in einer anderen als Barbara v. Schönberg.

Ich habe mich bei meinen einjährigen Recherchen um Genauigkeit bemüht. Aus den oben angegebenen Gründen kann ich mich jedoch nicht voll dafür verbürgen.

Sigfried Walther   2014

Quellen als Hintergrundwissen

Stammbaum der Familie v.d. Planitz

Zeitschrift Geschichte, sailer Verlag, ISSN 1.6179412 „Mönchgezänk", 2004

Im Morgenrot der Reformation, J. v. Pflugk Hartung

Brockhaus Konversationslexikon, Brockhaus Verlag, 1889

Die Bibel, Dtsch. Bibelgesellschaft, Stuttgart, 1985

Religionen, Dudenverlag, Mannhein, Leipzig, Wien, 1980

Geschichtsunterricht 6, Verlag Volk und Wissen, 1955

Neue Sächsische Kirchengalerie, 1906

Ein Jahrtausend deutscher Kultur, J. Klinkhardt Verlag, Leipzig, 1922

Deutsche Geschichte in Stichworten, Ferdinand Hirt, Breslau, 1939

Die Geschichte der Sachsen, Oberlausitzer Verlag, 1994

Zeitgenössische Teilzeichnung aus dem Ernestinischen Gesamtarchiv Weimar

Schlößchenzeichnung von U. Müller

Kapitelzeichnungen vom Autor